U0016707

星星、月亮、太陽

——胡適的情感世界

江勇振◎著

目次

第一章　序曲 ……………………………………………………… 1

第二章　夜未央，月何在(1910-1917) ………………………… 11

　　第一節　他鄉月，相思得？ ……………………………… 11

　　第二節　故鄉月，終有情 ………………………………… 73

第三章　星月爭輝(1917-1937) ………………………………… 103

　　第一節　十二月卅夜月，妳和我人兒一雙 …………… 103

　　第二節　煙霞山月，神仙生活 ………………………… 126

　　第三節　摘星弄月，啼聲初試 ………………………… 172

第四章　月圓月缺綺色佳(1917-1938) ……………………… 229

　　第一節　凱約湖畔相思女 ……………………………… 229

　　第二節　赫貞江邊月，綺色佳了願 ………………… 255

　　第三節　伊人鳥，何去何從？ ……………………… 287

　　第四節　情緣已盡，知交以終 ……………………… 320

第五章　星空點點(1938-1946) ……………………………… 361

　　第一節　一顆撲朔迷離的星 ………………………… 361

　　第二節　一顆死心塌地的星 ………………………… 394

　　第三節　一顆虛擬實景的星 ………………………… 440

第六章　曲終 ………………………………………………… 463

第一章
序曲

　　韋蓮司(1885-1971)萬萬沒想到，她原來並不是胡適(1891-1962)婚姻之外唯一的女人。這個殘酷的事實，嚙蝕、扭絞著她的心。從某個意義說來，這是她第二次失去胡適。她發現自己愛上胡適的時候，胡適已經回國了。那是1917年，20年前不堪回首的往事。當時，她很清楚地知道，胡適學成歸國，就意味著他要與已經文定多年的江冬秀結婚，那是她第一次失去胡適。胡適1917年11月報告他即將結婚的信，讓她深深地意識到失去了胡適的悲哀。她在1933年，胡適第三度赴美，到綺色佳來拜訪她的時候，才與胡適成為身心合一的情人。雖然她深知胡適不可能和江冬秀離婚，她仍以為他們的愛，是可以不為世俗所囿，可以像兩條汲汲於匯流的小溪、兩個比翼雙飛的知心(soul mates)。她這個信念現在完全破滅。她現在終於瞭解，原來胡適託她照顧、在1934年到康乃爾大學讀遺傳學的曹誠英，並不只是胡適信中所說的表妹，而且還是胡適的情人！

　　胡適也並不是沒有自覺到他的秘密有被揭破的可能。他深知曹誠英剛烈、率直的個性，是很有可能會讓她對韋蓮司傾吐她與胡適之間的關係與感情。果然，胡適所最擔心的事終於發生了。1936年7月，胡適啓程參加在加州優勝美地(Yosemite)舉行的第六

屆「太平洋學會」（Institute of Pacific Relations）會議。會後，胡適橫渡美洲大陸，到美、加幾個大城訪問、演說。依照他這幾年來的作法，他一定會順道到綺色佳探訪韋蓮司。然而這次情況有所不同。如果他與韋蓮司、曹誠英——他的兩個情人——共聚一堂，那豈不是一個極為尷尬的場面！到底他應該和她們之間的哪一個，表示彼此的親密關係？胡適越想越覺得事情棘手。於是，他在9月13日，從哈佛大學寫信給韋蓮司，請韋蓮司「務必不要邀請曹小姐來妳家住。我可以去她那兒或者在妳那兒跟她見面，但絕對沒有必要請她過來同住。」[1]

胡適想得快，但是，曹誠英想得更快。她已經把自己對她的糜哥的愛，壓抑得太久了，她需要傾訴的對象。孤苦伶仃地處在無親無故的異國，相思之情只會更苦。然而，也正由於周遭都是陌生的異國人，身在異域那種無名一身輕的感覺，可以使人暫時掙脫來自於自己社會的禁忌與枷鎖，來對異國的友朋吐露心聲。自從他們1923年在杭州的煙霞洞墜入情網，度過三個月的「神仙生活」以後，曹誠英就一直癡戀著胡適。據說胡適曾經要求與江冬秀離婚。但是，被江冬秀持刀，以「殺掉自己和兩個兒子」的決絕口氣拒絕。此後雖然胡適已經死了心，曹誠英卻不能忘情。這其中除了胡適仍然和她藕斷絲連以外，曹誠英自己也不能看破情障。

曹誠英究竟是在什麼時候告訴韋蓮司她和胡適之間的秘密，我們不知道。但是，我們知道至少在1936年8月初，胡適船抵舊金山的時候，韋蓮司仍然以為曹誠英只是胡適筆下單純的「表

---

[1]   Hu to Williams, September 13, 1936.

妹」。我們不知道韋蓮司在8月6日給胡適的信裡，究竟說了曹誠英什麼話。值得玩味的是，胡適在他從優勝美地寫的回信裡，是以相當生份，而且負面的語氣和字句來數落曹誠英。他說：「我很高興從妳那兒得知一點曹小姐的近況。自從她離開中國以後，我就從沒寫過信給她……妳信中所描述的她相當正確。她**的確是**一個人人哄捧、誇她有小聰明(cleverness)、被慣壞了的孩子。」[2]在給「新人」的信裡數落了「舊人」以後，胡適還特意擺出一副他已經與曹誠英不熟、沒有秘密怕人知道的姿態，隨信附了一封請韋蓮司轉交給曹誠英的信，說他會在到了綺色佳以後，再跟曹誠英聯繫。

　　也許就在韋蓮司把信轉交給曹誠英的時候，曹誠英見信情生，忍不住對韋蓮司傾吐她和胡適的過去，以及她對胡適的相思。總之，等胡適到了綺色佳的時候，韋蓮司一反常態地以冷淡的態度來對待他。胡適只驚鴻一瞥地在綺色佳小住了四天，10月4日，他就離開了。韋蓮司則一直要等到10月28日，才撫平了她心中洶湧的波濤。當天，她寫了一封意味深遠的信給胡適。在這封信裡，她把自己比爲一隻鳥。鳥是韋蓮司給胡適的信裡，一個常用的比喻。比如說，她在1927年與胡適睽違十年後重逢，卻又因他「使君有婦」，而再度黯然與他分別以後的一封信裡，她就稱自己是一隻「棕色的、囚居在籠裡的小鳥」。在1936年10月28日的這封信裡，她把自己一分爲二：一個是毫無保留地，把感情釋放給胡適的鳥；另一個則是這隻鳥比較實際、冷靜的姊姊。她以幽默、自諷的筆觸對胡適說：

2　　Hu to Williams, August 19, 1936.

你在綺色佳的時候，你的伊人鳥（bird lady）不巧有事他往，真是令人嗟嘆。聽說你以為她在生你的氣，由於我和她保持著聯繫，經過查證以後，我可以説那是你的過慮。她不在這裡的原因有兩個。一來是因為她擔心她如果在場的話，可能會傷害到你的表妹。二來我這個比較實際的姊姊，發現她已經快要把我們共同的資産揮霍殆盡。我們的資産的票面價值，主要是放在同情、愛心，以及客氣的股票上。這些股票在「經濟大恐慌」[抑鬱的雙關語]的影響之下，已經大大貶值。由於她很容易觸景生情，揮霍地動用前兩種股票，我近來已經嚴峻地不准她在這種場合出現。我希望在採行這種禁足的措施，以及調整我們的投資策略以後，她可以在不久的將來，再度自由地動用我們共同的資産。由於你自己也知道你必須把類似的資産，很謹慎地運用在你周遭的人事上，我們相信你會瞭解我們的苦心。

我們——因為她正好在此刻飛進來我身邊——祝你旅途愉快。同時也希望我們在不久的將來，能有幸收到你的來信。

　　等到那一天來臨以前，你若有似無的韋蓮司（Until then, Somewhat evanescently yours, ECW）[3]

　　胡適收到韋蓮司這封「伊人鳥」來信的時候，他的船還因為碼頭工人罷工而沒有離開舊金山。一向不輕易在紙上吐露真情的

3　　Williams to Hu, October 28, 1936.

胡適，只若無其事地回信說他「衷心感謝」她的來信。然後，他馬上岔開話題，說罷工還沒結束，船期又延。他說他很高興民主黨的羅斯福再度當選總統，然後就匆匆地結束了這封短信[4]。其實，胡適很清楚韋蓮司在生他的氣。他在接到「伊人鳥」這封信的前幾天，就提筆寫了一封轉彎抹角地為自己辯護，同時又向韋蓮司討饒的長信，他在信中歷歷細數他孤寂的心靈生涯，嗟嘆他身邊沒有可以與之在學術、詩詞上唱和的友朋。胡適深知對女性而言，特別是對韋蓮司，這種柔術的奇效是屢試不爽的。他對韋蓮司以乞憐的口氣，噓然地慨嘆著說：「沒想到一個人會那麼渴望能找到知己。」最後，他語鋒一轉，說：「我最親愛的朋友，妳千萬不能生我的氣，一定要相信我是跟從前一樣，一直是最常想到妳。」[5]

　　小心謹慎、處處為愛惜羽毛的胡適著想的韋蓮司，顯然並沒有對曹誠英點破她自己和胡適的戀情。否則，愛胡適愛得宣稱要「殺死」她情敵的曹誠英，絕不可能在她日後給胡適的信裡，仍然對韋蓮司恭敬有加。我們知道曹誠英還曾經在韋蓮司兼出租公寓的家──高原路322號（322 Highland Road）──住過。這點，我們會在第三章第二節說明。然而，對韋蓮司來說，在寫了「伊人鳥」這封信以後，即使她原諒了胡適，她也已經自知她不是胡適感情世界裡唯一的月亮。最重要的是，她再也不會天真地以為她和胡適是天生一對的比翼鳥。胡適不是一個浪漫、狂熱、燃燒型的人。月亮是他的愛的表徵，是他情書裡表達愛、訴說相思的媒介。但是，他從不會讓他愛的語言隨著詩意馳騁；他的月亮永遠

4　Hu to Williams, November 5, 1936.
5　Hu to Williams, October 31, 1936.

只是一個含蓄的意象，意會多於言傳。他給江冬秀的信、的詩是如此；他為曹誠英所作的詩也是如此；他寫給韋蓮司的信還是如此。1936年，韋蓮司知道在胡適情感的世界裡，連她算在一起，已經有了三個月亮了。在往後的幾年裡，她很可能還心碎地發現胡適除了三個月亮以外，還有好幾顆星星。

如果胡適的感情世界裡有好幾個月亮和星星，那麼他自己就是曹誠英口中的太陽；曹誠英在一封信裡，說胡適「具有太陽性(solar)〔原文附有英文〕的性質」。以胡適這麼一個大名鼎鼎、炙手可熱的人物來說，他是大可以吸引更多的月亮、星星來圍繞著他這個太陽的。如果我們能有系統地翻閱他留在北京近史所的整個書信檔，一定可以發現更多仰慕他的女性寫給他的信。從這個角度看來，雖然胡適愛跟女性朋友調情傳意(flirt)，他還不算是一個會憑藉著自己的聲名與地位，見獵心喜，或來者不拒的「掠食者」(predator)。他自詡為一個頗能堅持原則的男人，比如，他對江冬秀說：「我自問不做十分對不住你的事。」[6]他一生中的情感世界可以分成三個大階段：留學時期的他，初嘗與異性交友的喜悅，是他情竇初開，但止於柏拉圖式、紙上談兵的階段。韋蓮司既不是他當時交往的唯一女性，也不是他日後越了界的唯一昔日女友。他情感世界多元發展的開始，是在1920年代。三十出頭的他，在學術、藝文界的聲望如日中天，他與曹誠英的戀情，只不過是在這一個時期裡，發展得最為纏綿、最為淋漓盡致的一段情。

胡適的星星出現最為密集的時候，是1930年代末期開始，從

6　胡適致江冬秀，1939年9月21日，杜春和編，《胡適家書》(河北石家莊：河北人民出版社，1996)，頁359。

他出任駐美大使到卸任後逗留美國的十年。在這段時間裡，他固然單身寂寞，但這也同時是他一生國際名望的頂峰，50歲不到的大使，往來盡爲錦衣與權貴，出入備受禮遇，又是美國輿論界的寵兒，文教慈善機構團體爭相邀請的演講家。這時的他，既有位尊名高的本錢，又熟諳調情，藝高膽大。他從事外交工作最忙的時候，也是他獵取星星興致最高的時候。他這個階段裡的星星幾乎全是白人，年齡也大都與他相仿。這固然可能是環境使然。然而，種族的歧異與年齡的相仿，也提供了額外的保障，相對地降低了在兩情相悅之餘，所可能帶來的各種瓜葛，甚或必須做出承諾的風險；用胡適自己的話來說，就是他擔不起的「相思債」。下意識裡，獵取白人女性作爲星星，也未嘗不是一種對白人種族主義的反擊。一向只有白種男性可以獵食他們視爲「異國野味」（exotic)的他種女性，胡適大可以自認爲他是以其道還治其人。

不管胡適是否如他自以爲的，頗有原則、頗能自持，由於他愛惜自己的羽毛，時時記掛著歷史會如何對他作評價，因此從不輕易在書信、日記上留下任何感情上的鴻爪。他敏於行，而謹於言。其結果是，我們在他所留下的日記裡，看不到任何纏綿、相思的字句。胡適的情人——特別是他的幾顆「星星」——在他的日記裡，只不過是出現的次數比較頻繁的名字而已。不但如此，他還有他的障眼法，如果他自覺某些名字在日記裡出現太過頻繁，他會用不同的英文縮寫，甚至還可能故意用錯縮寫。更耐人尋味的是，他還偶爾會爲自己，或他的星星取個化名；這既能增加彼此的情趣，又有障眼之妙。

從這個角度來說，在中國近代史上的知名人物裡，胡適既是一個最對外公開，卻又是最嚴守個人隱私的人。他可以說是近代

中國歷史上，自傳資料產量最豐富的人。這些自傳資料，他有些挑出來出版，有些讓朋友傳觀，有些請人轉抄，他的日記還在江冬秀忠心耿耿的協助之下，在中日戰爭的烽火之中，輾轉運到美國去保存。與此同時，他又是一個極其謹守他個人隱私的人。他所蒐集、保存下來的大量的日記、回憶，以及來往信件，其實等於是已經經他篩選過後的自傳檔案。從這個意義上說來，胡適等於已經替未來要幫他立傳的後人先行打好了模本；這些研究者無從得知他私生活或感情世界的「真正」或完整內幕，因為他在世時，早已經把那些他不要讓人窺密或分析的隱私，都一一地從他的模本裡剔除了。當然，他偶爾會在日記裡，挑逗地透露一些引人遐想的片語隻字，特別是他記錄他和曹誠英在煙霞洞的那一段「神仙生活」。但是，這些字句，如果沒有其他佐證，最多只能成為我們可以臆測，卻不得其詳的斷簡殘篇。我們可以說，以歷史家自詡、好考據成癖的胡適，是有意以這些片語隻字來挑戰日後要為他立傳的歷史學者，看他們有沒有本事考證出他與曹誠英以及其他月亮和星星之間的幾段情。

胡適萬萬沒有想到，歷史之神會將了他一軍。1948年12月，他搭乘最後一班飛機，離開了中國共產黨即將進入的北平。匆匆離開的他，留下了一百多箱的書，其中包括他所有的來往書信、文稿，以及部分的日記。政局的突變，使他沒有機會在晚年退休、閒暇之際，有系統地銷毀一些他不會希望後人看到的來往信件。因此，我們有幸讀到胡適的三個月亮，和幾顆星星所留下的一些篇幅不等的信件。其中，篇幅最大的屬江冬秀和韋蓮司給胡適的信。胡適給江冬秀的詩和信，在新婚期間，是用了只有他們兩人才能理解的隱語及暗示，來表達他們之間纏綿的感情。雖

然他們後來的信件，談得更多的還是家常瑣事。但這並不意味著他們之間沒有持續地傳遞著對彼此的愛與關懷。在他一生中三個最親密的月亮裡，讓他迸出最為纏綿的愛的火花、蠶織出他一生中最為悱惻的情絲的，當屬曹誠英。但是，胡適給曹誠英的信件，據汪靜之的說法，他遵照了曹誠英的囑咐，在她死後，將所有她所交給他的文件完全付之一炬。另一個說法，則說這些信件在文革的時候被紅衛兵抄走，至今下落不明。再另外一個說法，則說汪靜之根本就沒把那些信燒掉。

至於胡適與韋蓮司，他們在將近五十年的漫長歲月裡，由柏拉圖式的關係、進展到肉體的關係、然後再成為忘年之交。然而這一切，都完全沒有在他的日記裡呈現出來。在他的日記裡，至少讓曹誠英的名字出現頻繁到令人可以臆測的地步。與之相對的，在1933年初秋變成他的情人的韋蓮司，則完全不在他的日記裡。更重要的是，即使在他和韋蓮司有了肉體關係以後，他給韋蓮司的信，還是矜矜地吝於透露出他們的愛與慾。當然，我們今天所能看到的他寫給韋蓮司的信，是韋蓮司的手抄或打字稿。除非我們能比對韋蓮司也同時送給「胡適紀念館」，但至今下落不明的原稿，我們將永遠不會知道到底韋蓮司是否抽掉了一些信件，或者刪掉了胡適信中某些的字句。但以胡適下筆必考慮到名垂千古的顧忌，我們可以想見他的情書絕不可能有徐志摩式的浪漫。如果胡適連對他最親密的三個月亮，都可以如此吝於留下可資見證的愛的紀錄，那幾顆星星所得到的待遇，就更可不言而喻了。

由於胡適愛惜羽毛、吝於形諸文字的矜持，如果我們想要瞭解他的情感世界，我們所必須倚賴的，不是他自己所留下來的文

字，反而是那些環繞著他這個「太陽」的星星與月亮，是她們給他這個「太陽」的信中所流露出來愛、戀、嗔、癡。胡適的日記、書信在許多方面有豐饒的史料價值，然而，在他的情感世界方面卻是最爲貧瘠的。相對之下，他的星星與月亮，大都能忘情地在信中訴說她們對愛的憧憬、相思、掙扎與怨懟；她們能愛、能恨、敢於付出，也敢於要求。江冬秀的信在在地顯示出她對胡適的愛、寬容，以及她的憨直和果斷。韋蓮司的信，數量最大，字數也最多。她早年的信件充分地展現出她觸感敏銳、特立獨行的個性；在她與胡適成爲戀人的階段，洋溢著她對胡適的景仰、激情、相思、哀怨與煎熬；在他們成爲忘年之交以後，則處處透露出她對胡適噓寒問暖的體貼與關懷。曹誠英所留下來的信件雖然不多，但她信中揮灑著她敢愛、敢恨的剛烈之情。即使是那幾顆留下信件更少的星星，她們各有其愛戀、幽默，甚至揶揄胡適的精言與妙語。因此，儘管這本《星星・月亮・太陽》的傳主是胡適；儘管從男性中心的角度看來，這些星星和月亮彷彿只是圍繞著胡適這個太陽的配角；儘管在某些精彩的片段裡，他除了是主角以外，還想兼當編劇、導演和觀眾，但是，那些敢於付出、勇於示愛的星星和月亮，才眞正是賦予這個故事以血肉、情韻與色彩的主角。她們的愛恨、她們的相思、她們的掙扎，甚至她們對愛慾的禮讚，是胡適情感世界裡最扣人心弦的精華。

第二章

夜未央，月何在 (1910-1917)

第一節　他鄉月，相思得？

　　韋蓮司的母親很生氣，她沒想到胡適居然和她女兒在她紐約的公寓裡單獨相處了一個下午。「胡先生！這件事如果讓這兒的人知道了，他們是會說話的。」[1]胡適趕緊解釋，說他們並沒有真正地獨處了一整個下午，因爲他後來打了電話，請當時在哥倫比亞大學念書的張彭春過來一起喝了茶。這件風波發生在1915年1月底。當時，胡適接受波士頓「布朗寧知音會」(Browning Society)的邀請，到波士頓去演講儒家與羅伯・布朗寧。波士頓「布朗寧知音會」原先是想邀請當時在哈佛大學念哲學的吳康。吳康因爲自己對這個問題沒有研究，於是推薦了胡適。吳康之所以會推薦胡適是很自然的。因爲在這半年之前，胡適才在康乃爾大學布朗寧徵文獎(Corson Browning Prize)得獎，他的論文題目是：「布朗寧的樂觀主義贊」(A Defense of Browning's Optimism)。以一個外國學生得到這個殊榮，胡適還上了紐約州

1　以下胡適與韋蓮司「獨處一室的風波」的描述，有關胡適說話的部分，是根據Hu to Williams, February 1, 1915；韋蓮司的部分，則根據Williams to Hu, January 30, 1915.

幾個城市的報紙[2]。

　　總之，胡適在10月18日從綺色佳坐火車往波士頓。19日下午，胡適做完演講以後，20、21日參觀了波士頓美術館。21日，他搭夜車到了紐約。第二天早上，他和韋蓮司去參觀紐約大都會美術館。過後，他們回到韋蓮司在海文街(Haven Avenue)92號的公寓午餐。胡適還在那兒見了韋蓮司家的朋友楊格(Young)夫婦。但是，23日星期六下午，胡適再度去看韋蓮司的時候，在張彭春過來喝茶以前，確實是只有他們兩個人獨處。胡適在第二天坐火車回到了綺色佳。由於他那時已經是韋蓮司家的常客，他除了當晚就打電話給韋蓮司的母親，還在兩天以後到她家去，詳細地向她報告此行的經驗。他沒想到韋蓮司的母親在知道他去了她女兒的公寓兩次以後，就立刻追問當時究竟有沒有其他人在場。這一問一答，就引出了一場風波。

　　胡適不是不知道當時美國社會男女交際的規矩。男女自由「約會」(dating)的風氣雖然已經逐漸形成，許多中產階級的家庭仍然認為青年男女的交往，必須要循序漸進。最穩妥的作法，是讓雙方在女方家的客廳會面，如果外出，最好要有個「挾保娘」(chaperon)當夾心餅乾。胡適在日記裡不只一次提到「挾保娘」，比如說，1914年11月15日的日記裡，他解釋了美國青少年所風行的「郊遊野餐」。他說美國青年男女郊遊野餐，為了避嫌，會請一個「中年已婚嫁之婦人同行」。當時，他還稱讚這是「西俗之美者也」[3]。半年以後，在發生他跟韋蓮司獨處一室這

2　胡適贏得徵文獎，以及波士頓、紐約之行，請參閱胡適，《胡適留學日記》，第二冊，頁513-524。

3　胡適，《胡適留學日記》，第二冊，頁467-468。

個風波以後，他的態度丕變[4]。在1915年5月21日的日記裡，他批評說：「美之家庭亦未必眞能自由，其於男女之交際，尤多無謂之繁文。號稱大家者，尤拘泥於小節。推原其始，蓋起於防弊，而在今日已失其效用。」[5]胡適把chaperon這個字翻成「挾保娘」，很明顯的，有意揶揄這個作法的冬烘。

胡適還以爲他的解釋安撫了韋蓮司的母親。事實上，她馬上寫信給韋蓮司，拿這件事來數落韋蓮司，氣她一直不把「好教養」(propriety)當一回事。她還說胡適告訴她，說他之所以會打電話叫張彭春來，是因爲連自己也意識到了他不應該與韋蓮司獨處一室。韋蓮司收到信以後，立即在1月30日寫了一封信給胡適。她說如果胡適當天確實是那麼想，她必須道歉。但以他們彼此對自由的瞭解與堅持，她認爲胡適應該是不會拘泥於什麼「教養」的俗套的。至於她自己，韋蓮司說她本人所用的是人上人(the highest type of human being)的標準。由於這些「人上人」所追求的是眞善美，他們唯一會去遵循的「教養」，是在思想範疇上的教養。這在同性之間如此，在異性之間也是如此。她認爲異性相吸有它美麗、值得人留戀的地方。而且，即使它變了奏，我們還是可以用意志的力量，把那個友誼轉化到更高超的層次。韋蓮司慷慨激昂地說：如果我們只因爲男女交友可能會出問題，就用那所謂的「教養」或「男女之防的顧慮」(sense of propriety)來阻止，而不讓他們從思想的交會來激發出燦爛的火花，那就是因噎廢食。

換句話說，從韋蓮司的角度來看，一對男女交往密切，並不

4　胡適，《胡適留學日記》，第二冊，頁537；第三冊，頁649-650，658-659。
5　同上，第三冊，頁650。

表示他們就一定是在談戀愛,他們也許是在追求那心靈的交會。而這種心靈交會的火花,才是兩性交往最高的目的,也才是她心目中所認可的「教養」。韋蓮司請胡適務必要瞭解她為什麼可以為了她母親的一句話,就作了這麼長篇的大論。她說這種閒言閒語的可怕,就在它有腐蝕、糟蹋男女友誼的力量。更值得注意的,韋蓮司很明白地告訴胡適,叫他沒有必要作她們母女之間的調人。關於這點我們在下文還會談到。韋蓮司最重要的意思是:胡適苦口婆心的解釋,反而只是讓韋蓮司的母親找到藉口,說連胡適都同意她的看法,認為女子應該懂得要遵守那所謂的「教養」。因此,她母親根本是藉機把胡適的話拿來當武器,來發洩她一貫認為韋蓮司太不在乎「男女大防」這類的「教養」的怨氣。

相較之下,胡適確實要比韋蓮司顧忌得多。他在回給韋蓮司的信裡,說當他意識到他們是獨處一室的時候,他確實覺得不安。他認為韋蓮司可以不屑於世俗的規範,他自己則不可以陷她於可能落人口實的不義。「苦行僧可以自己笑傲地面對痛苦,他的朋友則沒有把痛苦加諸其身的權利。」胡適表示他幾乎完全贊同韋蓮司對友誼的詮釋。他說到美國留學四年以來,他所服膺的是康德所提出來的道德律令,那就是說,必須把每一個人都當成目的,而不只是手段。用他自己的話來說,就是「絕對不能把一個男人或女人視為玩物,作為達成自私或淫穢目的的工具。」讀了韋蓮司的信以後,他覺得真要為自己的戒慎(scrupulousness)而感到慚愧。但是,如果要為自己辯解的話,他認為那是因為他從小所受的是一個非常「不正常」的教育。他不只是在男人圈中長大,而且在上海的六年生活裡,也從沒跟一個女人說過十個字以上的話。

胡適對韋蓮司所說的這段話，當然不是實情。他在上海的時候，曾經有過一小段「叫局吃酒」，連他自己在《留學日記》裡都說是「不知恥」的日子[6]。周質平用同情扼腕的口氣，說這是胡適因為與韋蓮司獨處的當天下午不敢有「大膽作風」，讓韋蓮司感到失望，因而編出來的飾詞[7]。其實，胡適有他自己很清楚的，說這句話時候在性別觀上的立足點。他在半年前的一篇日記裡，說他從上海到美國的十年間，「未嘗與賢婦人交際」[8]。這裡的重點就是「賢婦人」這三個字。換句話說，在他的眼光裡，妓女是男人逢場作戲時狎玩的墮落女人，不是「賢婦人」。因此，他是可以理直氣壯地相信他在中國的時候，確實是從來沒有跟任何「良家婦女」說過十個字以上的話。有趣的是，即使是如此詮釋，胡適在此所說的還不是真話。他在認識韋蓮司的同時，已經結識了另外一個美國女性，並開始相當殷勤地通信(見頁50，及第三章第三節)。

胡適與韋蓮司獨處一室的插曲，在他們的信件公諸於世以後，引來了一些惋惜他「膽小」的唏噓，或者說他「求愛」被拒的尷尬。更有甚者，像朱洪在他的《胡適與韋蓮司》一書裡，憑空捏造，匪夷所思地把韋蓮司描寫成一個春心蕩漾、「情不自禁地伸出雙手，挽住了胡適的脖子」、「起伏的胸膛和脹紅了的臉」、口中呢喃著「晚上——」、「留在這裡？」迫不及待想要跟胡適上床的思春女[9]。這種荒誕的遐想與意淫，除了因為他一

6　胡適，《胡適留學日記》，第一冊，頁268。

7　周質平，《胡適與韋蓮司：深情五十年》(北京：北京大學出版社，1998)，頁27；聯經版，頁27。

8　胡適，《胡適留學日記》，第一冊，頁253。

9　朱洪，《胡適與韋蓮司》(武漢：湖北人民出版社，2003年)，頁31-35。

點都不瞭解韋蓮司以外，完全懵懂於歷史的脈絡。我們如果不去瞭解當時美國社會對華人的歧視，就無法真正領會出爲什麼對留學時期的胡適而言，即使他對韋蓮司有意，想跟她談戀愛可是一個極大的挑戰；美國從1661年到1967年之間，有41個州在不同的階段立法禁止不同種族通婚，即所謂的「反雜交律」（anti-miscegenation laws），在這41州裡，有14州的法律是針對著亞洲人——即中國、日本及韓國人。舉個例來說，加州最後一次通過禁止白人與亞洲人通婚的法律是1945年。一直要到三年以後，因爲加州最高法院在一個判例裡，宣告「反雜交律」違憲，這個法律才在加州壽終正寢。雖然綺色佳所在的紐約州沒有禁止白人與中國人通婚的法律，這並不表示當地人就能接受這種聯姻；畢竟，法律所反映的不外乎社會的價值觀念；更有甚者，爲了要捍衛正義與公理，一個社會有可能必須特別立法，讓法律走在社會價值之前。一直到1958年所做的蓋洛普民意調查，還有94%的白人反對跟有色人種通婚。以整個美國來說，「反雜交律」正式壽終正寢，還要等到1967年，美國聯邦最高法院宣判其違憲的時候。值得注意的是，種族歧視並沒有因爲立法而改變。1968年，也就是美國聯邦最高法院裁決「反雜交律」違憲一年以後，根據當年蓋洛普民意調查，仍然有72%的白人反對跟有色人種通婚。一直要到1991年，反對跟有色人種通婚的白人，才首次少於贊成的人；然而，即使如此，反對的人仍然高居於42%；贊成的則佔48%。值得注意的是，這是指全國而言。美國南方反對跟有色人種通婚的，仍然是佔多數，高達54%。

　　從這個歷史的脈絡看來，胡適與韋蓮司的故事最令人可以深省的部分，是在於種族、性別，甚至階級這些因素，如何影響、

形塑他們兩人之間在不同時期的關係。在胡適還是留學生的階段，他和韋蓮司在思想上是平起平坐的對等關係。在個人領域的成就上，就像我們在以下幾段會說明的，以當時韋蓮司在紐約藝術界的表現，她恐怕還在胡適之上；更不用說，作爲白人的她，在種族上更是高高在作爲華人的胡適之上。十年以後，胡適在中國功成名就，「衣錦還鄉」式地重訪美國。與之相對的，韋蓮司早已在父親過世以後，放棄了她的藝術生涯，回到綺色佳陪母親同住，過她埋名隱姓式的生活。這時躍上枝頭的胡適，與「下灶作羹湯」的韋蓮司發展出他們的情人關係。在這個極具戲劇性的變化裡，我們必須去深思的，是胡適與韋蓮司在這十幾年間，由於主客觀因素所導致的身分地位與角色扮演的易位，是否使他們之間所存在的種族——白人與華人——不平等關係，因此退居到次要的地位？換句話說，胡適與韋蓮司的故事最精彩的部分，在於它所呈現出來的種族、階級(社會地位)和性別交纏錯節、重新洗牌的諸多問題。

　　我們暫且把歷史的脈絡擱置在一旁。1915年的胡適才初嘗與異性交友的滋味，稚嫩青澀；韋蓮司則更是完全沒有抱著智性交流以外的情懷。當時她有一個幾乎論及婚嫁的男朋友，名字叫查理士・鄧肯(Charles Duncan)。我們不知道鄧肯的家世背景，他很有可能也是一個畫家。如果我們猜測還正確的話，他在1920年代初期，還相當活躍於紐約的畫壇。我們在下文還會談到他是如何地愛著韋蓮司。就像韋蓮司在1937年給胡適的一封信裡所說的，鄧肯是第一個喚醒她愛情的人。她在這封悵惘追憶往事的信裡，告訴胡適說：「你有他所欠缺的智慧，而他有我當時還沒在

你身上看到的愛以及對美的鑑賞。」[10]換句話說，韋蓮司與胡適
獨處一室的時候，心中是沒有任何漣漪的。她在討論「教養」、
分析男女友誼的那封信裡，很清楚地表明她對「昇華」的禮讚。
也許因為她知道胡適對詩人布朗寧很熟悉，她特別引布朗寧做例
子。她說她不喜歡布朗寧的地方，在於他過於強調肉體(body)。
韋蓮司認為人之所以可貴，在於他可以超脫他的肉體，就好比一
個偉大的藝術家可以擺脫技巧的限制一樣。她說生活的藝術，是
去品嘗人生的極致，去追求生命的無限。她把人的「肉體」(sex)
比擬成製造紙和鉛筆，或者色彩和畫筆的工廠。她說，如果人人
都只注意這個「工廠」跟它所生產的紙和筆，那要讓誰去創造那
扣人心弦的文學和藝術呢？換句話說，這個「工廠」和它的成品
固然重要，但它們只是畫家用來創造藝術的工具而已；同樣的，
「肉體」的愛固然重要，它其實只是兩個相愛的人追求心靈交會
的媒介。她承認她這個理論有點矯枉過正，因為從前的人確實對
性壓抑太過，太不注意肉體。但是，她和胡適都是不甘於平凡，
要有所作為的人，特別是胡適。她認為胡適的志向比她還高，是
要進一步去作喚醒他人的大事業。最後，她在信的結尾，以「教
育」(education)、「抉擇」(choice)，和「力行」(vital activity)
這個三段式的進程表來與胡適互勉。

　　這個「獨處一室」風波最大的輸家是韋蓮司的母親。胡適受
到韋蓮司的感化，不再冬烘、不再因噎廢食。他很快地就又有一
個機會，讓他能用行為來證明他服膺韋蓮司所說的，要用「人上
人」、要用追求那思想的交會所激發出來的燦爛火花，來作為他

10　　Williams to Hu, 原信無日期，應寫於1937年10月。

倆交往的標準。「獨處一室」風波發生在1月23日，胡適在24日
傍晚回到綺色佳。沒想到才不到三個禮拜，胡適又回到了紐約。
原因是「美國限制軍備聯盟」(American League to Limit
Armaments)，希望在美國東部幾間主要大學的校園裡組成分會。
於是在紐約召開一個會議，把各大學反戰的菁英集結於一堂。康
乃爾大學所推派的代表就是胡適。胡適在2月13日晨抵紐約。參
加當晚宴席與大會的，除了康乃爾的胡適以外，還有來自哈佛、
耶魯、哥倫比亞、賓州大學、普林斯頓，以及紐約大學的代表。
會中決議成立一個跨校團體，採用胡適所提議的名稱，名爲「剷
除軍國主義大學聯盟」(Collegiate League to Abolish Militarism)。

　　由於大會召開的時間在晚上，胡適在13日上午到了紐約以
後，先見了朋友，然後在下午一點到了韋蓮司的公寓。他們一起
吃了韋蓮司所做的午餐以後，就在她公寓裡談了兩個多鐘頭。由
於天氣晴朗，他們就出去，沿著哈德遜河(Hudson River)，散步
了一個多小時。過後，他們又回到韋蓮司的公寓，一直談到六點
半，胡適才告辭出來。第二天下午，胡適又跟張彭春去拜訪韋蓮
司。韋蓮司也特別在前一天打電話給她在紐約當律師的大哥羅傑
(Roger)。所以羅傑也帶了太太和兩個兒子過來跟胡適見了面。
胡適一直在韋蓮司的公寓待到傍晚才離開，逕赴另外一個晚餐的
餐約。胡適這次學乖了，就沒有再告訴韋蓮司的母親。因此，韋
蓮司的母親這次完全被蒙在鼓裡，不知道胡適不但到韋蓮司住的
公寓去吃了中飯，而且比三個月前還變本加厲，眞正是跟韋蓮司
獨處了一整個下午。

　　半年以後，韋蓮司回到綺色佳住了將近一個月。我們在下面
會談到就在這一個月裡，由於他們過從頻繁，很可能使胡適對韋

蓮司產生了愛慕之情。現在暫時按下不表。6月4日那天，韋蓮司和胡適哲學系的女同學客鸞(Marion Crane)出外郊遊。她們出遊之前，胡適碰巧在餐廳遇到了客鸞。胡適聽說了她們的郊遊之約以後，就半開玩笑地對客鸞說：等她們散步回來，如果能去他的住處小坐，他會沏茶給她們喝。胡適以為客鸞絕對不敢接受這個邀約，沒想到她居然一口答應。下午五點多鐘，客鸞和韋蓮司相偕到了胡適所住的公寓。胡適於是沏了龍井待客，一直談到了傍晚，兩人才告辭。胡適在第二天的日記裡說：「二君皆灑脫不羈，非流俗女子，故不拘泥如此。」

　　從今天的角度來看，我們也許很難想像在當時美國社會保守的風氣之下，這可以是一件駭人聽聞的事件。如果我們再舉胡適同一天日記裡所提到的另一個故事，情況就會更加清楚了。在韋蓮司和客鸞來訪的次日，跟胡適在同一幢房子裡租屋的鄰室房客卜郎，問胡適說，他前一天聽到了胡適房間裡有女子的聲音，她們是誰呢？胡適一五一十地告訴他以後，卜郎就對胡適說了他自己的經驗。卜郎是康乃爾大學的法文教師，他說在幾個月前，他和歷史系的一個男老師以及法文系的另外一個男老師，三個人計畫合請圖書館的兩位小姐到卜郎的房間小聚。沒想到在他們約定好了以後，卻因為兩位被邀的小姐之一，有一天在聊天的時候，把這件事情告訴了康乃爾大學前任校長的女兒。校長女兒聽了以後，震驚的表情立現，馬上質問她是否找了「挾保娘」。等她聽到了答案，說是沒有挾保娘以後，她更加震驚，認為這是一個越禮的行徑。不但如此，這件事傳開以後，居然到了「非議沸騰」的地步。卜郎不得已，只好把聚會地點改到鄰鎮「森林居村」(Forest Home)的一間餐廳。沒想到他們到了以後，居然沒有位

子。於是卜郎說不如還是回到他的房間，他慷慨激昂地說：「吾輩何恤人言乎？」其他兩男、兩女都附議，於是大家回到卜郎的房間，「烹茶具饌焉」[11]。

　　一個月以後，當時韋蓮司已經回去紐約了。有一天，胡適不小心，把韋蓮司和客鸞到他房間喝茶的事情告訴了韋蓮司的母親，她極為震怒。胡適於是寫信給韋蓮司，要她心裡先要有準備。但此時的胡適，已經沒有必要說一些道歉的話；他跟韋蓮司已經是站在同一陣線。胡適在信上的話是這樣說的：「有一天，我沒經大腦，告訴了韋蓮司太太在我房間的那次茶會，因為我不曉得她並不知道這件事情。她很生氣，我恐怕她早已經又對妳說教了。如果事實確是如此，錯都是在我。但是，我仍然相信唯一能讓這種人去除成見的作法，就是讓她多去經歷、**以至於習以為常**。這是去除成見的良方。」[12]

　　韋蓮司的回信則更有意味。她是在7月13日的一封長信裡，一直到結尾，才彷彿是突然間想起，而加寫了一個「又」。她說：「我**的確**曾經有心想要提起我們在你房間裡喝茶的那件事情。我很同意你所說的，我們應該開誠布公來處理這些事情。然而，我唯一想到的是，對那些跟這件事毫不相干的人提起這件事，那接下去想當然耳必定會出現的話題，一定是惹人生厭的。我**非常**抱歉我把這件事給忘了，結果害你去承受了那理應加諸我身的[註：即韋蓮司母親的怒氣]。你為我承擔了好幾個「罪」，我會永遠**深深地**銘記於心；你所給我的耐心和瞭解，我會**更深地**

銘記於心。」[13]

　　胡適和韋蓮司的認識，大約是在1914年的夏天。當時，胡適已經到美國四年了。胡適之所以會認識韋蓮司，還得感謝美國一些家庭有接待外國學生的傳統。他們接待外國學生，或者是因為他們有傳教的動機，或者因為他們有國際親善的理想。這一方面也是因為胡適顯然是一個很會交朋友的人。他在綺色佳有很多好朋友，比如說，綺色佳最大一間照相館的老闆羅賓生(Fred Robinson)就是他的一個好朋友。他不但跟羅賓生熟悉到連他的大舅子都會請他到家裡去吃飯，而且還曾經跟羅賓生借了兩百元美金救急，「以百金寄家，以九十金還債。」[14]兩百元美金在當時

1914年羅賓生幫胡適拍的照片。(胡適紀念館授權使用)

13　Williams to Hu, July 13, 1915.
14　胡適，《胡適留學日記》，第一冊，頁226。有關去羅賓生大舅子家吃飯之事，見第二冊，頁342-343。

不是小數目，相當於今天的三千九百元美金。羅賓生當年，還幫胡適拍了一張藝術攝影。

胡適1910年秋天到康乃爾大學念書的時候，先是在外租屋住。1911年9月，他因為討厭房東太太愛錢如命，幾乎與她口角，於是遷到類似今天的國際學舍的「世界學生會」(Cosmopolitan Club)去住。一直到1914年秋天，他已經從康乃爾大學畢業，由於申請到畢業生獎學金(graduate scholarship)得以多留一年，才又搬到校外，在橡樹街120號，屋後依傍著凱司可狄拉溪(Cascadilla Creek)的一幢房子裡租了一個房間[15]。在這三年裡，他在家信、日記裡偶爾會提到「上等縉紳人家」邀他去吃飯、交談。在這些家庭裡，和他建立了深遠關係的是白特生(Lincoln E. Patterson)和韋蓮司(Henry S. Williams)兩家。他和白特生家庭的交往顯然開始在先。他1912年的聖誕節就是在白特生家過的。1914年他23歲的生日，白特生夫人還特意不動聲色，以請他到家裡吃便飯為名，讓他驚喜的發現，原來是為他做生日[16]。我們不知道胡適從什麼時候開始，和韋蓮司家交好。但是他在1915年2月的家信裡，說他已經去他們家吃過「不知幾十次」的飯了[17]。

韋蓮司出身望族，她的祖父約賽爾‧韋蓮司(Josiah Butler Williams)，是綺色佳的銀行家，做過紐約州的參議員[18]。他1883

15　胡適，《胡適留學日記》，第一冊，頁71；第二冊，頁418。

16　同上，第一冊，頁135；第二冊，頁494。

17　胡適稟母親，1915年2月18日，杜春和編，《胡適家書》（河北石家莊，1996），頁66。

18　第一個詳細地討論了韋蓮司的家世以及藝術生涯的學者，是藤井省三，請參考他的「ニューヨーク‧ダダに恋した胡適：中国人のアメ

年過世的時候，留下了高達一百萬美金的遺產，相當於今天的一千九百萬美金。她的父親亨利・韋蓮司(1847-1918)，是康乃爾大

韋蓮司與父母、姊姊合照：自左至右：韋蓮司母親、大姊夏洛蒂、父親、韋蓮司。（康乃爾大學圖書館授權使用）(*Williams Family*. Collection 2550, Williams Family Papers, 1809-1952. Courtesy of the Division of Rare and Manuscript Collections, Cornell University Library)

（續）

リカ留学体験と中国近代化論の形成」，沼野充義編，『多分野交流演習論文集：とどまる力と越え行く流れ』，東大人文社会系研究科スラブ文学研究室，2000年3月，頁107-144。在此謹謝藤井教授寄贈筆者他的多篇論文。

學的古生物學教授，1912年退休。韋蓮司的母親哈麗特‧韋蓮司
(Harriet Williams, 1848-1932)出生於耶魯大學所在的紐海文(New
Haven)。韋蓮司的母親顯然是一個主見很強的人。認識她的
人，說她無論在長相或行徑上，都酷似英國的維多利亞女王。她
以捍衛「禮儀」、「教養」為己任，最看不慣年輕女士一邊上電
車，一邊慢條斯理地戴上她們的長手套；只要被她撞見，一定挨
罵。還有一件更耐人尋味的軼事。據說，她搭電車的時候，很愛
指揮駕駛員。有一個駕駛受不了長期疲勞的轟炸，乾脆作了一個
玩具電車，親自送上府，咬牙切齒地告訴她，這樣她就有一輛可
以自己全權管理的電車了。他們家有一個「十項全能」的黑人僕
役，名叫瓦爾特(Walter)。他的工作間有四個掛衣鉤，各掛著一
件他扮演不同傭役角色時所穿的外衣：管家、園丁、車伕、剷雪
工[19]。

　　韋蓮司生於1885年，比胡適大6歲。她是么女，有一個姊
姊、兩個哥哥。韋蓮司雖然在綺色佳出生，長大的地方其實是在
紐海文，因為她7歲到19歲的時候，她父親是在耶魯大學任教。
換句話說，韋蓮司父親1907年在高原路318號所蓋的，胡適在留
學時期經常去拜訪的房子，反而是她二十歲以後回家作客的地
方。她從小就有繪畫方面的天分。可能由於她從小多病，所以並
沒有受過完整的學校教育。據說因為她父親跟石油公司的工作關
係，她還在古巴住過。1903年，她在耶魯大學念過一年美術。她
在紐海文時期的作品，現在收藏在耶魯大學一個美術館的特藏
室。1906年，她到歐洲遊學了將近一年，先去倫敦，然後轉往巴

19　Carol Sisler, *Enterprising Families, Ithaca, New York: Their Houses and Businesses* (Ithaca, New York: Enterprise Publishing, 1986), pp. 42-43.

韋蓮司父母在綺色佳高原路318號的家。(康乃爾大學圖書館
授權使用)(*Williams Family Home.* Collection 4925, Carol
Sisler Papers [circa 1944-1990]. Courtesy of the Division of
Rare and Manuscript Collections, Cornell University Library)

黎作短期的學習。等她母親到巴黎跟她會合以後,她們又一起到
義大利去。一直到1907年初,她們才一起回到美國[20]。1914年胡
適認識韋蓮司的時候,只說她當時在紐約學美術。事實上,也許
連胡適都不知道,那正是韋蓮司在紐約藝術界初露鋒芒的時候。

　　韋蓮司從義大利回來以後,很可能就是留在紐約繼續她的藝
術教育。這可以從她在倫敦時給她父親的一封信中推論出來。她
說她覺得美國的美術學院並不比歐洲差。她說歐洲的美術教育,

20　Betsy Fahlman, "Women Art Students at Yale, 1869-1913: Never True Sons
　　of the University,"*Women's Art Journal* (Spring/Summer, 1991), p. 21.

並沒有什麼教學可言，不外乎是提供場地、模特兒與互相觀摩的機會。如果這樣，她覺得她大可以就在花費較低的紐約或波士頓學習。這幾年裡，顯然是韋蓮司藝術生涯的轉捩點。我們不知道她從什麼時候開始，與紐約一些叱咤風雲的前衛藝術家來往。她是前衛藝術家1916年在紐約成立的「獨立藝術家協會」(Society of Independent Artists)的成員。她所來往的藝術家，有立體派(Cubism)，以及達達主義派的，包括慈善兼收藏家艾倫司伯夫婦(Walter and Louise Arensberg)、法國畫家、雕塑家馬賽・都雄(Marcel Duchamp)、攝影家雅斐・史帝葛立姿(Alfred Stieglitz)，以及後來做過紐約現代畫廊主任的馬理雅司・德仄雅(Marius de Zayas)。

　　在這些前衛藝術家的薰陶之下，韋蓮司開始嘗試不同的藝術表現方式，除了繪畫以外，她也從事雕塑和攝影。最重要的是，她的畫風丕變，一反她從前的寫實路線。耶魯大學美術館所藏的，就是她寫實主義時期的作品。韋蓮司的藝術天分很快地就受到肯定。比如說，20世紀初年有一派提倡「觸覺主義」(Tactilism)的藝術家，他們反對古典藝術把視覺放在至高無上的地位，而一貫地忽視了觸覺。觸覺主義者除了要提升人們對觸覺的敏銳度以外，他們還希望去開發人們在五官以外可能還有的觸感。「觸覺主義」的創始者，一般人都認為是未來主義派的非利伯・馬理內提(Filippo Marinetti)。但是，法國達達和超現實主義大師法蘭西司・皮卡比亞(Francis Picabia)則不以為然，他認為「觸覺主義」的創始者其實是韋蓮司[21]。他的證據是韋蓮司的一

21　Francis Picabia, "A Propos du 'Tactilisme,'" *Écrits: 1921-1953 et Posthumes* (Paris: Pierre Belfond, 1978).

個雕塑作品。這個雕塑作品名為《德仄雅家裡任人碰觸的石膏作品》（Plâtre à toucher chez de Zayas），大概是1916年的作品。這可能是韋蓮司作給她的朋友德仄雅的一個雕塑。這個雕塑的照片，刊登在皮卡比亞和都雄等人所合編的《容融》（*Rongwrong*）雜誌上。這份雜誌只出了一期，1917年的創刊號也就是它的停刊號。

韋蓮司這個前衛時期的作品裡，有一幅是她在1916年完成，名為《雙旋律》（Two Rhythms）的油畫。這幅畫是以灰色為背景，畫面的中央，有幾條像蘆葦般的綠色線條，由上往下把畫面切割成兩半。同時，有三道淺黃色的線條，分別從上、從左下角、從右下角，以弧度的形狀，除了互相交叉以外，也與中間綠色的線條交叉而過。在那從右下角往畫面的左上角伸展的線條上，佇立著一隻黃色的小昆蟲。韋蓮司以這幅《雙旋律》的油畫，參加了「獨立藝術家協會」1917年的展覽。這個展覽不按牌理出牌，「沒有評審制度、沒有獎章」。為了完全排除主觀、先入為主的印象，展品的排列是以抽籤到的字母作啟首，然後再以作者姓氏的字母順序來排序。這次的展覽，一共展出了1200個藝術家所提出的2500件作品。馬賽‧都雄把一個從店裡買來的公共廁所的男用溺器，以《噴水池》（Fountain）為名，作為他提出的展品。都雄這個作品給展覽大會出了一個難題；既然沒有評審制度，理論上大會必須接受任何人提出的作品。問題是，那完全沒有經過加工或增飾的男用溺器算不算是一件藝術品呢？這個烏龍「事件」如何落幕，有不同版本的說法。其中最有意思的說法如下：當展覽會的負責委員為之來回辯論、僵持不下時，委員會的主席威廉‧葛雷肯司（William Glackens）悄悄離席，走向那個擺在屏風旁邊地上的「作品」，他把它舉起來，懸空移到屏風的

另一邊，然後放手一丟。等到大家聽到破碎的聲音，驚愕對望的時候，他就跟著驚呼：「喔，它破了！」這個大會的難題也因此迎刃而解[22]。

韋蓮司1916年畫作：《雙旋律》。（費城美術館授權使用）
(photo credit: 1950-134-524 Clifford Williams, "Two Ryhthms,"
Philadelphia Museum of Art: The Louise and Walter Arensberg
Collection, 1950)

這個前衛的展覽，因為光怪陸離，許多大報都著文譏為不是藝術。例如，當時有一份胡適曾投過稿的自由派刊物《展望報》*(Outlook)*，寫了一篇社論評論這個展覽。這篇文章還引了一段訪

22　Clark Marlor, *The Society of Independent Artists: The Exhibition Record 1917-1944* (Park ridge, New Jersey: Noyes Press, 1984), p. 5.

問韋蓮司的話，說韋蓮司「就像布朗寧拒絕解析他自己的詩一樣，寧願讓觀眾自由地去感受她的作品。如果有人認為她的畫，像是一隻蝨子攀沿在頭髮上，就讓他那樣想好了。她自己則否認這麼一個卑微的想法是她這幅畫的靈感；她說它所明明要『表達的意旨是旋律』。」[23]根據胡適的記載，展覽會的作品乏人問津。這次的展覽從4月10日開始，他5月初第二次去看的時候，才賣掉了36件。韋蓮司的畫，則在開展幾天之內就被買走了[24]。買主是麥克迪(J. R. McCurdy)，售價90美金，大約相當於今天的1300美金。這幅畫後來被艾倫司伯夫婦買走，現藏於費城美術館[25]。

很可惜的是，韋蓮司在1918年她父親過世以後，就放棄了她在紐約的藝術生涯，搬回綺色佳家陪母親生活。事實上，韋蓮司等於在1916年春天就已經離開了紐約。她在紐約的公寓，由胡適從那年夏天頂租下來，一直住到他次年6月回國為止。我們雖然不知道韋蓮司搬回家的確切原因是什麼，但是，我們可以從他們家庭的情況，猜得出來為什麼作為么女的她，最後反而變成是回家陪伴母親的人。她的大哥羅傑(Roger)已成家立業，是紐約的一個名律師；二哥亞瑟(Arthur)不成材，既酗酒，又投資無方，弄得傾家蕩產；大姊夏洛蒂(Charlotte)先天有病，死於1920年。儘管韋蓮司與她母親之間，存在著極大的愛和矛盾的張力，在母親需要她的時候，她為了愛而犧牲自己。在一開始的時候，韋蓮司顯然還在家裡繼續她的藝術創作。然而，告別了紐約，等於是

23 "Pictures 'Independent' and Otherwise," *The Outlook* (May 2, 1917), p. 10.
24 胡適，《胡適留學日記》，第四冊，頁1136-1137。
25 Clark Marlor, *The Society of Independent Artists: The Exhibition Record, 1917-1944* (Park Ridge, New Jersey: Noyes Press, 1984), p. 577.

她從畫壇消失的開始。1918年「獨立藝術家協會」的展覽，是她最後一次參展。據說，她後來還銷毀了許多她的作品[26]。因此，目前保存得比較完整的，是耶魯大學所藏的她在紐海文時期的寫實主義作品。她巔峰時期的作品，如果還存在的話，則散見於美術館以及私人所藏。美國所出版的藝術家人名錄，只有少數幾本列出了韋蓮司的名字。每一本都說她在1918年倏然從畫壇消失。1952年有一篇討論美國現代藝術家的文章，還特別提到韋蓮司，說她後來雖然沒沒無名，但年輕的時候是一個很有才華的畫家[27]。

換句話說，1914年胡適與韋蓮司認識的時候，韋蓮司並不是一個初出茅廬的藝術學院學生。那年，她29歲，胡適還不滿23歲。他們認識的時間可能是在那年的夏天。胡適在日記裡，提起6月18日，有一個「維廉斯女士」邀請他去參加一個婚禮[28]。這可能是胡適初識韋蓮司的時候。問題是，維廉斯，即Williams，是一個常見的姓，胡適在綺色佳認識不只一個姓Williams的家庭。比如說，他記1915年8月21日遊綺色佳附近的凱約湖(Cayuga Lake)，提到富孀George Williams夫人——也就是韋蓮司的伯母——的別墅的時候，他把她的姓翻成「維廉」[29]。胡適是一個用字力求精確的人，在同姓名的情況下，總是用不同的漢字來翻譯。他在與韋蓮司熟識了以後，更是如此。比如說，1915年5月，胡適提到另一個也姓Williams的小姐，叫Wenona Williams，他

26　Betsy Fahlman, "Women Art Students at Yale, 1869-1913," p. 21.

27　George Hamilton, "John Covert: Early American Modern," *College Art Journal*, 12.1 (Autumn, 1952), p. 39.

28　胡適，《胡適留學日記》，第一冊，頁261-263。

29　同上，第三冊，頁756-758。

於是把她的名字譯成「衛女士」[30]。當然，他日記記1914年7月31日去聽男高音Evan Williams的演唱會時，用的也是維廉斯的譯名。然而，這是在他和韋蓮司初識之時。總之，胡適在1914年6月，記他第一次去參觀美國婚禮的日記，用的是「維廉斯」而不是「韋蓮司」。然而，此「維廉斯」，也很有可能就是「韋蓮司」。因為胡適在11月26日給韋蓮司的信裡，說他是如何珍視他們這幾個月來所建立起來的友誼。6月到11月，正是幾個月的時間。

　　無論如何，即使韋蓮司確實是在那年6月，帶胡適去見識了美國的婚禮。她和胡適真正熟悉起來還是那年秋天的事。胡適第一次用韋蓮司這個譯名，並附有她的英文全名，是當年10月20日的日記。他記錄他們前一個週六，也就是17日下午，先沿著凱約湖邊走，走完湖邊的步道以後，他們向東行，一直走到數哩外的艾特納鎮(Etna)以後才回轉，再經由森林居村(Forest Home)，走回到綺色佳，一共走了三個鐘頭。當晚，胡適在韋蓮司家晚餐，一直到九點才回家[31]。從這一天開始，胡適與韋蓮司不但經常見面、打電話；而且雖然同住在綺色佳，還互相通信。那年的感恩節，胡適到韋蓮司家吃飯。當晚韋蓮司不在場，因為她已經在一個星期以前回紐約去了。晚餐後，胡適回到住的地方，寫了一封可能是他一生中唯一一封「少年維特」式的信給韋蓮司：

　　　　上星期四夜裡，我心裡非常悵惘，因為寒風把我窗外柳
　　　樹上的葉子全都吹光了，害我不能為妳折下一枝柳條，

30　胡適，《胡適留學日記》，第三冊，頁627。
31　同上，第二冊，頁428-429。

　　來作爲送別的禮物！而且，我也沒有拍下任何照片。我
　　沒有辦法用筆墨來形容，我是如何地珍惜妳這幾個月
　　來——喔，多麼短暫的幾個月啊！——給我的友誼和好
　　意。我不知道貴國的規矩是否允許一個男子對一個女子
　　說，她是最能善解其意、最能啓發他的朋友？如果這句
　　話是不能說的，我認爲是這個規矩有問題[32]。

　　「柳條」的寓意，韋蓮司是知道的。在感恩節還沒到，韋蓮
司還沒回紐約以前，有一天，他們在街上散步，看見了一株垂
柳，胡適告訴她中國古時有「折柳贈別」的作法。心思細膩的韋
蓮司，由於即將回紐約，便送給胡適幾張她從紐約公寓窗口拍的
秋柳圖，作爲贈別禮[33]。胡適本來想要折下他窗外眞正的柳枝，
來作他回贈韋蓮司回紐約的送別禮，奈何寒風吹掉了所有的柳
葉，柳枝無葉不成美，害得他不能回報韋蓮司「折柳贈別」的詩
情和美意。我們說這封信可能是胡適一輩子獨一無二的「少年維
特」式的信，因爲雖然胡適後來還談過戀愛，他已經不再是一個
初出茅廬的生手；後來功成名就的他，已經難再有那種情竇初開
的青年，心動時像小鹿衝撞、進退失據的心境。這是他跟韋蓮司
寫信最勤的階段，但是我們卻看不到第二封「少年維特」式的信
了。胡適可能再也沒寫過這樣的信給韋蓮司，但另一個可能是這
些信已經被過濾掉了。胡適在1917年5月4日的日記裡，記載他從
韋蓮司那兒借回來重讀他寫給她的信。他說，他1915與1916兩
年，特別是1915年寫的信最爲重要。「此兩年中之思想感情之變

32　Hu to Williams, November 26, 1914.
33　胡適，《胡適留學日記》，第二冊，頁464-465。

遷多具於此百餘書中，他處絕不能得此真我之真相也。」[34]但今天「胡適紀念館」所保存的韋蓮司的打字或謄寫稿，則只有67件。

不管胡適是不是對韋蓮司有意，或者因為胡適好作韋蓮司母女之間的調人（這點我們以下會說明），韋蓮司的母親顯然在1916年1月，又跟胡適嘮叨。這次，胡適終於沉不住氣，在27日，回了一封一反他溫文和煦筆調的信。值得注意的是，他們一來一往的信，今天已經在檔案館裡看不到了。我們所見到的，只是胡適日記裡摘下的部分。必須指出的是，胡適日記裡所摘錄的信，往往跟原信有些微字句上的不同。無論如何，胡適在這封信裡說：「您想知道『一個東方人在他的內心深處，到底是如何看待一些美國女子驚世駭俗(unconventionalities)的行為』？」胡適當頭棒喝的回答是：那完全端賴於我們如何來看待她。我們是把她當成一個木偶；還是把她當成一個自由的人。如果我們相信她有判斷的能力，即使她偶爾會有驚世駭俗的舉動，就給她自由，讓她去做她自己認為適當合理的事。如果我們沒有這個信心，就應該把她鎖在閨房裡，不讓她離開我們的視線。胡適反問韋蓮司的母親：「我們為什麼需要在乎『別人』怎麼看我們？我們對自己的判斷會比他們差嗎？而且，所謂的禮俗不也是人造的嗎？」[35]

胡適接著故意把基督教拉進來。我們以下會談到他對基督教的鄙夷，以及韋蓮司的母親一直希望他信教得救的情形。他說，他剛到美國的時候，看到美國的錢幣上印著：「相信上帝」(In God We Trust)這四個字的銘文，覺得感慨萬千，他很慚愧中國必

34　胡適，《胡適留學日記》，第四冊，頁1137。
35　同上，第三冊，頁835-836。

須處處設防來抵制偽鈔。但是，在美國住了六年以後，他已經不能接受這個銘文。他認爲更理想的銘文應該是：「相信人」(In Man We Trust)[36]。唐德剛先生把胡適和韋蓮司母親這一來一往的信當成證據，說胡適跟韋蓮司來往密切的程度，讓她母親感到不安，起而阻擋[37]。胡適與韋蓮司來往密切是無庸置疑的，韋蓮司母親爲此感到不安，也是絕對可信的。至於，他們是否在談戀愛，則一如我們在上文所談的，以及以下還會分析的，他們肯定是惺惺相惜，然而愛慕的火星，即使在那偶現的臨界點迸出，終究因爲沒有那易燃點的氛圍而殞滅。

留學時期的胡適自視極高，在他的眼中，美國大學生大都不讀書，文章不通，談吐鄙陋，思想閉塞，沒有幾個可談的。男學生如此，女學生更不用說了。他在日記裡借用了一個美國朋友說的話，來批評美國的大學女生，說她們當中沒有幾個人有高尚的知識，或者能啓發人的心思[38]。一個標準那麼高的人，會在日記裡一再地讚揚韋蓮司，可以想見她絕對是一個出類拔萃的女性。胡適描寫她「極能思想，讀書甚多，高潔幾近狂狷，雖生富家而不事服飾。」韋蓮司不注重服飾的「狂狷」是一件相當值得玩味的事；它會讓人省思，去猜測這是否跟她與胡適在當時沒有產生異性相吸的火花有關係。胡適形容她的服裝「數年不易，其草冠敝損，戴之如故。又以髮長，修飾不易，盡剪去之，蓬首一二年矣。」以至於連她走在路上，都常常會被路人指指點點[39]。韋蓮

36　胡適，《胡適留學日記》，第三冊，頁837。
37　唐德剛，《胡適雜憶》(台北：傳記文學出版社，1979年)，頁192-195。
38　胡適，《胡適留學日記》，第二冊，頁472。
39　同上，第三冊，頁627。

司顯然並不是從青春期就鄙夷時尚，忽視服飾。她母親在對胡適抱怨他們獨處一室的當天，也埋怨韋蓮司把她從前所有漂亮的衣服，和香水之類的東西都棄之如敝屣。胡適幫韋蓮司緩頰，說她已經對這些東西失去興趣。她母親不接受，她認為韋蓮司就算是屈就一下，再回過頭來用這些可以讓自己看起來漂亮一點的東西，別人不會就因此而把她看低一點[40]。

我們從韋蓮司少女時期的幾張照片來看，她確實曾經像其他少女一樣懂得修飾，也曾經穿過非常女性化、花俏的衣服。然而，當胡適在1914年認識她的時候，正是她投入前衛藝術、作為一個「新女性」的時期。「新女性」是美國歷史上一個很廣義的女性群像。她們出現的年代，是在1890到1920年代，因此，她們之間自然也有世代之間的異同，越年輕的世代越激進，越能夠從實踐來證明家庭並不是婦女的天職。「新女性」所特指的是中產階級的白人女性，她們受過高等教育，崇尚獨立，追求自我的實現；她們投身社會工作、爭取投票權、提倡節育、講究男女平等，並試圖衝破把女人禁錮在生兒育女的傳統性別藩籬[41]。韋蓮司雖然在胡適的眼中近乎「狂狷」，但把她放在當時美國「新女性」的行為模式下來衡量，其實並不算是特別怪異。她沒有像當時一些女性作家和畫家，有意識地穿著男裝，來對社會壓縮、制式化女性的角色作抗議[42]；她也沒有像紐約格林威治村(Greenwich Village)

---

40   Hu to Williams, February 1, 1915.

41   Christine Stansell, *American Moderns: Bohemian New York and the Creation of A New Century* (New York: Metropolitan Books, 2000).

42   Carroll Smith-Rosenberg, "The New Woman as Androgyne: Social Disorder and Gender Crisis, 1870-1936," *Disorderly Conduct: Visions of Gender in Victorian America* (New York: Alfred A. Knopf, 1985), p. 288.

韋蓮司13歲照片,攝於1898年。(康乃爾大學授權使用)
(*Edith Clifford Williams at age 13* (1898). Collection 2550,
Williams Family Papers, 1809-1952. Courtesy of the Division of
Rare and Manuscript Collections, Cornell University Library)

韋蓮司16歲照片,攝於1901年。(康乃爾大學授權使用)
(*Edith Clifford Williams at age 16* [December, 1901]. Collection
2550, Williams Family Papers, 1809-1952. Courtesy of the
Division of Rare and Manuscript Collections, Cornell University
Library)

的波希米亞型的藝術家、詩人、作家、知識分子一樣，從事情慾的探索與實驗。我們在第四章會進一步談到，韋蓮司對性、對婚姻家庭的看法並不激進。胡適說韋蓮司「又以髮長，修飾不易，盡剪去之，蓬首一二年矣」。事實上，短髮只不過是當時「新女性」的表徵之一。

韋蓮司特別的地方，不在於她棄香水、華服如敝屣。事實上，摒棄女性的花俏，而改著「中性」(androgynous)的服裝，是當時一些「新女性」所常作的事。韋蓮司最「狂狷」的地方，在於她從象徵的意義上，超越傳統的性別窠臼。韋蓮司的全名是Edith Clifford Williams。「伊蒂絲」(Edith)是個很女性化的名字，「克利夫德」(Clifford)則是男性的名字。韋蓮司自從投身前衛藝術開始，不管是在她的畫作上或者是來往信件上，都自署為「克利夫德」。這一點，當時就為人所注意。比如說，她參加1917年「獨立藝術家協會」的展覽時，訪問她的《展望報》記者，就特別在她的名字之前加冠了「小姐」的頭銜，以免讀者誤以為韋蓮司是個男人。值得注意的是，韋蓮司的「中性」階段，至少在服飾上並沒有持續很久。從她日後的照片看來，她回家陪母親過日子以後，似乎已經被「馴服」而回歸到「讓自己看起來漂亮一點」的「常態」。換句話說，揮別了紐約，割捨了達達主義的前衛藝術，也意味著韋蓮司告別了她中性的「新女性」階段。

胡適在美國留學的時候，非常關心美國的政治社會發展。他把美國視為第二故鄉，曾兩度廢寢忘食地關心美國總統大選，並公開表態選邊。在婦女運動方面，他則曾經支持1915年紐約州女子爭取參政權運動。像胡適這種敏於觀察，並勤於閱讀書報的

人，不可能不知道當時美國「新女性」的形象。事實上，他1916
年在紐約所寫的幾首打油詩裡，有一篇就是以〈新女性〉(The
"New Woman"；註：原詩只有英文篇名)爲名：「頭上金絲髮，
一根都不留。無非爭口氣，不是出鋒頭。生育當裁制，家庭要自
由。頭銜『新婦女』，別樣也風流。」[43]胡適讚賞新女性，說她
們「言論非常激烈，行爲往往趨於極端，不信宗教，不依禮法，
卻又思想極高，道德極高。」[44]當然，胡適也同時認爲有些婦女
只有「新女性」之名，而無「新女性」之實，1916年他在哥大
時，也寫了一首《紐約詩》來取笑這些「假新女性」：「一陣香
風過，誰家的女兒？裙翻鴕鳥腿，韡像野豬蹄。密密堆鉛粉，人
人嚼『肯低』(candy，糖也。)甘心充玩物，這病怪難醫！」[45]

胡適留學時期與韋蓮司的關係，是許多人臆想的題材[46]。從
他們當時來往的信件來看，除了胡適那封「折柳贈別」的「少年
維特」式的信以外，我們找不到其他足以說明他愛戀韋蓮司的蛛
絲馬跡。然而，就像徐志摩日後在讀胡適跟曹誠英相戀時寫的情
詩所領悟到的，凡是胡適在「詩前有序後有跋者，皆可疑，皆將
來本傳索隱資料。」[47]這說明了胡適是一個多麼重視隱私的人。
他不但拒絕在書信、日記這些屬於私人性質的文件裡流露眞情，
甚至連在作詩塡詞的時候，也不讓自己的詩心恣意馳騁。然而，

43　胡適，《胡適留學日記》，第四冊，頁1042-1043。
44　胡適，〈美國的婦人〉，《胡適全集》(合肥：安徽教育出版社，2003
　　年)，第二冊，頁631。
45　胡適，《胡適留學日記》，第四冊，頁1041。
46　請參閱唐德剛，《胡適雜憶》(台北：傳記文學出版社，1979年)，頁
　　189-195，以及夏志清序。
47　徐志摩，《徐志摩全集補編》，第四冊，〈日記・書信集〉(上海：上
　　海書店，1994)，頁17。

胡適同時又自詡為一個歷史家，要為歷史留下見證。徐志摩可以
看出胡適的「詩前有序後有跋者，皆可疑」，正因為他是胡適
「男性唱和圈」裡的人。這個「唱和圈」是胡適隱與彰的分界，
對他圈內的友朋而言，正由於他們知曉他的一些隱密私情，任何
他所願意透露的相關片語隻字，都可以引來他們會心的一笑。反
之，那些片語隻字，對這個唱和圈外的人來說，便只能成為供人
臆測與遐想，卻不得其詳的斷簡殘篇[48]。這些讓外人難以窺其全
豹的斷簡殘篇，換句話說，就是胡適的「障眼術」，必須用徐志
摩所說的「索隱論」來抽絲剝繭。

　　所幸的是，胡適自己在1939年5月17日寫給韋蓮司的信裡，
一五一十地為韋蓮司點出了哪幾首詩是為她而寫的[49]。一共三
首：第一首是1915年6月12日所作的《滿庭芳》[50]：

> 楓翼敲簾，榆錢入戶，柳棉飛上春衣。
>
> 落花時節，隨地亂鶯啼。
>
> 枝上紅襟軟語[51]，商量定，掠地雙飛[52]。

48　有關胡適「男性唱和圈」的分析，請參閱筆者中英文各一篇的論文：
　　江勇振，〈男性與自我的扮相：胡適的愛情、軀體與隱私觀〉，熊秉
　　真等編，《欲掩彌彰：中國歷史文化中的「私」與「情」──公義
　　篇》（台北：漢學研究中心，2003年），頁195-224；Yung-chen Chiang,
　　"Performing Masculinity and the Self: Love, Body, and Privacy in Hu Shi,"
　　The Journal of Asian Studies, 63.2 (May 2004), pp. 305-332.

49　Hu to Williams, May 17, 1939, 又，請參見周質平，《胡適與韋蓮司：深
　　情五十年》，頁29-30，143-144；聯經版，頁29-30，138。

50　胡適，《胡適留學日記》，第三冊，頁667。

51　胡適自註：「紅襟，鳥名──Redbreast。」

52　胡適自註：「史梅溪有『又軟語商量不定』句，甚喜之，今反其義而
　　用之。」

何須待，銷魂杜宇，勸我不如歸[53]？

歸期，今倦數。

十年作客，已慣天涯。

況壑深多瀑，湖麗如斯。

多謝殷勤、我友，能容我傲骨狂思。

頻相見，微風晚日，指點過湖堤。

　　這首詞透露了胡適「十年作客，已慣天涯。」已經到了「歸期，今倦數」的境界；更不用說「況壑深多瀑，湖麗如斯」，可以讓人「樂不思蜀」的綺色佳美地。這首詞裡的：「枝上紅襟軟語，商量定，掠地雙飛。」以及「多謝殷勤、我友，能容我傲骨狂思。頻相見，微風晚日，指點過湖堤。」更是能引人遐思的豔句。第二首是8月20日的《臨江仙》，更是豔麗[54]：

隔樹溪聲細碎，迎人鳥唱紛譁。

共穿幽徑趁溪斜。

我和君拾葚，君替我簪花。

更向水濱同坐，驕陽有樹相遮。

語深渾不管昏鴉，此時君與我，何處更容他？

　　這首詞因為太豔麗了，害得胡適不得不施展他的障眼術，作了個序說：「詩中綺語，非病也……今之言詩界革命者，矯枉過正……今年重事填詞，偶作綺語，遊戲而已。一夜讀英文歌詩，

53　胡適自註：「此邦無杜宇。」
54　胡適，《胡適留學日記》，第三冊，頁749。

偶有所喜,遂成此詞。詞中語意一無所指,懼他日讀者之妄相猜度也,故序之如此。」如果不是胡適在1939年6月10日寫的信裡,一五一十地向韋蓮司說明他當年是如何「煞費周章地」,聲明這首詩沒有特定的對象,我們還真會被他詆住了呢[55]!這點,我們在第四章第四節還會詳細說明。第三首是《相思》,寫於同年的10月13日。這是一首五言絕句[56]:

> 自我與子別,於今十日耳。
> 奈何十日間,兩夜夢及子?
> 前夜夢書來,謂無再見時。
> 老母日就衰,未可遠別離。
> 昨夢君歸來,歡喜便同坐。
> 語我故鄉事,故人頗思我。
> 吾乃淡蕩人,未知「愛」何似。
> 古人說「相思」,毋乃頗類此?

我們可以大膽的假定:胡適在留學時期,如果曾經對他媒妁之言的婚約有過反悔的時候,如果他對韋蓮司有過眷戀的情懷,那就是在1915年,在他為韋蓮司寫下這三首情詩的時候。韋蓮司在當年4月底或5月初回到了綺色佳,在家裡住了大約一個月的時間。在這一段時間裡,他們往來頻繁。胡適在日記裡記下了他和韋蓮司幾次的談話。他們討論老子、中國人和西方人接受新思想的態度等等。每次,他都稱讚韋蓮司有她特殊的看法,都能夠讓

55　Hu to Williams, June 10, 1939.
56　胡適,《胡適留學日記》,第三冊,頁795-796。

他心服口服[57]。他們在5月6日，一起去看英國名演員福布斯—羅伯特生爵士(Johnston Forbes-Robertson, 1853-1937；1913年封爵)的演出。演出的劇本是《失明》(*The Light That Failed*)，是根據英國詩人、小說家吉卜林(Rudyard Kipling, 1865-1936)的小說改編的。胡適在日記裡說這齣戲雖非名劇，但「得此名手演出，正如仙人指爪所著，瓦礫都化黃金。」[58]

在這一個月裡，胡適並不是每天都在綺色佳。5月18日，他受邀到綺色佳附近的藹爾梅臘城(Elmira)的青年會演說，講《中日最近交涉》。胡適當時才留美不到五年，在各地演說的次數已經不下70次。雖然他知道自己從中獲益良多，他也覺得「荒廢日力」太多，已經決定暫停演說。然而，他卻又因為國家正面臨存亡之秋，有機會為國執言，義不容辭，於是，又一再地重作馮婦。比如說，他三月下旬在綺色佳的一間教堂演說，4月下旬，又去了紐約州的水牛城(Buffalo)演說[59]。韋蓮司知道胡適在演說方面有天分。但就在這個時候，她給了胡適一個忠告。5月28日，胡適與韋蓮司作了長談。我們不知道他們那晚談了多少事情，但是胡適在日記裡寫說他們倆互相約定：「此後各專心致志於吾二人所擇之事業，以全力為之，期於有成。」胡適並且在日記裡，附了他次日寫給韋蓮司的信的大要。在這封信裡，胡適稱韋蓮司為他「人生的舵手」。他說：

　　我寫這封簡短的信，就是要請妳放心，我是真心地感謝

57　胡適，《胡適留學日記》，第三冊，頁625-627。
58　同上，頁628。
59　同上，頁598-602，613-614，629。

妳所給我的直率和誠摯的忠告，我會竭盡所能，不辜負
妳對我說的話。

我確實是在不務正業(drifting)——越來越遠離了我的本
務。我會這樣做，也許並非沒有說得過去的理由或藉
口——因而使情況會越演越烈。我所需要的是一個舵手
來引領我。然而，到目前爲止，除了妳以外，從來就沒
有一個人能夠給我這個我眞正需要的東西。有一段時
間，連我自己都可以隱約地開始感覺到我是在不務正
業。然而，這次的中日事件[註：即日本對中國提出的
「二十一條」]把一切都打亂了。於是，我又找到了藉
口來不務正業。

妳眞的是對我非常得好；妳對我作了一件很好的事。我
現在已經下定決心不要辜負妳昨天對我所說的話……
[註：原有的刪節號]

空想無益——那只會

佔用寶貴的光陰！作正事去。[註：引自布朗寧的詩
《一個在英國的義大利人》(The Italian in England)][60]

　　我在此處引的信，用的主要是胡適日記所錄下來的。今天在
「胡適紀念館」所存的這封信，是韋蓮司的打字本。我以上所引
的信的第一段，即取自這個打字本。最值得注意的是，韋蓮司的
打字本少了「不要辜負妳昨天對我所說的話」這一句話。如果這
句話確實是韋蓮司刪掉的，我認爲她主要的目的在於不要讓後人

60　胡適，《胡適留學日記》，第三冊，頁654-655。

知道他們在前一天見了面。如果這個假定正確，我推測胡適在第一段是說：「我是真心地感謝妳(昨天)所給我的直率和誠摯的忠告。」這句話裡的「昨天」也被她刪掉了。我們在第四章會更詳細地分析韋蓮司愛胡適，為了保護胡適身後的名聲，也為了愛屋及烏，不讓江冬秀受到二度傷害，很可能把胡適給她的信作了刪削的工作。韋蓮司深知胡適愛惜羽毛，她的顧忌可能比胡適還多。我在此處所要說的重點是，韋蓮司要盡量隱去任何可能讓人想入非非的字眼。

　　胡適在日記中沒有錄下整封信。韋蓮司的打字本，打進去了「妳真的是對我非常得好；妳對我作了一件很好的事」這兩句話。然後，我認為她是保留了「我現在已經下定決心」這上半句話，然後刪掉了胡適在日記裡所記錄下來的：「不要辜負妳昨天對我所說的話」這下半句話。接著，就把那留下來的上半句話，接上了胡適接下去的下半句：「停止這愚蠢的旁騖。」換句話說，我認為胡適的原文是："I have now determined to live up to what you said to me yesterday and to put an end to this foolish drifting."(我現在已經下定決心，不要辜負妳昨天對我所說的話，並停止這愚蠢的旁騖。)胡適接著說：「昨晚，我把〔我負責整理編輯的〕《留美學生月報》(*Chinese Students' Monthly*)的『國內要聞』的最後一部分寄出。今早，我把書架上、書桌上所有不相干的書全都還回了圖書館。」在引了上述布朗寧那首詩句以後，他最後說：「作正事去！打從心底向妳致謝。胡適上」[61]

　　我們不知道韋蓮司是什麼時候回紐約的。但是，我們知道韋

61　Hu to Williams, May 29, 1915.

蓮司6月4日那天，人還在綺色佳。因為我們在前面提到她當天和
客鸞在出外郊遊以後，到了胡適的住處喝了茶。值得注意的是，
胡適寫給韋蓮司的第一封情詩《滿庭芳》，是6月12日所作的，
頂多是在韋蓮司回紐約一個禮拜以後。我們現在知道他們在5、6
月間頻繁過從了一個月，後來又互相約定：「此後各專心致志於
吾二人所擇之事業，以全力為之，期於有成。」則這首情詩裡所
說的：「枝上紅襟軟語，商量定，掠地雙飛。」就可能確有所
指。現在我們知道韋蓮司當時給他的忠告，我們也更能瞭解他在
這首詩裡所說的：「多謝殷勤、我友，能容我傲骨狂思。頻相
見，微風晚日，指點過湖堤。」

　　8月20日所寫的豔麗的《臨江仙》：「我和君拾甚，君替我
簪花。更向水濱同坐，驕陽有樹相遮。語深渾不管昏鴉，此時君
與我，何處更容他？」不管是否實有所指，還是只是詩人的綺
想，胡適對韋蓮司的浪漫情懷已是呼之欲出。君不見胡適還須施
展他的障眼術，強調他只不過是「偶作綺語，遊戲而已。」更重
要的是，胡適在24年以後的「自供」，對韋蓮司說當年他可是
「煞費周章地」，聲明這首詩沒有特定的對象。胡適寫下他給韋
蓮司的第三首情詩《相思》，是10月13日，那時他人已經到了紐
約，進了哥倫比亞大學念研究所。胡適是在9月20日搭夜車離開
綺色佳，在次晨抵達紐約，住進哥大的宿舍。我們從胡適給韋蓮
司母親的信看來，他當天就跟韋蓮司見了面[62]。

　　韋蓮司也在胡適還沒到哥大就寫了一封信歡迎他。這封信星
期日寫的，可能是9月19日，胡適在信上寫了「1915年9月22

62　　Hu to Harriet Williams, September 22, 1915.

日」，可能是他搬進宿舍的第二天，這封信才轉到。韋蓮司在這封信上寫著：「歡迎一個新日子的開始！大雨過後，是多麼的清新和亮麗啊──這肯定是新學年開始的好運兆。所有書本裡的每一片小書頁一定都雀躍著，個個都盛裝以待(primly)，興奮地說：『就快要被派上用場了！』知道你來了，真好。熱切、誠摯地祝你有好的開始！」[63]胡適離開綺色佳以前，韋蓮司原本就因為家裡有事，有再回綺色佳一趟的計畫。結果因為工作還沒有告一段落，行期推後。我們不能確定她是什麼時候回綺色佳的，也不能確定她在21日跟胡適見了面以後，是否在回家以前又見過面。她在10月10日，或11日從綺色佳寄出的一封裡說：「綺色佳美極了──樹葉金光閃爛，就差你不在這裡。很高興知道你已經開始上課！希望一切順利。由於一個姑婆過世，我可能會多待幾天，也許到週末。我常跟C先生見面，見了希立(Thilly)教授夫婦一次，也在星期天見了波爾(Burr)教授。你可以想見大家都關心著你。你人不在這裡，好像一切都不對勁了。我今天回了鄭萊一封信。希望回到紐約以後，可以很快地就跟你見面談話。祝你在圖書館座椅上工作愉快。」[64]我們把韋蓮司與胡適當時在紐約的重聚與小別，以及韋蓮司的這兩封信串在一起來看，胡適的《相思》這首情詩也就明白易懂了。「自我與子別，於今十日耳。奈何十日間，兩夜夢及子？」10月13日，胡適寫這首詩時，韋蓮司是否確實已經離開紐約十天，這點並不重要。重點在於：「前夜夢書來，謂無再見時。老母日就衰，未可遠別離。」一如我們以下會提到的，韋蓮司確實在一年以後，由於「老母日就衰」而搬

63　Williams to Hu, Sunday〔September 19, 1915?〕.
64　Williams to Hu, n.d.,〔postmarked October 12, 1915〕.

回綺色佳住。「昨夢君歸來，歡喜便同坐。語我故鄉事，故人頗思我。」這就正是韋蓮司從綺色佳寄來的信所點出的。無怪乎胡適會說：「吾乃淡蕩人，未知『愛』何似。古人說『相思』，毋乃頗類此？」

　　胡適在這一段時間對韋蓮司所產生的愛慕之情，當然影響了他對江冬秀的感情。我們在下一節會分析胡適在7月25日所寫的一首英文詩《今別離》。那首詩怵目驚心地以詩寄懷，告訴江冬秀，說心靈的阻隔已經讓他們形同陌路。這點，且待下文。值得注意的是，儘管胡適有他的相思、有他身不由己的悵惘，他最多只能賦詩寄懷，既不能寄給韋蓮司來訴衷情，還必須祭出「障眼術」，擺出一副不過是為賦新詞強說愁的姿態。這箇中最重要的原因，是一如我們在第四章第二節會詳細描述的，當時的韋蓮司對胡適並沒有羅曼蒂克的情懷。胡適之所以會在1939年5月17日寫給韋蓮司的信裡，一一點出哪些詩是當年為她而作的，是因為那時他們已經有了親密的關係。但是，胡適在留學時期的情況就截然不同，因為他畢竟是「使君有婦」的人。比如說，他們在1915年初，就曾經在來往的信上談到江冬秀。先是，韋蓮司在胡適寄給她的家人合照裡，看到了胡適的「表妹」。因為她沒帶笑容，韋蓮司就像一般美國人直覺的反應，覺得她「面帶愁容」[65]。胡適於是回信告訴她，那就是他的未婚妻江冬秀[66]。韋蓮司表示她很好奇江冬秀究竟是如何看待她跟胡適的婚事、胡適的為人，以及胡適的思想觀念。她覺得整個情況很不可思議，但想想又覺得這種媒妁之言的婚姻似乎也沒什麼大不了，說不定這種在智性

65　Williams to Hu, March 10, 1915.
66　Hu to Williams, March 14, 1915.

上南轅北轍、無法溝通的關係，反而還可以讓一個可能會很棘手
的問題婚姻關係簡單化呢[67]！

　　胡適回信說他覺得江冬秀可能會把他「理想化」。他認為江
冬秀完全不可能瞭解他的所想所思，因為她連寫一封問候的短信
都有困難，何況是讀書呢！胡適說他早已經死了心，不會再希冀
江冬秀能成為他思想上的伴侶。雖然他曾經要求她讀書作文，但
是由於種種原因，此願不可能達成。不過，他還是抱持著樂觀的態
度，因為像他的母親雖然不識字，卻是一個世界上最好的女性[68]。
值得注意的是，就像我們在第四章會提出來討論的，這封信可能
已經經過韋蓮司刪削，已經不是原貌；原來胡適說的話可能還更
重一點。無論如何，胡適「使君有婦」的身分，當然不是無法克
服的障礙，當時的留學生裡，解除婚約的所在多有。問題是，即
使能克服這一關，他還有種族歧視、韋蓮司父母的關卡，且不用
說韋蓮司是否也愛他到願意跟他一起「赴湯蹈火」的地步？當時
的韋蓮司，固然對胡適讚佩有加，卻是直到胡適返回中國並來信
報告他即將成婚的時候，才幡然痛苦地領悟到她早已經無可自拔
地愛上了胡適。這部分將在第三章有詳細的描述。

　　胡適雖然沒有在留學時期和韋蓮司成為情侶，但是，他絕不
是如日記裡，或者在寫給韋蓮司的信裡所形容的，是一個害羞自
矜不與女子交際的人。事實上，早在1913年，他就已經有了探訪
女性朋友的經驗。那年秋天，衛斯理女子學院（Wellesley
College）畢業的胡彬夏到康乃爾來訪問。胡彬夏的弟弟胡明復當
時也在康乃爾大學，他跟胡適是拿同一期的庚款去美國的留學

67　Williams to Hu, March 25, 1915.

68　Hu to Williams, March 28, 1915.

生。胡適在10月12日的日記裡，稱讚胡彬夏讀書多、聰慧、有見地，是中國「新女界不可多得之人物」[69]。到了1914年夏天，也就是胡適認識韋蓮司的同一段時間，他又結識了瘦琴女士(Nellie B. Sergent)。瘦琴小姐當時在紐約的一個中學教英文，那年夏天到康乃爾大學選暑修班的課，而與胡適相識。胡適在6月8日的日記裡，記述他第一次去「賽姬樓」的女生宿舍訪友(Sage Hall；現在是康乃爾大學的商學院)[70]。他當時去拜訪的就是瘦琴，而不是朱洪、郭宛[沈衛威]用想當然耳的推理所假定的韋蓮司[71]。韋蓮司當時住在紐約，她回綺色佳的時候，當然是回父母家住，而不會是住在康乃爾的學校宿舍。瘦琴在1915年夏天，又去康乃爾選了暑修班的課，跟胡適更加熟悉了，兩人通信極勤。胡適留學期間魚雁往返最多的女性是韋蓮司，瘦琴小姐其次[72]。我們在第三章會詳細地談到瘦琴如何在1920年代，變成了胡適的第一顆美國星星。

除此之外，胡適也與他康乃爾大學哲學系的同學客鸞女士(Marion Crane)頗有過從[73]。無論如何，胡適與韋蓮司相識的時候，他在與異性的交友上，已經是寶刀初試，而不再是他日記裡所描述的容易「面紅耳赤」的人了。他欣賞韋蓮司、為之擊節是很可理解的。在有朋如此、夫復何憾的欣喜之餘，他自豪地在日

69　胡適，《胡適留學日記》，第一冊，頁146。

70　同上，頁252-254。

71　朱洪，《胡適與韋蓮司》，頁3；郭宛，《胡適：靈與肉之間》(成都：四川文藝出版社，1995)，頁70。

72　胡適，《胡適留學日記》，第三冊，頁764。

73　胡適一向把Crane的姓譯成客鸞，見《胡適留學日記》，第三冊，頁655, 658，只有一次譯成克鸞，即第四冊，頁957。

記裡說：「余所見女子多矣，其眞能具思想、識力、魄力、熱誠於一身者唯一人耳。」[74] 值得玩味的是，這句話稱讚的固然是韋蓮司，但也同時流露出那種男性「閱女多矣」的自得之情。胡適日記裡所記的，跟他寫給韋蓮司的信，有如天壤之別。因爲就在他誇口說「余所見女子多矣」，不過五天的時間，胡適就爲了本節開始所述那件「獨處一室的風波」，跟韋蓮司表示他十年以來，沒有跟任何一個女人說過十個字以上的話。

　　韋蓮司與胡適交往的大略，其實胡適自己在《留學日記》裡已經交代了很清楚。即使沒有那些在他死後三十多年以後方才公開的來往信件，其大致的輪廓已經儼然若現。早在1962年，在周策縱先生的巨著《五四運動史》（*The May Fourth Movement: Intellectual Revolution in Modern China*）出版兩年以後，他就已經寫了一篇〈胡適之先生的抗議與容忍〉。在這篇原載於留美學人所發行的《海外論壇》的文章裡，周先生就用他豐富的學養，以他對五四、對胡適的認識與瞭解，光憑胡適《留學日記》裡的資料，爲我們生動，而且意有所指地勾勒出胡適如何是「閨閣中歷歷有人」，以及他如何受到她們的「吸引和鼓勵」而被「『誘』上梁山」[75]。

　　胡適對韋蓮司的欽佩，主要是在思想的層面。他誇讚韋蓮司「見地之高」，不是尋常女子所能望其項背的。最重要的是，韋蓮司很能在言談以及書信來往中激勵他去思想。韋蓮司對胡適的幫助，最重要在於她的回應與問難，驅使胡適下功夫去釐清自己

74　胡適，《胡適留學日記》，第二冊，頁524。
75　周策縱，〈胡適之先生的抗議與容忍〉。本書所參考的，是收在耿雲志編，《胡適評傳》(上海：上海古籍出版社，1999)，頁587-623。

的想法。就像胡適在1914年12月給韋蓮司的一封信裡所說的，友誼最可貴之處，在於那心靈的交會、心智的激盪。韋蓮司的問難迫使他必須有系統地思考，去整理並梳理他的知識，然後條理井然地，以清楚明確的語言去表達出來。胡適認爲一個人只有在經過這種梳理的工作之後，才能說其所表達的知識眞正是屬於自己的[76]。他後來還自編了一句英文格言：「捕捉感覺、印象最好的方法，是用語言文字去把它表達出來。」（Expression is the best means of appropriating an impression）[77]。胡適在1917年回國以前，重讀他兩年多來給韋蓮司的信。我們在上文提到他在5月4日的日記裡所說的話，「此兩年中之思想感情之變遷多具於此百餘書中，他處決不能得此眞我之眞相也。」這確實並不誇張。胡適在美國的留學生涯，是他一生思想、爲人、處事的轉捩點[78]。而韋蓮司在他這個關鍵時刻，扮演了一個重要的角色。他們不但互相推薦好書，交換讀書心得，關心世局，品評時事，而且關心彼此的立身、處世、健康和家庭。胡適能有韋蓮司這樣的紅粉知己，無怪乎他會做出人生何復多求的豪語！胡適一生中的幾個重要的主導思想，是在他留學時期形成的。其中，他的國際仲裁的理想，是他一生所奉行不違，而且最爲自己所津津樂道的。我們可以在他與韋蓮司的來往書信裡，清楚地看出他這個理想漸次成形

76　Hu to Williams, December 7, 1914.

77　胡適，《胡適留學日記》，第四冊，頁1057-1058。請注意胡適有他自己的翻譯，與筆者不同。胡適自己的翻譯是：「你若想把平時所得的印象感想變成你自己的，只有表現是最有益的方法。」見他1921年7月21日的日記，《胡適日記全集》，第三冊，頁217。

78　請參考筆者的論文：Yung-chen Chiang, "Performing Masculinity and the Self: Love, Body, and Privacy in Hu Shi," *The Journal of Asian Studies*, 63.2 (May 2004), pp. 305-332.

的軌跡。

　　胡適在提出他的國際仲裁理想以前，奉行的是世界大同的理念。這個世界大同的理念，用他自己當時的話來說，是「大同主義」（cosmopolitanism）。從1912年9月起，他有三年的時間是住在康乃爾大學的「世界學生會」（Cosmopolitan Club）。在這個美國學生和外國學生同住，以促進國際友誼為目的的國際學舍裡，胡適是其中的活躍分子。1913年5月，他還被選為任期一年的會長。當年九月，「世界學生會」代表到華盛頓晉見美國總統威爾遜（Woodrow Wilson）和國務卿布萊恩（William Bryan）的時候，胡適即是代表之一。學生代表們還跟國務卿合照了一張像。威爾遜總統在接見他們的時候，對他們說了一番鼓勵的話：「我認為我們這一次的小聚會，其所代表的，是現代人生裡最令人感到有希望的事情之一。這也就是說，我們共聚在一起討論，我們所關注的完全無涉於國與國之間的疆界畛域，而是如何去提升人類的心靈和精神。」[79]

　　1914年4月，美國派兵干預墨西哥革命，民族主義瀰漫於美國輿論界。綺色佳當地的報紙就以「但論國界，不問是非」（My country, Right or Wrong）這個非常民族主義的口號作為標題。「世界學生會」的各國同學為此還有所辯論。胡適聽了這些辯論以後，有所感觸，就投書給當地的報紙。他指出如果人們可以為了愛國，而不論是非，那豈不是用雙重的標準來判定對錯？對

79　Jerome Grieder, *Hu Shih and the Chinese Renaissance: Liberalism in the Chinese Revolution: 1917-1939* (Cambridge, Mass.: Harvard University Press, 1970), p. 57.

SEC'TY OF STATE BRYAN AND THE 8TH INTERNATIONAL CONGRESS of STUDENTS WASH. D.C.

1913年9月胡適與「世界學生會」代表與美國國務卿合影。(胡適紀念館授權使用)

就是對，錯就是錯，不會因爲那是自己的國家，就對錯不分[80]。他認爲強權主義之所以會在世界上橫行，就是因爲狹隘的民族主義作祟。這種弱肉強食的民族主義，從他的角度看來，就正是第一次世界大戰爆發的根本原因。戰爭的爆發，離他投書的時間才兩個月。這個空前的戰禍，大大地衝擊了他世界大同的理念。他每天勤讀時事，在日記裡作札記，並記錄他的感想。1914年7月底大戰爆發，8月，德國侵佔比利時和盧森堡。比利時起而抵抗，其結果是慘遭屠戮；反之，盧森堡投降，家園得以保全。這兩個小國和德國比鄰，其所遭遇的命運卻如此不同。胡適當時從其中悟出了一個道理，那就是不抵抗主義(non-resistance)[81]。

　　胡適信奉不抵抗主義的階段並不算長，但是它的形成和轉變，都跟韋蓮司有密切的關係。1914年11月，當他和韋蓮司在綺色佳街頭散步，談到「折柳贈別」以及第一次世界大戰的時候，他曾特別提到了老子。胡適引了他1908年在上海時寫的一首七律《秋柳》：「已見蕭颼萬木摧，尚餘垂柳拂人來。憑君漫說柔條弱，也向西風舞一回。」[82]他爲韋蓮司解釋這首詩的寓意，在於申論老子柔弱勝剛強的哲理。但是，即使在那個時候，胡適的不抵抗主義還只是一個雛形。當時，他還在憂心中國沒有能賴以自保的國防力量。一直要等到次年一月，胡適在紐約跟韋蓮司相見，也就是發生「獨處一室的風波」之時，他才當面向韋蓮司表示自己已經徹底大悟，「決心投身世界和平諸團體」，從此奉行

80　胡適，《胡適留學日記》，第一冊，頁232-235。
81　同上，第二冊，頁435。
82　同上，頁465。這首詩後來收入胡適的詩集時，更改了幾字，此處，根據他的留學日記。

不抵抗主義。胡適過後在日記上說，韋蓮司聽了非常高興，認為
這是胡適「晚近第一大捷」，希望胡適能「力持此志勿懈」[83]。

1915年1月，胡適與韋蓮司告別後，搭火車從紐約回綺色
佳。在車上，他讀了該期的《新共和》（New Republic）週刊，發
現其中有一篇哥倫比亞大學學生的投書。這篇投書的名稱是「不
抵抗的道德」（Ethics of Non-Resistance），作者叫普耳（Frederick
Pohl）。胡適讀了覺得深獲其心，立刻設法找到普耳的地址，跟他
通信。在他們來往的信件裡，普耳說他不相信不抵抗主義，因為
它聽起來太軟弱無力了。他說他寧願稱之為「有效的抵抗」
（effective resistance）。他說武力的抵抗是最沒有效率的抵抗方
式，人們總誤以為只要不用武力，就是不抵抗；世人一想到抵
抗，就只能想到物質、武力層面的。他說，事實上，精神上的抵
抗，也就是說，寬恕敵人、「左臉被打，再賠上右臉」等等，才
是最正面、最有效的抵抗。胡適2月再遊紐約的時候，跟普耳約
見面。兩人相談甚歡，胡適建議用「道義的抵抗」（ethical
resistance）這個字眼。普耳同意胡適的說法。跟普耳見了面以
後，胡適接著見到韋蓮司，談起他對普耳說的話，連韋蓮司也覺
得胡適說得很有道理[84]。

胡適的不抵抗主義，或者用他自己的話來說，道義的抵抗，
很快就受到了現實的考驗。1915年1月，日本對中國提出了「二
十一條」的要求。消息傳到美國，引起留美學界大嘩。各地同學
會紛紛召開緊急會議，大家慷慨陳詞。比較激烈的，還號召大家
集體回國，投筆從戎。胡適寫信給韋蓮司，說大家都在譏笑他的

83　胡適，《胡適留學日記》，第二冊，頁524。
84　同上，頁545-548，553-554。

不抵抗主義，諷刺他是親日主義者，他說韋蓮司一定可以想像他的心情。他引韋蓮司在她前一封信裡所說的一句話：「我們眞要竭盡自己所能，全力以赴。」他對韋蓮司說，這是眞知灼見。韋蓮司的這句話，使他想起幼年時候看宗族裡作祭祀，贊禮者會唱「執事者各司其事」。他感嘆道，這七個字，用他當時給另一友人信裡的話來說，是「救國金丹也」[85]。韋蓮司收到此信，很擔心胡適的心情，立刻寫了一封長信，用快遞寄給胡適。她說她很能夠想像在國難當頭之際，要堅持那一定會被誤解的理想，是一件多麼困難的事情。她眞希望中日兩國，能派出高瞻遠矚的外交家來解決這個危機。她擔心的是，中國政府可能已經被激昂的民氣逼到牆角，而無餘地先用外交方式來解決，然後再臥薪嘗膽，用教育與睿智，來避免歷史的重演[86]。胡適回信告訴韋蓮司，說他能體會留學生的心情。但是他批評他們平時不作研究，事情發生後，才手足無措[87]。胡適遭到留美學生圍剿的處境並沒有好轉，2月25日，在康乃爾大學中國同學會所開的特別會上，他雖然因事不克出席，還是發表了書面的意見，要大家鎮靜下來，以作長遠的謀慮。會長代念他的意見時，全場一片噓聲。連他的好友任鴻雋，都私下搖頭，說：「胡適之的不爭主義又來了！」[88]

　　3月19日晚上，胡適看了三月份的《留美學生月報》（The Chinese Students' Monthly）。《留美學生月報》是20世紀初年中國留學生辦的一個英文刊物，名為月報，其實一年只出八期，每年

85　Hu to Williams, February 25, 1915; 胡適，《胡適留學日記》，第三冊，頁567。

86　Williams to Hu, February 26, 1915.

87　Hu to Williams, February 28, 1915.

88　胡適，《胡適留學日記》，第三冊，頁569-570。

暑假從7到10月休刊四個月。這份英文刊物從1905年發刊，1931年，由於國共鬥爭延伸到美國，中國留學生組織在左右派對峙後崩潰，《留美學生月報》也隨之成為祭品而停刊。胡適當晚在看了三月號《月報》裡面一些慷慨激昂的言論以後，上床歇息，然而卻輾轉未能成眠。於是又起床，一氣呵成地寫了一篇〈莫讓愛國沖昏頭：告留美同學書〉（A Plea for Patriotic Sanity: An Open Letter to All Chinese Students）。胡適在這篇公開信裡指責留學生已經失去了理智，例如，哥倫比亞大學的中國同學會致電袁世凱，要求他誓死抵抗[89]。不但留學生如此，甚至連年長穩健的鍾榮光，即「二次革命」以後流亡紐約的廣東前教育廳長，也在他的文章裡，呼籲中國要以比利時抵抗德國為榜樣，寧可國破家亡，也不要像朝鮮一樣亡於日本[90]。胡適反問留學生：如果我們除了毀滅以外，沒有任何一得，則所有拚命一奪的說法，都只是莽夫言勇！他對留學生的忠告很簡單，那就是：大家應該力求鎮靜。用他自己的話來說：「讓我們先克盡己責，那就是求學。我們不要被新聞所報導的鼎鼎沸沸沖昏了頭，而忘卻了我們嚴肅的使命。我們必須要嚴肅、心如止水、堅定不移地求學。我們必須要臥薪嘗膽，以求振興祖國——如果它能安然度過這個危機的話。當然，我深信它一定能夠；而即令祖國這次不幸而覆亡，我們也要讓它從死裡復活！」[91]

89　"Japanese Demands Arouse Indignation," *The Chinese Students' Monthly*, X.6（March, 1915）, p. 400.

90　W. K. Chung, "Korea or Belgium," *The Chinese Students' Monthly*, X.6（March, 1915）, p. 334.

91　Suh Hu, "A Plea for Patriotic Sanity: An Open Letter to All Chinese Students," *The Chinese Students' Monthly*, X.7（April, 1915）, pp. 425-426;

留美學生對胡適這封〈告留美同學書〉的激烈反應，是不言而喻的。根據他自己在日記裡所作的綜述，《留美學生月報》的總編輯鄺煦坤，批評胡適「木石心腸，不愛國。」《戰報》的主筆諶立則譏諷胡適在日本東亞大帝國成立後，可以等著封侯。還有一封託任鴻雋轉交的信，由於文字說得太不堪，還被任鴻雋給撕了[92]。胡適把他的〈告留美同學書〉寄給韋蓮司，請她批評。韋蓮司在回信裡，說她覺得那封信確實是該寫的，特別是有關學生的責任那一段話，確實說得鞭辟入裡。但是，她也認為縱然一般留學生的態度不夠明智，其所反映的卻是股很寶貴的動力，因為它展現的是元氣、生命力，以及團結的傾向，這些徵兆都很讓人感到振奮。她建議胡適應該因勢利導去引領這股動力，而不是去澆它的冷水。不要只是告訴留學生要冷靜；她說，當那澎湃之氣被激起的時候，我們只有透過行動——高標的的行動——才可能健全地進入冷靜的境界；在還沒有達到這個境界之前，一般人是聽不進冷靜這句話的。她覺得胡適提倡「克盡己責」是一個積極的方案，但應該發揮得更透徹，才可以把它用來引導留學生心中被激起的能量[93]。

胡適回信謝謝韋蓮司，說她的信字字珠璣。冷靜確實是只有透過行動才能進入的境界；他回想起來，連他自己在寫那一封公開信的時候，都不夠冷靜呢！胡適承認他只顧要求大家冷靜，卻完全沒有去表揚這種群情憤慨所反映出來的正面精神。他說他會

(續)————
　　　《胡適留學日記》，第三冊，頁591-596。
92　胡適，《胡適留學日記》，第三冊，頁613。
93　Williams to Hu, March 25, 1915.

按照韋蓮司的建議，去寫第二封公開信[94]。根據胡適的說法，《留美學生月報》會在五月號上發表他的第二封公開信。但不知道什麼原因，這封信並沒有被刊出。我們根據他寄給韋蓮司的副本，可以清楚地看出他把韋蓮司的建議都寫進去了。這第二封沒有被發表的公開信標題為：「何謂愛國理性？再致留美同學」（What Is Patriotic Sanity? Second Open Letter to All Chinese Students）。胡適開宗明義地就強調批評他的人完全誤解了他的立場，那就是：克盡己責，以振興邦國，即使我們是必須讓它從死裡復生。他解釋自己跟大家的目的是一致的，只是方法不同而已。日本的「二十一條要求」所激起的民氣，是坦蕩(noble)、健康的，但必須運用智慧，把這股民氣導向有用、具有建設性的方向。總而言之，胡適呼籲大家不要徒然於涕泗橫流，而應該化悲憤為力量，個個期許作為中國的費希特(Fichte)、馬志尼(Mazzini)、加富爾(Cavour)、格拉司東(Gladstone)、珍·亞當絲(Jane Addams)、布克·華盛頓(Booker T. Washington)，或愛迪生(Thomas Edison)[95]。

胡適要求留學生專心求學的忠告，和他日後回國，給從事愛國運動的學生所做的勸告是立場一致的。但這並不表示胡適斷然反對一切抵抗的行為。他所反對的是武力。比如說，他贊成東京以及國內朋友來信，提倡抵制日貨的運動：「此行亦可喜。抵制日貨，乃最適宜之抗拒。吾所謂道義的抗拒之一種也。不得已而求其次，其在斯乎？」[96]無論如何，留學時期是胡適信奉極端和

94　Hu to Williams, March 28, 1915.
95　Hu to Williams, April 26, 1915, Enclosure.
96　胡適，《胡適留學日記》，第三冊，頁622。

平主義的最後階段。在此以前，他已經從世界大同的理想，進到不抵抗主義，然後再修正為「道義的抵抗」。1915年秋天，胡適到哥倫比亞大學研究所，跟杜威學哲學。在這一年當中，在杜威的影響之下，他的思想從「道義的抵抗」最後終於轉折成為國際仲裁主義。

如果我們要詳細地敘述胡適的國際仲裁理想，以及它對胡適一生的政治哲學的影響，會溢出這個故事太遠。有興趣的讀者，可以參閱筆者的一篇論文[97]。扼要地說，胡適在一篇得頭獎的論文裡發揮了他國際仲裁的理想。這篇論文名為：「國際關係非武力不可嗎？」(Is There a Substitute for Force in International Relations?)這是他參加「美國國際睦誼會」(American Association for International Conciliation)在1916年的徵文比賽所寫。在這篇論文裡，胡適引用杜威的說法，闡述解決國際糾紛之道，是統合各國的力量，用最經濟、最有效的方法，來把阻力或衝突減到最低。這個理念的具體實現，就是成立一個國際組織，它不但可以被用來仲裁國與國之間的衝突，執行國際制裁，而且還能被援用來培養超越國界的世界公民的理念。胡適這個用國際組織來處理國際關係的理念，是他後來一生中非常重要的觀念。一言以蔽之，就是用理性、法治與井然有序來作為衡量個人與國家行為的準則。換句話說，一個國家或個人的行為是否得體，端視其是否合乎理性與法治。除了杜威以外，這篇得獎論文的功臣是韋蓮司。胡適在得獎後致信韋蓮司，說這篇文章裡的許多觀點，「是

97　Yung-chen Chiang, "Performing Masculinity and the Self: Love, Body, and Privacy in Hu Shi," *The Journal of Asian Studies*, 63.2 (May 2004), pp. 317-322.

妳我所共同持有的。坦白講，我根本說不清有多少是因妳而得的。」[98]

　　歷來的學者都以為胡適是反對學者參與政治，也反對學生參與運動的[99]。這是一個誤解。事實上，胡適所反對的不是政治運動的本身，而是運動的方法。換句話說，他可以接受政治運動，只要它合乎理性、法治、井然有序的準則。比如說，他反對用激烈與暴力的途徑爭取婦女參政權的英國婦女，更鄙視民國初年為了達到此目的而東施效顰的中國婦女[100]。但是，他讚揚1915年10月23日紐約爭取婦女參政權的遊行。他當天站在第五大道上看了三個鐘頭。過後，他在日記裡讚嘆地說，遊行的人多達四萬有餘，卻「井然有條」。參加遊行的人年輕男女居多，但中年以上婦女也不少，還有頭髮全白者，「望之真令人肅然起敬」。當天大風寒，手執旗子的女子與風搏鬥，無一人中途散去，「其精神可敬也」[101]。胡適同時也不反對學者參與政治。過去對胡適的研究之所以有如此不正確的認知，關鍵在於誤解了他日記裡的一句話。胡適有一回看到杜威也在婦女參政的遊行隊伍裡，感動之餘，在日記中寫下：「嗟夫，二十世紀之學者不當如是耶！」誤讀他日記的賈祖麟(Jerome Grieder)和周明之，把這個感嘆句，錯讀成批判句，變成了：「二十世紀之學者不當如是！」[102]

98　Hu to Williams, July 9, 1916.

99　Jerome Grieder, *Hu Shih and the Chinese Renaissance*, pp. 53-54, 249-250, 255-257; Min-chih Chou, *Hu Shih and Intellectual Choice in Modern China* (Ann Arbor: The University of Michigan Press, 1984), pp. 107-109, 138-142.

100　胡適，〈美國的婦人〉，《胡適文存》(上海：遠東出版社，1921)，第四冊，頁50。

101　胡適，《胡適留學日記》，第三冊，頁807-808。

102　請參見Jerome Grieder, *Hu Shih and the Chinese Renaissance*, p. 54; Min-chih

　　胡適1915年到哥倫比亞大學念研究所以後，跟韋蓮司的來往
就更方便了。那時他住在哥大「福納樓」(Furnald Hall)宿舍，離
韋蓮司所住的海文街(Haven Avenue)92號的公寓，坐地鐵只有幾
站之隔。他們除了維持通信以外，也經常見面。次年四月，韋蓮
司搬回綺色佳住。兩年後，韋蓮司父親過世，她就長期留在家裡
陪伴母親。她在紐約的公寓，由胡適從1916年夏天開始頂租，一
直到次年7月胡適回國為止。在這段期間他們兩人所談論的問
題，多半還是環繞著國際主義的主軸。不過，由於韋蓮司是一個
達達藝術派的畫家，這也是胡適生平首次親身領略現代藝術的階
段。早在1915年1月，胡適在計畫紐約之行——亦即發生那件
「獨處一室的風波」事件——以前，就問過韋蓮司可否參觀她的
畫室[103]。上文已提及胡適在1917年5月初，去韋蓮司所參展的
「獨立藝術家協會」的展覽看過兩次。韋蓮司也偶爾會在信上提
到她作畫的進展。同時，從他們來往的信件，可以看出他們曾經
在見面時，談過韋蓮司的畫。其中，最有意義的，是他們1915年
11月初的兩封來往信件。

　　胡適和他在哥大的同學張彭春——即南開大學校長張伯苓的
弟弟——在10月底去韋蓮司那兒看了她的三幅畫。從韋蓮司的信
看來，當天，他們都各自對她的畫發表了一些看法。回家以後，
胡適顯然認為自己的詮釋沒有得到韋蓮司的認可。很可能最令他
懊惱的，是他覺得韋蓮司認為張彭春抓到了要點。他寫信給韋蓮
司，說他一整個禮拜都很難過，因為他覺得自己未能瞭解韋蓮司
的畫，讓她失望。他決定此後除非他能擺脫拾人牙慧所得來的成

(續)───────────────

　　　Chou, *Hu Shih and Intellectual Choice in Modern China*, p. 108.

103　Hu to Williams, January 3, 1915.

見，或者能有獨到之見，否則再也不妄然去品評藝術作品了[104]。沒想到第二天清晨，他就被韋蓮司的畫所帶給他的夢魘驚醒。於是立刻又寫了一封信給她，告訴她第一幅畫讓他做了惡夢，感覺自己好像要被勒死般而倏然驚醒。醒來以後，他閉著眼睛去回想那幅畫，沒想到它的每一個線條、每一道色彩，都活生生地映在他的眼簾。那種窒息與恐怖感，使他回想起以前看「雷阿可旺雕像群」(Laocoon group)時那種毛骨悚然的感覺[105]。

「雷阿可旺雕像群」是1506年在羅馬發現的，是希臘羅馬時期的藝術代表作。雷阿可旺在希臘神話裡，是特洛城(Troy)的祭司。由於他識破了希臘人的木馬計，警告特洛人不要把木馬帶進城。偏袒希臘、深恐這個妙計破局的眾神，於是派了兩條海底的巨蟒去把雷阿可旺跟他的兩個兒子嚙咬勒死。這組雕像群所描繪的，是雷阿可旺父子跟巨蟒作最後一搏的情景。他們父子三人，特別是雷阿可旺的面孔，從他緊鎖的眉頭，半閉的眼睛，到咧開的嘴，每一寸都逼真地塑出他們臨終前的痛苦。為了擺脫第一幅畫所帶來的夢魘，胡適決定去回想另外的兩幅畫。他發現此時的自己，比看原件的時候，更能清楚地體會出那兩幅畫的意境；因為這時他所看到的，是主題而非細微末節。第二幅畫給他的感受，首先是專注，接著是生命力忘我的洋溢(rapturous diffusion of vitality)。第三幅畫很不一樣，它先提出了一個疑難情景、一個問號，然後是凝注。凝注以後，是悟道(comprehensiveness)所帶來的悲憫與希望，最後，則是意氣風發地去作決定(decision with vital satisfaction)。胡適說他知道這個解釋與他們當天在韋蓮司畫

104　Hu to Williams, November 6, 1915.
105　Hu to Williams, November 7, 1915.

室的分析並不太相符，但他還是寫下了自己夢魘後的新體會。

　　胡適的解釋絕不是像周質平先生所說的，是不懂裝懂，故弄玄虛來誆韋蓮司[106]。事實上，韋蓮司立刻回了信，表達她在胡適

雷阿可旺雕像群。(取自維基百科網[Wikipedia])

106　周質平，《胡適與韋蓮司：深情五十年》，頁47-49；聯經版頁碼同。

身上找到知音的欣喜[107]。她告訴胡適說，她的畫雖然帶給胡適夢魘，但她並不怎麼難過，因為如果連她那麼卑微的作品都可以帶給胡適如此的震撼，那豈不意味著一個真善美的新世界(new world of intense pleasure)正展現在他眼前，讓他可以用新的視野來欣賞那些古老的、美得無以倫比的藝術作品！胡適先前沒看懂她的畫，她並不失望。反正從來就沒有人試圖去瞭解她的畫！這點，她也習慣了。然而，現在意想不到的事情發生了，胡適居然看懂了她的畫，她真是欣喜若狂。她很抱歉第一幅畫帶給胡適那麼窒息性的痛苦，事實上她自己就一直覺得那幅畫不應該給人看。那幅畫所反映的是人類的理想被第一次世界大戰殘酷地摧毀。她在作那幅畫的幾個月裡，自己的心靈苦不堪言。對於胡適試圖從第二幅畫去尋求解脫，韋蓮司認為那是很可理解的，因為那正是她自己要從人類以外的世界去尋找的。而在這點上，她認為胡適領悟出張彭春對這幅畫所不感興趣的地方。她非常認同胡適用來描寫她第二幅畫的字句，因為她所想表達的，確實是「首先是專注，接著是生命力忘我的洋溢」。她唯一要強調的，是指出那種「忘我」的情境是真樸可見的，只是文字無法表達，只能用精準的色彩為之。至於第三幅畫，則除了那「決定」究竟是什麼胡適並沒有說明以外，其他都說對了。她說胡適所形容的，正是她的經驗，只是胡適沒有點出該畫的結論。張彭春當天在她的畫裡確實看出了結論，但是達到那結論的幾個步驟則是張彭春自己的創意。無論如何，她認為胡適和張彭春所共同指出的「奉獻精神」的放射("givingness" outflow)，正是她那幅畫最重

107　Williams to Hu, November 8, 1915.

要的內涵。

　　韋蓮司說，他們三個人對這個精神禮物究竟是什麼定義不同，其所反映的是他們三個人不同的特質；根據張彭春的詮釋，那是情人所給予的禮物，胡適則以爲那是「悲憫與希望」，韋蓮司自己則把它詮釋爲藝術家所贈與的禮物。她說她最欣賞胡適的分析，在於他能給予後兩幅畫的內涵作出一個明確的層次。她自己非常喜歡從前一個教授所說的一句話：鑑賞畫跟鑑賞音樂不同的地方，在於我們能夠在刹那間捕捉到它的神韻而成爲永恆。不像音樂，音樂是跟著時間的流逝而一起消逝的。她相信這是一句至理名言，只是苦於不知如何訴諸分析。然而，胡適卻能不費吹灰之力，就把她所想表達的層次清晰地梳理出來。她由衷地表達她對胡適的激賞：「好友！你能如此淋漓盡致地把握到我這麼粗糙的作品所想表達的想法，這就在在說明了你高明的所在。如果眼前有一個偉大的藝術家，他一定可以把我的拙劣化爲神奇。」韋蓮司的意思是說，如果像她那些粗糙、拙劣的作品，都能讓胡適做出那麼高明、貼切的詮釋，更遑論如果胡適所面對的是大師的作品呢！

　　胡適與韋蓮司在思想、觀念方面的唱和，自然也有看法相左的時候。在這方面，他們來往信件只留下了一些蛛絲馬跡的證據。我們知道韋蓮司至少在胡適給她的一封信上，作了眉批，寫下她對兩人之間爭執的感想。可惜，我們現在在「胡適紀念館」看到的信件，是韋蓮司的打字本，她並沒有把她自己的眉批也打進去。從胡適在1916年2月所寫的一封信看來，他們在25日晚上對某件事情有不同的看法。這有可能牽涉到張彭春私人的事。我們會知道這件事，是因爲一年以後，胡適在韋蓮司那裡重讀了幾

年來寫給她的信。胡適在看了韋蓮司的眉批以後，針對該事寫了
一封信。但是，這封信語焉不詳，只有他們兩個人看得懂，再加
上我們目前看不到韋蓮司在原件上的眉批，至少在目前這是個不
解之謎。我們只知道韋蓮司說，如果他們當天各自把意思說清楚
的話，就不會有誤會。但是，韋蓮司的顧忌，在於如果她把話說
清楚，就會洩漏了張彭春的私密[108]。

重要的是，他們在意見相左的時候，都能以坦誠的態度來面
對彼此。例如，胡適在此處所談到的爭執過後，寫信向韋蓮司表
達歉意，希望自己能把上週五晚上所說的每一個字，都完全收
回。他說韋蓮司是對的，他自己則是完全錯的。他自承犯了兩點
錯誤。第一，因為他素來相信堅真的信念只有是在細思慢熬而後
方可得之，所以對於有些人腦筋動得很快，他就誤以為那是沒有
真功夫的表現。第二，更糟糕的是，這種錯誤的判斷之所以會越
演越烈，正由於他不能接受別人不以為然的反應。他最不該的，
是讓自己傲慢的心態，來把這種不以為然的反應，看成是別人拒
他於千里之外的表現。他表示，當晚他只認為自己與韋蓮司的看
法不同，但現在他願意承認自己是錯的[109]。有趣的是，胡適在
一年以後重看他寫給韋蓮司的信時，在這封信上又加了一個眉
批：「這封信讓步太多，現在完全收回。」[110]

事實上，胡適在1916年這一封信裡所做的自我剖析，不管其
深度與正確性如何，並沒有直指出他個性上的一個特點。那就
是，因為他聰明，腦筋動得比別人快，因而往往沒有耐性去等比

108　Hu to Williams, May 11, 1917.
109　Hu to Williams, February 28, 1916.
110　胡適1917年5月5日加在他給韋蓮司1916年2月28日信上的眉批。

自己想得慢，或者去聽他以爲沒有眞知灼見的人的想法。這點，
韋蓮司以及胡適彼此都很清楚，甚至胡適的幾顆星星和朋友也都
很清楚。胡適在日記裡，曾經有幾次反省到這一點。比如說，
1915年4月27日的日記說：「有人謂我大病，在於好立異以爲
高。」胡適有點不以爲然地自問：「其然？豈其然乎？」[111] 1916
年10月23日的日記記：「前日作一極不可宥之事，以驕氣凌人，
至人以惡聲相報。余犯此病深矣。然受報之速而深，無如此次之
甚者，不可不記也。」[112] 令人玩味的是，韋蓮司一直要等到二十
幾年以後，爲了勸進胡適接受中國駐美大使之職的時候，方才點
出胡適這個個性上的特點。詳情請見第四章第四節。

　　還有另一件小事，可以看出胡適在韋蓮司面前，也頗「好爲
人師」，而韋蓮司也很虛心受教。韋蓮司在1915年2月22日的信
上，談到了日本的「二十一條」，她形容那是一個外強加諸中國
身上的枷鎖。胡適指出她把「枷鎖」(yoke)拼成了「蛋黃」
(yolk)。四天以後的信，胡適又指出韋蓮司用「尊敬」
(reverence)這個字三次，拼錯了兩次[113]。韋蓮司回信謝謝胡適，
想到自己把「枷鎖」拼成「蛋黃」，不禁噗哧失笑。她調侃自
己，說她最好去「關心」雞隻，而不是去談政治。信後，她附帶
一筆，說自己拼字一向不夠小心，再加上手邊又沒有字典，只好
請胡適不吝指教[114]。有趣的是，雖然胡適請韋蓮司也指正他拼字
和文法上的錯誤，韋蓮司倒是從來沒有以胡適之道來還治胡適。

111　胡適，《胡適留學日記》，第三冊，頁620。
112　同上，第四冊，頁1041。
113　Hu to Williams, February 28, 1915.
114　Williams to Hu, February 26, 1915.

當然，以嚴謹自詡的胡適是不會讓自己拼錯字的。

　　胡適和韋蓮司的來往不僅僅是在智性的層面，他們也非常關心彼此的健康和雙方的家人。我們在前面提到韋蓮司跟她的母親之間，存在著極大的愛和矛盾的張力。她們之間的問題可能是出在母親。我們在描述韋蓮司的家族時，說過韋夫人會當街指責年輕女子不懂禮儀、沒教養，而且還會在電車上指揮交通，可以想見她是一個主見很深的人。她虔信基督，亟亟要胡適也成為教徒。值得玩味的是，胡適卻相當能忍受韋蓮司夫人，這當然可能是因為愛屋及烏，或許也反映了胡適對長者「愛之而不忍拂之」的心態。胡適剛到美國留學的時候，差一點信了基督教。1911年6月，他到賓州坡克努松林城(Pocono Pines)參加了一個基督教夏令營。6月20日晚上的聚會，主講人的見證感人肺腑，聽眾紛紛落淚。當晚聽講的中國學生裡，只有八、九個人還沒信教。其中，有七個人在見證完畢以後，起立表示他們願意成為教徒，胡適就是其中一人。此事後來沒有成真，因為他事後恨教會用「感情的手段」來誘人信教，「後來我細想此事，深恨其玩這種『把戲』，故起一種反動。」[115]

　　此後，胡適雖然繼續讀《聖經》，參加讀經會，但從不放棄機會批判基督教。胡適所擺出的姿態是，他比基督徒更基督徒。1915年3月，他跟韋蓮司夫人談他的不抵抗主義，引了《聖經・馬太福音》裡的「山上寶訓」（Sermon on the Mount），「左臉被打，再賠上右臉」的金言。韋蓮司夫人表示反對，她說這句金言必須彈性地運用在實際生活當中，不能太拘泥於其字面意義。她

115　胡適，《胡適留學日記》，第一冊，頁44-50。

舉了一個例子，她有一次跟韋蓮司在紐約搭地鐵，碰到了一個女扒手。她振振有詞地反問胡適：難道她應該把她的錢包給那個扒手嗎？胡適回答：如果韋夫人認為自己是一個真正的基督徒，她不但應該把錢包給那個女扒手，而且還應該把身上所有的錢都給她。理由是，這種慈悲的行為，有可能感化那個扒手。韋蓮司夫人說她簡直不能相信自己的耳朵，她不能接受如此不合常理(common sense)的「極端」言論。胡適則回答：耶穌的偉大，就在於他超乎「常理」，要把人類帶到比常理更高的道德層次[116]。

胡適喜歡在韋蓮司母女之間作調人。1915年初，他們談到韋蓮司的母親希望她能搬回家跟父母同住的願望。韋蓮司在回信中坦承，自己與母親的性格不和。雖然明知母親需要她，但是她跟母親在一起的時候，就是無法勉強自己回應給她母親所渴望有的感情(emotional response)。母親因而不快樂，她自己也很痛苦。韋蓮司說她暫時不會搬回家，她告訴胡適：「好友，我知道她多需要我。但也正因為如此，這並不是一個那麼容易作的決定。」[117]又有一次，胡適責怪韋蓮司給她母親的回信太短、太突兀。可惜我們不知道他們母女所爭的是什麼，但是韋蓮司給胡適的回信相當直率。她認為自己對母親的瞭解，應該比胡適所想像的還深。她說：「好友，你應該不會知道我不只一次在信上、在言談中，跟我母親『坦白直言』。我至少在去年所寫的一封信裡，跟她談到我對愛的看法，以及它對我的意義等等。」韋蓮司認為她母親可能沒給胡適看這封信，甚至也沒提起過這件事。重點是，她覺得母親根本沒把她的話聽進去。韋蓮司不同意胡適認為她母親還滿

116　Hu to Williams, March 1915.
117　Williams to Hu, February 22, 1915.

開通的說法，她告訴胡適：「你應該理解我們之所以會接納別人意見的訣竅在哪裡。當一個人願意去請教別人的時候，他自己實際上已經有了3/4的答案。在這種情形出現以前，說得再多，都只是徒然用自己的頭去撞牆壁而已。我常覺得一個人比較願意去向自家以外的人傾吐、聆聽他們的意見，這其實是相當理性的本能。」[118]

可惜我們無法得知韋蓮司在信上對她母親直言論愛的內容是什麼。從日後她跟胡適成為戀人以後的來往信件來看，雖然他們都說得極為隱晦，不過其所透露出來的玄機，很有可能當年韋蓮司跟母親所談論的「愛」，是跟胡適有關的。換句話說，就是韋蓮司母親對他們兩人的交往表示反對。有關這點，我們在第四章第三節會說明。總之，韋蓮司自從1916年4月搬回綺色佳以後，寫給胡適的信就越來越少，也越來越短；她心裡了然，自己跟胡適已經漸行漸遠。1917年春天，可能因為參加「獨立藝術家協會」的展覽，韋蓮司跟她母親到了紐約。5月10日，她們母女倆搭火車回綺色佳。胡適趕了半天，卻沒趕上渡輪，痛失了他到車站為她們送行的機會。他立即寫了一封明信片為此致歉。在次日的信裡，胡適提到了他最後一次見到韋蓮司的時候，她看起來很不好。信尾，胡適說他會在回國以前去綺色佳逗留幾天[119]。韋蓮司在回信裡，請胡適務必要為她們而去綺色佳，她說：「我知道這很自私！但是，我就是要！」[120]短短幾個字，傷感之情盡現。韋蓮司終究會對胡適吐露她的愛，但這是1927年以後的事。

118　Williams to Hu, April 23, 1915

119　Hu to Williams, May 11, 1917.

120　Williams to Hu, May 14, 1917.

第二節　故鄉月，終有情

　　歷來品評胡適的婚姻，替他惋惜、叫屈的人，都是男性。從他們的眼光看來，這簡直是「鮮花插牛糞」的顛倒版。他們鄙夷江冬秀是個「纏腳村姑」、「粗魯」、「不懂英文」、「相貌平平的小腳女子」[121]。同樣的，他們也常爲留美時期的胡適心有戚戚焉，認爲他之所以會接受他與江冬秀的婚約，完全是因爲不忍傷母親的心，其結果是使自己成爲「吃人的禮教」下的祭品；說他當時爲傳統中國婚姻制度所做的辯論，是「甜檸檬」心理作祟；而且認定他在文章與詩詞裡肯定自己這椿婚姻的言辭，都是「自我安慰」、「自我欺瞞」[122]。江冬秀誠然是「村姑」，但笑她是「村姑」的人，都忘了一個簡單的歷史事實：以當時的時代背景來說，大部分的男留學生也是不折不扣的「鄉巴佬」。舉個最簡單的例子，他們搭郵輪橫渡太平洋到美國的經驗，並不亞於劉姥姥進大觀園。爲了避免被美國移民官員誤認爲是「排華法案」所禁止入境的華工，當時的留學生大都是坐頭等或二等艙。由於餐費是包括在船費裡，菜單雖然看不懂，反正不吃白不吃；於是，「我們只好從菜單天字第一號吃起，一直吃到點心爲止。我們先吃清湯。吃了清湯，再吃混湯。吃了魚，又吃蝦。吃了豬排，又吃牛排。吃了家雞，又吃野雞。吃了蛋糕，又吃冰淇淋。

121　〈夏志清先生序〉，唐德剛，《胡適雜憶》(台北：傳記文學出版社，1979)，頁10，20；朱洪，《胡適與韋蓮司》，頁59。

122　周質平，《胡適與韋蓮司：深情五十年》，頁35-44；聯經版頁碼同。周質平，〈胡適與趙元任〉，《胡適叢論》，頁168-170。

吃了茶，又吃咖啡。」[123]

研究胡適的專家裡，只有唐德剛以詼諧的筆調、自嘲(self-mockery)的胸襟，了無痕跡地點出了「鄉巴佬」、「村姑」其實只是相對性的觀念和形象。1950年代初，唐德剛第一次在紐約見到「胡適之的小腳太太」。江冬秀讓他這個「農村牧牛兒」，想起了家鄉裡，從祖母、姑母，到表姑母、表姨母等等，多到可以「排出一兩連老太太兵」的「小腳、中腳、大腳」。「那些『小腳』在我看來並不十分『醜陋』或『落伍』。相反的，那是孩子心目中溫和慈祥的象徵。」[124]不管唐德剛是否真是「農村牧牛兒」，他點出了一個大家常忽略的事實，那就是：早期的男女留學生，在中國當然有貧富、城鄉之別，但初到美國，大家都是「村姑」或「鄉巴佬」。換句話說，「鄉巴佬」、「村姑」是相對的形象觀念。所不同的是，那出過洋、鍍過金的「鄉巴佬」，搖身一變而成「尖頭曼」(gentlemen)。再回首，那沒喝過洋墨水的「村姑」看起來就更土氣不堪了。就以胡適來說，他是大清帝國崩潰前夕，第二批拿庚子賠款到美國留學的。他們這批在1910年放洋，由外務部官員兼遊美學務處會辦唐國安——後為清華學堂第一任校長——率領，「校長」連同七十名學生，個個頭上都拖著一根辮子，浩浩蕩蕩地前往美國[125]。

123　陳鶴琴，《我的半生》(台北：龍文出版社，1993)，頁78；又請參閱張忠紱，《迷惘集》(香港)，頁44。

124　唐德剛，《胡適雜憶》，頁182-183。

125　趙元任在他的自傳裡說他們這一批留學生在上海就把辮子剪掉了。參見其所著 *Yuen Ren Chao's Autobiography: First Thirty Years, 1892-1921*, in *Life with Chaos: The Autobiography of a Chinese Family*, Vol. II (Ithaca, New York: spoken Language Services, Inc., 1975), pp. 71-72。然而，在他自傳出版前幾年，他在另一篇文章裡則說他們在橫渡太平洋的船上

1910年考取第二批庚款留美生合照：第二排左一為胡適。（胡適紀念館授權使用）

（續）——

　　時，個個都拖了一條辮子。參見馮愛群編，《胡適之先生紀念集》（台
　北：學生書局，1972），頁40。

　　胡適跟江冬秀訂婚，是在1904年1月。用今天的算法，他當時才剛滿12歲。江冬秀比胡適大一歲，生於1890年12月19日，胡適則生於1891年12月28日。江冬秀的舅母是胡適的姑婆，所以他們有遠親關係。胡適在安徽績溪的家鄉上莊跟江冬秀出生的江村，只隔40里路[126]。訂完婚，胡適就到上海讀書去了。進了新式學堂，隨著年齡的增長，見過世面，也經過了新思潮的洗禮，很自然地使胡適對他的婚約產生了掙扎、矛盾、徬徨的心情。1908年，在江家的壓力下，胡適的母親要他當年夏天畢業以後，回家完婚。胡適寫了洋洋灑灑的一封長信，舉出他不能回家完婚的六大理由。其中，除了家裡經濟困難以外，他用的是「以情動之」的妙訣。他首先強調他12月才會從「中國公學」畢業。在畢業前的半年，學校不許請假，每缺一小時，會扣畢業分數20分。他說：「大人素知兒不甘居人下，奈何欲兒以此兒女之私使居人後乎？」但他所最深惡痛絕的，是傳統「合婚擇日」的惡習：「大人又何必因此極可殺、極可烹、雞狗不如之愚人、蠢蟲、瞎子之一言，而以極不願意、極辦不到之事，強迫大人所生、所愛之兒子耶？」值得注意的是，在這封信裡，胡適已經聲明他不會反悔這個婚約：「男此次辭婚，並非故意忤逆。實則男斷不敢不娶妻，以慰大人之期望。即兒將來得有機會可以出洋，亦斷不敢背吾母私出外洋，不來歸娶。」他向母親訴苦，說這件催婚情事，弄得他形容憔悴，他特別去拍了一張照片，可以寄回家為證。千言萬語，胡適的結論是：「兒萬不歸也！」[127]

　　胡適在表明他不會悔婚的同時，也開始委婉地要求江冬秀讀

126　石原皋，《閒話胡適》（合肥：安徽人民出版社，1990），頁45-47。

127　胡適稟母親，1908年7月31日，杜春和編，《胡適家書》，頁2-4。

書、識字。他的策略還是以柔克剛、攻心爲上。在1909年9月的家信裡，他說家裡的來信夾了一封署名「寶孫」，看來像是一個女子寫給她母親的信，筆跡、詞意都不錯。他問那是不是江冬秀寫的；如果是的話，要謝謝母親，因爲那表示江冬秀的文字大有進步。他自謂近幾年來，閱歷較深，已能懂得知足。他頗後悔這幾年來屢次寫信要求江冬秀讀書，弄得自己與母親、母親與親家間多一層怨尤，眞是不該。語鋒一轉，他緊接著說：「實則兒如果欲兒媳讀書識字，則他年閨房之中，又未嘗不可爲執經問字之地，以伉儷而兼師友，又何嘗不是一種樂趣？」[128]

即使胡適信誓旦旦地說他不會悔婚，並且幻想日後婚姻裡的畫眉之樂，這並不表示他心中就沒有掙扎與矛盾。事實上，他把心裡的矛盾與掙扎帶到了美國，一直到他學成回國結婚爲止。然而，胡適並不是到美國留學以後，才爲傳統媒妁之言的婚姻辯護。周質平先生把胡適對傳統中國婚姻的辯護，歸結爲胡適的「中國情懷」，說他因爲愛國，而屈意「爲宗國諱」。這個說法類似從前美國學者列文生(Joseph Levenson)研究梁啓超時所下的結論，列文生說梁啓超對中國傳統的態度，是在思想上與其疏離，但在情感上卻斬不了根[129]。總之，周質平的結論是：「與其說他爲中國婚制辯護，不如說他爲自己在辯護，爲他自己極不合理的婚姻找出一個理由。」[130]其實，胡適早在1908年，編《競業旬報》的時候，就已經爲傳統婚制作過辯護。周質平說胡適在當

128　胡適稟母親，1909年9月13日，杜春和編，《胡適家書》，頁7。

129　Joseph Levenson, *Liang Ch'i-ch'ao and the Mind of Modern China* (Cambridge, Mass.: Harvard University Press, 1959), p. 219.

130　周質平，〈國界與是非〉，《胡適研究叢刊》，第一輯(北京：北京大學出版社，1995)，頁52-57。

年所寫的〈婚姻篇〉裡，「『筆禿口枯』地痛罵中國婚制，指出許多父母爲了早日抱孫，不顧子女前途，糊糊塗塗就急著叫兒子娶妻生子。」[131]但周先生卻沒接著徵引胡適對當時提倡「自由結婚」的「志士青年」的批判。換句話說，留學以前的胡適，就老早已經抱持了折衷論，對相信媒妁之言的父母和謳歌「自由結婚」的「志士青年」，各打五十大板。

事實上，胡適少年時代對傳統中國婚姻的看法，跟周質平所說的剛好相反。胡適認爲傳統中國的婚制是「極不專制的，是極隨便的。因爲太不專制了，太放任了，所以才有這個極惡的結果。」[132]胡適所謂的太隨便，是指父母把婚姻這個重要的人生大事委託給媒婆、瞎眼的算命先生和泥菩薩。胡適的補救方法，是參酌中外的婚姻制度，取其中；「要父母主婚」，「要子女有權干預」。如此，父母與兒女共同商議，把兒女的婚姻，「看做一家一族的最大問題；但不看做一家一族的最大問題，而且要看做中國的大問題。」值得注意的是，〈婚姻篇〉是1908年寫的。11年以後，也就是1919年，胡適回國兩年以後寫了一個獨幕劇《終身大事》。女主角田亞梅效法易卜生的「娜拉」，坐男朋友陳先生的汽車離家出走，爭取自己的「終身大事」。那逼使她選擇私奔這條路的，正是她母親所信奉的泥菩薩和瞎眼的算命先生。唯一不同的是，順應著當時新文化運動的潮流，胡適加了一筆他對傳統家族制度的批判。田亞梅的父親雖然不信泥菩薩，也不接受

---

131 周質平，〈國界與是非〉，《胡適研究叢刊》，第一輯，頁57。

132 以下有關胡適〈婚姻篇〉的引文，見鐵兒，〈婚姻篇〉（上下篇），《競業旬報》第24期（1908年8月17日），頁1-5；第25期（1908年8月27日），頁1-5。

瞎眼的算命先生，但是，他執著於田氏祠堂兩千五百年陳、田同宗，不得通婚的族規[133]。

換句話說，胡適並不是到了美國以後，因為周質平所說的「中國情懷」的作祟，才開始為傳統的婚制作辯護。胡適日後誠然對中國傳統作了嚴厲的批判，但這並不表示他一向就是反傳統婚制。他在《競業旬報》上所寫的〈婚姻篇〉，可以說是他在這個問題上持中西調和觀的雛形。1912年10月，胡適在日記上說他想寫一本《中國社會風俗眞詮》的書，以外國人分析中國制度的言論作為分析的焦點，來為「祖國辯護」。他所擬的篇目包括：祖先崇拜、家族制度、婚姻、守舊主義、婦女之地位、社會倫理、孔子之倫理哲學、中國之語言文字以及新中國[134]。可惜，他這本書沒寫成，我們因此無從得知他當時的立場。但是，我們可以從他1914年1月，在康乃爾大學所做的一個演講窺其端倪。

這一篇英文演講，名為「中國的婚制」(Marriage Customs in China)。為了保持胡適行文的語氣，此處用的是他在日記裡對這篇講稿內容的摘要。他這篇文章的重點，在於強調傳統中國的婚制優於西方。它不但「合乎理性」(rationality)，並且能尊重女子的人格。中國傳統婚制的優點，在於它能「顧全女子之廉恥名節，不令以婚姻之事自累。」由於婚事由父母作主，「女子不必自己向擇偶市場求炫賣，亦不必求工媚人悅人之術。」在這種婚制之下，天下女子皆有所歸，即使「有天然缺陷，不能取悅於人，或不甘媚人者，皆可有相當配偶。」中國女子的人格因而得

133　胡適，〈終身大事〉，《胡適文集》，第一冊(北京：人民文學出版社，1998)，頁499-511。
134　胡適，《胡適留學日記》，第一冊，頁103-104。

以保全。西方女子則不然,「女子長成即以求偶爲事」,「其能取悅於男子,或能以術驅男子入其彀中者,乃先得偶。」他嗟嘆道:「是故,墮女子之人格,驅之使自獻其身以釣取男子之歡心者,西方婚姻自由之罪也。」[135]

由於重視愛情的西方人,也許會懷疑傳統中國的婚姻裡是否有愛情的成分,胡適覺得他有爲之辯誣的責任。他說「西方婚姻之愛情是自造的(self-made),中國婚姻之愛情是名分所造的(duty-made)。」訂婚以後,男女雙方自然會對彼此產生「特殊柔情」。比如說,訂了婚的女子,「偶聞人提及其人姓名,伊必面赤害羞;聞人道其行事,伊必傾耳竊聽;聞其有不幸事,則伊必爲之悲傷;聞其得意,則必爲之稱喜。」結了婚以後,「夫妻皆知其有相愛之義務,故往往能互相體恤,互相體貼,以求相愛。」換句話說,結婚以前的愛是「基於想像,根於名分」,結了婚以後的愛則是基於「實際之需要」——說得白一點,就是胡適在演講裡所說的「互相妥協」。

然而,不管是來於自想像、名分,或者是基於實際的需要,胡適認爲愛情是可以油然而生的。胡適在康乃爾的這篇演講,進一步地衍伸了他在〈婚姻篇〉裡一個重要的論點,亦即,婚姻所牽涉的不只是個人,而且是家族。兒子結婚是把妻子娶進父母的家裡來,妻子「不僅是先生的終身伴侶,而且還要能侍候公婆,噓寒問暖。」因此,對一個家庭來說,「一個妻子不但要能爲先生所愛,而且必須要能與公婆和睦相處。」胡適認爲由於優生學

135　Suh Hu, "Marriage Customs in China," *Cornell Era* (June 1914), pp. 610-611;日記部分,請參考胡適,《胡適留學日記》,第一冊,頁168;又頁154。

的提倡，西方社會已經開始認識到婚姻不能任憑個人的選擇，而必須由國家立法，來決定雙方的健康和家庭狀況是否合乎結婚的資格。中國的傳統婚制由父母作主，不但與現代優生學的宗旨不謀而合，而且比起西方透過國家的力量來管制，少了一分專制(tyrannical)的淫威，更合乎人道。

　　留學美國，少則三年，多可五年。不難想見，這對江冬秀會產生多大的焦慮感。留學生悔婚另娶的，所在皆有。特別是胡適又喜歡在家信裡，提起美國的社交習慣，尤其是男女同餐、共聚一堂的習俗。這對當時男女授受不親的中國社會來說，簡直是匪夷所思的事情。比如說，胡適在1911年1月的家信裡說：「美國男女平權，無甚界限。」雖然他又接著解釋：「惟美國極敬女子，男女非得友人介紹，不得與女子交言。」但是，他又接著說：「此間有上等縉紳人家，待中國人極優，時邀吾輩赴其家坐談。美俗每有客來，皆由主婦招待。主人不過陪侍相助而已。又時延女客與吾輩相見。美國女子較之男子尤為大方，對客侃侃談論，令人生敬。」[136]等他與韋蓮司熟識以後，他也毫不忌諱地在家信裡稱讚韋蓮司，稱其為相知最深的女友之一，並且屢次提起他去拜訪韋蓮司。

　　1915年2月，發生了那件「獨處一室風波」，從紐約回到綺色佳以後，胡適又在家信裡侃侃而談：「韋夫人之次女(即吾前25日所記之為兒好友韋蓮司女士也)，在紐約習美術。兒今年自波士頓歸，繞道紐約往訪之。本月以事往紐約，又往訪之。兒在此邦所認識之女友，以此君為相得最深。」[137]看到這樣的信，會

136　胡適稟母親，1911年1月30日，杜春和編，《胡適家書》，頁17。
137　同上，1915年2月18日，杜春和編，《胡適家書》，頁66-67。

讓胡適的母親擔心，是不難想見的。胡母在一封信裡，就諄諄告
誡：「來信所云美國風俗男女不分，共在一齊。吾想雖然他國大
概如斯，我等須宜得自立品，才是道理。」[138]1911年6月2日，他
的叔叔胡祥木又在胡母的央託下，寫信告訴胡適：「令慈又云，
人情變態，不可端倪，況在重洋異國。此後於社會交際上種種謹
慎爲妙。餘如男女交際，尤當留心。（此事[祥]木能信於適之，
而令慈乃不能信，[奈]何也）。」[139]我們不知道胡適的母親怎麼
看韋蓮司。但是，1915年11月，胡母在收到胡適寄回家的韋蓮司
照片以後，說了這麼一句似乎別有言外之意的話：「韋女士之
影，看去似狠有年歲，不知伊究若干年齡？爾從前只說韋夫人生
有兩女，不知亦有男子否？便中均望說明。」[140]

　　胡適留學美國七年，在這一段時間裡，江冬秀的心情究竟如
何，可惜我們完全不得而知。以當時的社會風氣來說，尚未出閣
的她，自然不可能「不成體統」地「寄語相思」。更不用說識字
不多的她，想寫信還得請人捉刀呢！唐德剛看過江冬秀用鉛筆所
寫的自傳。這是胡適過世以後，江冬秀有一次訪美經過紐約時給
他看的。他形容江冬秀「不善述文，稿子裡也別字連篇，但是那
是一篇最純眞、最可愛的樸素文學；也是一篇最值得寶貴的原始
社會史料。」唐德剛特別提到江冬秀述說胡適從回國到娶親的那
一段，他說江冬秀描寫得細膩、純眞，讓他讀起來眞如見其人：
「我細細咀嚼，眞是沾唇潤舌，餘味無窮。」[141]可惜，江冬秀的

138　胡母諭胡適，杏月廿八日（1911年3月28日？）。
139　耿雲志，《胡適年譜》，頁27。
140　胡母諭胡適，1915年11月3日。
141　唐德剛，《胡適雜憶》，頁185-186。

自傳手稿不知今何在？雖然它可能已被銷毀，我們只能希望它仍然存在，更希望的是，胡家的後人會把它以及其他珍貴史料，交由「胡適紀念館」或其他圖書館保存。

　　1911年初，胡適才到美國半年，他母親把江冬秀接到家裡住了兩個月。她留心觀察，發現江冬秀對「一切家事尚肯留心，足分吾之仔肩，余心甚以爲喜。」她於是提議，要擇吉把江冬秀正式接到家裡，算作「出閣」。這一方面，可以對江家有所交代；二方面，家事也可以得到冬秀之助。胡適回信反對[142]。與此同時，胡適要求江冬秀放足，家裡回信說已經照行[143]。那年5月20日，胡適第一次寫信給江冬秀，更進一步地要求她繼續讀書認字。他說：「前曾於吾母處得見姊所作字，字跡亦娟好可喜。惟似不甚能達意，想是不多讀書之過。姊現尚有工夫讀書否？甚願有工夫時，能溫習舊日所讀之書。如來吾家時，可取聰侄所讀之書，溫習一二。如有不能明白之處，即令侄輩爲一講解。雖不能有大益，然終勝於不讀書，坐令荒疏也。姊以爲如何？」[144]

　　胡適在寫了第一封信給江冬秀以後，顯然期望她能回信。他屢次在家書中問起，就是沒有結果。等了一年仍舊沒有音訊，他不禁寫信抱怨：「兒前屢次作書，欲令冬秀勉作一短書寄兒，實非出於好奇之思。不過欲藉此銷我客懷，亦可令冬秀知讀書識字之要耳，並無他意。冬秀能作，則數行亦可，數字亦可。雖不能佳，亦復何妨。以今日新禮俗論之，冬秀作書寄我，亦不爲越

142　白吉庵，《胡適傳》(北京：人民出版社，1993)，頁90。
143　耿雲志，《胡適年譜》(成都：四川人民出版社，1989)，頁25。
144　胡適致江冬秀，1911年5月20日，杜春和編，《胡適家書》，頁22。

江冬秀1913年23歲時的照片。（胡適紀念館授權使用）

禮，何必避嫌也。」[145]1913年1月，江冬秀終於在胡適「千呼萬
喚」之下寫了第一封信。我們把這封文謅謅的信，與日後江冬秀
的親筆信對比，就可以知道那是由人捉刀代筆的。江冬秀請胡適
原諒她忸怩、遲遲不敢覆信，原因是「妹幼年隨同胞兄入塾讀
書，不過二三年。程度低微，稍識幾字，實不能作書信，以是因
循至今。」[146]

我們不知道胡適收到這封信的感想為何。聰明如他，當然會
懷疑江冬秀是否真能把文辭掌握得如此之好。1915年春，他接到
江冬秀的第二封信，由於「詞旨通暢」，他寫信讚美江冬秀：
「可見姊近來讀書進益不少。遠人讀之，快慰何可言喻。」[147]但

145　胡適稟母親，1912年6月22日，杜春和編，《胡適家書》，頁25。

146　江冬秀致胡適，1913年1月14日，杜春和編，《胡適家書》，頁459。

147　胡適致江冬秀，1915年4月28日，杜春和編，《胡適家書》，頁72。

是，胡適還是不太相信，所以他又特別寫信問他母親：「是否渠
所自作，亦係他人所擬稿，而冬秀所謄寫者乎？」[148]胡母回信
說：「冬秀之信，原稿本係伊自行屬草，後經近仁[即胡祥木，
胡適的叔叔，胡母家信的代筆者]為增改數處。」[149]事實上，胡
適很清楚江冬秀寫不出那樣的信。1916年9月，因為久未收到江
冬秀的信，胡適又在家信裡抱怨：「一年以來，久不得冬秀之
書。豈因其不會寫信，就不肯寫乎？」[150]事實上，我們可以說胡
適從一開始，就不相信江冬秀的信是她自己寫的。他寫信讚美江
冬秀文筆進步，但又心裡狐疑而向母親求證的時候是1915年4月
底。而在一個月以前，也就是3月底，他已經在信上告訴韋蓮
司，說江冬秀連寫一封問候的短信都有困難，更何況要跟他讀書
問難呢！

　　一直到1914年秋天，胡適逐漸與韋蓮司深交為止，他還是汲
汲於編織著未來跟江冬秀的畫眉之樂。1914年春，任鴻雋幫胡適
在房間裡拍了一張「室中讀書圖」的照片，胡適加洗了幾張寄回
家，其中一張是給江冬秀的。他特別在照片後面寫上了一首五言
絕句：「萬里遠行役，軒車屢後期。傳神入圖畫，憑汝寄相
思。」[151]胡適自己說這首詩的靈感是來自漢朝的「古詩十九首」
的第八首：「千里遠結婚，悠悠隔山陂。思君令人老，軒車來何
遲？」他在日記裡自責：「冬秀長于余數月，與余訂婚九年矣。
人事卒卒，軒車之期，終未能踐……吾每誦此詩，未嘗不自責

148　胡適稟母親，1915年4月28日，杜春和編，《胡適家書》，頁70。

149　胡母諭胡適，1915年8月2日，杜春和編，《胡適家書》，頁446。

150　胡適稟母親，1916年9月27日，杜春和編，《胡適家書》，頁97-98；又
　　　參閱《胡適留學日記》，第四冊，頁1030-1031。

151　胡適，《胡適留學日記》，第一冊，頁249。

也。」在自己的照片背面題詩以後，胡適想到去年收到家裡寄來
的全家福照片，其中江冬秀就站在胡適母親左側。這就是韋蓮司
覺得他「表妹」「面有愁容」那張照片。當時，胡適已經和著
「古詩十九首」的韻，題了一首長詩。他把這首詩也寄回家。這
首詩的後半段所吟頌的是江冬秀，是胡適留學時期，譜畫眉之樂
「夢幻曲」的極致：

> 圖左立冬秀，樸素真吾婦。
> 軒車來何遲，勞君相待久。
> 十載遠行役，遂令此意負。
> 歸來會有期，與君老畦畝。
> 築室楊林橋，背山開戶牖。
> 闢園可十丈，種菜亦種韭。
> 我當授君讀，君為我具酒。
> 何須趙女瑟，勿用秦人缶。
> 此中有真趣，可以壽吾母[152]。

　　胡適在照片背面的題詩，以及為江冬秀吟哦他們日後畫眉之
樂，這一天是6月6日。兩天以後，他第一次到「賽姬樓」女生宿
舍，訪問瘦琴女士。
　　1914年11月下旬，韋蓮司已經離開綺色佳回紐約。這時，胡
適跟韋蓮司相交已深。我們在上節描述，韋蓮司還在綺色佳的時
候，他們不但幾乎天天見面，還頻頻魚雁往返，也曾經一起郊遊

152　胡適，《胡適留學日記》，第一冊，頁250；胡適稟母親，1913年7月
　　30日，杜春和編，《胡適家書》，頁36。

踏青。11月22日，就在他未能「折柳」來爲韋蓮司「贈別」，而
寫下那封「少年維特」式的信的前四天，胡適跟他橡樹街120號
的室友聊天，談到了婚姻的問題。這個室友是康乃爾大學的法學
助教，譯名叫卜葛特。他們的共同結論是：在知識上，要夫妻能
互相唱和，簡直比登天還難：

> 意中人(the ideal woman)終不可遽得，久之終不得不勉
> 強遷就(compromise)而求其次也。先生爲此邦女子智識
> 程度殊不甚高，即以大學女生而論，其眞能有高尚智
> 識，談辯時能啓發心思者，眞不可多得。若以「智識平
> 等」爲求耦之準則，則吾人終身鰥居無疑矣。實則擇婦
> 之道，除智識外，尚有多數問題，如身體之健康，容貌
> 之不陋惡，性行之不乖戾，皆不可不注意，未可獨重智
> 識一方面也。智識上之伴侶，不可得之家庭，猶可得之
> 於友朋。此吾所以不反對吾之婚事也。以吾所見此間人
> 士家庭，其眞能夫婦智識相匹者，雖大學名教師中亦不
> 可多得。友輩中擇耦，恆不喜其所謂「博士派」(Ph.D.
> type)之女子，以其學問太多也。此則爲免矯枉過直。
> 其「博士派」之女子，大抵年皆稍長，然亦未嘗不可爲
> 良妻賢母耳[153]。

　　從此之後，胡適就不再對江冬秀存著「我當授君讀，君爲我
具酒」的夢想。他的「名分」所造成的愛情觀，儼然變成了「夫

153　胡適，《胡適留學日記》，第二冊，頁472。

子自道」。於是，1914年7月，他寫信給江冬秀，請她原諒他一再地延緩歸期。因為如此，「吾二人之婚期，亦因此延誤，殊負賢姊。」[154]該年12月中，韋蓮司已經回到紐約，胡適又有一封信給江冬秀。他首先表示他很高興收到母親轉寄來的江冬秀的「小影一幅」，「得之如晤對一室，歡喜感謝之至。」對婚期一再延後，他再度向江冬秀致歉。最後，他又提起放足的事情：「適前有書囑卿放足，不知已放大否？如未實行，望速放之，勿畏人言。胡適之之婦，不當畏旁人之言也。」[155]

不管他的關心，是不是僅止於「名分」所造成的愛，胡適對江冬秀還是溫文和煦如初。即使在次年4月底，當時，他已經和韋蓮司談到江冬秀，說他早已死心，不會妄想江冬秀可以成為他知識上的伴侶，他在信上對江冬秀還是充滿關愛：「來書言及放足事，聞之極為欣慰！骨節包慣，本不易復天足原形，可時時行走，以舒血脈，或骨節亦可漸次復原耳。」他接著又問：「近來尚有工夫讀書寫字否？識字不在多，在能知字義；讀書不在多，在能知書中之意而已。」最後，他還告訴江冬秀，說他「新得姊之照片(田間執傘之影)，甚好，謝謝。」[156]

儘管名分已定，對江冬秀與自己在智性上的差異，胡適顯然無法完全釋懷。就在他溫文和煦地寫信問候江冬秀的同時，他又在家信裡作了抱怨。可惜，我們沒見到這段信的內容。但是他母親在4月初的回信很清楚地點出了他抱怨的所在：「所談冬秀各節，然天壤間，物不兩美。此事大都如是，況冬秀程度雖不大

154　胡適致江冬秀，1914年7月8日，杜春和編，《胡適家書》，頁52。

155　同上，1914年12月12日，杜春和編，《胡適家書》，頁63。

156　同上，頁72。

高，而在儕輩中，似亦可勉強敷過。若在吾鄉一帶，婦人中有此，固為翹楚者矣。居常來吾家時，予每謂其得暇，宜讀書作字，以無辜負兒望。今乃殷殷引咎如是。平心而論，爾之咎，故予之咎也。時勢使然，惟望爾曲諒此中苦心而已。」[157]

　　胡適在收到他母親這封「責己」的信以後，趕緊回信致歉，解釋他只不過是有感而發，「並無責備冬秀之意，尤不敢歸咎吾母。」他說他如果不能體會母親「已盡心竭力為兒謀一美滿家庭」，他就真是一個「不識好歹之妄人矣。」他接著批評悔婚者的不該：「今之少年，往往提倡自由結婚之說。有時竟破壞已訂之婚姻，致家庭之中齟齬不睦，有時其影響所及，害及數家，此兒所不取。自由結婚，固有好處，亦有壞處。正如吾國婚制由父母媒妁而定，亦有好處有壞處也。」最後，他在家信裡，重複了他對韋蓮司及室友卜葛特說過的話：「女子能讀書識字，固是好事。即不能，亦未必即是大缺陷。書中之學問，紙上之學問，不過人品百行之一。吾見有能讀書作文，而不能為良妻賢母者多矣。吾安敢妄為責備求全之念乎？」他說：「伉儷而兼師友，固是人生莫大莫大之幸福，然夫婦之間，真能智識平等者，雖在此邦，亦不多得，況在絕無女子教育之吾國乎！若兒懸『智識平等，學問平等』八字為求耦之準則，則兒終身鰥居無疑矣。」[158]

　　1915年夏秋之間，胡適的母親一再來信，催問他何時回國。這一段時間，也正是他對韋蓮司最為相思的時候。我們在上節所提起的《滿庭芳》，其中有：「枝上紅襟軟語，商量定，掠地雙飛。」等豔句的一首詞，是作於該年6月12日。10月13日，他又

157　胡母諭胡適，1915年4月2日，引自白吉庵，《胡適傳》，頁95。

158　胡適稟母親，1915年5月19日，杜春和編，《胡適家書》，頁75。

作了《相思》：「自我與子別，於今十日耳。奈何十日間，兩夜
夢及子？」這正是他離開綺色佳，搬到紐約，進哥倫比亞大學念
研究所，跟韋蓮司過從密切的時候。由於母親一再催問他「切實
之歸期」，胡適不得已的回答是：最早在1916年春，最遲在1916
年夏天。他在信中加了一句口氣相當強硬的話：「此可算得切實
的回覆否？」[159]而在胡適提筆寫這封信的前三天，他母親因為江
冬秀母親病重，又發了一封信：「外間有一種傳說，皆言爾已行
別婚。爾岳母心雖不信，然無奈疾病纏綿。且以愛女心切，見爾
未宣布確實歸期……心中愁愁，誠恐一朝莫測，雙目不瞑。」[160]

接到這封家信，胡適心一橫，乾脆回信明言：「兒亦不自知
何時可以得歸。」他說除非他學業已成，學位到手，「絕不為兒
女婚姻之私而誤我學問之大」，雖然他也絕對不會因為「此邦友
朋之樂、起居之適，而忘祖國與故鄉。」至於他已另行娶妻的謠
言，他更斥為「無稽之談，本不足辯」。他臚列數點來駁斥此謠
言：「一，兒若別娶，何必瞞人？何不早日告知岳氏，令其另為
其女擇婿？何必瞞人以貽誤冬秀之終身乎？二，兒若有別娶之
心，宜早令江氏退婚。今江氏之婚，久為兒所承認，兒若別娶，
於法律上為罪人，於社會上為敗類，兒將來之事業、名譽，豈不
掃地以盡乎？此雖下愚所不為，而謂兒為之乎？三，兒久已認江
氏之婚約為不可毀，為不必毀，為不當毀。兒久以自認為已聘未
婚之人，兒久已認冬秀為兒未婚之妻，故兒在此邦與女子交際往
來，無論其為華人、美人，皆先令彼等知兒為已聘未婚之男

159　胡適稟母親，1915年8月31日，陸發春編，《胡適家書》（和肥：安徽
　　　人民出版社，1996年），頁51。
160　胡母諭胡適，1915年8月28日，引自白吉庵，《胡適傳》，頁96。

子……四，兒主張一夫一妻之制，謂爲文明通制。生平最惡多妻
之制(娶妾或兩頭大之類)，今豈容躬自蹈之？」最後，胡適還是
不忍心把話說得太絕，雖然無法「確敍歸期」，他把前信所說的
日期再推遲半年，說最早1916年秋，最遲隔年春天回國[161]。

　　半年以後，1916年初，江冬秀母親過世。胡適接到家書，深
自內疚。他說：「岳氏之死，聞知慘然。此老向平之願未了，抱
憾以歿，兒不得辭其疚也。」胡適深感愧對江冬秀，他在信上建
議：「岳氏葬後，冬秀似可久居吾家，不必歸去矣。」[162] 7月27
日，胡適寫信給江冬秀表達他又延期歸國的歉意：「我今年竟不
能回來，想汝能原諒我所以不回之緣故。我很盼望汝勿怪我遲遲
不歸，亦勿時時掛念我。怪也無用，掛念也無益。我何時事畢，
何時便歸，決不無故逗留也。」最後，他又說：「總之，我歸家
之時已不遠。家中人能等得十年，豈不能再等一年半年乎？此寄
相思，即祝珍重！」[163]由於江冬秀並沒回信，我們不知道她心裡
的想法如何。但是，由於江冬秀常來胡家小住一段時期，胡適的
母親默默觀察，也爲她心有戚戚焉。胡母在8月的一封家信裡，
就告訴胡適：「爾久客不歸，伊之閨怨，雖未流露，但摽梅[即
梅子成熟落地，喻女子已屆婚齡之意]之思，人皆有之。伊又新
失慈母之愛，獨居深念，其情可知。是以近來頗覺清減，然亦勿
怪其然也。」胡母說：其實不只是江冬秀，連她自己都會怪罪胡
適。胡適原本說該年要回國，現在又延展一年。她聽了「陡覺遍
身冷水澆灌，不知所措。」況且外間謠言不斷，說胡適已經在外

161　胡適稟母親，1915年10月3日，杜春和編，《胡適家書》，頁78-79。

162　同上，1916年3月15日，杜春和編，《胡適家書》，頁83。

163　胡適致江冬秀，1916年7月27日，杜春和編，《胡適家書》，頁91。

另行結婚，不會回國了。即使這些都只是無稽之談，聽在心中，情何以堪[164]？

胡適信守他跟江冬秀的婚約，毫無疑問，像周質平所說的，是因為他不忍傷兩個女人——他母親和江冬秀——的心。但是，這種分析只看到了表象。更有甚者，是從而推衍做出結論，說胡適對其母的孝心，近乎基督教的「原罪」，說他和江冬秀結婚，只是為母親贖罪於萬一；這種原罪式的對母親的愛，其威力不但可以達到「以愛殺人」的地步，還可以讓「被殺者唯有感激痛哭而已！」[165]這種說法的缺點，除了穿鑿附會以外，還錯誤地把胡適的人格，過分簡單化地劃成「公」與「私」的兩個截然不相統屬的領域。用這種二分法的邏輯來分析，胡適媒妁之言的婚姻就被歸類在「私」的領域，而與他在「公」領域「打倒孔家店」的行為，顯得矛盾而不相調和。因此，「一個畢生為個人自由與尊嚴而奮鬥的戰士，自己的婚姻卻是『吃人的禮教』下的一個祭品。」[166]

事實上，胡適在所謂「私」領域裡的行為，包括他對婚姻與愛情的處理方式，與他在「公」領域的作為，是息息相關，有其共同的模式可循的[167]。他在「公」領域——國際關係，和政治參與等等——所揭櫫的行為準則，與他在「私」領域對自己所做的

---

164 胡母諭胡適，1916年8月22日，杜春和編，《胡適家書》，頁450。

165 周質平，《胡適與韋蓮司：深情五十年》，頁37-38；聯經版頁碼同。

166 同上，頁35。

167 請參照筆者：江勇振，〈男性與自我的扮相：胡適的愛情、軀體與隱私觀〉，頁195-224；Yung-chen Chiang, "Performing Masculinity and the Self: Love, Body, and Privacy in Hu Shi," *The Journal of Asian Studies*, 63.2 (May 2004), pp. 305-332.

要求是一致的，那就是：理性、法治、井然有序。他之所以認為他的婚約是「不可毀」、「不必毀」、「不當毀」，就正是這種理性、法治、井然有序的準則的體現。用性別理論的語言來說，就是他所私自期許的男性觀。胡適在美國留學的7年，決定性地形塑了他的男性自我觀。在胡適的男性意識裡最重要的一環，莫過於具有騎士精神的君子；胡適自己偶爾會用"gentleman"這個英文字來表達。一個具有騎士精神的君子，最具體、最直接的表現，就在他以平等、真誠的態度對待婦女，更重要的，是對把終生幸福託付給他的女子能信、能守的道義精神。

　　1915年7月，他在日記裡記下康乃爾大學鐵道工程系教授克藍德爾(Charles Crandall)的軼事。克藍德爾夫人在婚前因病失明，「夫人不欲以殘廢之身累其所愛，力促克氏退婚。克氏堅不許，遂終娶之，敬愛之，終身不倦。今夫婦皆老矣。鄉里之知其事者，莫不稱克氏之不負約，謂為難能而可貴。此西方之信義也，以其可佩，故記之。」[168]克藍德爾的佳話，胡適一直牢記在心。1923年5月底，他在杭州養病，跟曹誠英戀愛的時候，接到了陳衡哲的一封信。陳衡哲在她的信裡，提起她作了一篇小說，用瓦莎學院(Vassar College)一位女教授和康乃爾大學一位男教授之間的戀愛故事。這就是陳衡哲〈洛綺思的問題〉那篇小說的由來。陳衡哲在信上說：「你何不也用這個題目作一篇呢？我的題目是Prof. Tichener and Prof. Washburn[提區納教授跟娃須本教授]的事。事情的大綱屬於他們，但細目盡可自由創造。我的主旨是婦女的出身問題。你如能做一篇，很可以給我們一個比較，可以

168　胡適，《胡適留學日記》，第三冊，頁702-703。

使我們知道一樣的材料的不同用法，這是很有趣的。」胡適的答
覆是：

> 我也想試做一篇，但擬用他們兩人之外，還加入
> Cornell［康乃爾］的Prof. Crandall［克藍德爾教授］的事。
> 此君訂婚之後，尚未結婚，而女子病了，病中把雙目都
> 瞎了。伊就請求他解除婚約。他堅持不肯；他們竟結婚
> 了。這位夫人雖是瞎子，但綺色佳的人沒有人不敬愛
> 伊。他們生的子女也都很好[169]。

胡適要表彰克藍德爾教授，就在於未婚妻失明以後，他還能
堅持，並且信、守他的婚約。胡適所強調的原則，是君子不應該
由於外在條件的改變而收回他對婚約所做的承諾。另外一個令人
玩味的例子，是美國的威爾遜總統。1916年，威爾遜競選連任，
很多美國人不願意投他的票。他們的理由是，威爾遜總統在元配
過世不到一年以後就再婚。胡適批評這種思想是狹陋的清教徒主
義。他說：

> 余非謂政治公僕不當重私德也。私德亦自有別。如貪贓
> 是私德上亦是公德上之罪惡，國人所當疾視者也。又如
> 休棄貧賤之妻，而娶富貴之女以求倖進，此關於私德亦
> 關於公德者也，國人鄙之可也。至於妻死再娶之遲早，

---

169 本段有關陳衡哲和胡適的信件來往，都引自胡適，《胡適的日記》（手
   稿本）（台北：遠流出版公司，1990），第十八冊，〈南中日記〉，1923
   年5月31日條。

則非他人所當問也[170]。

　　這段引文最值得注意的地方，是胡適認爲「休棄貧賤之妻，而娶富貴之女以求倖進，此關於私德亦關於公德者也。」換句話說，胡適把君子對婚約的信守當成公德的一部分。我們在前面引了他1915年10月3日的家信，澄清他已經在美國另行娶妻的謠言，他說：「兒若別娶，於法律上爲罪人，於社會上爲敗類，兒將來之事業、名譽，豈不掃地以盡乎？此雖下愚所不爲，而謂兒爲之乎？」[171]作爲一個具有騎士精神的君子，胡適把康乃爾大學的克藍德爾稱頌鄉里的佳話奉爲圭臬。對他而言，不信守他與江冬秀的婚姻，就如同「休棄貧賤之妻，而娶富貴之女以求倖進」一樣，其私德之劣，已害及公德，「國人鄙之可也」。

　　毫無疑問地，胡適對沒有受過正式教育的江冬秀，一定有不滿意的地方；對他媒妁之言的婚約，一定也存在著若有所失的悵惘。即使他在男性自我觀的制約之下，認定他必須以騎士、君子的風範去信守婚約，那並不表示他沒有失望、矛盾，甚至排斥的心情。他在1915年7月所寫的一首英文詩，恐怕是他當時心境最好的一個寫照。那是他在綺色佳的最後一個夏天，再過兩個月，他就要搬到紐約進哥倫比亞大學的研究所。25日晚的月分外的圓，他以爲是農曆7月15夜，其實是農曆6月14。月亮是胡適詩興靈感的泉源，是他愛的表徵。當晚，他「步行月光中甚久，賞玩無厭」。他想到了古詩「今夜涪州月，閨中只獨看」，以及「但願人長久，千里共嬋娟」。奈何他人在異國，「此夜綺色佳之

170　胡適，《胡適留學日記》，第四冊，頁1062。
171　胡適稟母親，1915年10月3日，杜春和編，《胡適家書》，頁79。

月，須待一晝夜之後，始可照吾故園桑梓。」他感念之餘，寫成
了英詩《今別離》（Absence）一首。一個禮拜以後，他把這首英
詩，以《水調歌頭》詞牌譯成中文[172]。我在此先把胡適的中、英
文詩錄下，再作分析：

Absence

Those years of absence I recall,
　When mountains parted thee and me,
And rivers, too.　But that was all.
　The same fair moon which shone on thee
Shone, too, on me, tho' far apart;
　And when 'twas full, as it is now,
We read in it each other's heart,
　As only thou and I knew how.

And now the moon is full once more!—
　But parting thee and me there lies
One half the earth; nor as before
　Do these same stars adorn thy skies.
Nor can we now our thoughts impart
　Each to the other through the moon,
For o'er the valley where thou art,
　There reigns the summer sun at noon.

172　胡適，《胡適留學日記》，第三冊，頁705-707，715。

水調歌頭

「但願人長久，千里共嬋娟！」

我歌坡老佳句，回首幾年前。

照汝黃山深處，照我春申古渡，同此月團圓。

皎色映征袖，輕露濕雲鬟。

今已矣！

空對此，月新圓！

清輝脈脈如許，誰與我同看？

料得今宵此際，伴汝鷗鴣聲裡，驕日欲中天。

簾外繁花影，村上午炊煙。

　　胡適把他的這首英詩譯成文言以後，語意雖雅，但用典較多，再加上他有意地在詞義上偷天換日，反多了一層煙幕。特別是胡適已經在英詩前寫了一個序，繞了一大圈子，看似相思，說綺色佳的月，要過一個晝夜以後才能照到「故園桑梓」。然後，又特意在譯成中文後，附了一個跋，強調詞裡的「妳」乃意象中懸設的「妳」，不必實有所指。他一貫的「障眼術」，使得歷來研究胡適的人都忽略了這首詩。周明之雖然在他的書裡引了這首詩，但他完全沒有看出胡適的意思[173]。因此，我試著把它譯成白話，用胡適原題的《今別離》爲名於下：

今別離

173　Min-chih Chou, *Hu Shih and Intellectual Choice in Modern China*, p. 73.

想當年，
多年的別離，山川的阻隔，
妳我依舊。
明月照著妳，也照著遠方的我。
當彼月圓時，月傳妳我心；
彼情只有妳我知。

今夜月更圓——
但阻隔著妳我的，已是那偌大的半個地球；
罷了！
試問？昂首觀星斗，妳我所見可相同？
罷了！
此月終不能再傳妳我心，因為——
我在月下，妳卻日正當中。

　　把胡適的「障眼術」摘除以後，這首英文詩最令人怵目驚心的地方，在於它赤裸裸地道出了胡適的心境。這首詩的第一段，敘說那曾有的情絲，連山川都阻隔不了；那妳我心心的相繫，是到了「月傳妳我心」的地步。然而，這些情絲以及那賴以傳情的月亮都已成過去。必須注意的是，胡適這首英文詩的第一段所用的時態是過去式，所以他說：「當『彼』月圓時，月傳妳我心；『彼』情只有妳我知。」第二段則急轉直下，用的時態是現在式，說那造成「妳」和「我」形同陌路的，不只是「那偌大的半個地球」，而是那心靈的阻隔；「妳」和「我」不但所見的星斗不同，連那當年還可以傳心的月亮，也因為彼此各自處在晝夜顛

倒的世界裡——亦即，思想不同的世界裡——而傳情不再。值得
注意的是，胡適自己用《水調歌頭》的詞牌所譯成的中文，不但
淡化了第一段裡的情絲，而且偷天換日地抽掉了第二段裡心靈阻
隔的主題。

　　第一段裡的「月傳妳我心」、「彼情只有妳我知」，變成了
「皎色映征袖，輕露濕雲鬟」，兩個各自「月下獨徊」的個體；
雖然他在中譯詞的第二段裡，用了「今已矣！」「空對此」這些
慨嘆的字眼，他接著吟詠的，卻是「清輝脈脈如許，誰與我同
看？」這既可以被解讀為「月下獨徊」的相思，也可以被理解成
渴求知音的想望，完全失去了原詩裡「此月終不能再傳妳我心」
的原旨。更具有諷刺意味的，是「鷓鴣聲」那一句。鷓鴣的啼聲
在古典的詩意裡，有「行不得也哥哥」，如泣如訴的「閨怨」意
味。且不管「料得今宵此際，伴汝鷓鴣聲裡，驕日欲中天。」這
一段，與常識相違，因為鷓鴣是夜啼的，不會在「驕日欲中天」
的時候聽到。胡適把「伴汝鷓鴣聲裡」這句寫入，倒彷彿他哀嘆
的是江冬秀的「閨怨」，而不是決絕地告訴她：「此月終不能再
傳妳我心。」然而，即使是經過如此「偷天換日」的轉譯，這首
詩的中文譯詞，胡適一直要等到一年以後，才寫在家信裡，請他
的叔叔胡近仁講解給大家聽，並且說，他想聽胡近仁對這首詞的
評價如何[174]。

　　這首令人怵目驚心的英詩，是胡適留學時期有過反悔他媒妁
之言的婚約最有力的證據。值得玩味的是，胡適最後還是接受了
事實。當然，這並不表示胡適對江冬秀就不會發展出感情。就像

174　胡適稟母親，1916年8月9日，杜春和編，《胡適家書》，頁92-93。

他在康乃爾大學演講「中國的婚制」裡所說的，中國人結婚以前的愛是「基於想像，根於名分」。1916年9月，就在他把那首詞寄回家一個多月以後，他寫信抱怨江冬秀已經一年沒寫信給他了。他生氣地埋怨：「豈因其不會寫信，就不肯寫乎？」他說：「其實自己家人寫信，有話說話，正不必好。即用白字亦有何妨？亦不必請人起稿，亦不必請人改削也。望母以此意告之。如冬秀尚在吾家，望母令彼寫信與我，兩行三行都無不可也。」他特別舉了他的好友朱經農作例子。朱經農告訴胡適，說他收到家信，「語短而意長。雖有白字，頗極纏綿之致。」胡適因而填了一首白話詞來戲弄他：「先生幾日魂顛倒，他的書來了！雖然紙短卻情長，帶上兩三白字又何妨？可憐一對癡兒女，不慣分離苦；別來還沒幾多時，早已書來細問幾時歸。」[175]

我們在前面提到胡適在1916年7月的一封信。那封信是他把《水調歌頭》寄回家的前兩個星期寫的。在那封信裡，他請江冬秀原諒他又再度爽約，不能履行返國的承諾。他請江冬秀「勿怪我遲遲不歸，亦勿時時掛念我。怪也無用，掛念也無益。」這些話雖然說得有點冷硬，他並沒忘記在信後加上一句纏綿的：「此寄相思。」[176]1917年1月中，胡適重感冒還沒好，收到江冬秀的信，心裡非常高興。他在家信裡說：「冬秀信甚好。此信較其幾年前在吾家所做寄其祖母之信，勝幾十倍矣。」他特別作了一首詩作紀念[177]：

175　胡適稟母親，1916年9月27日，杜春和編，《胡適家書》，頁97-98；又參閱《胡適留學日記》，第四冊，頁1030-1031。

176　胡適致江冬秀，1916年7月27日，杜春和編，《胡適家書》，頁91。

177　胡適稟母親，1917年1月17日，杜春和編，《胡適家書》，頁100-101。

病中得他書，不滿八行紙。
全無要緊話，頗使我歡喜。
我不認得他，他不認得我。
我卻紀念他，這是為什麼？
豈不因我們，份定長相親。
由份生情意，所以非路人。
天邊一遊子，生不識故里。
終有故鄉情，其理亦如此。
豈不愛自由，此意無人曉。
情願不自由，便是自由了。

　　這首詩再一次地說明了胡適的「名分」論，也就是說，中國人結婚以前的愛是「基於想像，根於名分」。即使這是他「不得已的自我安慰，自我欺瞞」[178]，至少，胡適在留學初始，在認識韋蓮司以前，就已經抱持這樣的看法。他在這首詩裡所說的：「份定長相親」，「由份生情意」，與他詩裡所說的故鄉情是相對稱的：「生不識故里」，「終有故鄉情」。寫完這首詩五個月以後，他就從加拿大的溫哥華坐船回國了。留美七年，儘管胡適曾經有過「他鄉月，相思得？」的徘徊，最終，還是「故鄉月，終有情」。

178　周質平，〈吹不散的心頭人影──記胡適與曹珮聲的一段戀情〉，
　　　《胡適叢論》(台北：三民書局，1992)，頁248。

第三章
星月爭輝 (1917-1937)

第一節　十二月卅夜月，妳和我人兒一雙

　　性別觀念的成見，長期以來宰制著人們對胡適婚姻所做的揣測。男性作家從男人的角度，認定胡適是一個「犧牲者」。所以，夏志清會用「悲劇」這兩個字來形容。他的理由是江冬秀「沒有現代醫藥常識，也不知如何管教子女，弄得愛女夭折，二兒子思杜從小身體虛弱，教不成器。」[1]周質平更進一步，以「上斷頭台」來形容胡適結婚時的心情。他「覺得胡適成婚那一刻的心情，與其說是洞房花燭的喜悅，不如說是烈士就義之前一種成仁的悲壯情懷。」因此周質平的看法是胡適對自己的婚姻，是經過了一番自我說服的功夫，而達到了「近乎自我欺瞞的境界」[2]。另外一位男性作家楚汛，也想當然耳地斷定胡適跟江冬秀的婚姻，是「『名分』情誼下的同居」[3]。這種把胡適視為「鮮花」，而把江冬秀當成「牛糞」的觀點，反映出這些男性作

1　〈夏志清先生序〉，唐德剛，《胡適雜憶》(台北：傳記文學出版社，1979)，頁20。

2　周質平，〈胡適與趙元任〉，《胡適叢論》，頁168-170。

3　楚汛，《胡適江冬秀》(北京：中國青年出版社，1995)，頁79-91。

者在性別上的另一個盲點：即他們對江冬秀的存在視而不見。在品評胡適婚姻的時候，這些男性學者不但完全不重視江冬秀寫給胡適的信，而且也忽視胡適寫給江冬秀的信，甚至同時更進一步地認定他寫給江冬秀的詩，不是「自我欺瞞」，就是言不由衷。換句話說，他們基本上認為在胡適的婚姻裡，江冬秀並沒有什麼主體的地位。這些男性作者裡唯一的例外是唐德剛，他在那本諧語連篇的《胡適雜憶》裡，力排那認為胡適受了委屈的眾議，他反問：「有幾個人能體會到，他是中國傳統的農業社會裡，『三從四德』的婚姻制度中，最後的一位『福人』?!」[4]

毫無疑問地，胡適對他沒有受過正式教育的妻子一定有不滿意的地方；對他媒妁之言的婚姻也必定存著若有所失的悵惘。問題是，這並不表示胡適與江冬秀不可能發展出他們特有的親密關係。他們在心靈之間，當然有無法交會的地方。但這不盡然表示他們一定會像夏志清所說的那般「毫無默契」。事實上，就像我們在上節所分析的，胡適在留學時期，對這樁媒妁婚約有兩極擺盪的矛盾。他可以從「月傳妳我心」的浪漫想像，一變到決絕地宣稱「此月終不能再傳妳我心」。然後，又在回國以前，擺回到「份定長相親」、「由份生情意」的心境。胡適內心的掙扎與矛盾，就像是個人飲水冷暖自知一樣，不是外人所能輕易管窺的。因此，即使他回國成親時並非抱著雀躍不已的心情，這不表示他懷著的是烈士成仁的悲壯情懷。

1917年6月21日，胡適從加拿大的溫哥華搭乘「加拿大太平洋航運公司」的「日本皇后」號(Empress of Japan)郵輪回國。7

4　唐德剛，〈較好的一半〉，《胡適雜憶》，頁202。

月5日，船到日本橫濱。是日，坐電車到東京見朋友。當晚，再
趕回橫濱，半夜船行，經神戶、長崎，而於7月10日抵上海。從
1910年7月，胡適離開上海到美國留學，到他再從美國回到上
海，差兩天就整整七年。在上海逗留兩個星期以後，胡適坐船溯
江返鄉。在長江的渡輪上，他寫了一封信給韋蓮司，興奮地告訴
她說：「再一個星期，我就會抵家，見到我的家人了！」[5]近鄉
未必情怯，按捺不下的，是那幾分好奇、幾分興奮。就像他在結
婚以前，從北京寫給韋蓮司的另一封信裡所說的：「我不能說我
是欣喜地企盼著我們的婚禮。我是帶著怦怦然的好奇心，去迎接
這個大實驗的日子——人生的實驗！」[6]

　　還在上海的時候，胡適寫信給母親，說明他決定不馬上迎娶
的四個原因：「天氣太熱，一也；兒在家只有二三十日之久，時
間太匆促，二也；長途勞苦，頗思在家少息，不願辦此忙鬧之
事，三也；無錢何能辦此事？若太從儉，則無以對吾母及冬秀；
若從豐，則斷非今日力所能及，四也。」他請母親向江家說明原
委：「此事已緩了十年，今豈並幾個月亦不能再緩乎？」他除了
向母親解釋不馬上迎娶的理由以外，胡適這封信的另外一個主要
目的，是要求跟江冬秀見個面：「兒在美時，曾有信言歸時欲先
與冬秀一見，或在吾家，或在江村皆可。此事不知吾母曾告冬秀
否？如能接冬秀來吾家暫住幾日更好。」[7]胡適不但在回國以前，
就已經多次提起要與江冬秀見個面的要求[8]，他回到家以後，還

5　Hu to Williams, July 24, 1917.

6　Hu to Williams, November 21, 1917.

7　胡適稟母親，1917年7月16日，杜春和編，《胡適家書》，頁106-107。

8　例如，胡適稟母親，1917年4月19日，杜春和編，《胡適家書》，頁
　　103。

兩次寫信給江冬秀表達同樣的意思。胡適於7月27日抵家，兩天
以後，就寫信給江冬秀。他以聽說江冬秀身體「微恙」為詞，希
望能「來江村一行，即可與姊一見，又可探問病狀。」可惜，由
於江冬秀的父親早逝，母親也已在1916年初過世，代主家政的是
她的一兄一叔。當時，江冬秀的哥哥和叔叔都不在家，胡適知道
他去拜訪「或有不便」，所以表示他會另外約期來訪[9]。到了8月
18日，由於胡適自己有事出遊，回到家以後，又因「族中又有紛
爭之事」，暫時不能分身，但是又急著見到江冬秀。胡適於是又
寫了一封信給江冬秀，問她能不能請一個姑婆用轎把她接來小住
幾天。寫信那天是農曆七月初一，胡適說：「能於初三日來更
好。若初三日不能來，初五日亦可。」[10]

　　胡適的兩封信都沒達到效果。於是，8月24日，胡適親自到
江村拜訪江冬秀家人。由於江冬秀仍然「微恙」，胡適等得望眼
欲穿。一直等到當晚宴席過後，胡適終於提出想見見江冬秀的意
思。沒想到，雖然江家的人都同意了，江冬秀卻偏偏躲到房間的
床上去，連床帳都放了下來，堅決不露面。就在江家的姑婆已經
準備出手把床帳拉開的時候，胡適決定不為難江冬秀，便不再堅
持。他不但若無其事地留在江家過夜，而且在第二天臨走以前寫
了一封信給江冬秀，說：「適以為吾與姊皆二十七八歲人，又常
通信，且曾寄過照片，或不妨一見，故昨夜請姊一見。不意姊執
意不肯見。適亦知家鄉風俗如此，決不怪姊也。」[11]胡適在日後
跟高夢旦談起這件事情，他說：

9　　胡適致江冬秀，1917年7月29日，杜春和編，《胡適家書》，頁108。
10　　同上，1917年8月18日，杜春和編，《胡適家書》，頁109。
11　　同上，1917年8月25日，杜春和編，《胡適家書》，頁110。

那天晚上，我若一任性，必然鬧翻。我至今回想，那時
確是危機一髮之時。我這十幾年的婚姻舊約，只有這幾
點鐘是我自己有意矜持的。我自信那一晚與第二天早上
的行爲也不過是一個gentleman應該做的。我受了半世
的教育，若不能應付這樣一點小境地，我就該慚愧終
身了[12]。

　　姑不論胡適說：「我這十幾年的婚姻舊約，只有這幾點鐘是
我自己有意矜持的。」算不算是不打自招，指他在此以前，對自
己的婚約曾經有過無意「矜持」的時候。重要的是，他認爲他所
做的，只不過是「受了半世的教育」的「君子」，所「應該做
的」的「行爲」。歷來談到這件事情的人，都稱讚胡適眞是個讀
過書、受過良好教育的紳士、君子，而江冬秀則不夠開通，爲禮
俗所囿。胡適當晚的表現，確實很君子，確實爲常人所不及，確
實應該得到讚揚。然而，我們同時也必須認識一個事實，那就是
連胡適自己後來都承認的：事後證明江冬秀拒不見面，果然是舊
家庭的傳統觀念居中作梗。試想當晚有多少等著「看戲」的三姑
六婆、四叔七爺在場？江冬秀若接受胡適「見個面」的要求，會
遭受多少「恬不知恥」的非議。江冬秀在自傳手稿裡，據說「樸
素」、「純眞」地描述了她當時想見胡適，卻又不敢見，只好躲
在床上哭泣、裝病的絞心經驗[13]。胡適固然可以自詡他的「君
子」風度，但作爲有後見之明的我們，卻不能無視於這個「君

12　胡適，《胡適的日記》，頁201。
13　唐德剛，〈較好的一半〉，《胡適雜憶》，頁185。

子」風度之得以展現，是由女性的隱忍來付出代價的。換句話說，胡適提出見面的要求，等於是把江冬秀推進一個兩難之局。她如果答應苦等了13年的未婚夫，出來跟他見個面，恐難免於「乾柴」之譏；不見面，又顯得矯情，並且有對留美的博士丈夫擺莫名的架子之嫌。江冬秀爲了恪守舊禮俗，而躲在床帳裡暗自飲泣，其所造就的，是胡適「君子」的美譽。

8月30日，胡適啓程北上，9月10日抵達北京。北大開學以後，胡適開始著手安排婚事。他首先決定的，是把婚期訂在12月30日，農曆11月17日，也就是他的農曆生日。他母親的理想，是希望胡適能請兩個月的婚假。胡適在十月底回信，說那是不可能的。由於年假很短，他只能在12月中回到家裡。婚後一個禮拜，他就必須趕回北京。由於必須趕路，他說：「此次或不能帶新婦同行。」胡適於是提出另外兩個替代方案：一、把江冬秀送到北京去結婚；二、把婚期延到次年夏天。胡適自己所希望的，是第一個替代方案。他說北京的朋友，都勸他在北京結婚。如果此意可行，婚期可以先不擇訂，但如果江冬秀可以在「12月30日前到更妙」。換句話說，不管婚禮是在家或者在北京舉行，他仍然希望他的結婚紀念日也是他的生日。他說江冬秀到後，可以先住旅館，婚禮就在胡適所租的房子舉行。至於親朋，就等胡適來年回家的時候，再補請吃喜酒[14]。胡母回信斷然地否決了胡適的替代方案：「婚事予意決在家舉行。爾所說後二辦法，盡可作罷論。」胡適決定把結婚日訂在生日那天，而不由陰陽家擇日的想法，「雖不爲予意所喜，然欲徇爾之意，只得勉如所請。」胡母

14　胡適稟母親，1917年10月25日，杜春和編，《胡適家書》，頁122-124。

答應胡適簡化婚禮的要求，但須徵得江家同意。結婚當天新郎新娘的禮服，胡母要胡適自己斟酌籌辦，但提醒他：「吉期所著似未可太從儉樸，墙面攸關。」[15]

　　我們從胡適婚後寫給韋蓮司的信[16]，得知他返鄉結婚確切的行程。他12月16日從北京動身，23日抵家，30日當天舉行了結婚典禮。新婚燕爾的胡適，喜孜孜地在這封信裡告訴韋蓮司：「我已經結婚七個多星期了，還沒向妳報告呢！我們夫妻倆相當快樂，相信我們可以相處得很好！」接著，他很自豪地對韋蓮司描述他如何改良了自己的婚禮：

> 我還得自創我的婚禮儀式，革除了舊習俗裡所有不合理的規矩。我們沒拜天地，這是我所作的改革裡最重要的一環。但我們還是一起去祠堂裡拜了祖先。爲了這件事，我跟母親爭執了好幾天。我不認爲我們的婚禮跟祖先有任何關係，而且我也不相信他們的存在。可是，我母親雖然可以接受我其他的改革，但絕不允許她的獨子數典忘祖。到了我結婚的前夕，我終於讓步。於是，結婚後三天，我們夫婦一早就到了祠堂，對著祖先的牌位行三鞠躬。

　　他在信裡跟韋蓮司雀躍地描述新婚燕爾的同時，還抱怨北大偏偏大煞風景，在蜜月期間催他返校：「我們結婚才十天，校方就打電報催我回北京。我當然不肯。我整整在家待了五個星期。

15　胡母諭胡適，1917年11月5日，杜春和編，《胡適家書》，頁457-458。
16　Hu to Williams, February 19, 1918.

這也就是說，結婚後又待了四個星期。我於1918年1月24日啓程，一個星期以後抵京。」胡適告訴韋蓮司，說他母親看到他們新婚燕爾的樣子，感到非常地欣慰。最後，他代表母親和妻子跟韋蓮司問好。他並附帶地加了一句：「我妻子希望在1924年，我休假那年，跟我一起去美國！」

一直要到十年以後，胡適才會知道他這些報告新婚燕爾的信，是如何齧噛著韋蓮司的心。1927年3月，胡適在訪問英國、美東以後，到綺色佳小住幾天。我們會在下一章詳細描述他們終於在這次重逢的時候，吐露對彼此的愛。4月17日，是韋蓮司的生日，當時胡適已經在橫渡太平洋返國的郵輪上。韋蓮司在當天寫了但顯然沒寄出的信裡，石破天驚地，娓娓道出她十年前收到胡適來信時的心情：「我今天重讀舊信，讀到那封宣布你即將結婚的信[即胡適1917年11月21日的信]，又再次地讓我體會到，對我來說，那是多麼巨大的一個割捨。我想，我當時完全沒有想跟你結婚的念頭。然而，從許多方面來說，我們[在精神上]根本老早就**已經**結了婚了。因此，你回國離我而去，我就整個崩潰了。」韋蓮司在這句話的旁邊，加了一句眉批：「自從我收到你1917年11月的那封來信以後，我就再也沒有勇氣去重讀你的舊信了。」[17]

歷來品評胡適婚姻的人，既然已經有了定見，自然認為胡適是極不情願，因為孝順母親，而不得不入彀。1980年代，有關胡適的資料，如雨後春筍出版以後，更給這種看法提供了新的證據。其中，最重要的，是1918年5月2日，胡適結婚不到五個月的

時候，給他極親近的叔叔胡祥木的一封信。在這封信裡，胡適說：

> 吾之就此婚事，全爲吾母起見，故從不曾挑剔爲難(若不爲此，吾決不就此婚，此意但可爲足下道，不足爲外人言也)。今既婚矣，吾力求遷就，以博吾母歡心。吾所以極力表示閨房之愛者，亦正欲令吾母歡喜耳。

胡適在這封信後叮囑胡祥木：「閱此書後，乞拉燒之。亦望勿爲外人道，切盼，切盼。」[18]所有爲胡適抱屈的人，都一定會徵引這一段話[19]。問題是，在這些浩瀚的資料裡，也有許多和這句話相牴觸的證據，卻不受這些人所青睞。舉個例來說，他這封信給他叔叔，說如果不是爲了他的母親，就絕不會答應和江冬秀結婚的信，是5月2日寫的。然而，才五天以前，也就是4月27日，他有一封以胡適的風格來說，相當纏綿的信給江冬秀：

> 你爲何不寫信與我了？我心裡很怪你，快點多寫幾封信寄來吧！今夜是三月十七夜[農曆]，是我們結婚的第四個滿月之期，你記得麼？我不知道你此時心中想什麼？你知道我此時心中想的是什麼？⋯⋯
> 我昨夜到四點多鐘始睡，今天八點鐘起來，故疲倦了，

18　胡適，《胡適家書手稿》(安徽美術出版社，1989)，頁59。
19　周質平，〈胡適與趙元任〉，《胡適叢論》，頁168；楚汛，《胡適江冬秀》，頁75。

要去睡了。窗外的月亮正照著我，可惜你不在這裡[20]。

這封信有隱語、有暗示，有只有胡適和江冬秀彼此知道的親密的紀念和回憶；不像是一個奉母命結婚，而對妻子沒有一絲愛意的人所寫的信。五天之間寫出兩封如此迴異的信，是頗令人驚訝的。其所反映的，是胡適媒妁之言的婚姻所帶給他的痛苦、矛盾與掙扎。然而，除非他言不由衷，新婚甫四個月的他，對江冬秀確有他的相思，對他們新婚之夜有他的紀念與眷戀。

事實上，胡適的〈新婚雜詩〉[21]，可以說是他新婚燕爾最親密、最纏綿的寫照。這幾首詩，是胡適婚後單身回到北京以後寫的。這五首〈新婚雜詩〉成詩的時間不同，描寫與抒發的對象也各有所不同。比如說，第一首，所描繪的場景是新婚夜，雖然它所營造出來的凝重氣氛與花燭月夜不甚調和，但它是胡適以明月為證，向江冬秀，或者毋寧說，是向世人，宣告他這個「受了半世的教育」的「君子」，回來履行了他十幾年前訂好的婚約：

一

十三年沒見面的相思，於今完結。

把一椿椿傷心舊事，從頭細說。

你莫說你對不住我，

我也不說我對不住你，——

且牢牢記取這十二月三十夜的中天明月！

20　胡適致江冬秀，1918年4月27日，杜春和編，《胡適家書》，頁180。

21　胡適，〈新婚雜詩〉，《胡適詩存》（北京：人民出版社，1993），頁179-181。

　　〈新婚雜詩〉裡的第二首顯然是描寫他新婚後，與江冬秀回江村娘家，想到他岳母未能在生前一了送女兒出閣的願望，而爲之抱愧、感傷的心懷：

二

　　回首十四年前，

　　初春冷雨，

　　中邨簫鼓，

　　有個人來看女婿。

　　匆匆別後便輕將愛女相許。

　　只恨我十年作客，歸來遲暮。

　　到如今，待雙雙登堂拜母，

　　只剩得荒草新墳，斜陽淒楚！

　　最傷心，不堪重聽，燈前人訴，阿母臨終語！

　　胡適與江冬秀蜜月期間的喜悅與浪漫，充分地流露在〈新婚雜詩〉裡。新婚才十天，北大就催他北返的電報，他把它擱在一旁，一直到新婚即將彌月，方才依依不捨地辭別了新娘北返。他〈新婚雜詩〉的第五首是這樣寫的：

五

　　十幾年的相思剛才完結，

　　沒滿月的夫妻又匆匆分別。

　　昨夜燈前絮語，全不管天上月圓月缺。

> 今宵別後，便覺得這窗前明月，
> 格外清圓，格外親切！
> 你該笑我，飽嚐了作客情懷，別離滋味，
> 還逃不了這個時節！

　　這首詩是在1918年1月作的，雖然我們沒有確切的資料來佐證，但它很可能是胡適離家以後才寫的。他把這首詩附在家信裡寄給江冬秀。讀了這首詩，江冬秀雖然滿心歡喜，卻又覺得此情不可爲外人道也。雀躍不已的她，不忘叮嚀胡適：「二函收到，深爲歡喜。此詩從頭細看一遍，再又看一遍。笑話，此詩只有夫婦說說笑話，千萬不可與別人看……不過四五個月，又要相見……你我不必掛念，夫婦同到北京，日夜相見，可多多說說笑話。」22這首詩就像胡適所有的情詩一樣，是以月亮作爲表徵，來表達他對江冬秀的愛以及相思的媒介。另外一首當時沒有發表的情詩〈生查子〉，同樣是以月亮爲記，來表達他對江冬秀的相思。這首詩是他啓程北上以後所寫的。當天是1月30日，是他跟江冬秀新婚滿月的日子。在旅途夜行的渡船上，他在這首詩裡，脈脈含情地對江冬秀訴說他的相思23：

> 前度月來時，你我初相遇。
> 相對說相思，私祝常相聚。

22　江冬秀致胡適，1918年2月16日。
23　胡適致江冬秀，1918年1月30日，耿雲志、歐陽哲生編，《胡適書信集》，上冊(1907到1933)(北京：北京大學出版社，1996)，頁122-123。

今夜月重來，照我荒洲渡。

中夜睡醒時，獨覓船家語。

2月下旬，他又作了〈新婚雜詩〉的第四首：

四

記得那年，你家辦了嫁妝，我家備了新房，

只不曾捉到我這個新郎！

這十年來，換了幾朝帝王，看了多少世態炎涼；

銹了你嫁妝中的刀剪，

改了你多少嫁衣新樣；──

更老了你和我人兒一雙！──

只有那十年陳的爆竹呵，越陳偏越響！

胡適寫這首詩的時候，新婚不到兩個月。在北京孤寂的他，作好了這首詩，就立即把它寫在給他母親的信裡[24]。當然，這有可能是因為他所說的：「吾所以極力表示閨房之愛者，亦正欲令吾母歡喜耳。」因為，「那十年陳的爆竹」是胡適的母親十年前為準備幫他成婚而預備的；胡適後來把這首詩放在《嘗試集》裡發表的時候，特別加了一個序：「吾本不欲用爆竹，後以其為吾母十年前所備，不忍不用之。」[25]然而，值得注意的是，熟知胡適的徐志摩提醒我們，「凡適之詩前有序後有跋者，皆可疑，皆

24　胡適稟母親，1918年2月23日，杜春和編，《胡適家書》，頁142-143。

25　胡適，〈新婚雜詩〉，《胡適文集》，第一冊(北京：人民文學出版社，1998)，頁209。

將來本傳索隱資料。」[26]換句話說，這是胡適的「障眼術」，我們必須用徐志摩所說的「索隱論」來抽絲剝繭。對中、英詩寫作與品評都游刃有餘，而且又作爲新詩體領航者的胡適來說，隱語、暗示和雙關語是他精擅之所在。這首詩裡的「爆竹」是雙關語。一方面，胡適用它來表示他的孝心，「爲吾母十年前所備，不忍不用之。」另一方面，「爆竹」的「響」、「烈」、火花與神魂蕩漾，其所描述的是他新婚燕爾的歡愉。他與江多秀固然是「十年陳的爆竹」，但他們可是「越陳偏越響」！

胡適新婚小別後，對江多秀的相思，除了筆之於詩以外，也躍躍然地顯現在他的家信裡。他在1918年2月3日晨抵北京，在次日的家信裡，他就對母親說：「多秀頗識字，可令他勉強寫信給我，附在家信內寄來，寫得不好亦不妨。」爲了體貼江多秀，讓她有傾吐衷情的隱私空間，他特別叮囑：「如不願他人見了，可用紙包好，附入家信中。」[27]三天以後，他自己已經按捺不住，在家信裡附了一封給江多秀的信。他以夢見母親生病作爲理由，要江多秀時時寫信「老老實實的說母親的身體如何。」然後，話題一轉：「你自己的病，可好了沒有？昨天我看見一書上說，女子月經來時，切不可有發怒、憂擾、氣惱諸事。我想你前兩月不痛經，是因爲心事寬了之故。本月又痛經，想是因爲心事不寬之故。下月月經將來時，可以先掃除一切心事，再看還痛不痛。無論如何，望你寫信時，也細說自己身體如何，千萬要寫信，不可

26　徐志摩，《徐志摩全集補編》，第四冊，〈日記・書信集〉（上海：上海書店，1994），頁17。
27　胡適稟母親，1918年2月4日，杜春和編，《胡適家書》，頁132。

忘記。」[28]兩個多禮拜以後，還是沒收到江冬秀的來信，胡適於是又寫信去催：「我從前有信要你寫信與我，何以至今無信來。這個月月經來時，還痛經嗎？……千萬寫信寄來(胡適還在此句下面，劃了強調語氣的圈圈)。」[29]

其實，就在胡適望眼欲穿地等信的時候，江冬秀2月16日的信，也就是那封叮嚀胡適千萬不可把情詩給別人看的那封信，已經付郵上路了。他3月1日收到信以後，非常高興，就在回信裡告訴江冬秀：「前次寫的信很好，我讀了很喜歡。能多寫幾封，我更歡喜了。」為了鼓勵江冬秀，讓她能夠從此跟自己魚雁往來情書，胡適就以他們蜜月期所拍的照片為餌。這些照片一共18張，他帶回北京沖洗，從2月中旬開始，就陸續把照片寄回家。他哄著江冬秀說：「你看見你的照片了，可好不好？你多寫幾封信與我，我便替你多印幾張回家去送人。」[30]

胡適原先的計畫，是在蜜月以後就把江冬秀帶到北京。然而，事與願違。由於母親為他張羅婚事，忙到生了病。雖然她在胡適離家以前已經痊癒，在這個當下，把母親拋下，夫婦倆自作鴛鴦遠遊之計，總是說不過去。再加上北京當時政局不穩，胡適於是決定把江冬秀留下，隻身北上。他於是計畫在1918年6月，學校放暑假以後，才回家鄉把江冬秀接回北京同住[31]。3月初，胡適聽說江冬秀的哥哥5月要到北京，就希望她能一道跟著去北京和他團圓。他迫不及待地把這個意思告訴母親，同時，他也在信

28　胡適致江冬秀，1918年2月7日，杜春和編，《胡適家書》，頁135。

29　同上，1918年2月25日。

30　同上，1918年3月6日，杜春和編，《胡適家書》，頁153。

31　Hu to Williams, February 19, 1918.

上告訴江冬秀：「你哥哥說五月間來遊北京。他若眞能來，可託他把你帶來。若能這樣辦，我就可以不回家了。我今年夏天忙得很，能不回來最好。我已把這話同母親及你哥哥說了。若是這樣辦，你可早點同你哥哥來，不用等到陰曆五月底了，豈不更好嗎？」[32]等到他知道他母親不贊成以後，失望的胡適，怏怏不樂地回覆他母親：「我在外面獨立了十幾年了，難道不能再耐幾個月無家的生活嗎？」[33]

事實上，胡適並沒有死心。他知道關鍵在於母親希望他由於必須接眷，就會在夏天的時候再回家小住一段時間。胡適於是就以他暑假要寫書，以及他是北大英文部主任，必須主持夏間大學的招考爲由，說他即使回家也住不到幾天，也許就乾脆不回去了[34]。幾經折衝之後，母親終於讓了步，胡適很高興的回信說：「我豈不知吾母此時病體不應令冬秀遠離，但我在此亦很寂寞，極想冬秀能來。此亦人情之常，想吾母定不怪我不孝也。至於他人說長說短，我是不管的。」能夠早日把江冬秀接來，胡適欣喜若狂，他說：「今天很忙，不能寫長信。但得吾母信後，心中很快樂。」[35]6月11日，江冬秀抵北京。她一到，就馬上懷孕了。他們的長子胡祖望1919年3月16日出生，離江冬秀到北京和胡適團聚，恰恰是懷胎所需的九個月。不但如此，三年之間，胡適跟江冬秀接連生了三個孩子，一年一個；祖望生於1919年、素斐1920年、思杜1921年。

32　胡適致江冬秀，1918年3月13日，杜春和編，《胡適家書》，頁157。
33　胡適稟母親，1918年4月3日，杜春和編，《胡適家書》，頁167。
34　同上，1918年4月6日，杜春和編，《胡適家書》，頁168-170。
35　同上，1918年4月13日，杜春和編，《胡適家書》，頁173。

江冬秀與三個孩子的合照，胡適在1923年3月寄贈韋蓮司：
自左至右：素斐、思杜、江冬秀、祖望。（胡適紀念館授權
使用）

　　胡適在當年7、8月的家信裡，已經屢屢在報告江冬秀「頭暈」、「嘔吐」、「上午更重，下午見好些」的徵狀。到了9月上旬，他終於報告江冬秀「大概是『病兒』。」等母親來信催問他懷孕是否屬實，他回信說「此時已過了三個多月，大概可信。但我們都是沒有經驗的，故不敢十分決定。」[36]這一段時光，是他們的二度蜜月。他要江冬秀做闊頭鞋放腳，「現腳指已漸放開，甚可喜也。」[37]平時喜歡開夜車的胡適，江冬秀來了以後，不得不加收斂。他在給母親的家信裡，表面上看起來是在向母親抱怨，實際上，是訴說他骨子裡欣喜的情懷：「自冬秀來後，不曾有一夜在半夜後就寢。冬秀說他奉了母命，不許我晏睡。我要坐遲了，他就像一個蚊蟲來纏著我，討厭得很！」[38]對胡適來說，江冬秀「像一個蚊蟲來纏著」他的感覺，至少在新婚的階段，自有它打情罵俏的喜悅感。這種喜悅感似乎延續了幾年。比如說，1920年12月17日，是陰曆11月初8日，是胡適的陽曆生日，又剛好是江冬秀的陰曆生日，胡適說是「百年難遇的巧事」，就寫了一首〈我們的雙生日〉(贈冬秀)，作為紀念：

　　　他干涉我病裡看書，
　　　常說，「你又不要命了！」
　　　我也惱他干涉我，
　　　常說，「你鬧，我更要病了！」

36　胡適稟母親，1918年9月20日，杜春和編，《胡適家書》，頁216。
37　同上，1918年7月14日，杜春和編，《胡適家書》，頁199-200。
38　同上，1918年8月3日，杜春和編，《胡適家書》，頁203-204。

我們常常這樣吵嘴，——

每回吵過也就好了。

今天是我們的雙生日，

我們訂約，今天不許吵了。

我可忍不住要做一首生日詩，

他喊道，「哼，又做什麼詩了！」

要不是我搶得快，

這首詩早被他撕了[39]。

夏志清以這首詩為證，說雖然這是一首幽默詩，但它充分地說明了胡適和江冬秀在「精神上毫無默契」[40]。這種說法有兩個缺點。第一，它只停留在字面的理解，全然不理會文字有它雙關、影射和隱喻的靈活性。第二，它完全忽略了人的心靈與七情六慾是多面向、複雜，甚至矛盾的。即使步入老年以後，客居紐約的江冬秀是像夏志清所說的，「老打麻將」、「不會說英語」、「停留在看武俠小說的階段」，但這並不表示年輕、新婚時期的江冬秀就沒有她吸引胡適的地方。且不說胡適這首詩擺明著是「贈冬秀」，有他對他倆恩愛的紀念。更重要的是，胡適在這期間，還發表了他給江冬秀的情詩。比如說，下邊所引的「如夢令」中的兩首，是1918年8月寫的[41]。那時，江冬秀剛到北京和

39　胡適，〈我們的雙生日〉（贈冬秀），《胡適詩存》，頁235。

40　〈夏志清先生序〉，唐德剛，《胡適雜憶》（台北：傳記文學出版社，1979），頁12。

41　胡適，〈如夢令〉，《胡適詩存》，頁191-192。

他團聚，是他們的二度蜜月。其所描寫的，是他倆一起回憶一年前胡適初返國門，想見江冬秀，卻吃到閉門羹的往事。胡適不但以月亮爲他們的卿卿我我作見證，而且勾勒出江冬秀從羞赧的閨女，蛻變成爲一個嬌嗔自若的少婦的軌跡：

二

幾次曾看小像，
幾次傳書來往，
見見又何妨！
休作女孩兒相。
凝想，凝想，
想是這般模樣！

三

天上風吹雲破，
月照我們兩個。
問妳去年時，
爲什麼閉門深躲？
「誰躲？誰躲？
那是去年的我！」

歷來爲胡適叫屈的人，常喜歡鄙夷江冬秀，說她文化程度不高、粗魯，笑她是小腳「村姑」。然而，實際見過江冬秀，或者對她有所瞭解的人，雖然體認到她與胡適在學問上的不相匹配，

但都稱讚她「有魄力，有決斷，頗有些才華和男子氣概。」[42]本節啓首所提到的唐德剛，甚至獨排眾議，說胡適是中國社會「『三從四德』的婚姻制度中，最後的一位『福人』。」毫無疑問的，江冬秀所扮演的角色是胡適的內助。這一點，胡適自己是非常清楚的。比如說，江冬秀在1928年初，帶著他們的次子胡思杜回到績溪鄉下，花了三個多月的時間，監造胡適祖父母和父母的墳。祖墳造成以後，爲了紀念江冬秀的功勞，胡適在碑文上加了兩行小註：「兩世先塋，於今始就。誰成此工，吾婦冬秀。」[43]

　　然而，新婚之初的江冬秀，想做的顯然不只是個賢內助。胡適也很顯然地有意調教江冬秀，一償他留學時期所想像的「我當授君讀，君爲我具酒」的夙願。江冬秀也很努力地揣摩胡適的白話文體，甚至刻意模仿胡適的用字。根據一個遠房晚輩的回憶，他小時候常替江冬秀到郵局去投遞她寫給堂弟江澤涵的信，有時偷看信，發現她寫信也還通順，而且使用新式標點符號。奇怪的是，爲什麼她總是把「很」字寫成「狠」。有一次，他忍不住問了江冬秀，「她笑嘻嘻的回答我說：『你看過你叔公寫的書嗎？』」[44]江冬秀說這句話的時候，是在向世人昭告她亦步亦趨，跟著胡適把「很」寫成「狠」的喜悅之情。即使她無法完全免於白字，卻也鍛鍊出她自有的純眞、素樸的文體。比如說，她當時給舅舅寫的一封信，就極爲通順，在在地顯示出胡適「伉儷

42　石原皋，《閒話胡適》(合肥：安徽人民出版社，1990)，頁49。

43　胡適1928年6月4日日記，《胡適日記全集》(台北：聯經出版公司，2004)，第五冊，頁164。

44　程法德，〈關於胡適及其家庭〉，顏振吾編，《胡適研究叢錄》(北京：三聯書店，1989)，頁30。

而兼師友」的功夫沒有白費：「舅父莫要怪我，寫這種怪信，沒頭沒腦的。現在外面狠有人用這種白話寫信，一點兒不用客氣話，有什麼話，說什麼話。我見適之他們朋友來往的信，作文章，都是用白話，此比從前那種客套信容易多了。我從來不敢動筆，近來適之教我寫白話，覺得很容易。」[45]

即使胡適與江冬秀的婚姻，像大多數的婚姻一樣，爭爭吵吵地過了一輩子；即使他們也曾因胡適的婚外情而有過危機，但他們除了有新婚時期的甜蜜以外，自有他倆所自知的恩愛與感激。1923年8月，胡適名義上是帶著病弱的侄兒一起在杭州煙霞洞養病，實際上則正跟曹誠英過著他們的「神仙生活」。當時仍不知情的江冬秀親密地寫信告訴胡適：「我今天那[拿]了你寄把[給]我的扇子，我偶然想起今天又是七月七日了[按，是指陰曆]。這兩首詩還是我們六年前和五年前的事。我們前五六年前，多沒[麼]高興。這幾年來，我們添了三個兒女。你老了十五歲年紀了。我這幾年把你們的病，把我的心受驚怕了。望你這次叔侄兩個把病養好了。我們從此依[以]後，快樂興致都有了。」[46]即使胡適有過與曹誠英這件幾乎造成婚變的婚外戀，江冬秀仍然不改初衷。1927年1月底，離他們陰曆結婚十週年的日子快到了，江冬秀寫了這麼一封信，親密地對著胡適說：「利[離]十年的結婚紀念日不遠了。我想今年你在京，我們好好的請點朋友來吃吃酒飯、熱鬧……我們兩人親密一下，回復十年前的興味，你可贊成嗎？一笑。」[47]

45　轉引自楚汛，《胡適江冬秀》，頁99-100。
46　江冬秀致胡適，[1923年]8月18日。
47　同上，1927年1月20日。

　　毫無疑問地，胡適與江冬秀之間存在著無可跨越的鴻溝。這不只是在學術、思想方面，還包括在人生、感情的體認上。就像他在1926年的一封家信裡所說的：「有些事，你很明白；有些事，你絕不會明白。」談到他與江冬秀因為徐志摩和陸小曼的婚事而起的勃谿，胡適說：「少年男女的事，你無論怎樣都不會完全諒解，這些事，你最好不管。」[48]然而，就像我們在上一章所分析的，胡適早在留學時期就已經確認了他的「擇偶之道」。他老早已經認定夫妻要在知識上能互相唱和，簡直比登天還難。所以，他的結論是：「若以『智識平等』為求耦之準則，則吾人終身鰥居無疑矣。」胡適並不覺得這有遺憾的必要：「智識上之伴侶，不可得之家庭，猶可得之於友朋。」對胡適來說，他的唱和圈是在友朋之間，愛情與知識上的唱和，兩者若能兼得，固然是一美事；如若不然，他也不會因而為之歎惋。事實上，他跟韋蓮司的關係，在有了肉體關係以後，反倒在知識上的唱和變得極為有限。這箇中原因當然相當複雜，其中包括他們在學術與人生境遇上的殊途，地位大相懸殊，漸行漸遠。然而，與此同時，我們甚至可以說胡適在情人身上所在意的，並不是知識上的唱和，而是慰藉。這點，我們在第五章描述他的星星時會再進一步分析。

　　胡適對江冬秀也有他的情、愛與感激，雖然他後來的生命中有過好幾個江冬秀以外的月亮和星星，他還是常常惦記著她。比如說1937年11月中，他在美國的時候，在給江冬秀的信裡說：「月亮快圓了，大概是十二三夜，我在旅館的十四層樓上看月亮，心裡想著你，所以寫這封信給你。」[49]1939年11月中，在華

48　胡適致江冬秀，1926年7月26日，杜春和編，《胡適家書》，頁227。

49　同上，1937年11月15日，杜春和編，《胡適家書》，頁300。

盛頓當駐美大使的胡適，想到他們兩人的生日快到了，在旅館寫信給江冬秀，心裡有無限感慨。他說：「我們徽州人有句俗話，說『一世夫妻三年』。我們結婚二十二年，中間雖有遠別的期間，總算是團聚的時候多，別離的時候少。」[50]胡適以從前出外經商的徽州商人，一世夫妻只有三年團圓的時光爲例，希望江冬秀要想得開。1940年5月下旬，他收到了江冬秀託人帶給他的一箱衣物，其中有一件棉襖。幾天以後，胡適把那件棉襖拿出來穿上：「今天有點涼，我把你寄來的紅絳色便襖穿上。我覺得右邊袋裡有什麼東西，伸手進去一摸，摸出了一個小紙包，打開一看，裡邊是七副象牙挖耳。我看了，心裡眞有點說不出的感情。我想，只有冬秀想得到這件小東西。」[51]

胡適對江冬秀的熱情，那新婚時期「十二月卅夜月，妳和我人兒一雙」的激情，隨著時日而快速地消逝。1920年代，他才三十出頭。在學術、藝文界的聲望如日中天，一表人才的他，是眾多異性仰慕的對象。自詡頗能自持的胡適，仍不免於桃花。他一生中發展得最爲纏綿、最爲淋漓盡致的一段情就在這個階段裡發生。

第二節　煙霞山月，神仙生活

胡適1923年與曹誠英的戀情，現在經過多位學者的訪查，已經是一個爲人所熟知的故事了。這個目前廣爲流傳的故事有兩個缺點：第一，在重要細節上有錯誤；第二，這些作者——大都爲

50　胡適致江冬秀，1939年11月14日，杜春和編，《胡適家書》，頁363。
51　同上，1940年5月25日，杜春和編，《胡適家書》，頁383。

男性——想當然耳地，從胡適的立場來看他倆的戀情。因此，曹
誠英不但只是扮演了一個癡癡、淒淒、慘慘的陪襯角色，而且完
全沒有她自己的個性、喜怒和想法。其實，曹誠英敢愛敢恨；她
有她溫婉柔順的一面，也有她剛烈、獨立，不循世俗的一面。更
重要的是，曹誠英寫得一首好詞。她跟胡適在煙霞洞墜入愛河時
如果寫了詩詞，一定是豔麗的佳作。如果她的作品、書信、日記
真的已經在她死後焚毀，我們也就只好作無緣、扼腕之嘆。但
是，我們在本節結尾會徵引她後來寫給胡適的三首詞；三首都是
佳作，不論是用字或是意境，都可以讓人為之擊節、吟哦、歡惋
良久。

　　曹誠英，乳名叫麗娟，字珮聲，生於1902年。她在康乃爾大
學的紀錄，說她生於1904年，大概有誤。她跟胡適一樣是績溪
人，家住旺川村，離胡適的家鄉上莊只有兩三里路。她是她父親
第二任妻子所生的。二哥曹誠克生於1896年，跟她是同母兄妹。
曹誠克上海南洋路礦學校畢業，留學美國威斯康辛大學，學礦
物。她的三姊細娟，是前妻所生，嫁給胡適的三哥。胡適跟江冬
秀結婚的時候，曹誠英就是伴娘之一。她大約是在1918或1919年
跟據說是指腹為婚的胡冠英結婚。婚後胡冠英到杭州，進第三中
學念書。1920年1月，曹誠英也到了杭州，先插班進女子師範附
屬小學校三年級，念了一學期以後，再升入預科[52]。

　　曹誠英顯然是一個熱情、外向、領袖型、交遊廣闊的女性。
在杭州讀書的時候，她常邀女友遊西湖，有時還利用這種機會幫
男親戚介紹女朋友。1921年夏天，她三姊細娟的獨子，也就是她

52　胡冠英致胡思永，1920年3月20日。

的外甥、胡適的姪兒胡思永到了杭州。曹誠英為了幫他介紹女朋
友，一口氣邀了八位女同學，大家共同乘大船遊西湖。當天，只
有三個男性，除了曹誠英的先生胡冠英以外，就是胡思永，以及
作陪的詩人汪靜之。汪靜之後來的妻子符竹因，就是當天他喻之
為「八美女」其中的一位[53]。除了社交以外，曹誠英喜歡寫詩，
因此也參加了文藝學術活動。她是汪靜之所組的「晨光社」新文
學社團的成員之一。

　　就像胡適與曹誠英由姻親的關係，而轉生愛情的關係一樣，
曹誠英跟胡思永、汪靜之之間的關係，也有血緣、姻親跟親情、
愛情糾葛夾纏的關係。這說明了由於傳統農業社會人際交往的不
易，親戚、姻親之間，往往因為交往的便利與頻繁，而日久生
情。例如，曹誠英、汪靜之、胡思永三人雖然同年，但曹誠英的
輩份比其他兩人都高。曹誠英是汪靜之指腹為婚的未婚妻初菊的
小姑母。曹誠英、初菊、汪靜之從小就青梅竹馬地玩在一起。初
菊12歲時病死，汪靜之繼續和曹誠英玩在一起。幾年以後，情竇
初開的汪靜之愛上了曹誠英，還寫了一首七言情詩給曹誠英。曹
誠英雖然罵汪靜之瘋了，說他還必須叫她「小姑姑」呢！但安慰
他說雖然他們因輩份不同，注定不能作夫妻，但長大以後，可以
一起去做隱士。詩人說他之所以能成為詩人，他的詩情、詩興，
都應歸功於曹誠英[54]。同樣的，曹誠英與胡思永之間的感情，也
絕不像是單純的姨、甥之間的關係。她甚至在跟胡冠英結婚以

53　汪靜之，《六美緣──詩因緣與愛因緣》(北京：北京十月文藝出版
　　社，1996)，頁37。
54　同上，頁249。

後，還可以跟胡思永吵得說要跟他絕交[55]。

　　事實上，這些只不過比胡適小個十歲多一點，初受新文化薰陶的年輕人，不但敢愛敢恨，而且行為極為新潮。胡思永在1921年與曹誠英所介紹的「八美女」同遊西湖以後，回到北京他叔叔胡適的家裡，就開始寫信向符竹因求愛。屢試不成以後，他接著向其他七位陸續求愛。一個拒絕以後，就追下一個，沒想到卻接連吃了八個閉門羹。半年以後，胡思永聽說符竹因跟汪靜之開始戀愛，盛氣之下，胡思永寫信給汪靜之，要求他退避，否則要來杭州跟他拚命，嚇得符竹因準備出家為尼[56]。兩個月以後，胡思永病危。危機消弭以後，汪靜之與符竹因於是急速地墜入狂熱的愛河。汪靜之在1922年出版《蕙的風》詩集，對愛情、性愛大膽謳歌，朱自清說汪靜之「向舊社會道德投了一顆猛烈無比的炸彈。」抨擊他的，則詰問他是「有意挑撥人們的肉慾」呢？還是「自己獸性的衝動之表現。」[57]當時，汪靜之和符竹因都還在學。汪靜之在1932年回顧自己的戀愛史，寫下來一千首戀愛史詩。他說他先是在1923年10月向符竹因求歡，《求歡歌》裡說：「欲求情愛更圓滿，靈肉調和美十分。若不調和靈與肉，難醫心上愛傷痕。」11月1日夜，熱戀中的他們，終於在汪靜之所住的「臥觀音庵」裡參了「歡喜禪」。《歡喜佛歌》吟詠：「白玉雕成玉美人，全身柔膩乳脂凝。信奉歸依我崇拜，愛極甜心美女神！……交歡快樂似神仙，愉快鮮甜到骨髓。兩個靈魂都化完，

55　胡冠英致胡思永，1920年3月20日。

56　汪靜之，《六美緣》，頁61。

57　同上，頁259，284。

兩個靈魂化成水！」[58]

汪靜之在1924年和符竹因結婚。五年後，他獨自在上海教書，有兩個女學生在不同的時間投懷送抱。根據他在千首戀愛史詩裡的歌詠，在新雅旅館：「學生軟軟吳儂語」、「全身奶白肌膚嫩，溫柔軟玉一團嬌」、「憑郎愛撫憑郎看，憑郎欣賞憑郎親」。在「語音裡面有芬芳，柔聲笑我太癲狂；一夜愛成一海愛，一宵恩愛一生香」；在「蒙師垂愛成雙璧，美滿姻緣無以加」以後，兩人又一起遊了西湖。「老師快樂似神仙」之餘，開始編織左擁妻、右抱妾的美夢：「我愛杭蘇兩美女，享受杭蘇兩天堂；兩個天堂安樂窩，安樂窩裡癡情郎。」怎奈雖然老師說明妻子、學生兩個都要，信誓旦旦，表示：「蘭蕙海棠都愛極，新歡舊愛盡銷魂。並肩並坐二仙女，我將跪拜兩觀音。」學生卻斷然回絕，她說：「戀愛必須全佔有，愛不完全寧可無。愛情不可三人共，難忍二妻共一夫。」老師在失望之餘，使出殺手 ，反過來指控學生，說是她自己賣弄風騷、投懷送抱的，老師本人則是無辜的受害者、是誘惑下的犧牲品：「規規矩矩我安分，調情賣俏是卿勾。」五天以後，學生毅然離去。然而，用老師自己吟詠的話來說，學生雖然傷心地「決心割斷今生緣」，卻仍然愛他愛得「但願來生早結緣」。第二個自動投懷送抱的學生，在進入月宮飯店，「解衣相抱時」，先提出條件，要求老師先離婚再跟她結婚。怎奈老師拒絕，兩人爭論許久，終於分床而睡。苦苦追求汪半年以後，這位女學生終於自動放棄[59]。汪靜之又說，1923年寒假期間，他回到杭州租屋自住，曹誠英也來租其隔壁房。當

58　汪靜之，《六美緣》，頁84-93。
59　同上，頁138，139，141，147，153，161。

時，離曹誠英和胡適開始戀愛還有半年的時間。有一天，曹誠英「夜入我房內，說她已離婚，已經自由了，要實現童年和我相愛的願望。」接著，曹誠英就「手拉著我上床睡倒。」由於汪靜之當時已經與符竹因海誓山盟，不爲所動。「她睡在床上，我坐在床邊，談了一夜。」次晨，詩人用七言詩句吟詠曹誠英對他的讚美：「書呆眞是眞君子，自愛潔身又自尊。考驗幾番能自制，雖然心動不胡行。」[60] 汪靜之保證他的戀愛史詩「完全眞事實情，無一絲虛構」。然而，在此需要指出的是，曹誠英當時還沒離婚。因此，這個詩人所描寫的場景，如果不是詩人記憶錯誤，就是曹誠英當時的氣話。當然我們也不能排除也許曹誠英有她的新潮作風。

　　歷來人云亦云的說法，都說曹誠英跟胡冠英的感情不好，也爲婆家不滿，更因爲結婚數年而不孕，於是婆家爲胡冠英納了一個妾。事實上，不管曹誠英的行爲有多新潮，光是以她結婚之身，離家讀書的事實，以當時一般人的眼光來說，就已經足以讓人說閒話了。別人不說，即使她自己同父異母的姊姊細娟，就已經看她看得很不順眼了。她兒子胡思永之死，更使她錯怪曹誠英，永遠記恨於心。胡思永的父親，也就是胡適的三哥，因肺病死於1904年。他把結核菌遺傳給1902年出生的胡思永。胡思永年少的時候，手足骨節之處就都發現了結核菌，後來雖然治好，但兩手手指拘攣，而且一手不能伸直。1918年，胡適把他接到北京來住。胡適認爲他「於文學頗有天才，做白話新詩頗有成績」，但「懶惰不能吃苦」。作爲朋友、情敵的詩人汪靜之覺得胡思永

60　汪靜之，《六美緣》，頁69-70。

不成材，他在給胡適的一封信裡說：「思永前日又到杭州去了。他說在一師旁聽，恐怕未必眞心旁聽。我很不贊成他這樣把寶貴光陰胡鬧消磨了，但是勸他是無效的。少年時代不努力求學，而專門做不良的胡鬧，恐難免於墮落！我實在不解：你爲什麼不教導他？（我爲朋友擔憂，故此相告）。」[61]根據胡適的記載，胡思永在1921、1922年間，從家鄉返回北京的途中，「在上海杭州逗留忘返，花去許多錢。」一直到1922年4月底直奉戰爭開始，才趕忙啓程北上。到了山東德州，都已經快到北京了。由於鐵路斷了，又折回到上海、杭州去玩。他知道胡適生氣以後，一再懇求胡適讓他回來，說要去報考天津的南開中學。回到北京以後，「又懶下去了」。胡適知道他一定考不取，就向校長張伯苓說情，讓他進了南開。那年秋天他就病了，12月回北京醫治，但已經藥石罔然，死於1923年4月13日[62]。

　　胡思永的死，顯然是死於先天不治之症。根據協和醫院醫生的診斷，他患的是「愛迪生氏症」（Addison's Disease），是因結核菌導致腎上腺衰竭，在當時是不治之症。即使經過胡適的說明，胡思永的母親細娟還是不能接受，認爲思永是她妹妹曹誠英害死的。她在思永死後一個多月以後寫給江冬秀的信裡，仍然怨氣未消地說：「對於我那不知事的妹子，實在有點埋怨！想你們當然也知道。因爲永兒前年回里，事前並未得我同意，卻是我妹子具信約他來的。到舊歲正月，永兒和她同至杭州，飄盪數月，樂而忘返，這都是我那妹子招惹他引誘他的。據說永兒在杭曾大醉一晝夜，大約病根就在那時埋伏。她又不向我和你們說明永兒的

61　汪靜之致胡適，無日期。
62　《胡適日記全集》，第四冊，頁38，278，279。

病根，以致起先醫治，找不著病路——由這種種想來，永兒的死可不是活活的受她陷害嗎？」[63]即使她同父異母弟弟曹誠克一再對她解釋，曹細娟仍然深信思永是被曹誠英害死的。曹誠克給胡適的信說：「三姊始終不信永死的第二說，始終怨死娟[即曹誠英]。可憐娟因此竟萌出世與世人隔絕往來的思想。她現在嫉世如仇，自家亦病得死去活來。」[64]

胡思永的死，是在胡適南下，到杭州跟曹誠英已經墜入愛河的前夕。從上段所引的這些信件來看，那也正是曹誠英被按上害死胡思永的罪名，百口莫辯的時候。因此，如果胡適在當年五月初所寫的《西湖》一詩，其「西湖」象徵的就是曹誠英，他詩中所指的「聽了許多毀謗伊的話而來，這回來了，只覺得伊更可愛，因而不捨得匆匆就離別了。」這「毀謗伊的話」不會是有些學者所推測的，「是指曹誠英與胡冠英離婚的事件而言」[65]，而是指曹細娟怒指曹誠英「招惹」、「引誘」，害死胡思永的毀謗。事實上，不但曹誠英當時還沒跟胡冠英離婚，而且他們之間雖然吵吵鬧鬧，並不如傳言所說，已經到了「名存實亡」、「毫無愛情可言」的地步[66]。

歷來以訛傳訛的說法都錯了。許多人都繪影繪形，說胡適在結婚的時候，就已經和亭亭玉立的伴娘曹誠英心心相印了。朱洪

63　曹細娟致江冬秀，1923年5月26日。

64　曹誠克致胡適，1923年4月21日。

65　周質平，〈吹不散的心頭人影〉，《胡適叢論》，頁237。

66　周筱華，〈闖出家門的曹誠英和她與胡適的戀情〉，《胡適研究叢刊》，第二輯(北京：中國青年出版社，1996)，頁327；沈衛威，〈再談胡適與曹珮聲的關係〉，《自古成功在嘗試——關於胡適》(北京：北京廣播學院，2000)，頁233-234。

在《胡適大傳》裡，想當然耳地讓自己臆想著：「看著比自己小十一歲、出落得亭亭玉立的遠親，胡適有些醉眼朦朧了。」在這種意淫的心境之下，曹誠英也在朱洪的筆下：「眼睛忽閃忽閃的，看著博士表哥的一舉一動，心裡充滿了欽佩之情。」[67]郭宛，即沈衛威，在他的《靈與肉之間》一書裡，也異曲同工地意淫著：「結婚這一天，在胡適眼裡，光彩照人的不是年已二十八的大齡姑娘江冬秀，而是這位風姿綽約的小伴娘。當時，曹珮聲正像一朵剛剛沖出苞蕾的鮮花，帶著幾分嬌羞，更有幾分妖媚。他多麼想這位伴娘和江冬秀的位置互換一下啊。」[68]

事實上，胡適跟曹誠英的書信往來，早在她出嫁以前就開始了。1918年3月25日，曹誠英寫給胡適的信說：「適兄如晤：蒙將妹的詩改好，妹極感佩。但路途相隔太遠，未能時常通信。而妹此後又日烹調縫紉之事，恐無暇多作詩矣，奈何奈何！兄如不以妹爲不可教，望凡關於文學上信中多談論幾句，以增進妹之識見也。妹曹誠英拜上。」[69]這封信沒有用標點符號，是以空格來斷句，此處引文所加標點，是筆者所加。以內容來判斷，這自然不是他們之間來往的第一封信，因爲在這以前，胡適都已經幫她改過詩了。我們知道曹誠英1921年5月，曾經寫信請胡適爲《安徽旅浙學會報》作序。胡適在日記裡說：「我以徽浙學術史甚可研究，故允之。」胡適在7月28日，在上海旅途中完成此序，寄給了曹誠英[70]。我們目前所能看到的曹誠英寫的第二封信，是請

67　朱洪，《胡適大傳》（合肥：安徽人民出版社，2001年），上卷，頁217。
68　郭宛，《靈與肉之間》（成都：四川文藝出版社，1995年），頁185。
69　曹誠英致胡適，1918年3月25日。
70　《胡適日記全集》，第三冊，頁26，231。

求胡適幫忙她先生胡冠英報考天津的南開中學，時間應該是在1922年。當時，胡冠英可能已經從第三中畢業。由於「冠英很不情願進師範學校，要想換別的學校，又無確實好校，所以主意不曾決定。近日接到勝哥[即曹誠克]來信，講南開中學是個等好中學，就決定到兄那塊來，同[胡思]永一路去考。又恐怕程度不夠，未必能考取，故求吾兄處處爲他照料。想吾兄素來愛妹，諒此事必不推託。」[71]依這封信的用字遣詞以及內容來看，曹誠英至少到1922年6月爲止，仍然是心嚮著胡冠英的。可惜，胡冠英可能是一個遊手好閒的人。江澤涵曾經在給胡適的一封信裡說：「冠英果然名不虛傳，是個很天眞的人。他前三四天動身到天津去玩，他說一兩天就回來，哪知道到今天還未回來。」[72]

　　同樣地，這個時候的胡適對曹誠英也還沒有特別的感覺。從曹誠英1922年9月的信來看，他們之間的書信來往並不頻繁：「我上半年，給你那封信之後，就收到你給我的嘗試集。當時我又寫了一封信給你，哪裡曉得一直多少時不見賜覆，那時我眞失望，再也不敢有第三封信寄上了。」[73]這時的曹誠英仍然得體地扮演著「嫂妹」的角色，而江冬秀作爲細娟的「弟妹」，也慷慨、大方地對待著曹誠英。當胡思永問曹誠英爲什麼二姊住在上海，卻去杭州讀書時，曹誠英回答說是爲了經濟的考量，江冬秀聽說了，立即就匯錢給曹誠英，讓她感動不已[74]。四月初，胡思永彌留的時候，曹誠英收到胡適的信，卻自己因爲盲腸發炎而住進醫院[75]。兩個多

71　曹誠英致胡適，[1922年?]年6月11日。
72　江澤涵致胡適，[1923年?]8月5日。
73　曹誠英致胡適，無日期[應寫於1922年9月]。
74　同上。
75　曹誠英致江冬秀，1923年4月13日。

星期以後,堅持不開刀的她,居然好到可以出院!就在她住院的時候,胡思永死了。胡適報告死訊的快信寄到以後,曹誠英雖然沒看到,但她回信告訴胡適:「冠英和他的同學們雖然都想瞞著我,但他們那種神氣是藏不過的,終歸給我知道了。這種消息,當然是使我傷心之極!」然而,她馬上擔心的是她的姊姊細娟,她說:「我現在狠急欲知道我的姊姊有否知道這信?倘未知道,我願意等勝哥回來再說,你們以爲怎樣?唉!我恐我姊姊的命不保了!傷哉!」[76]

曹誠英的這封信還沒到北京,胡適已經啓程南下。他4月21日離開北京,在天津丁文江家過夜以後,次日,他坐車南下,23日夜到上海。在上海開新學制課程起草委員會。29日,他利用休會時間,搭夜車到杭州去玩了五天。胡適在杭州的幾天住新新旅館。其間,曹誠英、胡冠英、汪靜之等人,也一起來跟他遊西湖。5月3日,他寫了「這回來了,只覺得伊更可愛,因而不捨得匆匆就離別了」那首《西湖》詩。這次的西胡之遊,顯然是胡適與曹誠英關係的轉捩點。胡適5月25日寫給曹誠英的信,我們目前還看不到,因此仍然無從知道他寫了什麼。但是,那微妙的變化,在曹誠英29日的回信裡,可以說是呼之欲出。曹誠英給胡適的信,先是稱呼他「適兄」,然後改稱他爲「適哥」。5月29日的信,是她第一次稱他「糜哥」。這封信的全文如下:

> 糜哥:你的信叫我感激得笑了!我自發出你那封信之
> 後,便睏倒了,直到今天才起床。病仍是未好。不過一

76　曹誠英致胡適,1923年4月18日。

個人睏在樓上狠不便，飯是不吃的，可以不去問他，但是整日整夜的發熱，口是很渴的，我只有酒當茶的拿來解渴(同學們旅行歙州託買的東關酒)可是越發燒了。像這樣更難過，所以我決意今天起來了。我們沒自修室，只好上課了，雖然坐在聽，但是精神沒有，又沒有頭緒，只不過呆呆的坐著罷了。

你問我爲什麼不能高興，我也回答不出；我只覺得眼所見的，耳所聽的，腦所想的，無一件能令我高興得起。就是我這樣的身體，也叫我不能高興呢。我所感當[註：原信如此]：宇宙間只有罪惡，虛僞，另外是沒有什麼了。請你告訴我，我說的對不對？我醉了，狠醉了，因爲我今天沒有吃飯，只吃幾口酒，所以狠醉了。我要去睏一會再來。我不去睏了，睏著總是做些極無聊的夢，令人討厭。

我覺得人是頂壞了，女子尤其。倘若我不是女子，我願世界上沒有女子的蹤跡，其實，我也不願有我。什麼兇惡奸詐的事，女子都幹得出，我恨透了，倘我有殺人的權力，我便殺得她乾淨。說說罷，自己殺自己也沒殺掉。

麋哥，你待我太好了，教我不知要怎樣感激你才是！哦！我只要記得：世上除掉母親哥哥之外，還有一個麋哥。

頭是痛得無可形容了，眼球是脹得快突出了，心身是火燒著了；人們結了隊去唱歌舞蹈去了，聽，她們歡笑的聲音已由操場上傳來了，天只管落著淒涼的雨，也不管

人家聽了難過不難過。他是不要緊的，就是像這樣啊滴
滴答答的下了一年的雨，人們是奈何他不了的，要是我
像他這樣的哭，怕人們不將我切得粉碎吧？不嗎？那是
一定會切得粉碎了！切得粉碎也好，切得粉碎的時候，
那我不是可以死了嗎？那好極了，那我從此可以解脫
了。癡心夢想吧，我哪有天那麼多的淚？又哪有他那樣
牛皮糖似的精神，儘管落下去，我哭不到半天，便淚乾
神疲了。我既不能哭得那麼長久，那人們也不會將我切
得粉碎，那我的身體仍是不能解脫了。唉！隨他去罷，
拖到幾時是幾時，能受多少折磨就受多少罷。我也管不
得夢無聊，我這要去眠了。糜哥，你幾時來？你好嗎？

妹 麗娟12.5.29下午[77]

　　其實，胡適這次南下，是為養病而來的。從1920年秋天開
始，他的身體一直不好。根據他給韋蓮司的報告，他在1920到1921
年之間病了六個月，導致他停課一段時間。他指的可能1921年1月到
3月之間所請的病假。接著，1922年11月間又病了[78]。醫生最初判斷
是心臟病，後來胡適又懷疑自己是否得了糖尿病。他顯然寫信給
他在美國的朋友，所以，連韋蓮司都關切地來信問說北京是否買
得到胰島素。她說如果北京沒有，她會幫他在美國買，然後再寄
到北京[79]。1922年12月29日，他住進協和醫院作了詳細的檢查，
證明不是糖尿病，1月6日出院。這時，他已經向北京大學請了一

77　曹誠英致胡適，1923年5月29日。

78　Hu to Williams, March 12, 1923.

79　Williams to Hu, July 4, 1923.

年的假。然而，胡適這次南下時，給他帶來麻煩的卻是腳氣、腳
腫。最煞風景的，特別是那一兩年內讓他飽受折騰的痔瘡，又忽
然大作。他5月18日給韋蓮司的信裡說：「在這整個月南遊途中
（從4月21日到現在），我的身體一直不好。從我一到的那一天開
始，我就被我的腳腫折磨著。緊接著，我長了兩顆名爲"ischio
rectal abscess"（坐骨直腸膿瘍）的痔瘡膿包。膿包現已破，但仍然
折磨著我。」[80]換句話說，從他跟曹誠英等人遊西湖，一直到9月
中，他跟曹誠英在煙霞洞一起過「神仙生活」的時候，他一直都
被痔瘡折磨著。在這段時間的日記裡，他除了記載他跟曹誠英的
作息以外，也詳細地描寫他的坐骨直腸膿瘍的大小、數目、部
位、發生、發膿、出血的經過[81]。

　　胡適5月3日從杭州回上海繼續開會這段時間，是他坐骨直腸
膿瘍越演越烈的時候。6月8日，他又回到杭州，先還是住新新飯
店。有一天往遊煙霞洞，不管是因爲他發現那兒僻靜，方便與曹
誠英出雙入對，不必擔心旅館裡的眾目睽睽，還是因爲他「因愛
其地風景好，房屋也清潔」，就跟管洞的金復三居士談好價錢，
於6月23日搬進去住，一直到10月4日，一共住了三個多月。胡適
在煙霞洞「養病」的時候，還帶了他二哥的長子胡思聰。思聰一
直病弱，得了由寄生蟲傳染的「黑熱病」（Kala-azar），根據胡適
問醫生所得到的訊息，得這種病的死亡率高達97%。果然，胡思
聰在次年3月死於北京。胡適的日記沒記下曹誠英到煙霞洞跟他
會合的日子，但是，他搬進煙霞洞時，也大致是曹誠英學校放暑

80　Hu to Williams, May 18, 1923.
81　記載的日記條目不勝枚舉，請參閱《胡適日記全集》，第三冊，1922
　　年7、8月日記；第四冊，1923年，〈南中日記〉諸條。

假的時候了。

胡適在煙霞洞的日記並不完整，或許是有心如此的。從9月13日到10月4日的日記裡，每天都寫了他和曹誠英形影不離的情形。他們一起下棋、看桂花，他講莫泊桑的故事給她聽，一起遊西湖，爬山、散步、看月亮。問題是，由於胡適從不輕易在書信、日記上留下任何感情上的鴻爪，他在煙霞洞的所記的日記裡，沒有任何纏綿、相思的字句，也完全沒有留下任何有關他和曹誠英墜入愛河的證據。事實上，胡適在煙霞洞的日記裡開始提到曹誠英的時候，距離他們絢爛的定情日，已經過了一個半月了。我們可以說，有考據癖、好重審歷史公案的胡適是有意考驗日後為他立傳者的功力。他雖然隱去了許多細節，但也有意地在不同的地方布下一些線索。後人能不能抽絲剝繭、撥雲見日，端賴其功力。

胡適所埋下的第一個線索是《暫時的安慰》。這首詩寫於1923年12月24日，當時，他已經回到北京。這首詩的啓首四句是：

> 自從南高峰上那夜以後，
> 五個月不曾經驗過這樣神秘的境界了，
> 月光浸沒著孤寂的我，
> 轉溫潤了我孤寂的心[82]。

12月前的五個月，就是7月，然而這個線索只提供了月，還沒指明日期。胡適所布下來的第二個線索也是一首詩，即《南高

82　胡適，〈暫時的安慰〉，《胡適詩存》，頁282。

峰看日出》，這首詩寫於7月31日，描寫他和曹誠英、任百濤上
西湖南高峰看日出。彷彿胡適自知這個線索如果不稍作解釋，容
易被日後爲他立傳的人所忽略，他特別在詩前加了一個序，說明
看日出那天是在7月29日晨。然而，看日出和月夜，似乎連不在
一起，而且，7月29日也似乎並沒有特別的意義。但胡適只願意
點到爲止，那破解之道，還有待於把陽曆的日期換算成陰曆。

　　胡適的第三個線索，也就是暗示陽、陰曆換算的玄機，這個
線索是放在幾年後的日記裡。1926年7月，他經由滿洲坐火車穿
越西伯利亞赴歐。7月24日，正好是陰曆6月15，他到了貝加爾湖
(Lake Baikal)邊的伊爾庫次克(Irkutsk)。當晚，他在日記上寫
著：「今日爲十五日，下午驟冷，有雲，竟不見月光。幾年來，
每年六月十五夜的月是我最不能忘記的。今天待至10時，尚不見
月，惆悵而臥。」[83]那「六月十五夜」，就是1923年7月28日(陰
曆6月15)。換句話說，胡適與曹誠英訂情之夜，就是他們上南高
峰上看日出的前一個月圓之夜。

　　胡適與曹誠英在煙霞洞的「神仙生活」，知情者其實很多。
其中，與胡適極熟稔的有任叔永、陳衡哲、徐志摩、高夢旦和王
雲五。他們光是在西湖盪舟、賞月、吟詩、飲酒、品茗，就不只
一次。有照片爲證的是9月28日。當天是農曆8月18日，潮水最
盛，是觀賞有名的錢塘江大潮最好的日子。在徐志摩的聯絡安排
之下，胡適的眾多友好從三地聚集到海寧來觀潮。胡適和曹誠英
已經先在前一天從煙霞洞下山，住進西湖的湖濱旅館。第二天他
們與陶行知會合，一起搭早車到了斜橋，上了徐志摩已經事先定

83　胡適，〈胡適的日記(1926.7.17-8.20)〉，《胡適研究叢刊》，第二
　　輯，頁339。

好的船。等浩浩蕩蕩從上海坐專車來的徐志摩、汪精衛、馬君
武、朱經農、任鴻雋、陳衡哲，以及陳衡哲的美國歷史老師、瓦
薩女子學院的愛樂麗教授(Eloise Ellery)一批人都到了，就上船與
胡適、曹誠英和陶行知等人會合。船開到海寧，大家就等著觀
潮。潮到的時候，將近下午一點半。胡適在日記裡，是這麼描述
著他們所看到的錢塘江大潮：「潮初來時，但見海外水平線上微
湧起一片白光，旋即退下去了。後來有幾處白點同時湧上，時沒

胡適、曹誠英與朋友往觀錢塘江大潮，攝於1923年10月28
日。1.徐志摩；2.朱經農；3.曹誠英；4.胡適；5.汪精衛；
6.陶行知；7.馬君武；8.Eloise Ellery; 9.陳衡哲。(瓦薩女子
學院圖書館授權使用)(Courtesy of Special Collections, Vassar
College Libraries)

時現，如是者幾分鐘。忽然幾處白光連成一線了。但來勢仍很弱而緩，似乎很吃力的。大家的眼光全注在光山一帶，看潮很吃力地衝上來：忽然東邊潮水大湧上來了，忽然南面也湧上來了。潮頭每個皆北高而斜向南，遠望去很像無數鐵艦首尾銜接著，一起橫衝上來，一忽兒，潮聲澎湃震耳，如千軍萬馬奔騰之聲，不到幾秒鐘，已湧到塘前，轉瞬間已過了我們面前，洶湧西去了。」[84]

胡適和曹誠英在10月4日搬離煙霞洞以後，並沒有真正地離開了杭州。他到了上海兩個禮拜以後，又在19日和徐志摩、朱經農搭夜車轉回杭州，在新新旅館住了半個月。第二天是週六，曹誠英從學校來跟他相會。共度了一個週末以後，由於捨不得她走，把她留到了禮拜一，藉口去拜訪校長，帶著曹誠英一起回學校。然後，又把她帶出去玩到禮拜二晚上。這時，再順水推舟，由於已經「太晚了，娟不能回校，遂和我同回旅館。」[85]徐志摩在日記裡這麼描述著他們四人，21日晚在西湖盪舟的情景：

> 我們第一天遊湖，逛了湖心亭——湖心亭看晚霞看湖光是湖上少人注意的一個精品——看初華的蘆荻，樓外樓吃蟹，曹女士貪看柳梢頭的月，我們把桌子移到窗口，這才是吃蟹看月了！夕陽裡的湖心亭，妙；月光下的湖心亭，更妙。晚霞裡的蘆雪是金色；月下的蘆雪是銀色……曹女士唱了一個「秋香」歌，婉曼得很[86]。

84　胡適，《胡適日記全集》，第四冊，1923年9月28日，頁107-108。

85　同上，1923年10月23日，頁130。

86　徐志摩，《徐志摩全集補編》，第四冊，〈日記・書信集〉(上海：上

27日，又是週六，曹誠英借她杭州親戚曹潔甫家作東，親手下廚作了兩餐徽州菜，也請朱經農、徐志摩作陪。中餐吃了「塌果」。晚餐吃徽州鍋。這徽州鍋有六層：菠菜、鴨子夾、豆腐包、豬肉、雞和蘿蔔[87]。

胡適和曹誠英的朋友，沒有一個人看不出來他們正熱戀著。然而，每一個人都為胡適守口如瓶。徐志摩在他的日記裡，有兩段頗有弦外之音的話。10月11日：「午後為適之拉去滄州別墅閒談，看他的煙霞雜詩，問尚有匿而不宣者否，適之赧然曰有，然未敢宣，以有所顧忌。」[88]10月13日：「與適之談，無所不至，談書談詩談友情談愛談戀談人生談此談彼；不覺夜之漸短。適之是轉老回童的了，可喜！凡適之詩前有序後有跋者，皆可疑，皆將來本傳索隱資料。」[89]事實上，早在徐志摩到煙霞洞去看胡適以前，他就已經聽說胡適在談戀愛了。他8月初給胡適的信就說：「蔣復璁回來說起你在煙霞洞深處過神仙似的生活……此次你竟然入山如此之深，聽說你養息的成績不但醫痊了你的足疾，並且腴滿了你的顏面，先前瘦損如黃瓜一瓢，如今潤澤如光明的秋月，使你原來嫵媚的談笑，益發取得異樣的風流。」[90]

然而，浪漫、奔放如徐志摩，還是為「有所顧忌」的胡適作了保留。汪靜之也在他1996年才出版的《六美緣》裡透露：「我

(續)————

　　　海書店，1994)，頁23-24。

87　胡適，《胡適日記全集》，第四冊，1923年10月27日，頁135。

88　徐志摩，《徐志摩全集補編》，第四冊，〈日記·書信集〉，頁14。

89　同上，頁17。

90　徐志摩致胡適，1923年8月8日，韓石山整理，〈徐志摩給胡適的三十七封信〉，《胡適研究》，第三輯(和肥：安徽教育出版社，2001)，頁453。

到煙霞洞拜訪胡適之師，看見珮聲也在煙霞洞，發現他們兩人非常高興，滿臉歡喜的笑容，是初戀愛時的興奮狀態。適之師像年輕了十歲，像一個青年一樣興沖沖、輕飄飄，走路都帶跳的樣子……適之師取出他新寫的詩給我看，我一看就知道此詩是為珮聲而作的。詩中把珮聲比作梅花。珮聲娘家的花園裡有個竹梅亭，珮聲從小起自號竹梅亭主。」[91]但是，徐志摩也好，汪靜之也好，並沒有把他們所知的秘密公諸於世。如果不是1980年代末期，中國傳記文學的興起，試問有誰能只憑胡適日記裡雖然引人遐想，但不留絲毫可資佐證資料的片言隻字，就可以斷言說他和曹誠英確實有過一段情？

　　胡適硬是鐵著心腸，不為他與曹誠英的戀情留下見證。10月3日，在他第一次離開煙霞洞前一晚的日記裡，他很悽婉地寫著：

> 睡醒時，殘月在天，正照著我頭上，時已三點了。這是我在煙霞洞看月的末一次了。下弦的殘月，光色本悽慘，何況我這三個月中在月光之下過了我一生最快活的日子！今當離別，月又來照我，自此一別，不知何日再能繼續這三個月的煙霞山月的「神仙生活」了！枕上看月徐徐移過屋角去，不禁黯然神傷[92]。

　　但是，他並沒有明說這「神仙生活」指的是什麼。更重要的是，在這段文字裡，不但「神仙生活」黯然失色地被前後籠罩在

91　汪靜之，《六美緣》，頁217。

92　《胡適日記全集》，第四冊，頁111。

「殘月」、「悽慘」、「黯然神傷」這樣惆悵、悲凄的字眼之間，而且，他很矜持地不願意說出曹誠英就是那個讓他過了一生中最快活日子的神仙伴侶。

曹誠英在煙霞洞陪胡適養病，顯然不是什麼秘密；不但胡適的朋友都知道，她的先生胡冠英以及朋友也都知道。我們在上文已經提到汪靜之去過煙霞洞拜訪他們。另外一個當時住在北京的同鄉朋友程仰之，則在一封給曹誠英的信裡說：「我在冠英的嘴裡，打聽著你的近況；你的身體好些了，我高興了不得。我歡迎你來北！來呵！」那可以最讓人忍俊不禁的，是他接下去的幾句話：「我想你和博士同住，一定可得許多好處。你的思想不能不樂觀些了！」[93]當時曹誠英和胡冠英還沒有離婚，兩個人爭吵的時候，還都要胡適幫他們評理。當曹誠英和胡適一起在煙霞洞養病的時候，胡冠英的祖母一度病重。當時胡冠英可能人在北京，他因此要求曹誠英替他回家探望，曹誠英拒絕。她回信給胡冠英說：「你祖母病，你家並不曾有信給我。」氣得胡冠英寫信罵她，責問她：「我祖母是你的什麼人？」[94]曹誠英接到胡冠英罵她的信，氣得把信給撕了。胡適看她氣得厲害，很不忍，於是寫信給胡冠英，曉以大義，告訴他說：「一個七十多歲的老人的病和死都不應該侵害少年人的幸福與工作。」胡冠英看到這句看似冠冕堂皇的話，很不以為然，他回信反問胡適：「但我要問先生奔喪時，可不是少年！可不是有工作的時期？」[95]他對胡適說：「糜哥：我同珮聲的感情，本來是不壞的，我哪一件事不替她

93　程仰之致曹誠英，無日期。
94　胡冠英致胡適，[1923年?]8月23日。
95　同上，[1923年8月?]14日。

想？哪一件事待差了她？但她時常以冷淡的態度對待我，這是我來北方後才發覺的。我不料她待我如此，我更不料我最親愛最可信託的人以這樣的手段對付我。」他說：「我曉得你看著珮聲氣得利害，就來責備我，我雖然可以到她面前賠個不是。」[96]但他也失望地告訴胡適：「我現在已絕對地不相信女子，世界上沒有一個女子是好的。」[97]不管胡冠英知不知道曹誠英與胡適的戀情，他與胡適仍然頻繁通信。一直到1924年1月初，胡冠英還連續兩天到胡適在北京的家拜訪。

　　如果胡冠英知道曹誠英跟胡適一起在煙霞洞，江冬秀也同樣知情，只是實情與她的理解大相逕庭。這其中一個主要的原因，是因為江冬秀希望胡適留在南方好好地養病，不要急著回到人人爭相要他的北京。她在6月底的信裡說：「昨天接到你的信，知你有煙霞洞這個好地方，我狠贊成。望你與思聰能多多的住住。難得有這個地方，我高興的狠。」[98]7月初，她又去信告訴胡適千萬不要回北京：「我狠想你有這個好地方，同聰兩人，多住幾月，兩人可把身體都養好了，再回京來，就如我的心願了。北京大學開學前，你萬不能來京的。因此有許多學生，要想你出來叫[教]書。你不在京，他們只好無法可想，你要在京，他們來求你，你又不好回，又來幹，不如不來，看不見到[倒]乾淨一點。」[99]她從胡適家信所得的理解，曹誠英是在煙霞洞侍候、照顧胡適叔侄兩人的起居。對此，她大大感到不安：「珮聲照應你

96　胡冠英致胡適，[1923年?]8月23日。
97　同上，[1923年8月?]14日。
98　江冬秀致胡適，[1923年]6月21日。
99　同上，[1923年]7月4日。

們，我狠放心。不過她的身體不狠好，長[常]到爐子上去做菜，天氣太熱了。怕她身子受不了。我聽了狠不安。我望你們另外請一廚子罷。免的[得]大家勞苦。」[100]兩個禮拜以後，她又在信上叮嚀胡適：「珮聲替我致意，謝謝他照應你們。」[101]江冬秀唯一擔心的，是胡適跟曹誠英那一夥徽州幫的年輕學生在一起，一定是鬧不下來的。她說：「醫生勸你到西湖去玩玩，我也狠贊成的，不過你自己要知道，你是去養病的，不能同一班徽州小孩子在一個地方，他們長長[常常]來煩你，我就怕這個上頭，叶[叫]你還不是白白的不能靜養嗎？故此我不願意你去。你這一次去，能定他們不在一塊呢。我看你一定又是做不到。故我十分不放心。你往往的大不知道自己的身體，專做爛好人。害了你自己身體。害了我時時著急。」[102]10月中，江冬秀聽胡適說他又要再回到西湖去。這次，她就表示反對了：「你說回西湖去，我勸你決定不要去，一來湖邊的濕氣太重，與你身體不能住。二來許多熟人來看你，你又不能不招呼人。故我一定不要你去。你就到索先生[索克思（George Sokolsky）]家靜養幾天。再上醫院，把痔割好了，再回京來。」[103]

我們並不能確定江冬秀是什麼時候知道實情的。一般的說法，說那是胡適回到北京以後的事情。據說他回北京以後，跟江冬秀提出離婚的要求，江冬秀一氣之下，拿起廚房的菜刀，另一說是剪刀，對胡適說：「你要離婚可以，我先把兩個兒子殺掉，

100　江冬秀致胡適，[1923年]8月10日。

101　同上，[1923年]8月22日。

102　同上，[1923年8月]21日。

103　同上，[1923年10月]13日。

我同你生的兒子不要了。」[104]這個傳言背後所反映的性別意識是
很可玩味的。那時胡適不但有兩個兒子,而且還有一個女兒胡素
斐,生於1920年,當時三歲,於1925年夭折。當年江冬秀拿起菜
刀時只提兒子,不是不可能;畢竟一個人的性別觀是受到社會制
約的。然而,如果江冬秀以殺掉孩子為要脅的時候,只提兒子卻
獨漏女兒的說法,實際上是後來的傳記文學繪影繪形、無中生有
所衍生出來的,其所反映出來的性別意識就更可堪玩味了。

　　不管這個傳言正確與否,胡適結果確實沒有和江冬秀離婚。
然而,他跟曹誠英的關係仍然藕斷絲連。胡適與曹誠英的戀情,
可能是他一生裡感情放得最深的一次,他回到北京以後所寫的幾
首情詩就是最好的明證。其中一首就是上文已經提到的,以「自
從南高峰上那夜以後」一句啟首的《暫時的安慰》。另外一首,
是已經常常為人所提起的《秘魔崖月夜》:

> 依舊是月圓時,
> 依舊是空山、靜夜;
> 我獨自踏月沉思,──
> 這淒涼如何能解!
>
> 翠微山上的一陣松濤,
> 驚破了空山的寂靜。
> 山風吹亂了窗紙上的松痕,
> 吹不散我心頭的人影[105]。

104　石原皋,《閒話胡適》,頁39。
105　胡適,〈秘魔崖月夜〉,《胡適詩存》,頁281。

　　胡適在煙霞洞的時候，曾經想幫助曹誠英轉學。我們知道他在7月底，曾經寫信給南京第一女子師範學校的校長張昭漢，即辛亥前後就已經聞名的女革命家張默君，探詢曹誠英轉去該校就讀的可能性。然而，當時時間已經太晚，不但已經錯過了考期，而且學校已經人滿爲患。張昭漢在回信裡說：「承詢曹君轉學一節，寧校招考具畢，各級已聲明不收插班生，凡有商請，均經婉謝，以宿舍教室固患人滿，師中名額且已超過，實苦無得設法也。幸轉告另途是感。」[106]轉學南京之事不成以後，胡適又接著連寫了兩封信給北京女子高等師範學校的校長許壽裳。許壽裳的回信所帶來的是好消息：「適之先生：兩書均敬悉。第一書到時，我正在香山避暑，回來拜讀，已經遲了一星期。其時附中主任尙未回京，曹女士事，未及面談。乃函託人向公立女子第一中學詢問，不料此人在清華開會，昨始回京，於是又耽擱了一星期。我實在抱歉之至，還求先生原諒！女一中方面已經詢明可以准其轉學；惟必須有修業證明書。如有三年的證明書，則可考入四年級，如只有兩年的證明書，則只可考入三年級。並謂請其迅速來京。特此奉覆。」[107]我們並不知道胡適想幫曹誠英轉學的目的在哪裡，是要讓她去上更好的學校？還是要她去一個讓他們能比較方便見面的地方？北京固然是最方便不過了，但要曹誠英「迅速來京」，則又未免強人所難，因爲那正是胡適與曹誠英在7月28日定情以後的蜜月期間。無論如何，此議後來顯然作罷。

　　雖然我們目前所能找到的資料極爲有限，我們可以確定他們繼續保持著聯繫。後人在回憶、傳記文學裡說，胡適此後的幾年

106　張昭漢致胡適，1923年8月1日。
107　許壽裳致胡適，1923年8月28日。

間，每次到上海都會跟曹誠英會面，這些說法都是可信的。因為
我們從中國社會科學院近代史研究所所藏的《胡適檔案》所殘存
的一些信裡，可以找到佐證。胡適1923年12月初回北京以後，在
22日，就到北京郊區，秘魔崖山上朋友的別墅去住了一個禮拜。
這是丁文江等人早就替他借好的，江冬秀早在他回北京以前，就
已經派人幫他布置好了的。他在秘魔崖的時候，顯然寫了信給曹
誠英，並附了他所寫的《秘魔崖月夜》，以及《暫時的安慰》那
兩首詩。曹誠英的回信是一封殘信，沒有日期，但應寫於1924年
1月；它既訴說了她的淒惋，也表達了她對胡適堅貞的愛：

> 適之：你的信與你的詩，狠使我感動。我恨不得此時身
> 在秘魔巖，與你在豔色的朝陽中對坐。你是太陽性
> Solar的氣質，所以不易感受太陰性Lunar的情調——悲
> 哀的寂寞是你初度的經驗！但如你在空山月色中感受到
> 了暫時的悲哀的寂寞；我卻是永遠的沉浸在寂寞的悲哀
> 裡！這不是文字的對仗，這是實在的情況。上帝保佑你
> 「心頭的人影」：任風吹也好，月照也好，你已經取得
> 了一個情緒的中心；任熱鬧也好，冷靜也好，你已經有
> 了你靈魂的伴侶[108]！

　　2月下旬，不知道發生了什麼事情，胡適急忙地託徐志摩到
杭州去看望曹誠英。有可能曹誠英知道胡適離婚無望，萌生短
見？徐志摩去了，但是沒找著她，他回信告訴胡適：「我到杭州

打電話去尋曹女士沒有尋著，不知她現在哪裡。」[109]由於一定是發生了什麼令胡適著急、擔心的事，徐志摩找不到曹誠英以後，胡適就自己跑了一趟。這可以從曹誠英3月下旬的一封信裡找到證據：「糜哥：我的哥：離開我不到一星期，我已收到他兩次信了。我狠高興，因爲他還不曾忘記我。」[110]當年9月，胡適又讓徐志摩跑了一趟杭州。這次是爲了9月3日爆發的江浙戰爭。16日，由福建攻入浙江的孫傳芳攻下杭州西南的江山，25日佔領盧永祥所棄守的杭州。胡適要徐志摩到杭州把曹誠英救出來，帶到上海。徐志摩爲了胡適，在戰火下，冒著生命危險到了杭州。起先，又是沒找到曹誠英，立即寫了一封英文信給胡適。這封信沒有抬頭，用毛筆寫。所用的信紙，是徐志摩前一年所住過的清華興記旅館的旅客信箋。簽名只寫了英文大寫的字母T。但毫無疑問地，是徐志摩寫的，現把它翻譯如下：

> 喔，這是一個多麼令人討厭的雨天！火車晚了三個鐘頭。我剛從[她]學校回來，她不在校。我馬上會派人送一個便條到她親戚家，你記得的，我們在他家吃了徽州佳餚的晚餐[即曹潔甫家，一年前曹誠英借他家作了徽州菜給胡適、徐志摩等人吃]。我估計今晚可以見到她。杭州並不危險。戰事所在地是在省的東界，我認爲那是決定勝負的地方。因此，我覺得她實在不如就留在此地。上海並不見得比較安全，況且，要爲一個單身小

---

109 徐志摩致胡適，1924年2月21日，韓石山整理，〈徐志摩給胡適的三十七封信〉，頁458。

110 曹誠英致胡適，1924年3月21日。

姐找個合適的安居之處，簡直比登天還難。躲到租界裡去，則又斷然令人難以接受。總之，我今晚就會見到她，然後再告訴你她的想法。如果她缺錢的話，我一定會盡力的。不要擔心，杭州比較安全，留在這兒，她也會是比較安全的[111]。

我們可以確定這封英文信是徐志摩寫的，因爲一年以後，徐志摩陪他父親遊西湖，回想起一年前的事。他給胡適的信是這樣寫的：「一年前也是一個雨天，你記得我從上海冒險跑得來，晚上與勝之兄妹[曹誠之、曹誠英]遊湖，又聽了一遍『秋香』，餘音還在耳邊。」[112]顯然他那天晚上不但見到了曹誠英，而且那時的杭州果然如他所說的，還比上海安全。試想，他們還能遊湖盪舟，聽曹誠英唱「秋香」呢！

在此之後，胡適對曹誠英的態度似乎有點變化。1925年的前半年，可能是胡適一生中在感情上最不穩定的階段。一方面，他跟曹誠英雖然藕斷絲連，但在這半年裡，他們之間的關係已經到了只有書信往來的地步；另一方面，他一腳踏進了徐志摩、王賡、陸小曼的三角關係。在徐志摩不得不暫時避開風頭，到歐洲去的時候，他彷彿玩火一般，幾乎把它演成了一個四角關係。有關他跟陸小曼的關係，我們會在本章第三節交代。胡適這半年在感情上的衝動，可能是一種轉移或補償，因爲這期間是他個人以及家庭問題叢生的階段。他自己一直被病魔糾纏著，特別是他的足疾、痔漏一直好不了。他多病的女兒素斐也在這一年夭折。素

111　T[徐志摩][致胡適]，無日期，應寫於1924年9月。
112　徐志摩致胡適，1925年9月15日。

斐排行第二，生於1920年。雖然她可能是胡適孩子裡最聰明的，但她也是胡適的孩子裡最不受人重視的。素斐的病可能是先天不治的。1924年，她在醫院住了半年；最初是肺炎，後又轉成肺結核與脊骨炎。她究竟是什麼時候死的，胡適自己沒在他的日記或書信裡提起。目前已經出版的年譜裡，也沒有一本說得正確，都以訛傳訛地說她死於1925年5月。

事實上，她應該是死於7月底。任鴻雋當年7月23日的信中說：「聽說你的女兒病得垂危了，我們都非常痛惜。」為了安慰胡適，他說：「莎菲說，有聰明而無健全的身體，是最痛苦的事。所以她的病若終於不好，你倒可不必格外痛悼，因她從早離此世界，正是減少人間痛苦的唯一方法。」[113]值得一提的是，胡適1927年2月5日在紐約旅途午睡的時候夢見素斐，「醒來時，我很難過，眼淚流了一枕頭，起來寫了一首詩，一面寫，一面哭。忍了一年半，今天才得哭她一場，真想不到。」[114]這首詩就是《素斐》。胡適行文一向講究翔實與正確，1927年2月初倒數算回去一年半，大約是1925年7、8月間。江冬秀的大姊江潤生的來信，可以讓我們確切地說，素斐的死期是在7月底，死時還不滿5歲。江潤生8月2日的信說：「前天接到涵弟[江澤涵]一信是說素斐甥女病死了，真令我心碎。」[115]

這一段時間，也可能是胡適跟江冬秀一生中關係最為低潮的階段。《胡適檔案》裡有一封江潤生給胡適的信，沒寫日期，應

113　任鴻雋致胡適，1925年7月23日，《胡適來往書信選》（香港：中華書局，1983），上冊，頁342。

114　胡適致江冬秀，1927年2月5日，杜春和編，《胡適家書》，頁230。

115　江潤生致胡適，1925年8月2日。

該是寫於這年的7月，信中說到她很擔心胡適夫婦倆在酷暑的天氣裡，因賭氣而猛灌酒：「今晚接到29日你給我的信，讀悉之下，我都知道了。我已經也有一信與我妹妹，內容是說我們思念她，接她南來住些時，並帶比方意思，規勸她來說及你們口角事，恐她又與你纏擾。這炎熱天氣你們倆生氣喝上二十碗酒，未免有害於衛生，至於身體關係尤大，大凡夏令天氣，人的肺葉是開著的，你喝這許多酒如何受得住。」江潤生極力想幫忙他們和解，她說：「我今天讀你的信，深知你是眞實動氣。你是最有涵容的人，至於所說的感情與身體這兩事，雙方俱應保全，始而你與冬秀感情篤厚，還望你原諒她生小嬌養性質，也許是老伯母在生過愛之故，即論身體上說，近年來你常病，她也生育了許多。兩方都不甚強健。我願你們平心靜氣，仍舊和好罷。人生數十年光景，歡樂能幾許。」[116]我認爲這封信是7月間寫的，因爲在上一段所引的江潤生8月初2的信裡，她說：「日前我一信諒早收閱，我的主想還是請妹丈你們倆和好，將一切煩惱及障礙概行解除，我知道妹丈是胸懷廣闊的，必能諒解人的，必能信我勸的，我的心是時刻不忘你們的事，又加著死了素斐，又傷心又惦念你們。」[117]胡適跟江冬秀到底爲什麼事而爭吵，可惜信中都沒有提到。根據一個說法，江冬秀以殺子來抵拒胡適離婚的要求就是在這個時候[118]。但就時間上來看，這好像又晚了一點。

在這段時間裡，胡適和曹誠英通信的頻率可能並沒有減少。

116　江潤生致胡適，無日期。

117　同上，1925年8月2日。

118　沈寂，〈胡適與汪孟鄒〉，李又寧編，《胡適與他的朋友》(紐約：天外出版社，1990)，頁375。

然而，胡適的態度顯然多少有所改變，這點可以從曹誠英寫給他的信裡找到一些蛛絲馬跡。可惜《胡適檔案》所殘存的曹誠英的信不多。其中保存最多的，是1925年所寫的信，特別是4月間的信。3月底，心情煩亂的胡適不知告訴曹誠英什麼事，讓她一時不知如何答覆他：「你三十一夜寫的信收到幾天了。我看了，不知怎樣說才是，所以我一時不打算回信。」從曹誠英信中所寫的內容來看，很可能是胡適勸她回去跟胡冠英廝守。她說：「你看哥哥說：『昭萬[即胡冠英]再要事成體功，你因現時不喜歡他，又一心一意想讀書，固然狠喜歡；但你到中年時，想著丈[夫]的愛，想到男女的愛，想到獨身的寂寞，懊悔的日子總有。你現在不相信我，但久後便知……不說別的，我除了你愛我以外，還有芙蓉[註：即曹誠克之妻]愛我；你除了我愛你以外，卻無人了。』」曹誠英反對她哥哥的說法，她說：「我回他信說，『我將來的無結果固可悲，但和一個毫無感情的人同居鬼混又有何可樂呀？』」[119]

曹誠英跟他的哥哥曹誠克非常要好，他們是同母的兄妹。曹誠克也相當疼他這個妹妹。他剛從美國留學回來的時候，曾經有過一封信給胡適，用疼惜的語句描寫了他妹妹個性上的缺點。但同時，他也說在這世界上，他恐怕再也找不到像他妹妹那麼愛他的女人了。曹誠克回國的時候是1923年，這時，曹誠英已經跟胡適開始談戀愛了：「珮聲見我回家，百分喜歡。每日纏得我要死。但是她的氣量極細小。不能容得一句話。她的past[過去的訓練和教養]很壞。不能談得一句話。她又極好笑。因此一日不是

119　曹誠英致胡適，1925年4月8日。

喜憨，便是悲煞。不過我們兄妹間的情，可是算眞難得的。」接下去的一句話是用英文寫的，翻成中文如下：「我一直相信如果我愛的人能有我妹妹愛我的一半，我就是世界上最快樂的人了。但我不相信我找得到這麼一個人[註：顯然曹誠克1923年回國的時候仍然未婚]。」[120]

曹誠英所感嘆的是，現在事情演變到哥哥不高興，因為她不聽從勸告，說她如果要爲自己的晚年著想，就應該回到胡冠英身邊。不但如此，連胡適也對她不滿意了：「從前呢！還有個好朋友愛我和我哥哥愛我一樣。現在呢，他『不諱』他對我不滿意了。這自然都是自己作出來的，與人何尤呢？但是天呀！我雖然自作得這樣，但我卻不能因爲自作的便不悲傷呀！我想我今年已24歲了，轉瞬間，青春便過去了，我將來怎麼結局呢？現在還有一個哥哥愛我，如果將來哥哥也和旁人一樣棄我如遺，我將怎樣過活呢？唉！我的可憐的壞脾氣呀！……我的將來的結局，在腦際不息來往。呵！我覺著終身的悲哀了！這是我有生以來第一次想到青春過了的孤獨的悲哀！無結局！我又想著如果母親和哥哥所料，憐我的不幸而傷心，我又將如何安慰老人家呢？呵！我不能再寫了。」但癡心的曹誠英就是不能忘情，臨了，還是念念不忘胡適的身體：「哥哥說你的腳病又發了，回來怎樣了？祝你好！還有你的肛門的患處如何了？這次來信不曾說起，狠念！」[121]

4月上旬，曹誠英學校舉辦到煙霞洞及附近風景區的遠足，這很可能是畢業旅行。將近兩年以後，重遊她與胡適共度了「神

120　曹誠英致胡適，無日期，應寫於1923年。
121　同上，1925年4月8日。

仙生活」的舊地，讓她觸景傷情。她複雜的情緒，一下子讓她感覺到特別的孤獨，但一下子又讓她迫不及待地想要向胡適描述她的相思。「我一路走，一路想著你，想著回來怎麼寫信告訴你。但是我一轉念，我又不高興寫了。我爲什麼獨自這樣興高采烈的呢？我這樣自己問著自己，覺得十分無趣。」當時的胡適，一定也有他矛盾的地方，先是在信上責備了曹誠英，但又接連著寫信給她，讓曹誠英簡直既提不起，也放不下：「我想哥哥[註：即胡適]昨天沒有信，今天一定有兩封信了，果然。你的兩封信眞是出於意料之外的。告訴你，我近來幾乎不敢希望你的信了，因爲我失望的日子太多了，我的苦頭吃夠了！我在八號信中曾和你說過我回來的愁苦。現在我還是那麼愁苦。我想到終身，我眞糊塗了！」在這封信裡，曹誠英提到胡冠英要再婚的消息：「冠英是眞的定了新人了，不是騙我的。」我們不知道這是不是傳記文學裡所說的，胡冠英另娶了妾，或者純粹是再婚。無論如何，這說明了歷來有關曹誠英、胡冠英婚姻不合的傳言，不管在時間上或者在細節上，都是很不正確的。曹誠英接著告訴胡適：「我的哥哥對於此事思慮萬分，你想我該怎樣使他放心呢？」末了，還是不忘問胡適：「你的腳病、肛門病都好嗎？怎麼來信不說起？念得狠！」[122]

7月初，曹誠英畢業將屆，「我們校裡已走了不少人了。人家問我的歸期，我是無話可答的。我想起歷年來的假期，不禁傷心起來了。從來沒有人指示我應往的地方，沒有一次我不是徘徊著，我眞命苦呵！」既然畢了業，就必須想到將來聯絡的方式。

122　曹誠英致胡適，1925年4月12日。

於是，曹誠英細心地告訴胡適她的想法：

> 我們在這假期中通信，狠要留心，你看是嗎？不過我知
> 道你是最謹慎而狠會寫信的，大概不會有什麼要緊。我
> 想我這次回家落腳在自己家裡。我所有的東西自當放在
> 身邊。就是住處，我自然也以家中爲主，往他家也不過
> 偶然的事罷了。你有信可直接寄旺川。我們現在寫信都
> 不具名，這更好了。我想人家要拆也不知是你寫的。我
> 寫給你的呢，或由我哥轉，或直寄往信箱。要是直接寄
> 信箱，我想你我的名字都不寫，那麼人家也不知誰寫給
> 誰的了；你看對嗎？糜哥，在這裡讓我喊一聲親愛的，
> 以後我將規矩的說話了。糜哥，我愛你，刻骨的愛你！
> 我回家去之後，仍像現在一樣的愛你，請你放心。冠英
> 決不能使我受什麼影響對於你，請你放心[123]！

　　這封信值得注意的有兩點。第一，曹誠英給胡適的信，至少
在這個階段，如果不是由她的哥哥曹誠克轉，就是寄到胡適在郵
局特別開設的信箱。胡適在郵局的信箱是51號，這一點我們在本
章第三節還會提起，因爲陸小曼也有這個信箱的鑰匙。第二，曹
誠英也許到這時爲止，仍然還沒跟胡冠英離婚，所以她才會在信
裡說：「我回家去之後，仍像現在一樣的愛你，請你放心。冠英
決不能使我受什麼影響對於你，請你放心！」當然，也有可能他
們的婚姻已經名存實亡，所以她才會說：「就是住處，我自然也

123　曹誠英致胡適，1925年7月8日。

以家中爲主，往他家也不過偶然的事罷了。」

這個夏天是曹誠英最黯淡的時候，從杭州女子師範學校畢業以後，她面臨著何去何從的難題。她的計畫顯然是要繼續念書。但是，到了8月中，一切仍然沒有任何頭緒。她顯然是請了胡適幫他打聽南京東南大學的農科，但胡適的來信並沒給她帶來好的消息：「一日的信收了。東大的事，……鄒先生[鄒秉文，東大農科主任]既那麼說，那自然是無希望了。這自然是一件大不幸的事，不過我將怎樣呢？」她自己早已預料到困難，也許她根本錯過了報考的時間，所以她最後的希望是報考農科的補習班。即使如此，她擔心連補習班報考的日期也已經截止了。無論如何，她說家裡已經住不下去了，希望8月下旬就可以離家。然而，學校連個影子都沒有，教她何去何從呢？她的哥哥曹誠克當時在天津的南開大學教書，「我的哥哥到京沒有？他至今不曾來過一信，也不知怎樣了，要是他到京了，請你和他商量一下，我再進什麼學校呢？我眞急煞了！」[124]我們知道後來曹誠英是進了東南大學念農科。東南大學在北伐以後，在1928年改名爲中央大學，所以，曹誠英1931年畢業的時候，拿的是中央大學的學位。

1925年8月底，胡適從北京啓程南下。9月底，到武漢等地演講。10月到了上海。隨即浙奉戰爭爆發，在爲時一個多月的戰爭裡，孫傳芳大獲全勝，控制了蘇、浙、皖、贛、閩五省，自稱五省聯軍總司令。由於戰事既影響交通，又造成危險，胡適乾脆就在上海留了下來。後來就在上海割治痔漏。他在次年春給韋蓮司的信上做了這樣的解釋：「我於去年九月離開北京，南下做巡迴

124　曹誠英致胡適，1925年8月12日。

的演講。十月爆發的內戰讓我回不了家，我於是決定留在上海，
並割治了那糾纏了我三年半的痔漏，傷口花了幾乎一百天才癒
合。」[125]胡適在1925年11月，甚至寫信給北大代理校長蔣夢麟，
說他在南方調理痔漏太久，「請假過久似非相宜」，擬請辭職，
但沒被蔣夢麟接受[126]。胡適在上海一住下來，就住了半年，一直
到次年5月才北返。

　　胡適在上海逗留了半年之久，當然引起了江冬秀諸多的狐疑
和焦慮。1926年4月，他還跟中英庚款管理委員會的成員去杭州
西湖玩了幾天。當然，當時曹誠英可能已經在南京的東南大學讀
書了。值得注意的是，胡適在10月底的時候，去南京住了將近一
個禮拜的時間[127]。《胡適檔案》裡存有一封當時江冬秀所寫的殘
信：「你這幾天痔漏可全收口好了嗎。我狠不放心，我十八號給
你的信，你收到了嗎？你怎麼十幾天都沒有信把[給]我，我不懂
是什麼原[緣]故，我實在焦急的狠。要我受這樣的痛苦，和這樣
的難過，這是什麼道禮[理]呢？……佩[珮]聲這次不來天津，她
又想什麼心事。我實在告訴你，你再不覺悟，你自己不想做人
了，家鄉狠多的人，說她[以下被剪刀剪掉]我勸你少與[以下
缺]。」[128]

　　傳記文學裡都說胡適跟曹誠英一直有聯繫。據說他的侄兒胡
思猷也幫忙傳信，而且上海亞東圖書館的老闆汪孟鄒據說也幫他
們提供了相會的場所。這些都可能是事實，因為我們知道亞東這

個出版公司備有職員宿舍。據說曹誠英後來出國留學以前，也曾經在亞東的宿舍住過一段時間。因為這諸多原因，據說江冬秀對汪孟鄒懷恨在心，因此對亞東所出版的胡適的書，在版稅上是分文必計，絕不寬貸[129]。然而，我們可以想見他們能相會的日子必然不會太多。即使胡適1926年10月底到南京去的時候，他們確實在一起，那也只不過是不到一個禮拜的時間。胡適在1928年5月19日，趁他在南京開教育會議之便，又去看了曹誠英。當晚的日記，他寫著：「下午去看珮聲，兩年多不見她了。」[130]這條日記，可以證明他們兩年前確實是見了面。我們從江冬秀的信，知道曹誠英還曾經去北京見過胡適。1932年2月初，胡適在協和醫院割盲腸，住院45天。江冬秀在這封信上說：「我那次晚七點在協和醫院，推門看見她在你枕邊睡下，我當時放下面來，沒有理你們。我三天沒有理你。你後來再三申明，我知[之]後見著她沒理她過。」江冬秀恨極了曹誠英；「你的心是大好，不過對與[於]這一路的，我長長[常常]勸你，不要弄到人人瘋瘋癲癲的。母也寫信來要錢，娘也要你養活，你這個慈悲好人也是隨便來的呀！你到杭州養病，也是那[拿]人家當孩子，害出來的呀！」[131]

　　當然，小心翼翼、不輕易留下蛛絲馬跡如胡適者，並不會每次和曹誠英相會就筆錄於日記裡。然而，他們之間相會的不易，也是可以想見的。畢竟，胡適不像徐志摩，他並不是一個浪漫型、為情而可以與社會宣戰的人。他在日記裡所記下的一段談話，鮮明地襯托出了愛情在他生命中次要的地位。1931年1月他

129　沈寂，〈胡適與汪孟鄒〉，李又寧編，《胡適與他的朋友》，頁375。
130　《胡適日記全集》，第五冊，頁138。
131　江冬秀致胡適，1939年8月14日，杜春和編，《胡適家書》，頁482。

到上海開會，在從天津往上海的火車上，他與陳衡哲等人同車。他們的一段談話如下：「與莎菲談，她說Love是人生唯一的事；我說Love只是人生的一件事，只是人生許多活動之一而已。她說：『這是因為你是男子。』其實，今日許多少年人都誤在輕信Love是人生唯一的事。」[132]

用胡適的話來說，曹誠英的一生，就「誤在輕信Love是人生唯一的事」。1934年秋，曹誠英赴美留學。當年8月，胡適寫了一封信請韋蓮司幫他照顧曹誠英：

> 我冒昧地向妳介紹我的表妹曹誠英。她要到美國來進修遺傳學，很可能會到康乃爾兩年。她在南京的中央大學作了有關棉種改良方面的研究。她的老師多半是康乃爾畢業的，鼓勵她來康乃爾進修。她是自費生，資助她的，是她在天津北洋大學教書的哥哥。她必須省吃儉用，而且也必須學習英文口語會話。不知能否請妳在這幾個方面給她幫助和引導[133]？

曹誠英在康乃爾大學念書的時候，發生了一個連胡適這樣高段的人都難以措手足的尷尬場面。我們在第一章「序曲」的啟首，提到胡適1936年10月去綺色佳看望韋蓮司。當時，胡適跟韋蓮司成為戀人已經有三年的時間了。為了害怕當時人也在綺色佳、癡情的曹誠英情不自禁，會當著韋蓮司的面就跟他親熱，胡適特別在到綺色佳之前寫了一封信，叮嚀韋蓮司在他到的那幾

132　《胡適日記全集》，第六冊，頁419。
133　Hu to Williams, August 8, 1934.

天,「務必不要邀請曹小姐來妳家住。我可以去她那兒或者在妳那兒跟她見面,但絕對沒有必要請她過來同住。」[134]我們不知道韋蓮司是怎麼知道的。總之,也許因為吃醋,也許因為震驚,因為所謂的「表妹」居然其實是「情人」,韋蓮司在胡適逗留綺色佳的四天故意作了矜持的迴避。後來,她還寫了「伊人鳥」那封信給胡適。這一點,我們在第四章還會詳細談到。胡適跟兩個情人同處一室的尷尬場面,胡適自知,韋蓮司也知,就只有曹誠英不知。而且,三人裡面,曹誠英也是最大的輸家。他們三個人見面以前,胡適還在給韋蓮司的一封信裡說了曹誠英的壞話:「妳信中所描述的她相當正確。她**的確是**一個人人哄捧、誇她有小聰明(cleverness)、被慣壞了的孩子。」[135]曹誠英完全不知道胡適在「新人」面前數落了她這個「舊人」。癡情的她,在胡適離開以後,還因為相思而生了一場大病,住進醫院。

韋蓮司確實是好好地照顧了曹誠英。最令人玩味的是,在她知道曹誠英也是胡適的情人以後,她還更加特意地照顧了曹誠英。我們從胡適要韋蓮司千萬不要叫曹誠英過來同住的信,可以判斷當時曹誠英是在別的地方租屋自住的。可是後來曹誠英居然變成了韋蓮司的房客!換句話說,曹誠英還曾經在韋蓮司在高原路322號,寓所兼作出租公寓的家住過。這棟房子是韋蓮司把318號她父親所蓋的房子賣掉以後蓋的,這點我們在第四章還會再提到。韋蓮司在1938年12月給當時已經回了國的曹誠英的信上說:「妳所種的金蓮花,去年夏天又開了花。今年,我把它們移植到南邊牆旁的一片土上,就在妳臥房的窗外。我真希望妳能看到它

134　Hu to Williams, September 13, 1936.

135　Hu to Williams, August 19, 1936.

們呢。」[136]曹誠英可能至死都不知道韋蓮司居然是她的情敵！她回國以後，還因爲沒多寫信給韋蓮司而耿耿於懷。她在寫給胡適的一封信裡說：「說起你到綺色佳，令我想到前年你去的一切，想到去年的大病，想到綺色佳的許多朋友，尤其是你的朋友威廉小姐。慚愧我回來之後，只給她過一封信。以後便因國難，無時不在心焦，又過流離顚沛的日子，雖然無時不在念她，但一想寫信便不知從何說起。」[137]

曹誠英在康乃爾大學的碩士論文題目是：「棉花幾種特質遺傳學上的研究」（A Genetic Study of Certain Characters in Cotton）。論文繳交的時間是1937年6月。我們不知道她回國的確切時間，但根據胡適給韋蓮司的信，他那一年8月初在南京見到了曹誠英，她可能剛回中國不久。胡適說曹誠英當時正要從南京去杭州[138]。這可以用來佐證傳記文學的說法，也就是說，曹誠英回國以後，據說先在安徽大學任教，中日戰爭爆發以後，學校西遷。曹誠英在12月初到了重慶。1月初到成都，在四川大學農學院農藝系教遺傳學，職位是特級教授。母親和她同住在一所合租的教授住宅裡，雇了一個女工[139]。曹誠英回國以後，顯然馬上就投入了研究工作。從她給胡適的信看來，她得到了中華教育文化基金會的補助，從事棉種細胞以及遺傳上的研究。由於戰爭的關係，她交了第一次報告以後，研究就受到了影響，只能「結束一部的遺傳研究，因爲細胞方面是無法可做了」；另一方面，由於

136　Williams to Tsao Cheng Ying, December 11, 1938.
137　曹誠英致胡適，[1938]年4月18日。
138　Hu to Williams, September 25, 1937.
139　曹誠英致胡適，[1938]年3月21日。

「一部分的結果還在上海」，她擔心研究無法完成。在後方匱乏的經濟條件之下，系方面體會到她研究上的需要，特別撥給她五百元的儀器費，其他三個教授則共分五百元。即使如此，五百元的儀器費還「不夠我買一架顯微鏡」，但她已經非常感激了[140]。

　　儘管在後方的顛沛流離，原始條件下的研究環境，曹誠英一心所想的還是胡適。胡適在1937年9月，中日戰爭開始以後赴美作宣傳的工作。對曹誠英而言，胡適可是音訊全無：「你怎麼也不來個字兒？你在哪兒我也不知。你好嗎？你在美做些什麼事呢？自然我知道你是忙，而且國事如此，哪有心腸寫不關重要的私信。但我卻不能和你一樣的大公無私，我可要數：『穈哥走了半年多了，一個字兒也不給我！』」[141]那時，曹誠英收到她中央大學同學吳素萱的來信。吳素萱(1908-1979)1930年從中央大學生物系畢業，1937年到美國密西根大學留學，1941年拿到博士學位。吳素萱在信中告訴曹誠英說胡適到了密西根州，打了電話給她。她說她才一接電話，胡適就說：「妳是素萱嗎？」吳素萱說胡適認得出她的聲音，讓她高興得不得了，只可惜胡適沒待多久就離開了。許久沒有收到來信、對胡適有點怨懟的曹誠英不禁吃起醋來：

> 關於素萱說可惜你就走了的話，我倒很高興，因為你若不走，我倒不放心了。你，我已告訴你過，從前她覺得我們的相愛很不以為然，對於你的觀念壞極了。但自從那次你病在協和醫院，我和她及汝華去看你以後，她便

140　曹誠英致胡適，[1938]年4月18日。
141　同上。

一反從前的觀念，對你不知多少好？總是誇獎你的態
度。後來她和汝華住在那個法國教授邵百呂家，你去邵
先生家吃茶點，她又一次見你，對你更好了。這次在外
國你叫她素萱，你對她誠懇，你再不走，她若不把你愛
得吞下去，我眞不信！糜哥，你要答應我以後不再和
吳素萱、吳健雄接近，除了不得已的表面敷衍之外，
否則我是不肯饒你的。糜哥，答應我說「不」！一定
答應我！給我一封信，快點回我「不」！別人愛你我管
不著，然而若是我的朋友，她們愛你，我眞會把她們殺
了[142]。

　　歷來的傳說，都說曹誠英這時跟一個曾姓留美歸國學生戀
愛，談及婚嫁，不幸曾先生的親戚在上海遇到江冬秀，被醋意未
消的江冬秀抖出往事，婚約因而取消。朱洪在他的《胡適大傳》
裡，甚至捕風捉影地說：曹誠英一度想遁入空門，這件事和江冬
秀有關係，是被江冬秀「橫插了」一竿子[143]。事實上，這又是一
個以訛傳訛的例子。這位曾先生名叫曾景賢，比曹誠英小十歲，
是曹誠英在康乃爾大學留學時的同學。胡適在1936年離開綺色佳
以後，曹誠英生了一場大病，曾景賢就是在病中照顧她的人。由
於他父母突然慘故，不知是否戰禍？曾景賢匆匆結束課業返國。
胡適給韋蓮司的信上，也提到曾景賢父母慘故的消息。曹誠英說
曾景賢是在1937年聖誕節離美返國的。胡適說曾景賢搭的郵輪是
「日本皇后號」，從加拿大溫哥華啓航。胡適還幫他寫了介紹

142　曹誠英致胡適，[1938]年4月18日。
143　朱洪，《胡適大傳》，下卷，頁944-946。

信，讓他帶回中國找工作[144]。曾景賢於次年1月20日抵家，負起
扶養四個妹妹、一個弟弟的重擔。他學的是工程，最後幫上他忙
的是曹誠英的哥哥曹誠克，把他安排在湖南大學當兼任講師。曾
景賢根據曹誠英的描述，是一個「極鎮靜緘默的人。他不但不愛
說話，就是寫信，也只略略的幾個字，把主要的意思說了，再也
不肯多寫一些題外的事。」[145]

　　曹誠克看著妹妹對曾景賢的關心，懷疑曹誠英有想跟他結婚
的意思，於是寫信列出無數的理由來阻止。曹誠英能瞭解她哥哥
反對的原因，但有兩個原因是讓她匪夷所思的。第一，他說曹誠
英因為自己有病，而跟曾景賢有「猥褻的行為」。他說曹誠英如
果要結婚，一定只能跟別人，而不能是曾景賢；第二，他說曹誠
英身體不好，也許是因為她缺乏性生活的調劑，他勸曹誠英「何
妨暫與冠英[註：即曹誠英前夫，難不成他們根本就沒離婚！]同
居些時」。這句話讓曹誠英氣得半死。她對胡適說：「穈哥，你
知道我是個什麼人，你知道我是個重靈魂而厭惡肉慾的人，而且
是個理智最強的人。」[146]

　　跟傳言所說正好相反，曾景賢不但非常清楚曹誠英的過去，
而且也知道曹誠英對胡適仍然不改她的癡情。曹誠英感激曾景賢
在病中對她的照顧，也憐憫他的家庭重擔。曾景賢則承認他對曹
誠英是由照顧、同情而生愛：「此生我不要妳的什麼，妳的身心
本都已許人，而我卻禁不住而強求的佔了妳大部精神。我對妳不
曾有什麼恩惠，當時只有同情，最後乃墜入情網。這本是我操持

144　Hu to Williams, December 20, 1937.
145　曹誠英致胡適，[1938]年4月18日。
146　同上，[1938]年3月21日。

不好，累得妳前後爲難。一片蓬勃的熱情，誰知竟添了如許的煩惱！」他痛苦地思索以後，告訴曹誠英：「我已決定終身作你的弟弟，因爲結婚誠然是不可能。像妳一心記著麋哥，一心又捨不得我；在我讀了妳給麋哥的信(離美時麋哥寄給我的)後，我已決定，我不能強佔人家整個的靈魂，不只使妳苦惱，而且要對不住麋哥，我不是這樣的人。慢說妳對我的恩情我不能負妳，即是麋哥這次也爲我盡了這多人力，我又何忍強奪人之所愛？」[147]

　　曹誠英的哥哥要她表明她對曾景賢的態度，以及她對婚姻的看法，於是曹誠英說：「這世界上除了麋哥和曾君，再沒有人可以叫我去做他的妻子。我看不起妻子，我不屑做妻子。麋哥，不必說我們是沒有結婚的希望；曾君，如我們結婚，他只有痛苦，我何忍愛一個人去害他；我自己婚後的痛苦也如哥哥說的，我已痛苦夠了，我眞受得了將來見自己愛的丈夫，去找別的女人？」[148]爲了避免胡適誤會，曹誠英又特別寫信讓胡適知道她對他的愛和堅貞：「曾君，我根本便把他當個小孩子，他的愛我，當時是同情我的痛苦，以後也許是感情的衝動，這是畸形的。我因爲他現在的處境太可憐了，我覺得爲報恩，我有愛護他的必要，然而等他環境漸好，他的痛苦漸減，我會放棄他去。所以哥哥的反對是過慮，我希望你不會和哥哥一樣的誤會我！」[149]

　　雖然曹誠英在信尾畫上了一彎新月，來代表她，也代替了她的簽名，而且請求胡適「千萬要回我！」他所日夜思念的麋哥，卻讓她望眼欲穿地等著，硬是了無隻字。1939年舊曆七夕，也就

147　曹誠英致胡適，[1938]年3月21日。
148　同上。
149　同上，[1938]年4月18日。

是8月21日，音訊全無已經兩年，曹誠英寫了一首詩寄給胡適：
「孤啼孤啼，倩君西去，為我殷勤傳意。道她末路病呻吟，沒半
點生存活計。忘名忘利，棄家棄職，來到峨眉佛地。慈悲菩薩有
心留，卻又被恩情牽繫。」胡適在半年以後，1940年2月25日的
日記裡，說曹誠英的信裡只有這首詩，「此外無一字，亦無地
址，故我不能回信。郵印有『西川，萬年寺，新開寺』幾個字可
認。」當天的日記也提起吳健雄女士的來信，說友人傳來消息，
珮聲已經到峨眉山去做尼姑了[150]。曹誠英最後還是沒有當成尼
姑，據說，是她的哥哥親自上了峨眉山去把她勸下來的。

　　從吳素萱回國以後給胡適的信看來，曹誠英1939年想當尼姑
的說法應該屬實。吳素萱說曹誠英聰明過人，只是一直為情魔所
困。她在1941年1月，準備回國以前給胡適的信說：「連接珮聲
信，歷述三年來苦況，伊身體素弱，近更百病皆生。自去年6月
病倒，8月進醫院，何日能癒，醫師莫卜！據其他同學來信云，
珮聲肺病已達第三期，令人聞之驚駭！珮聲之聰明才能，在同學
中不可多得，惟不能驅情魔，以致懷才莫展，至以為可惜！伊每
來信，輒提及三年來未見先生隻字。雖未必如是，然伊渴望先生之
安慰可知。萱擬乘本月24日船回國，歸後先去看珮聲，如先生有信
息或其他帶伊，當不勝歡迎之至。」[151]

　　吳素萱返國以後，到昆明的西南聯大任教。她4月8日給胡適
的信，描述了她如何幾經輾轉，才終於跟曹誠英聯絡上：「我到
了重慶時，第一件事當然是去看珮聲，可是我費了整日的功夫，
把中央醫院找到時，她已出院了。而且無人曉得她的去向。我因

150　《胡適日記全集》，第八冊，頁26。
151　吳素萱致胡適，[1941年]1月4日。

不能在渝久住，就來了金堂，所以我雖滿挽著熱誠想給她一點意
外的高興，可是仍沒有能稱心如願！來到金堂以後，我曾寫信到
各處去探詢，上星期總算得到了她的來信。她沒有回覆我在香港
給她的信，是因爲她又感到了人生的無謂而預備出家。本而因病
不能成行。經了兩位老友的苦勸，她已接受了她們的意見，暫住
在友人家裡養病。她曉得我帶了你的信來以後，已快活地忘卻一
切煩惱，而不再作出家之想了，可見你魔力之大，可以立刻轉變
她的人生觀。我們這些作女朋友的實在不夠資格安慰她。」她並
且在信中向胡適報告，說他所託轉交給曹誠英的美金兩百元，她
已經在香港換成國幣，匯到重慶。只是匯到的時候，她人已經離
開重慶，所以只好託她的哥哥代收，再轉交給曹誠英[152]。

　　1943年，曹誠英作了三首詞，據說，是她託大學同學朱汝
華、吳健雄帶給胡適的。事實上，這三首詞可能都是託朱汝華
的，因爲朱汝華是1943年7月赴美留學，吳健雄則早在1936年就
已經赴美了。我們在前面提到吳健雄寫信給胡適，說曹誠英當尼
姑去了的消息是從朋友那兒聽來的，她們之間沒有通信，是可想
而見的。無論如何，曹誠英所寫的這三首詞，字字瀝血、聲聲心
碎。第一首《虞美人》：「魚沉雁斷經時久，未悉平安否？萬千
心事寄無門，此去若能相遇說他聽：朱顏青鬢都消改，惟剩癡情
在。廿年孤苦月華知，一似棲霞樓外數星時。」第二首《女冠
子》：「三天兩夜，夢裡曾經相見。似當年，風趣毫無損，心情
亦舊然。不知離別久，甘苦不相連。猶向天邊月，喚娟娟。」第
三首《臨江仙》：「闊別重洋天樣遠，音書斷絕三年，夢魂無賴

152　吳素萱致胡適，[1941年]4月8日。

苦纏綿。芳　何處是？羞探問人前。身體近來康健否？起居誰解
相憐？歸期何事久遲延。也知人已老，無復昔娟娟。」[153]

　　曹誠英最後一次見到胡適是1949年2月中，當時胡適人到了
上海，即將離開中國。亞東圖書館的老闆汪孟鄒請吃飯，也約了
曹誠英。當時曹誠英在上海的復旦大學教書。1952年高等院系調
整，曹誠英被調到瀋陽農學院，一直到1958年退休。據說她把一
生的文件、日記、書信集成一包交給汪靜之保管，並且囑咐汪靜
之在她死後焚毀。有人說，這包東西在文革時被紅衛兵抄走；汪
靜之自己則說他已經遵從曹誠英的囑咐，把它焚毀了；可是，又
有一說，說這包東西仍在，只是藏者不願示人。曹誠英死於1973
年，享年71歲。

第三節　摘星弄月，啼聲初試

　　胡適一生，不知道顛倒了多少仰慕他的女性。1926年初，湯
爾和在送給胡適的照片上題了一首詩贈給胡適，描寫胡適在女學
生當中風靡的程度：「薔花綠柳競歡迎，一例傾心仰大名。若與
隨園生並世，不知多少女門生。纏頭拼擲賣書錢，偶向人間作散
仙。不料飛箋成鐵證，兩廊豬肉定無緣。」[154]這首打油詩把胡適
與清朝廣收女弟子聞名的袁枚（1716-1797）相比擬。打趣他因為手
頭留有女學生給他的情書，可以構成他不夠道學的鐵證，以至於

153　陳學文，〈胡適情詩手跡新發現〉，《傳記文學》，第78卷第5期，
　　　2001年5月，頁51。

154　轉引自雲之[耿雲志]，〈戀情與理性讀徐芳給胡適的信〉，《近代中
　　　國》，147期，2002年2月25日，頁157註1。

讓他痛失死後入祀孔廟的資格。如今《胡適檔案》所存的書信雖然不全，但如果有心人能細細爬梳，一定可以找到許多女性寫給他的情書。我們可以說，如果胡適是一個來者不拒的人，他一生的韻事一定是不可勝數。近年來，從傳記文學，從胡適自己的書信、日記裡找材料，來挖掘胡適的羅曼史，已儼然成風。這當中，有些純然是窺淫、自我投射；有些則是用來對比、從而為胡適唏噓，歎惋他婚姻生活的貧瘠與悲哀。不管這些作品所表達的，是對胡適的豔羨或者同情，其所描述的女性，都只是用來襯托出胡適的孤寂、無奈與自持的配角；她們大都沒有個性，沒有自我，都小鳥依人似地，甘心把愛獻給那自稱「能放肆我自己」，卻又因為種種因素而不能放肆自己的胡適。事實上，這些胡適生命裡大大、小小的星星，都各自有她們的個性、她們的認定與覺悟。她們很清楚她們所付出的代價、她們的生命、血淚、煎熬與愛和恨。同樣地，胡適也很清楚他自己在做什麼。他固然有他的自持，但也有他放肆的時候。除了他生命中的三個月亮以外，藝高膽大的他，也屢屢施展他摘星的長才，特別是他進入中、壯年以後。然而，就在胡適跟曹誠英的關係藕斷絲連的時候，他還玩了一個幾近致命誘惑(fatal attaction)的遊戲。

多年來，有些人推測胡適與陸小曼也有過一段情。有人說胡適認識陸小曼在徐志摩之前，甚至捕風捉影地說胡適自己想要陸小曼，但因為懼內，於是把她介紹給自己的朋友徐志摩，就可以藉此親近她。這種匪夷所思的臆測也許不完全是空穴來風，因為當時的人確實是留下了一些可以令人想入非非的鴻爪。但是，我們知道人的記憶並不可靠，所謂的目擊或者耳聞也可以與事實大相逕庭。但是，1925年春夏之間，胡適與陸小曼確實有一段過從

極為親密的時候。那年3月11日，徐志摩從北京啓程，坐火車橫渡西伯利亞，到義大利去會印度詩聖泰戈爾。另外一種說法，是因為王賡知道了他與陸小曼的戀情，揚言要殺他，逼得他不得不出走，暫避風頭。徐志摩給陸小曼的信裡則又有另一個不同的說法。心情好的時候，他雄心萬丈的說此行是為了他「精神的與知識的『撒拿吐瑾』」[155]。「撒拿吐瑾」（Sanatogen）是德國出品的維他命補品，當時非常風行；但意氣消沉的時候，他也曾以「孤鬼」自況[156]。

出發以前，他們約定好了通信的方式：陸小曼給徐志摩的信，是寄給劍橋大學的狄更生教授(Lowes Dickinson)，等徐志摩到英國以後再去取[157]；徐志摩的，則寄到北京中街陸小曼的父母家。以當時郵遞的速度，如果註明經西伯利亞，大概需時三個星期，否則，徐志摩提醒陸小曼，「就得走兩個月。」徐志摩3月底到柏林的時候，他的次子德生(Peter)已經因為小腸寄生蟲病不治死了。他在4月中旬抵達義大利。根據徐志摩自己的記憶，光是在4月上半月，他從翡冷翠就大概寄出了十封左右給陸小曼的信；反之，一直到5月下旬，徐志摩才收到陸小曼的四封信[158]。急得徐志摩央求陸小曼非得救他不可，他說每天一起床，戴上眼鏡，連衣服也不換，就直奔樓下去看有信沒有。可是「照例是失望」、「一陣子悲痛，趕快回頭躲進了被窩，抱住了枕頭叫著我愛的名字，心頭火熱的渾身冰冷的，眼淚就冒了出來，這一天的

---

155 徐志摩致陸小曼，1925年3月10日，虞坤林編，《志摩的信》（上海：學林出版社，2004），頁36。
156 同上，1925年6月25日，虞坤林編，《志摩的信》，頁48。
157 同上，1925年3月18日，虞坤林編，《志摩的信》，頁42。
158 同上，1925年6月26日，虞坤林編，《志摩的信》，頁50。

希冀又沒了。」想著、想著，徐志摩不禁埋怨起陸小曼來：「妳
要知道妳那兒日子過得容易，我這孤鬼在這裡，把一個心懸在那
裡收不回來，平均一個月盼不到一封信，妳說能不能怪我抱
怨？」[159]

　　留在北京的陸小曼則繼續過她的社交生活。徐志摩走的當
天，陸小曼就開始寫她的日記。許多人認爲陸小曼寫日記，是聽
從了徐志摩臨走前的要求，要她把日記當作給他的信一樣來寫。
沒錯，徐志摩出發前是要她寫日記，記她的思想感情，「能寄給
我當然最好，就是不寄也好，留著等我回來時一總看，先生再批
分數。」[160]可是，陸小曼在當天的日記裡說得很清楚：「一個月
之前我就動了寫日記的心，因爲聽得『先生』們講各國大文豪寫
日記的趣事，我心裡就決定來寫一本玩玩。」陸小曼在此處所說
的「先生」雖然用的是複數，但她跟徐志摩口中的「先生」就是
胡適。當天的日記裡，她就記著：「我上了三個鐘頭的課，先生
給我許多功課，我預備好好的做起來。」[161]

　　陸小曼跟胡適過從的密切，是徐志摩瞭解並加鼓勵的。4月
22日，陸小曼因爲心跳的問題住進協和醫院。第二天，胡適就立
刻寫信向徐志摩報告情況，信中他還說陸小曼的母親疑心女兒的
病，是被徐志摩那一封接一封癲狂的信所激出來的。此後，胡適
就讓徐志摩把信寄到他自己在郵局開的51號信箱。值得注意的
是，徐志摩並不知道陸小曼有胡適信箱的鑰匙，他一直以爲寄到

159　徐志摩致陸小曼，1925年6月25日，虞坤林編，《志摩的信》，頁48。

160　同上，1925年3月4日，虞坤林編，《志摩的信》，頁33。

161　〈小曼日記〉，1925年3月11日，陸小曼編，《志摩日記》（香港：匯通
　　　書店，1961），頁183, 187。

胡適郵局信箱的信，是由胡適自己去取，然後再轉交給陸小曼
的。這點，我們以下會再詳細描述。

當時在翡冷翠的徐志摩還完全不知情。他5月3日給胡適的英
文信，還輕鬆愉快地說：「謝天謝地！我終於收到北京朋友給我
的消息，而且是我想要的消息[很顯然是終於收到了陸小曼4月19
日給他的第一封信]。但就是沒有你的。當然，我也沒預期就是
了。你總是那麼忙。但在此逗留，或者說流亡的我，如果能收到
你的一兩行字，會多麼欣喜啊，因為我喜愛你的字，而且你特有
的筆觸帶給人的是希望和健康。」[162] 兩個星期以後，胡適報告陸
小曼住院的消息到了，憂慮自責交加的徐志摩立刻打了一個電報
給胡適，同時又寫了一封英文信給胡適：「我剛打了一個電報給
你。希望在三、四天內能得到你的回電，再短都沒關係。在收到
你的回電以前，我是不可能有片刻的安寧。但首先讓我感謝你真
摯的來信，雖然信中的消息讓我悲痛莫名，但它在在地證明了你
對我的關愛以及堅定不移的友誼。」

在這封信裡，徐志摩突發壯士斷腕的奇想，請胡適幫忙陸小
曼私奔。徐志摩之所以會想出這個點子，是因為當時胡適的朋友
都希望他能出國換一下環境，看能不能寫出點東西來。丁文江就
老實不客氣地對胡適說：「這一年來你好像是一隻不生奶的瘦
牛，所以我要給你找一塊新的草地，希望你擠出一點奶來。」[163]
胡適既然可能出國，這就給了徐志摩一個靈感，想出了一個快刀
斬亂麻的妙計。他在這封英文信上把整個細節都想好了：

162　Tsemou to Hu Shih, May 3, 1925.
163　丁文江致胡適，1925年4月3日，《胡適來往書信選》，上冊，頁324。

你真的要出來嗎？如果當真，這將是你成全一件美事的大好機會：把小曼帶著，跟你一起出來！你一定會覺得這真是個異想天開、瘋狂的想法。但是，你仔細想的話，它一點都不，而且一點都不難。對的，為什麼不這麼做呢！這是她唯一的救贖之道，既乾淨俐落，又一刀兩斷。她可以在法國、義大利或者英國學藝術，那不是像在天堂一樣嗎！如果必要的話，我可以到莫斯科來接你們。真的，這將是多美好的一件事！如果她自己要求跟你同行，你就無法推辭了──當然了，先生哲學家自己可必須懂得安分喔，否則艾伯拉(Abelard)［註：12世紀法國哲學家，跟比他小二十多歲的學生愛露伊絲(Heloise)發生關係，被伊叔叔閹割］的故事會在20世紀重演，一笑！

真的，你想想，這個點子真是妙極了，我可是拈手而來，不費吹灰之力，這就是靈感。這個點子又好，又可行。走橫貫西伯利亞這一趟路不但美麗，而且舒適。是的，為她、為我，你會這樣做的。當然，猶大(Jude)［徐志摩在此可能是以《新約聖經‧猶大書》呼籲信徒為信仰而奮鬥的作者自況］也會好自為之的。請務必好好地考慮這個點子，跟她商量。她還有一些珍珠等等的東西可以變賣；為了她生命與靈魂的救贖，還有什麼東西是不可拋的！我已經興奮得寫不下去了，就此停筆。我現在要轉過頭來寫信跟她說話，請你收到以

後，即刻轉交給她[164]。

　　徐志摩當天寫給陸小曼的信，現在不知散落在何方，但他一個禮拜以後寫的信還保存著。他說：「我上封信要妳跟適之來歐，妳仔細想過沒有？這是妳一生的一個大關鍵，俗語說的快刀斬亂絲，再痛快不過的……適之真是『解人』，要不是他，豈不是妳我在兩地乾著急，叫天天不應的多苦！現在有他做妳的『紅娘』，妳也夠榮耀，放心燒妳的夜香吧！我真盼望你們師生倆一共到歐洲來，我一定請你們喝香檳接風。」[165]但至少徐志摩是暫時安了心，因為他在22日接到胡適「一切平安」（All's well)的電報。當時，胡適還沒收到他談「私奔」的信，所以，徐志摩在當天的英文信裡說：「如果你看到了我的電報會莞爾，那麼，你讀了我隨後寫給你的信，一定會大吃一驚。不，與其說吃驚，不如說會驚訝我的語氣是那麼的急切，那麼的悲愴。但你可以瞭解，對不對？我現在又看見了你那可愛詭譎的笑（sweet treacherous smile），慢慢地在你臉上綻開，喔，我真愛死了你的笑靨。我等著在下個禮拜收到你的下一封信，告訴我消息，即使那消息還是不能讓我安心，但至少可以比較不讓我害怕。但我更想知道你怎麼看待我要她出來念書的建議。再兩個禮拜，你就會接到我的信，她也一樣。你一定要像今天[的電報]一樣，給我一個火速的答案。啊，今晚我應該可以睡得好。」[166]

　　然而，一個月以後，徐志摩還望眼欲穿地等著那遲遲不來的

164　Tsemou to Hu Shih, May 19, 1925.
165　徐志摩致陸小曼，1925年5月26日，虞坤林編，《志摩的信》，頁46。
166　Tsemou to Hu Shih, May 22, 1925.

「火速的答案」。他給陸小曼的信，還是盼望，還是樂觀：「妳
決定的日子就是我們理想成功的日子——我等著妳的信號，妳給
W[胡適]看了我給妳的信沒有？我想從後爲是，尤是這最後的幾
封信，我們當然不能少他的幫忙，但也得謹慎，他們的態度妳何
不講給我聽聽。照我的預算在三個月內(至多)妳應該與我一起在
巴黎！」[167]

　　由於陸小曼的信號一直沒來，徐志摩只好另作打算。他此行
原本是要到義大利去會泰戈爾的，哪裡知道等他到了，方才發現
泰戈爾早在2月間就已經回印度去了。6月上旬，他接到泰戈爾的
電報，說他8月會到，請等候。徐志摩在4月底給泰戈爾的信裡，
就說他最遲9月必須回中國，但他願意等到8月[168]。到6月中旬，
他給泰戈爾的英國秘書恩厚之(Leonard Elmhurst)的信，還說他願
意等[169]，因爲就在前一天，他才寫信給胡適和陸小曼討論那個私奔
的點子。但一個禮拜以後，他已經耐不住性子了。他告訴陸小曼：
「我在這幾天內決定我的行期，我本想等妳來電後再走，現在看事
情急不及待，我許就來了。」[170]

　　7月13日，他給恩厚之的信說他第二天就要離開倫敦到巴黎
去申請蘇聯的簽證，然後就要坐火車橫貫西伯利亞回北京。他請
恩厚之一定要替他向泰戈爾道歉，他已經沒辦法再等了。他說：

167　徐志摩致陸小曼，1925年6月25日，虞坤林編，《志摩的信》，頁50。

168　Susima[徐志摩]to Rubidadda[Tagore], April 30, 1925，《徐志摩全集補
　　　編》，第四冊，〈日記・書信集〉(上海：上海書店，1994)，頁237-
　　　243。

169　Tsemou Hsu to Leonard Elmhurst, June 18, 1925，《徐志摩全集補編》，
　　　第四冊，頁167-168。

170　徐志摩致陸小曼，1925年6月26日，虞坤林編，《志摩的信》，頁52。

「我從來沒有處在過這麼艱難的困境裡,從來沒有這麼憂慮過,我根本不知道下一步是什麼;可能是一齣悲劇,也可能會是一齣鬧劇;可能是一切的結束,也可能是新生命的開始。」[171]還好他沒等,因為泰戈爾一直要到一年以後,才接受莫索里尼的邀請再訪義大利。兩天以後,他從巴黎寫信給恩厚之,說他也許當晚就可以離開巴黎,月底可以抵北京。他即將揚帆駛向那驚濤駭浪的大海,他祈求的是順風,一路不遇暗灘、險礁[172]。

張幼儀在《小腳與西服》(*Bound Feet and Western Dress*)裡的回憶是不正確的。她說在義大利的時候,有一天早上在旅館裡,徐志摩收到了一封信,他看了以後就說:「好了,我們可以離開了。」她說徐志摩收到胡適的來信,告訴他可以回去了,因為王賡已經答應跟陸小曼離婚了[173]。事實上,6月底、7月初,徐志摩決定回國的時候,張幼儀人已經回柏林念書去了,他們同在義大利的時候是在4月下旬。其次,陸小曼跟王賡當時根本還沒有談到離婚,所以徐志摩才會有此去「可能是一齣悲劇,也可能會是鬧劇」的惶恐之情。

如果徐志摩在歐洲像「孤鬼」一樣,漂泊了四個月,陸小曼在北京可是過著眾星拱月的日子。她不但有「先生」來教她讀書,有飯局,舞會,還可以去看戲。王賡雖然人不在北京,他很清楚陸小曼色彩繽紛的社交生活,他為那些朋友好心照顧嬌妻心

171　Tsemou Hsu to Leonard Elmhurst, July 13, 1925,《徐志摩全集補編》,第四冊,頁170。

172　Tsemou Hsu to Leonard Elmhurst, July 15, 1925,《徐志摩全集補編》,第四冊,頁172-173。

173　Pang-Mei Natasha Chang, *Bound Feet and Western Dress* (New York: Doubleday, 1996), p. 165.

存感激。陸小曼4月下旬住院以後，他還寫了信向她常常往來的
「良師益友」致謝：「適之、歆海：正要寫回信給歆海，恰好適
之的信亦到。謝謝你們二位種種地方招呼小曼，使我放心得多。
這幾個月來，小曼得著像你們二位的朋友，受益進步不在少處，
又豈但病中招呼而已。她有她的天才，好好培養可以有所造就
的。將來她病體復原之後，還得希望你們兩位引導她到sweetness
and light[註：即『蜜之華與智慧之光』19世紀英國人文大師艾諾
德(Matthew Arnold)引用而膾炙人口的成語]的路上去呢。」[174]

　　王賡說得不錯，胡適確實是照顧了陸小曼，雖然其照顧的方
法是王賡所始料未及的。用徐志摩的話來說，胡適確實是當了他
跟陸小曼之間的「紅娘」。然而，徐志摩自己螳螂捕蟬，卻沒料
到黃雀在後。他那封興高采烈，跟胡適談「私奔」的點子的信，
幽了胡適一默，笑他不可以在護送小曼西行途中當起艾伯拉第
二，而慘遭被閹割的命運。他完全沒想到在北京的胡適和陸小
曼，如果不是早已扮起了艾伯拉和愛露伊絲的角色，也可能已經
到了岌岌一線之隔的地步。

　　1925年6月14日，曾在北大任教，被胡適譽為「四川隻手打
倒孔家店的老英雄」的吳虞在日記裡寫著：「立三約往開明觀
劇，見須生孟小冬，其拉胡琴人為蓋叫天之拉胡琴者，叫坐力頗
佳。胡適之、盧小妹在樓上作軟語，盧即新月社演《春香鬧學》
扮春香者，唱極佳。」[175]此盧小妹者，即陸小曼也，因為根據說

174　王賡致胡適，1925年4月26日，《胡適來往書信選》，中冊，頁110-
　　111。請注意該書誤植為1932年，當時王賡和陸小曼早已離婚，徐志摩
　　也已在半年前墜機身亡了。
175　《吳虞日記》(成都：四川人民出版社，1984-86)，下冊，頁265。

法之一，徐志摩跟陸小曼墜入愛河，就是從陸小曼演春香，他演
學究而開始的。《胡適檔案》裡殘存著三封陸小曼寫給胡適的英
文信，沒有年月日，只寫著星期，但可以推測寫於該年5、6月
間。第一封可能是6月初寫的，第二封可能是6月下旬寫的，因爲
我們從丁文江跟任鴻雋給胡適的信裡，知道他在這個月初跟月底
各生了一次病，第一次是感冒[176]。第三封則很有可能是最早的，
可能甚至是5月間寫的。前兩封信都經由「先生」用紅筆作了文
法上的批改，改她的拼音，以及她在時態、單複數，以及句型結
構上的錯誤。第一封信是一個禮拜六寫的，當天可能是6月6日：

> 我最親親的朋友(Dearest Friend)：讓我再寫信給你，只
> 要這不惹出麻煩的話。我就用這封信來代替我本人，因
> 爲我的人不能到你身邊來。我希望我的信可以給你一點
> 慰藉。但你一定答應我不可以笑我不雅的英文。也許這
> 可以逗你笑，讓你覺得你這個淘氣的小學生是多麼的天
> 真無邪。你今天下午好嗎？不要急著出來，因爲你可能
> 會著涼。好好在家靜養。聽話。我永遠都是對的，對不
> 對？……
> 我要你知道我這幾天是個好學生。我已經讀了莎士比亞
> 的《皆大歡喜》(*As You Like It*)，而且向H.H.[張歆海]
> 朗誦了其中的幾首詩。我也把一直丟在一旁、三個月以
> 前就開始的一幅畫完成了。謝謝上帝，我終於把它完成

---

176 丁文江致胡適，1925年6月8日，《胡適來往書信選》，上冊，頁335；
　　任鴻雋致胡適，1925年6月9日，頁336；任鴻雋致胡適，1925年6月28
　　日，頁340。

了。今天下午見了[凌]淑華。她要我跟你問好，因爲她再也不敢寫信給你了。不像我，她寫不出男人樣子的字。

我收到了志摩的好幾封信。眞可憐，他沒收到我們的信悲凄得很。那是在[他知道]我四月生病以後的事，他擔心得要命，一定要我在收到信以後，就立刻給他打個電報。這怎麼可能呢？我不知道電報要打到哪兒去，而且我也不敢自己去。我想我們打給他的上一封電報他應該已經接到了。你是否把它寄到義大利去呢？因爲他給我的地址是在義大利。我眞不知道該怎麼做。我不想再寄信了，但又怕他擔心。他爲什麼會那麼記掛著我呢？還是這就是他的本性？

今早你給我電話的時候我還在床上。我最近累得很，十點以前就是起不了床。明天早上我會去看我的法文老師，下星期一開始上課。你呢！我的先生？你什麼時候才會開始教我呢？現在大家都知道你是我的先生了，你得至少偶爾教教我，才可以讓他們相信你確實是他們心目中所想像的先生。H.H.現在來了，我不能再寫了。我們現在要開始上課，然後，我們可能跟爸媽去看戲。明天就別出來了，多休息幾天。當然，我**非常**急切地想要你來我家，但我不應該太自私。再見了，最親愛的。你永遠的眉孃(Mignon)[177]。

177　Mignon to Hu Shih, Saturday.

第二封信是一個禮拜五寫的，可能是6月26日：

我最親親的朋友：我終於還是破戒寫信給你了！已經整整五天沒見到你了，兩天沒有音信了。昨天我要H.H.給你打電話，結果是接到最令人失望的消息。你怎麼又發燒了？難道你又不小心感冒了？今天體溫多少？我真是焦急，真希望我能這就去看你。真可惜我不可能去看你。我真真很不開心。請你一定要好好照顧自己。

你看看，你不聽話的結果就是這樣！親愛的，你現在知道了吧？如果你聽了我的話，你現在就不會在床上躺了那麼多天。你覺得這樣好玩嗎？現在要換我當先生，等你好了以後，我要好好地教訓你，如果你再一次不聽話，你就等著瞧！你這個淘氣的人！我會處罰你，讓你嘗嘗滋味。大爺！現在你該做的，是不可以工作，不可以用腦筋，也最好不要看小說，最重要的，是不可煩惱。喔！我現在多麼希望能到你的身邊，讀些神話奇譚讓你笑，讓你大笑，忘掉這個邪惡的世界。你覺得如果我去看你的時候，她［註：即江冬秀］剛好在家會有問題嗎？請讓我知道！

我也不舒服。昨晚又發了一次，幸好只犯了一個鐘頭。我家人都關心你的病，特別是我媽，每天都問起你。我不敢用中文寫，因為我想用英文會比較安全。我的字還像男人寫的吧？我想她看到這些又大又醜的字是不會疑心的。祝你飛快康復。你永遠的玫瑰（Rose）兼眉孃［註：Rose的字母裡的"o"是畫作心的形狀］。又：請不

可以笑我的破英文，我可是匆匆寫的喔[178]！

　　第三封是一個星期三寫的，就像我們在前頭所說的，可能是三封信裡最早的一封：

　　我最親親的朋友：我這幾天很擔心你。你真的不再來了嗎？我希望不是，因為我知道我是不會依你的。我會耐心地等待，總有那麼一天，你又可以像從前一樣來去自如。不要去理那些佣人，他們蠢極了，他們什麼都不懂。我今天去了郵局〔的信箱取信〕，只有一封是我的，其他都是你的。我隨信附上這一封你在等的信。其他都無關緊要，全是報紙，只有這一封會讓你開心的信。你是六月還是十二月去？熱得很，什麼事都作不了。只希望你很快地能來看我。別太認真，人生苦短，及時行樂吧。最重要的，我求求你為了你自己，不要再喝了，就答應我這一件事，好嗎？你為什麼不寫信給我呢？我還在等著呢！而且你也還沒給我電話。我今天不出去了，也許會接到你的電話。明天再給你寫信。眉孃[179]。

　　只殘存了三封信固然可惜，但這三封英文信所透露出來的資料，雖然不足以讓我們畫出全龍，卻可以有用來點睛之妙。我們在本章第二節說這幾個月是胡適和江冬秀一生關係最緊張、最低

178　Rose or Mignon to Hu Shih, Friday.
179　Mignon to Hu Shih, Wednesday.

潮的時候，這三封信在這方面提供了旁證。當時的江冬秀顯然嚴
屬地監控著胡適。為了嚴防曹誠英或任何女子的來信，她查信查
得極嚴，逼得胡適不得不去郵局開了一個信箱，也就是51號信
箱。在江冬秀的鐵腕政策之下，嚇得凌淑華也不敢寫信。連敢於
公然挑戰社會禮法的陸小曼也不得不用英文來寫信，而且還必須
寫得像是男人的筆跡。第三封信說天熱，又勸胡適不要再喝酒，
跟這一段時間胡適常縱酒有關，也跟我們在前一節所提到的胡適
和江冬秀在熱天裡相互賭氣灌酒的描述相符合。更值得玩味的
是，陸小曼從胡適在郵局開的郵箱所取的那封會讓他「開心的
信」，自然是曹誠英寫的。因此，胡適用郵箱與曹誠英保持聯繫
的事實，可以在陸小曼的這封信找到旁證。陸小曼當然知道胡適
和曹誠英的關係，但是，她還是希望胡適能很快地來看她，「別
太認真，人生苦短，及時行樂吧。」

　　胡適跟陸小曼在這幾個月裡的關係究竟如何，由於沒有進一
步佐證的資料，即使這三封信裡有許多讓人可以想入非非的話
語，遽下結論恐怕還是太過大膽。當然，這些令人想入非非的話
語，有可能只不過是反映了當時洋派仕女的行為。她們言詞儘管
大膽，親暱的言語和稱謂儘管掛在嘴上，卻並不見得一定劍及履
及。換句話說，這些洋派仕女言詞固然讀起來大膽犀利，我們卻
不能輕易地望文生義。比如說，在《愛眉小札》裡，徐志摩記8
月14日晚11點鐘，他心血來潮跑去張奚若家聊天，後來張慰慈夫
婦也來了。大家嚷著餓，就吃了蛋炒飯當宵夜。接著又嚷著打
牌，徐志摩就說如果要打牌，就得留下來過夜；要過夜，就得與
張慰慈夫婦同床，害得張慰慈的夫人夢綠連罵：「要死快哩，瘋
頭瘋腦！」「但結果打完了八圈牌，我的要求居然做到，三個人

一頭睡下，熄了燈，綠躲緊在慈的胸前，咯支支的笑個不住，我假裝睡著，其實他們說話等等我全聽分明，到天亮都不曾落惚。」[180]

　　然而，有蛛絲馬跡的證據，可以說明即使洋派如徐志摩，也不禁吃起醋來了。《胡適檔案》裡有一封很長的殘信，是陸小曼寫給徐志摩的，前半段是用中文寫的，後半段改用英文，沒寫日期。這封信應該是當年8月5日寫的，因為陸小曼說她母親會跟她一起去上海，她叫徐志摩最好不要去車站送她。同時，信中也提到她前晚去北京飯店屋頂看月亮，悵嘆他們從來就沒有一起度過月圓之夜，8月月圓之日是四日。從這封信的內容看來，徐志摩有一天為了風言風語而跟陸小曼吵了一架，陸小曼一氣之下，寫了一封她過後懊悔的信：「前天晚上我亦不知怎樣寫的那封信，我真是沒有心的人了。我心裡為難，我亦不管你受得受不得，我竟糊裡糊塗的寫了那封信，我這才受悔呢！還來得及麼？你罵我亦好，怨我亦該，我沒有再說話的權了，我忍心麼？我愛！你是不會怨我的，亦決不罵我，我知道的。可是我自己明白了自己的錯，比你罵我還難受呢！我現在已經拿回那信了，你饒我吧！忘記了那封被一時情感激出來的滿無誠意的信吧！」

　　陸小曼這封信的重點，在於向徐志摩表明她所愛的就是他一個人：「My only love[我獨一無二的愛人]，就算是你疑我，我亦不怨你，不過摩呀，我的心！你非信我愛你的誠心，你要我用筆形容出來是十枝筆都寫不出來的，摩呀！你要是亦疑心我或是想我是cognette[註：正確拼法應為coquette(風騷的女人)]，那我

180　徐志摩，〈愛眉小札〉，虞坤林編，《徐志摩未刊日記》(北京：北京圖書館出版社，2003)，頁180。

眞連死都沒有清白的路了，摩呀，今天先生說些話，使我心痛的
利害。咳！難道說我這幾個朋友還疑心我，還看不起我麼？……
摩呀！我本來的我恐怕只有**你**一個人能得到——享受，或是永不
再見人。」陸小曼要求徐志摩相信她心中沒有別的男人。接著，
可能因爲如果她說開了會牽涉到他人的名譽，陸小曼改用英文
寫：

> 我只愛你一個人，你絕不可以懷疑，否則我只有一死。
> 這幾天，我的腦子亂極了，我根本不知道我在做什麼。
> 我要你近我，可是你近了我，我又全身緊繃。至於其他
> 的朋友，他們只是朋友而已，他們跟你不一樣。[張]慰
> 慈所說的是錯的。我不怪他，因爲他根本不瞭解我。我
> 是把H.H.[張歆海，即徐志摩在歐洲時，教陸小曼的
> 「法文老師」]當成一個哥哥來看待，我不相信他會強
> 姦我。母親會跟我同行，我眞不知道到了上海以後情況
> 會如何。你最好不要去車站送行，我一到上海就會讓你
> 知道。最好的方法是假裝你是Freddy[註：即王賡]的朋
> 友，這樣對我們會比較方便。
> 今天是爸爸的生日，現在大家都散了，將近三點了，只
> 剩下先生、H. H.、三舅母、三太太還玩著。我在這兒
> 寫信給你，但已經累死了。我寫得很快，因爲我希望你
> 快樂、相信我。我愛你，而且會愛你到死爲止。他們就
> 快走了，我會請先生幫我帶這封信去。你可要相信你可
> 憐的眉孃，她永遠是你的。我答應他[註：這裡的
> 「他」應當還是指張歆海]我會作他的妹妹，況且他知

道我們相愛。他瞭解我，對我也很好，只是來得太勤
了，讓人起疑。他找到工作以後就會忙起來了的。這些
都是小問題，你一定不要往旁的地方想去。你覺得我是
一個風騷的女人嗎？

……親愛的，你要等我。即使在名義上，我不能成爲你
的人，我已經是你的人了，不管是用什麼名義。親愛
的，幫我作一個好女人，一個孝順的女兒。我答應你，
我會改過。如果你要的話，我不再見任何朋友，不再接
受任何邀約；你要我作什麼、保證什麼都可以，只要你
答應我，你會好好**照顧**你自己，**激勵**自己去工作，等候
老天爺的安排[181]。

　　徐志摩顯然相信了陸小曼的解釋。然而，值得注意的是，他
1925年8、9月間，剛從歐洲回來所寫的日記，即《愛眉小札》，
仍屢屢出現他怨懟陸小曼的地方，他怨陸小曼忽冷忽熱，不給他
電話，都已經到了「快正眼都不愛覷我」的地步了，而卻又有那
麼多「無謂的應酬」、「坐在一群叫囂不相干的俗客之間」。他
勸陸小曼「受朋友憐惜與照顧也得有個限度，否則就有界線不分
明的危險」，要她懂得「防微杜漸」。耐人尋味的是，徐志摩會
吃張歆海，以及那些「不相干叫囂的俗客」的醋，但依然始終如
一地說胡適是「可人」，是「眞愛妳我，看中妳我，期望妳我

181　[Mignon to Hsu Tsemou]，無日期。這封信也收在虞坤林編，《志摩的
　　信》，頁52-57，但有謄錯並誤譯的地方；此外，編者認爲這封信是寫
　　於9月，但依我的判斷，應該是寫於8月間。

的。」[182]可見胡適的高段了。

與此同時，徐志摩在《愛眉小札》裡，也透露出胡適對陸小曼開始不滿，他在日記裡對陸小曼說：「眉，『先生』說妳意志不堅強。」這是胡適與陸小曼疏遠的開始。徐志摩與陸小曼在1926年8月結婚。1931年11月，徐志摩墜機而亡。徐志摩死後，他存放在凌淑華那兒的「八寶箱」變成了一樁公案。這「八寶箱」裡藏有他自己的兩三本英文日記，以及陸小曼1925年所寫的兩冊日記。據凌淑華對胡適所做的報告，陸小曼的日記，「牽涉是非不少(罵徽因最多)……不過內中日記內牽涉歆海及你們的閒話……不知你知道不？」[183]果真如此，則胡適從凌淑華那兒要回了徐志摩的八寶箱以後，自然有理由必須讓某些信件、日記「失蹤」了。徐志摩的日記有可能由胡適交給林徽因以後被她銷毀[184]，至於我們今天所看到的《小曼日記》，自然也已非全豹。不管是誰作的刪節，內中牽涉到歆海與胡適的「閒話」都已經無影無蹤了。

胡適在這幾年間，由於情感問題，是他一生中最頹唐的一段時間。丁文江勸他不要再爛喝酒的一封信，可能就是寫於這一年：「不瞞你說，前天晚上看見兄吃得那樣大醉，心裡很不自在。」他引胡適自己留學時期寫的《朋友篇》的詩句：「『少年

---

182 以上引文均出自〈愛眉小札〉，虞坤林編，《徐志摩未刊日記》，頁173-216。

183 凌淑華致胡適，1931年12月10日，《胡適來往書信選》，中冊，頁89。

184 請參考韓石山，〈八寶箱之謎〉，〈此中果有文章再談八寶箱之謎〉，《尋訪林徽因》(北京：人民文學出版社，2001)，頁3-13，14-19。

恨污俗，反與污俗偶』。現在我只望兄『從此謝諸友，立身重抖
擻』，就是中國前途的幸福了。」[185]1925年8月底，他離開北京
南下時，曾把明朝人張夢晉的一首詩譯成英文。他聽到這首詩的
情景、這首詩的內容，以及他自己說這首詩可代表中國的頹廢
派，等於是他這段期間心情的寫照。這首詩是在一個飯局裡，汪
麓園醉後背誦給他聽的：「隱隱江城玉漏催，勸君且盡掌中杯。
高樓明月笙歌夜，此是人間第幾回？」他在夜車上不能眠，就按
英國詩人費茲傑羅(Edward Fitzgerald)譯11世紀波斯詩人歐瑪
(Omar Khayyam)的格律，把這首詩譯成英文。歐瑪是數學家、
也是天文學家。他的詩的特色是「今朝有酒今朝醉」。胡適把張
夢晉的詩譯成："The waterlock is moving on unseen, / O friends, let
us all drain these bowls of wine! / How often in life can we have
nights like this? / When the moon's so full, and singing so fine!"[186]

　　丁文江說胡適這一年來，「好像是一隻不生奶的瘦牛」，要
幫他找一塊新的草地，讓他能擠出一點奶來。這個機會不久就來
了。1926年，胡適作爲中國的代表到英國去開中英庚款委員會的
會議，商討英國退還庚子賠款的使用問題。胡適此行收穫良多，
除了學術研究方面以外，最重要的就是他重拾了振奮之心。他8
月底從巴黎給徐志摩的信，就以懺悔之心說：「我們這幾年在北
京實在太舒服了，太懶惰了，太不認眞了。前年叔永說我們在北
京的生活有點frivolous[遊戲人間]，那時我們也許以此自豪。今
年春間你們寫信給我，叫我趕緊離開上海，因爲你們以爲我在上
海的生活太frivolous。但我現在想起來，我們在北京的生活也正

185　丁文江致胡適，[1925年?]6月18日。
186　《胡適日記全集》，第四冊，頁302-303。

是十分frivolous。」[187]8月14日，他從倫敦寫信給江冬秀，說他已經下定決心：「第一，想把身體弄好。第二，把一切壞習慣改掉。以後要嚴肅地作個人，認真地做一番事業。」[188]他在九月初給丁文江的兩封長信裡，也表明了同樣的決心。丁文江讀完了信，回信大大地稱讚了胡適：「我細讀你的信，覺得你到了歐洲，的確是吃了一劑補藥，心裡異常的高興。不肯frivolous，真可以說是你的覺悟。我們處中國目前環境，真要立定了腳跟，咬緊了牙齒，認真做事，認真做人。」[189]胡適除了開會，作了幾處的演講以外，還在巴黎的國家圖書館和倫敦的大英博物館，著實地用功了一個多月的時間。在巴黎住了34天，大半泡在圖書館裡，用胡適自己的話來說：「遊覽的地方甚少，瑞士竟去不成。」[190]在英國，除了在大英博物館用功以外，也在幾個大學和學術團體作了演講。當然，作為一個文化名人，胡適自然不能免於應酬。依他自己計算，在歐洲六個月期間，飯局與茶會總共有191次，平均每天一個宴會[191]。過後，他又到美國巡迴演講了三個月的時間。如果這一趟歐洲之行，算是胡適的「撒拿吐瑾」，他的美國之行，卻意外地成為他的摘星之旅。

他在7月17日離開北京，搭乘橫貫西伯利亞的火車西行，8月4日到倫敦。中英庚款委員會其實只開了幾天的會議，剩下來的時間，除了在英國、愛爾蘭作一系列的演講，也去了德國的法蘭

187　胡適致徐志摩，1926年8月27日，《胡適全集》，頁53。
188　《胡適日記全集》，第四冊，頁343。
189　丁文江致胡適，1926年11月28日，《胡適來往書信選》，上冊，頁412。
190　《胡適日記全集》，第四冊，頁373。
191　同上，頁608。

克福作了演講以外，他大部分的時間，都是用在法國國家圖書館
以及大英博物館。在這兩個藏書重鎮，他看了大量的禪宗史料。
一直到1927年元旦，他才搭船離開英國，1月11日到紐約。在綺
色佳的韋蓮司母女，企盼著胡適的到來。韋蓮司的母親甚至還在
胡適在橫渡大西洋的船上的時候，就寫信要他從紐約坐火車直奔
綺色佳，休息過後，再回東岸演講。然而，由於他推辭不了哈
佛、哥倫比亞大學演講的邀約，他到綺色佳的日期一延再延。一
直到3月4日，他才坐火車離開波士頓，5日到了綺色佳，在那兒
停留了短短幾天的時間。雖然韋蓮司已經無可自拔地愛上了胡
適，但苦於母親在旁，不管是作為電燈泡也好，還是作為胡適留
學時代所謔稱的「挾保娘」(chaperon)也好，兩人即使脈脈含
情，也只能作咫尺天涯之嘆，但這是第四章的題材。胡適此行的
韻事是發生在紐約。

　　胡適在留學時代所結識的美國女性有幾位，其中最為人所津
津樂道的是韋蓮司。但是，另外有一個女性跟他通信的頻繁，僅
次於韋蓮司，那就是我們在第二章裡所提到的瘦琴女士(Nellie B.
Sergent)。胡適初識瘦琴是在1914年夏天，當時她到康乃爾大學選
暑修班的課。她就是胡適在6月8日的日記裡，記述他第一次去「賽
姬樓」(Sage Hall)的女生宿舍訪友的對象[192]，而不是許多人所想當
然耳的韋蓮司。瘦琴在1915年夏天，又去康乃爾大學選了暑修班
的課，跟胡適更加熟悉，兩人通信極勤。一年之間，她寫給胡適
的信，用胡適自己的話來說，厚度「幾盈一寸」[193]。瘦琴小姐當
時在紐約的一個中學教英文。除非她後來換了學校，這間學校就

192　《胡適日記全集》，第一冊，頁328。
193　同上，第二冊，頁210。

是艾文德·柴而茲高中(Evander Childs High School)。胡適在
1927年訪美的時候,瘦琴就在這間學校教書。

瘦琴來自於紐約州北部的庫伯司鎮(Cooperstown),她生於
1883年,比胡適大八歲。她是一位好學不倦,活到老學到老的女
性;胡適留學的時候,她已經一邊教學一邊繼續選課;等到胡適
1927年重返美國訪問的時候,她還繼續在哥倫比亞大學選課。
1932年,她編輯出版了一本《少年詩人:美國中學生詩歌佳作
選》(*Younger Poets: An Anthology of American Secondary School
Verse*[New York: D. Appleton and Company, 1932])。胡適在留學
時期跟瘦琴的關係,就像他跟韋蓮司的一樣,是屬於智性上的。
他們也討論問題,互相推薦好書佳文,只是瘦琴跟韋蓮司不一
樣,很少有長篇闊論的時候。但作為一個英文老師,她不但會在
信上寫下生澀的字,問胡適知不知道那些字的意思,她自己每學
到一個新字,也都會跟胡適分享。胡適知道瘦琴收集郵票,所以
偶爾會送她一些比較特別的郵票。可惜《胡適檔案》裡所保存的
瘦琴的來信並不多,胡適說一年當中的來信已經「幾盈一寸」,
不知都丟到哪兒去了。但我們從瘦琴殘留下來的信件,可以知道
他們也見面。由於瘦琴就住在紐約,胡適從1915年秋天從康乃爾
大學轉到哥倫比亞大學以後,他們見面自然方便。換句話說,當
時胡適在紐約常來往的女性有兩位,一位是韋蓮司,另一位就是
瘦琴。

毫無疑問的,在這一段時間裡,瘦琴跟胡適只有單純的友誼
關係。1915年的聖誕夜,瘦琴寫了一封信給胡適。她說她完全瞭
解胡適為什麼會覺得寄聖誕卡是一件索然無味的事,她自己就受
不了賀節的客套話。所以她決定與其說:「敬祝聖誕快樂!」她

要簡單明瞭地告訴胡適：「我**愛**你(是那種名正言順、大姊式的愛)。我要你作我的朋友，而不只是泛泛之交。」[194]一月初，胡適從波士頓參加世界學生會的年會回來以後，他們一起吃了晚餐，胡適還送了她一條手帕。她過後寫信向胡適謝謝，並要胡適注意身體，不要以爲他咳嗽稍停，就表示他從12月中以後就得到的感冒已經好了。她建議胡適新年的新願望應當是讓自己的身體多長點肉[195]。瘦琴非常尊敬胡適對智性的執著，那一年夏天，她回家鄉消暑的時候信寫得比較少，因爲她想不出什麼值得寫的東西。她說胡適跟她另一個朋友一樣，「是不容易寫信的對象，因爲你們都不能忍受庸言庸行。」[196]

1917年9月，瘦琴寫了一封長信，謝謝胡適回國時沿途給她的明信片和信。她向胡適報告自己的近況，也描述她所新租的公寓，不但讓她有了更大的空間，而且讓她可以看見哥大校園，她真希望胡適能有機會看到，她的住處不再是胡適從前來看她時擁擠的模樣了[197]。她的下一封信是那年除夕夜寫的，那時，她收到了胡適結婚以前寫給她的信，胡適在信中又擺出他是百般不情願去結婚的姿態。瘦琴說：「我很爲你難過，因爲你是用那種咬著牙盡義務的心情去結婚的。現在，你已經是一個結了婚的人了！我希望你是比預期的快樂。我相信你妻子會像你母親一樣，雖然沒有受過正式的教育，但應該會是一個很好、有智慧、能讓人敬佩的女性。在此祝福你們白頭偕老。」[198]1924年4月，瘦琴又寫

194　Nellie Sergent to Suh Hu, Christmas Night, 1915.

195　Nellie Sergent to Suh Hu, January 11, 1915.

196　Nellie Sergent to Suh Hu, August 1, 1915.

197　Nellie Sergent to Suh Hu, September 15, 1917.

198　Nellie Sergent to Suh Hu, December 31, 1917.

信給胡適，說她從在哥大教外國學生英文的朋友那兒，聽到一個中國學生描述胡適在中國所從事的新文化運動。跟胡適相比，她說自己的生活簡直是微不足道。那時，胡適已經又寫了一封信給瘦琴，胡適說在這封信之前他還寫了一封信向瘦琴報告了他婚禮的點滴。可惜，瘦琴說根本沒有收到那封信[199]。

1927年1月，胡適還沒到美國，就已經寫信給瘦琴跟她約見面。可能由於她搬了家，從121街搬到了119街，郵局把信轉到她紐約州北部的家，然後又再轉回紐約市。瘦琴在18日收到信以後，立刻回信告訴胡適她的電話。他們在那個週末，也就是22日，見了第一次面。當天，胡適在日記裡寫著：「下午去看舊友Miss Nellie B. Sergent[瘦琴]，談甚久。她的頭髮已花白了。」[200]我們從瘦琴25日寫的信，可以知道胡適在見了面以後還寫了一封信給瘦琴，讓她高興萬分。瘦琴在回信上告訴胡適：「我還記得你回國以後我難過到極點，因為我們那麼美好的友誼，彷彿像過眼雲煙，就那樣結束了。雖然我沒怎麼寫信，我一直為你的成就而為榮，而雀躍，我知道我會一直如此的。那天我去看你的時候，我非常快樂。可是過後我變得非常難過，因為我害怕功成名就的你，會覺得我和我所過的生活真是卑微得可憐。你可以想像我今晚收到你的信有多高興。喔，讓我們重拾我倆的友誼吧！」

胡適大概是問了瘦琴，問說他看起來如何，瘦琴回說：「既然你問了我這個問題，我會說中國的文藝復興運動[註：這是胡適給五四新文化運動的英文名稱]一定會以它這個看起來很年輕的夥伴為榮，但也一定有點怨他為什麼要讓自己看起來老一點。

---

199 Nellie Sergent to Suh Hu, April 24, 1924.
200 《胡適日記全集》，第四冊，頁622。

我想你如果不要留八字鬍，一定會看起來更英俊。但千萬不要讓我說的話影響你的決定！」[201]兩天以後，27日，他們又見了面。當天，他們之間顯然發生了情不自禁的情景。躊躇了幾天以後，瘦琴在31日的信尾，加寫了一個「又」：「胡適，我們能不能一起把上星期四所發生的事情忘了，不要讓它弄餿了我們之間的友誼。我一直相信愛情是人腦與感官的幻覺，只有友誼是人生最眞實、最重要的東西。如果我現在失去了你的友誼的話，我會**永遠**不會原諒自己的，這是我這一生中少有的一個純美的精神財寶。」[202]

瘦琴有自信，認爲他們有辦法懸崖勒馬。她在2月7日的信裡，還能坦然地跟胡適談起江冬秀。她說：「等我下次見到你的時候，我要你多告訴我一點那個中國女孩——也就是你的妻子——的事情，我對她非常好奇。請千萬不要漏掉了這點！」她接著說：「我們所剩的時間是那麼的少，而我又有那麼多的事想和你談，我們眞的絕對不能浪費任何『片刻的光陰』。」[203]胡適在紐約的演說，瘦琴除了每場必去聆聽以外，還曾經帶了她在任教學校所新組的「校友詩社」(Alumni Poets' Club)的成員去聽。爲了幫助這些年輕人瞭解胡適的演說，她還在去聽講前，特別爲他們作了一次演說，介紹了中國的情況以及胡適的生平背景。

瘦琴聽胡適的演講，聽得如癡如狂。2月9日，她聽講回來，寫信告訴胡適：「那眞是一個極富興味、極令人喜愛(lovely)的演講，我沒辦法用文字來形容我是多麼地爲你感到驕傲——。」

201　Nellie Sergent to Suh Hu, January 25, 1927.
202　Nellie Sergent to Suh Hu, January 31, 1927.
203　Nellie Sergent to Suh Hu, February 7, 1927.

她說：「我眞希望每一個美國人都能聽到這個演講，以及你所給我的當前中國文藝復興運動的演講稿！」癡迷的她，凝望著看似弱不禁風的胡適，想到他爲了準備演說而一直忙碌著，不禁爲之心疼。她說：「你讓我爲你擔心；你看起來好單薄、好蒼白。如果你把你自己看成是我的朋友，**請**你務必要接受我的請求，作下列三件事：少抽些煙、多吃些營養的食物、多睡一點。你如果不這麼做，你會病倒的。」瘦琴建議胡適去看她的醫生，讓他替胡適打一些維他命和礦物質的補針。她保證胡適在打過針以後，在往後的演講行程裡，一定可以像生龍活虎一般。體貼的她請胡適不要花時間寫回信，但如果哪個晚上他碰巧沒有餐約，就給她打個電話，「我們就可以一起吃個飯，好好多聊一點。我不想煩你！」[204]

胡適在紐約其實很忙。他在哥倫比亞大學一共作了九個演講，其中六個在中文系，是一個系列的演講，講題是「中國哲學的六個時期」（Six Epochs of Chinese Philosophy）。其餘三個演講的地點是在哥大的「文理講習會」（Institute of Arts and Sciences）。這個講習會是1913年成立的，在1957年結束，它不屬於哥大教學系統的一部分，而是附屬於哥大成人夜間進修班，其宗旨在舉辦一般性的演講。爲了準備他在中文系的六個演講，他還得臨時抱佛腳到哥大的圖書館去看書、找資料。他在2月1日給韋蓮司母女一封致歉的信，說「爲了要在東岸停留久一點」，他跟「華美協進會」（China Institute in America）的郭秉文討論，想要取消所有在中西部以及西岸的演講，他去綺色佳看她們的日期

204　Nellie Sergent to Suh Hu, February 9, 1927.

只好再順延了[205]。

　　往後的兩個星期裡，胡適除了忙著演講以外，也忙著跟瘦琴見面。百忙之中，他偷空去瘦琴的家看了她三次。一個是有心獵豔摘星，另一個則在崇拜的心境之下，情不自禁、欲拒還迎，兩人的關係自然柏拉圖不再。眼看著胡適在2月19日就要搭火車去哈佛演講，瘦琴在15日的信裡說：「如果我沒機會再看到你，讓我現在就告訴你，我非常喜歡你這三次來看我的每一個片刻。我很**高興**你吻了我！我想我應該沒有傷到胡太太或任何其他人的一根汗毛。」離別將及，瘦琴希望能再安排一個見面機會，禮拜三晚上已經排滿了，禮拜四晚胡適演講完以後，則又嫌見面的時間苦短，禮拜五又要演講，那顯然只剩下禮拜六胡適演講過後的午餐時間了，過後，胡適就要去波士頓。瘦琴說他眞希望胡適「能待一年，每星期來看我一次！」胡適的演講，瘦琴幾乎每場都去聽，在同一信裡，她告訴胡適：「你昨晚的演講是我這一生聽到最好、最激賞的。你說的故事眞精彩，你說得好極了！」[206]

　　結果，胡適居然沒給瘦琴再見一個面的機會。於是，瘦琴希望胡適能把他從波士頓回來以後的那個週六晚上留給她。她等於是要胡適補償她：「老實說，我還在生你的氣，因爲你[上週]推辭掉我所有的邀約。如果你的藉口還言之成理的話，說不定我還比較能原諒你！比如說，上星期六你到波士頓去的時候，你眞需要從中午十二點半到半夜那麼長的時間來打點行李嗎？」氣歸氣，瘦琴接著說：「我只有一半的時間在氣你，其他一半的時間，當我想到你的演講，想到你(不包括我在內)的時候，我就不

205　Hu to Williams, February 1, 1927.

206　Nellie Sergent to Suh Hu, February 15, 1927.

禁像你們那位老哲學家[註：指的可能是孟子，或程頤，當然也可能是直指孔子]所說的一樣『不知足之蹈之，手之舞之。』你上一次在文理講習會所作的演講眞好。觀眾的問題也很有意思，對不對？你答得眞好，特別是你回答了許多我想知道的問題。你上週六的演講也非常好。」瘦琴請胡適務必要來看她，因爲「我需要**知道**我們是否仍然是朋友。」最後，她說：「我禮拜六早上大約十點給你電話。」[207]如果胡適那個週末還有時間和精力跟瘦琴見面，那他可眞是個超人了，因爲他在接下去的12天裡一共作了16個演講，其中兩個是在他回到紐約以後[208]，也就是瘦琴想跟他見面的那個週末。

3月4日，胡適從波士頓搭火車到綺色佳去看韋蓮司母女，但顯然只蜻蜓點水地在綺色佳待了幾天的時間。他跟韋蓮司即使有岩漿一般的熱情在身體裡沸騰著，由於有韋蓮司的母親夾在中間，也只有互相以禮相待。根據他給韋蓮司母親的信，他在綺色佳的時候，只去了韋蓮司家兩次[209]。事實上，他跟韋蓮司也不太可能有什麼見面的時間，因爲當時韋蓮司已經在康乃爾大學獸醫系的圖書館工作，只有禮拜六中午下班以後跟星期天有空。胡適很可能是在3月5日早上，當天是星期六，到綺色佳，然後，在八、九天後離開。換句話說，在綺色佳大概度過了兩個週末。從瘦琴3月15日的信看來，胡適又趕回紐約，並且去找了瘦琴，但撲了一個空。瘦琴在信裡向胡適道歉，說胡適當天下午去找她的時候，她還在學校。她說次日晚上六點才能回家，但胡適如果禮

207　Nellie Sergent to Suh Hu, February 22, 1927.

208　Hu to Williams, February 20, 1927.

209　Hu to Mrs. Williams, April 11, 1927.

拜四有空的話，她可以早一點回家等他[210]。我們不知道胡適跟瘦琴最後一次見面是什麼時候，但她4月8日的長信說明了一切：

> 我寫了好幾封愛恨交織的信給你，但因爲你可能不會瞭解，所以我把它們都撕掉了，重寫這封。我如果要在你船開以前用飛機寄到的話，這大概是我最後的機會了。我很失望我沒能再見你一面，讓我能把我們最後一晚的情景從我們的記憶裡刪除。那晚我又累又傷感，因此我給你看到的，不是最好的我，而是最糟的我。我不認爲我後悔愛上你，我想我是情不自禁，但我感到羞愧的是，我處理得很笨拙。請你原諒我那麼手足無措的樣子！你走的那天早上，我從學校打電話給你，可是旅館的接線生告訴我：「胡博士已經退房了！」我必須告訴你，你對我的看法是錯誤的。
>
> 胡適，我一點都不寂寞，至少在你這次來去匆匆之前是如此。我有許多很好的朋友，而且有做不完的事，這兩者都是讓我不會寂寞的預防針。很可惜你沒有機會見到我更多的朋友。但我自己跟你在一起的時間都嫌不夠了，怎麼還會願意跟別人分享你呢。我喜歡我的生活，我的小小的家裡有我所喜愛的東西，我喜歡哥大，我喜歡我的學校。我知道很少人像我一樣那麼喜歡教書。同時，**我**也有許多我喜歡的人……
>
> 請你從現在開始好好地照顧你自己，就算爲我，可以

210　Nellie Sergent to Suh Hu, March 15, 1927.

嗎?如此,我們「肉體上」(materialistic)的友誼就可以
開出了桑塔亞那(Santayana)所說的「精神的果實」,
或者,你們的哲學家所說的「不朽之作」……因為你現
在已經重新認識了我,請你把自己變成你兒子的「好朋
友」,而且對你的妻子好一點。胡適,你可以是一個很
好的情人,你的問題在於你總是把女朋友放在最後,甚
至放在所有萍水相逢的男性——以及爵士樂團——之
後!愛情是完美的友誼。我但願你能因為我而一改前
非,願意花心思去想出一千個可愛的小點子來帶給她
[即江冬秀]快樂[211]!

瘦琴深知胡適,瞭解胡適總是把女性朋友排在後邊,甚至是
排在「萍水相逢的男性——以及爵士樂團——之後!」我們瞭解
了這一點,就可以瞭解為什麼胡適在留學時期會說:「智識上之
伴侶,不可得之家庭,猶可得之於友朋。」也可以瞭解為什麼胡
適的「唱和圈」的成員,基本上都是男性的。無論如何,那年,
胡適36歲,瘦琴44歲。

胡適在美國的時候,顯然跟瘦琴談起在中學普及英文教學的
想法,瘦琴建議胡適自己先教自己的孩子英文,從中汲取經驗和
方法。她並且跟好幾個出版社聯絡,請他們寄免費提供教師試用
的樣書給胡適[212]。胡適取道日本回國的時候,還給瘦琴寫信。然
而,他回到中國以後,就彷彿像一切都沒有發生過一般。這一段
短暫的情緣,於是就像火花一樣倏然而滅。胡適跟瘦琴其實有許

211　Nellie Sergent to Suh Hu, April 8, 1927.
212　Nellie Sergent to Suh Hu, June 28, 1927 and October 1, 1927.

多極其不相協調的地方。瘦琴是一個信教極虔誠的人，這點是胡適在留學時期就早已經知道的；瘦琴當時還勸過胡適，希望他能上教堂。而胡適最討厭的，又偏偏是信教虔誠、又好拉人信教的人。同時，瘦琴在政治上也遠比胡適保守。胡適在1937年9月底再度抵美，10月中到了紐約。次年1月初到瘦琴家吃晚飯。當晚的日記裡，他說：「回到紐約後，到435 W., 119, N. B. Sergent[瘦琴]處吃晚飯。她很反對Roosevelt[羅斯福總統]，很頑固。我因自念：二十年前的一些朋友，現在許多人都變『老』了。我曾寫〈不老〉一文，至今想起來，頗自警惕。」[213]所以嚴格說來，胡適生命中的第一顆美國星星，跟他「迸出火花」只有一個多月的時間。等到胡適1938年1月再見到瘦琴的時候，瘦琴已經星星不再。而且，才過幾個月，胡適就會有了他的第二顆美國星星，這詳情請看第五章。

　　胡適1927年的歐美之旅，我們絕對不能等閒視之。從某個角度來說，這是他成名後在國際舞台亮相之旅。我們從瘦琴寫給他的信，可以窺見胡適演講風靡、成功的一斑；同時，瘦琴恐怕也不是唯一為之傾倒的女性。胡適自己非常清楚他此行的成功，特別是在女性聽眾之前。他給盧比麗夫人(Mrs. George Rublee[Juliet Rublee])的一封信就是最好的明證。盧比麗夫人是「美國節育聯盟」(American Birth Control League)的領導人物、慈善家、舞者、舞台劇編導；先生是紐約有名的律師、政界要人。這封信是胡適的郵輪即將抵達日本橫濱時寫的。他首先謝謝盧比麗夫人寄到郵輪上的三封信。盧比麗夫人一定是在信裡幽了胡適一默，說

213　《胡適日記全集》，第七冊，頁456。

他迷倒了不少女性聽眾，害得胡適即使不得不故作謙遜，還是難掩他得意之情：

> 這次歐美之行，我所得到的接待跟讚譽是如此熱烈，不禁讓我開始覺得這反而有害我的精神健康！我想我必須去找一個荒山裡的野寺，把自己鎖在裡面，一天鞭答自己三次，以求找回謙卑的自我！妳同意吧！妳說：「真可惜！你這次沒愛上誰，可是有不少人倒是愛上你了喔！」我回頭一想，就正因為我是愛上了太多人，所以只好落荒而逃[214]！

胡適即使可以「落荒逃離」美國，他還是難逃國內愛慕他的女性。然而，不像他在紐約時對瘦琴所用的速戰速決的摘星戰術，在經過了他和曹誠英的一段情以後，他對年輕的中國女性顯然有了較多的顧忌。一直到1937年他再度赴美，接著長期住在美國為止，他對待愛慕他的女性，基本上是採取敬而遠之的對策。然而，即使如此，愛慕胡適的女性仍然前仆後繼。不能自拔者，動輒陷入單戀的漩渦。單戀胡適的作法因人而異，所付出的代價也各有不同。他的摯友朱經農的妹妹朱毅農，因為愛他不成而導致精神崩潰的故事，可能是其中最悲慘的。她對胡適的單戀持續了多年，1930年間，她的家人甚至為了她而另租了一間房子，請了看護，把她隔離，胡適在日記裡把她住的屋子稱為「她的瘋狂院」。

214　Hu Shih to Rublee, April 24, 1927.

　　10月下旬，胡適去探望朱毅農的時候，她自己告訴胡適：「我是爲了想你發風[瘋]的。」並且說她別無指望，只希望能常見到胡適。兩天以後胡適又去了一次，看她奄奄一息在床，不由得黯然地作了「我雖不殺伯仁，伯仁因我而死」的感嘆[215]。更悽慘的是，朱毅農還是胡適從前的學生饒毓泰的妻子。不但如此，他們1924年結婚的時候，胡適和江冬秀還是他們的證婚人呢！胡適留學以前，在上海的新中國公學教過英文，饒毓泰是他的學生。胡適在1922年9月的日記裡說饒毓泰：「近來學物理，成績極好。我的學生得博士學位的，他是第一人了。」[216]饒毓泰是北大物理系教授，後來他在1934年再婚。胡適一年以後的日記裡，又記了一個他用英文縮寫C. N.作爲代號的女性。她提了一個提包說要搬到胡適家裡來住，說作什麼都可以。胡適拒絕以後，她問胡適有什麼路給她走，當胡適說沒有以後，她飛跑出門，回頭摔下一句話：「我頂多只有一死。」[217]如果這個C. N.不是朱毅農的話，則又是另一個傷心的故事。

　　然而，並不是所有單戀胡適的女性都只有生病和尋死這條路可走。我們在第五章第三節，會有更多的資料，來說明一位愛慕胡適的女性，既有她自己的生活，又保有她的幽默，甚至能不時地調侃胡適。1934年，就有一段類似的插曲。這年五月，有一位英文名字拼爲Zing-shan的中國女性從耶魯大學寫了一封英文信給胡適。她雖然單戀著胡適，雖然她字裡行間不掩她傷心絕望之情，但信寫得俏皮：

215　《胡適日記全集》，第六冊，頁342, 343。
216　同上，第三冊，頁770。
217　同上，第六冊，頁559。

親愛的適之：現在天正下著雨，打著我有生以來聽過最響的雷。就在此刻，我收到了你善意的來信。我不能說你錯了，因爲你幾乎可以說不知道我是誰。但是，我但願你是等到我已經「走過了頭」以後，才採取行動。因爲那個時候，你根本就不需要寫了。你覺得你的信寫得適時嗎？我原以爲我的信，可以爲你這個「只知工作、不知娛樂」的人，平添一點樂趣。沒想到其結果卻是相反的；我的信讓你頭痛，我眞對不起你。適之，你不可能會摧毀一個人的生命和幸福！一個人的生命和幸福只有可能被自己摧毀。你的朋友不能坐視你[去摧毀他人的生命和幸福]，那是因爲你、你的社會地位，以及你的家庭都一直被那些愛你的人好好地呵護著。你的意思是要我不要再寫信給你？好，我會離得你遠遠的。愛的意義就是遵從。安寧與幸福永遠是你所擁有的！Zing-shan上。又：適之，我能不能有一個請求？再寫一封信給我，就再這麼一封，一封好的！你知道我心裡的感覺嗎？

在另一紙附片上，Zing-shan又加了一句：「我什麼都沒有了，除了『想像』與夢。」[218]這封信顯然不是Zing-shan所寫的唯一一封信，但這是目前《胡適檔案》裡僅存她具名的一封信。《胡適檔案》裡有一首英詩殘稿，其自諷單戀之情的筆觸，頗似Zing-shan，雖然不能確定是她所作，姑錄於此。

218　Zing-shan to Hu Shih, March 4, 1934.

失望之理性辯：仍盼望著

下午5:15

今天很快地就會成爲昨天
可世界還是會繼續運轉下去
說不定所有快樂的昨天
從來就不是眞的，而只是一場夢。

下午6:00——好了，劇終(Finita la comédia)!

H——，看你把我折騰成什麼樣子了！
你讓我忘卻了
所有的刻骨銘心
覺得我的人生居然還可以是甜蜜的
我一生中從來就沒有像現在那麼嬌甜欲滴地(deliciously)
等著被愛[219]

　　無論如何，儘管胡適說Zing-shan火熱的單戀，「讓他頭痛」，要她不要再寫信給他，然而他顯然還繼續跟Zing-shan保持聯繫。1937年5月3日，他到南京去開中央研究會的評議會的時候，還趁便跟她見過面。當天的日記裡，他寫著：「Zing-shan今天下午到京，晚間久談。」[220]

　　然而，胡適還是有情不自禁的時候，他跟徐芳的交往就是其

219　胡適外文檔案，56卷144件。
220　《胡適日記全集》，第七冊，頁45，410。

中一例。徐芳1912年出生，是江蘇無錫人，北大中文系畢業。她
從小就景仰胡適，徐芳自己後來在給胡適的信上說：「我記得我
小的時候，常背你的論文。」[221] 1934年，她大三的時候，選了胡
適開的哲學史的課[222]。據說她1935年從北大畢業以後，留在文科
研究所當助理，同時主編北大歌謠研究會的刊物《歌謠週刊》。
根據施蟄存的回憶，她當時已經是頗為人所注意的詩人了。北京
的幾個文學刊物，和天津《大公報》的《文學副刊》上就經常有
她的詩。中日戰爭爆發後，在昆明的她仍然活躍於藝文圈。吳宓
在日記裡提到，有一次，在他們讀詩小聚的例會上，「徐芳誦徐
志摩詩及其自作之新詩，均佳。」[223]她還學吹笛、唱崑曲[224]。
胡適的日記裡有六個地方提到徐芳；其中，有四處是用她的名
字[225]，其他兩處則是用他慣用的障眼術，用徐芳的筆名「舟
生」[226]。胡適1936年1月22日的日記裡寫著：「徐芳女士來談，
她寫了幾首新詩給我看，我最喜歡她的《車中》一首。」[227]當時
他人在上海，也就在那幾天，甚至是當晚，胡適讓徐芳覺得他們
已經成了一對戀人。這年，胡適45歲，徐芳24歲。

我們可以判斷1936年1月22日左右，是徐芳和胡適戀情的開
始，證據在徐芳給胡適的信。她1938年1月底的信裡說：「記得

221　徐芳致胡適，1936年8月21日。
222　《胡適日記全集》，第七冊，頁45。
223　吳宓，《吳宓日記》，第七冊，1939年9月22日日記(北京：三聯書
　　　店，1998)，頁74。
224　同上，1939年9月10日日記，頁66。
225　《胡適日記全集》，第七冊，頁45，280，326；第九冊，頁749。
226　同上，頁327，503。
227　同上，頁326。

前年此時，我們同在上海找到了快樂。」[228]「前年此時」也就是1936年1月22日前後。我們可以這麼確定的原因，是因爲當時胡適南下處理丁文江的後事，在南京幾天以後，到上海，幾天後又匆匆返回北平[229]。徐芳的信也讓我們知道他們「找到快樂的地方」究竟是在哪兒。1936年5月15日，徐芳寫信謝謝胡適讓她去聽了一個音樂會。胡適可能送她票，但自己沒去。她在信裡說：「謝謝你給我好音樂聽！那位青年音樂家的態度很沉著，手法也很熟……我是九點半到的，十一點半散會後便回家了。我沒有多坐，也沒跳舞，可以說是作了『好女孩』。在會上，我想到我們在Paramount[百樂門]的那一夜。那次我們玩得多有意思！……我匆匆地回家了。我只想著Paramount啊！Paramount——我眞正得快樂的地方！」[230]

　　百樂門是一個舞廳，附設有旅館，在上海靜安寺附近的愚園路上。1954年改爲「紅都戲院」，但又於2002年初，由台商投資重建，恢復昔日的光芒，而且回復了它的舊名。百樂門是1931年開始建的，費時一年。百樂門的舞池，號稱爲「遠東第一舞池」，1933年12月正式開張。這棟號稱「遠東第一樂府」的建築共有三層，底層爲廚房和店面，二層爲舞池和宴會廳，三層則爲旅館部。百樂門的舞池有五百平方米，號稱千人舞池。據說舞池的地板是用汽車鋼板支托，跳舞時會產生晃動的感覺，因此又叫作「彈簧舞池」，是當時上海唯一裝有彈簧地板的舞廳。舞池周

228　徐芳致胡適，1938年1月30日。
229　雲之[耿雲志]，〈戀情與理性讀徐芳給胡適的信〉，《近代中國》，147期，2002年2月25日，頁129。
230　徐芳致胡適，1936年5月15日夜。

圍是玻璃地板，以十公分厚磨砂玻璃砌成，下裝彩色燈泡，晶瑩奪目。百樂門舞廳除了「彈簧舞池」和玻璃舞池以外，又以它的菲律賓爵士樂團，眾多美麗光鮮的伴舞女郎，以及當時稀有的全樓冷氣取勝。到了40年代後期，這個爵士樂團已經完全由華人組成，由Jimmy King(金懷祖)領銜。

根據後人的回憶，百樂門頂層還裝有一個巨大的圓筒形玻璃鋼塔。當舞客準備離場時，服務生就在塔上打出客人的汽車牌號或其他代號，車夫從遠處看到，就可以把汽車及時開到舞廳門口。據說這個高達九公尺的玻璃銀光塔，裝上霓虹燈，光芒可以射出一里多，甚為壯觀。當時有位不知名的詩人留下了這麼一首傳誦一時的詩句：「月明星稀，燈光如練；何處寄足，高樓廣寒；非敢作遨遊之夢，吾愛此天上人間。」百樂門是當時上海的名紳巨賈冠蓋雲集之所。1936年，也就是胡適帶徐芳去的那一年，好萊塢的巨星卓別林也帶了他的妻子來到百樂門[231]。

徐芳在從音樂會回來那晚寫給胡適的信裡附了一首詩，回憶他們四個月前在百樂門的那一晚：

> 和你一塊聽的音樂特別美，
>
> 和你一塊喝的酒也容易醉。
>
> 你也許忘了那些歌舞，那一杯酒，
>
> 但我至今還記得那晚月色的嫵媚！
>
> 今夜我獨自來領略這琴調的悠揚，

---

231 Simon Ostheimer, "A Sign of the Times," *City Weekend*, December 7, 2004(網路版)；韓潔羽，《我的上海，我的天堂：夢想和一些恆久的隱私》，〈跳舞〉(東方出版社，2004)(網路版)。

每一個音符都惹得我去回想。
對著人們的酡顏，我也作了微笑，
誰又理會得我心頭是縈滿了惆悵[232]！

　　徐芳還在1936年12月15日，寫了一首以《舞》為題的詩，顯然也是紀念那一晚跟胡適在百樂門「真正的快樂」：

圓大的眼睛閃著光，
像一對黑寶石。
眉毛彎彎的，
嘴又是那麼潤，那麼紅。
你真的喜歡麼？
為什麼那麼笑了又笑？
像是一樹春天的桃花，
開了一串，又一串……

為什麼笑了又笑？
你真的喜歡麼？我問你。
你卻合上了眼睛，
不肯說話。
四壁的圓燈改了顏色，
看，多暗，多紅。

232　徐芳致胡適，1936年5月15日夜。徐芳後來把這首詩出版的時候，完全沒有提到胡適，而只是不著痕跡地冠以《無題》刊行，見徐芳，《徐芳詩文集》(台北：秀威資訊科技，2006年)，頁164。

你也加緊了步子，
我們轉啊！轉啊！
銀絲裙飄舞著，
有如海上的白帆船。

合上眼幹什麼呢？

是要我看你那長睫毛？
還是有別的深憂？
你又笑了，搖著頭。
為什麼呢？不說話。

舞著，舞著，我懂了你的意思。
你是說，別看了人的眼眉，
就追問人的喜樂。
有些不能回答的問題，
你也不要向人問起。

你笑著，緊貼著我，
善舞的腰肢越來
越輕了。

我嫌那音樂

都奏得太重了[233]。

　　這個時候的胡適，已經是情場老手。除了曹誠英以外，他已經獵有了他的第一顆美國星星瘦琴。更重要的是我們在下一章會詳細描述的，他已經在三年前跟韋蓮司靈肉合一。年輕貌美的徐芳，雖然身邊也簇擁著眾多追求的男士，與胡適相比，畢竟青澀、稚嫩。作爲詩人的徐芳不但浪漫，而且根據吳宓目擊，頗有酒量[234]。可是，她一跟馳騁中外情場的調情聖手胡適喝了愛的酒，就「容易醉」了，醉得一發不可收拾。她4月29日收到胡適前一天寫給她的信，馬上就用英文回了信：「我的美先生(My Charming Teacher[註：『美先生』是徐芳自己在其他中文信裡的翻譯，靈感顯然是來自於『美王子』(Prince Charming)])：我剛收到你4月28日的信。我非常高興，因爲你的信就跟你的人一樣親切。謝謝你，我身體很好。上星期我去了天津，昨天回來。我去天津沒什麼事，就是去看我的兄妹。你在信上告訴我你感冒了，現在好了嗎？我求求你要好好地保重。我已經三天沒看到你了，非常想念你！我愛你！我想要見你。我最希望的，就是見到你，向你傾吐我對你的愛！」[235]
　　一開始的時候，胡適可能還見獵心喜，沉湎於這個新來的浪漫所帶給他的新鮮與刺激感，他還送了徐芳一顆相思豆。徐芳特別寫了一首詩紀念：

233　徐芳，〈舞〉，《徐芳詩文集》，頁175-177。
234　吳宓，《吳宓日記》，第七冊，1939年3月28日日記，頁13。
235　Hsu Fang to Hu Shih, April 29, 1936.

他送我一顆相思子，

我把它放在案頭。

娘問：

「是誰給你的相思豆？」

我答是：

「枝上採下的櫻桃紅得真透。」[236]

六天以後，徐芳又為胡適所送她的紅豆補寫了一首詩：

相思紅豆他送來，

相思樹兒心裡栽；

三年相思不嫌苦，

一心要看好花開[237]。

徐芳顯然並沒有把所有她為胡適所寫的情詩寄給胡適。當年2月，她寫了《情詩三首》，這一直要到2006年才由她自己刊行：

一

我是真情地愛你，

但我不敢說：

我愛你，

因為你不允許。

236　徐芳致胡適，1936年5月21日。

237　這兩首詩後來徐芳以《相思豆》為題刊行，也同樣沒說是寫給胡適的。見徐芳，《徐芳詩文集》，頁266-267。

忘掉你，忘掉你，
一定把你忘掉，
嘴裡說了一百個忘掉，
心中卻念了一千句記牢。

二

到底愛不愛，
請你告訴我，
我在低低地問，
看你怎麼說。

愛你一首詩，
不一定要人和，
我有一個偏見：
單戀的趣味多。

三

你是那麼美，
你是那麼風流，
為什麼不許別人
把你記在心頭？

我偏要愛你，

偏不聽你的話。

我輕輕地問你

要給我什麼懲罰[238]？

眼看著徐芳當真的，一頭栽進去愛河裡，深陷得無可自拔，胡適趕忙踩煞車，以求全身而退。這已經不是他第一次被對方狂熱的愛嚇得急忙打退堂鼓，我們在第四章會談到1927年的時候，他就已經被韋蓮司嚇過一次。徐芳在5月12日的信裡附了一首她3月初寫的詩：

她要一首美麗的情歌，

那歌是

從他心裡寫出，

可以給她永久吟哦。

他不給。

她感到無限寂寞。

她說：

「明兒我唱一首給你，

你和不和？」[239]

胡適酬答徐芳的，是一首請徐芳放了他一馬的討饒詩《扔了？》。值得一提的是，由於沈衛威和陳學文不知道徐芳這顆星

238　徐芳，〈情詩三首〉，《徐芳詩文集》，頁191-193。

239　徐芳致胡適，1936年5月12日；又見徐芳，〈無題〉，《徐芳詩文集》，頁264。

星的存在，他們都誤以爲這首詩是胡適爲了勸曹誠英終止他倆情
緣所寫的[240]：

> 煩惱竟難逃，——
> 還是愛他不愛？
> 兩鬢疏疏白髮，
> 擔不了相思新債。
>
> 低聲下氣去求他，
> 求他扔了我。
> 他說：「我唱我的歌，
> 管你和也不和！」[241]

　　由於徐芳那麼義無反顧的樣子，5月19日，胡適乾脆橫了
心，寫了《無心肝的月亮》這一首詩給徐芳。詩前繫了一個序，
引明人小說中兩句無名的詩：「我本將心託明月，誰知明月照溝
渠！」他把自己比作「無心肝的月亮」，明白地告訴徐芳：落花
雖然有意，流水卻是無情；一旦偷得香豔，流水春去也：

> 無心肝的月亮照著溝渠，
> 也照著西山山頂。

240　郭宛，《胡適：靈與肉之間》，頁257；陳學文，〈胡適情詩手跡新發
　　　現〉，《傳記文學》，78卷5期，2001年5月，頁50。
241　胡適，〈扔了？〉，《胡適詩存》（北京：人民出版社，1993），頁
　　　352。寫於1936年。

他照著飄搖的楊柳條，

也照著瞌睡的「鋪地錦」[胡適自註：小花名，即
portulaca]。

他不懂得妳的喜歡，

他也聽不見妳的長嘆。

孩子，他不能為妳逗留，

雖然有時候他也吻著妳的媚眼。

孩子，妳要可憐他，——

可憐他跳不出他的軌道。

你也應該學學他，

看他無牽無掛得多麼好[242]。

　　胡適顯然把這首詩附在信裡寄給徐芳，要徐芳學他的瀟灑，
「看他無牽無掛得多麼好」。徐芳收到信以後哭了，但對胡適表
明她要愛到底的決心：「美先生：你這一封信又差一點招得我哭
了(也許已經哭了，我也說不清了)……我從來沒有對人用過情。
我真珍惜我的情(為了這個，我也不知招了多少人的怨恨)。如今
我對一個我最崇拜的人動了情，我把所有的愛都給他。即使他不
理會，我也不信那是枉用了情。有時候，你要板著面孔對我說
話。老實說，我是有點兒不愛聽。可是我一點都不怪你，因為我
懂得你對我的那份真心。好先生，我問你：為什麼當你搖著頭說

242　胡適，〈無心肝的月亮〉，《胡適詩存》，頁351。寫於1936年5月19
　　日。

不愛我的時候,我是更喜歡你,更愛你呢?」[243]徐芳不死心。6
月初,她又附了一首她5月底寫的詩,這也就是我們前文所引
的,徐芳後來以「相思豆」為題刊行的第二首:「相思紅豆他送
來,相思樹兒心裡裁[栽];三年相思不嫌苦,一心要看好花
開。」[244]

　　儘管胡適要徐芳同情他的無奈,儘管他連「無心肝」的話都
說出來了,他還是有偶爾想要「吻著你的媚眼」,心存那「孩
子」也許會「學學他」、「看他無牽無掛得多麼好」的灑脫。於
是,他還是讓徐芳去見他,讓她覺得還是有希望。徐芳在6月10
日的信裡說:「前天我去你家裡,雖然只有十幾分鐘;可是這十
幾分鐘卻過得太甜了。只要看見你,我就高興,何況那時只有咱
們兩人在一起!」[245]他還讓徐芳幫他抄詩,還說要寫詩給她[246]。
不但如此,7月初,他要到上海坐船到美國去開太平洋學會的年
會之前,還跟徐芳約好在上海見面。7月5日晚,徐芳寫信說:
「昨天晚上,我在看一本書。書也看不下去,我盡想你。一會,
你的電話來了,我快活極了。美先生,你來電話時候,總是我想
你的時候,也可以說我是無時無刻不想你……我十一號準打電話
給你,你可得準十一點到上海。」[247]

　　我們不知道他們11日在上海見面以後作了什麼。13日晚上,
徐芳藉口看熱鬧,和表哥表嫂、妹妹去胡適搭乘的郵輪送胡適,
結果撲了個空,胡適還沒到。趁著其他人繞去參觀郵輪的其他部

243　徐芳致胡適,1936年5月21日。
244　同上,1936年6月10日。
245　同上,1936年6月10日。
246　同上,1936年6月23日。
247　同上,1936年7月5日晚。

門時，他請工作人員開了胡適的艙房讓她進去：「我無言的看看你的屋子，你的行李和你的桌椅，不由得眼睛又濕了。我越擦，淚越流，越想自己越可憐。我想痛快的哭一場，但是也不敢。我連忙拿出我的片子，上面寫了六個字(想你已見到了？)我放下我的片子，眼淚滴在你的書桌上。過了一會，我就匆匆地出來了……美先生，在你進二二三號以前，已經有一個愛你的人先走了進去。她寫下了祝福你的話，她滴下了傷心的淚，又走了出去。這些事，你都知道嗎？」[248]

胡適的郵輪是14日啓航的。就像他結束他跟瘦琴的關係的方式一樣，離別是他讓關係自然地漸行漸遠，然後劃上終止符的一貫作風。與之相對的，是徐芳的癡與愛。7月4日，徐芳寫了一首情詩爲胡適送行：

我放我的愛在海裡——送美先生去美國

我放我的愛在海裡，
海是那麼深，
海是那麼綠，
真的情不在海底，
它浮在明朗的水上，
靜靜地等著你的步履。

我放我的愛在海裡，
愛是那麼摯，

248　徐芳致胡適，1936年7月16日。

愛是那麼眞，
它永願和你相親，
你的船走了，它跟，
你的船停了，它停。

我放我的愛在海邊，
我吩咐魚龍，
我吩咐水仙，
不許它們傷害我的戀。
我是輕輕地把它放下，
你也許會輕輕地將它拾撿[249]？

　　胡適出國以後的兩個月裡，徐芳寫了13封信給他，從「海外第一號」，編到她知道胡適就快要回來了的「海外第末號」。她寫她的相思、寫她沒收到胡適來信的怨懟。在「海外第一號」裡，胡適才剛走，她的相思之情已經到了無以復加的地步：「幾次想寫信給你，都是眼淚沾濕了信紙，一個字也寫不下來。」[250]胡適在上海跟她見面的時候可能傷到了左手，徐芳愛憐地說：「你的左手好了嗎？至念！請你珍重！我寄一個甜的吻給你！」[251]一個星期以後，徐芳回北平去。她在火車上寫信給胡適：「好先生：我又在火車上了。這回是回到北平去。」她在信上報告胡適，說她在前一個週末，跟哥哥妹妹們去豪華飯店吃飯的事情：「上星

249　詩附在徐芳致胡適，1936年7月5日晚。
250　徐芳致胡適，1936年7月16日。
251　同上，1936年7月22日。

期六，我們兄妹六、七個人去[上海外灘的]『水上飯店』吃晚飯。那地方真有點浪漫的情調。人是多得要命，擠得要命、叉子、刀子亂響，外國女人大聲的笑。上面還有五彩的燈光閃動著，Radio[收音機]裡面送出歡樂的唱歌來。可是我一點都不樂，我聽得煩死了。」寫到信尾，得了相思病的徐芳，心血來潮，由於青少年時期在上海住過六年的胡適懂上海話，於是就改用上海話，親暱地對胡適你儂我儂起來：「我麼，交關[很]牽記儂[你]，儂啊牽記我？儂好哇啦？儂阿是忙來兮？白相仔[玩得]開心哇？到仔[了]北平再寫信播[給]儂，阿好？ 芳 火車浪[上]。」252

徐芳在雜誌上讀到描寫胡適的文章，她說：「我真願這時我們兩人是在一塊兒，那我一定要走進你去，抱你那偉大的人格了。(你許我抱嗎?)……小病仍是未好；所以不給你K……了，美先生，你什麼時候回來甜甜地K……我？」253有一晚，夜深人靜，徐芳因為相思而睡不著，到院子裡來回地走著，「於是花的影子和我的影子都分不清了。」她開始摘花，「紅的摘了，又摘白的。把晚香玉、夜來香、喇叭花……全都摘了下來，集成了一堆。花摘夠了，我也累了，就坐在地下把花拿著玩。我無心把花一個挨一個地排著，我也不知道自己在排什麼。一會，花排好了。等我仔細一看，才知道自己把花織成字了："I Love You"，這就是我織成的字……心仍是在跳，但是跳得不那麼急了。有一點歡喜留在心上。美先生，別說我愛你，就是那些紅花、綠草都要我愛你呢！這夜我玩得忘了時間，寫這信時已三點

---

252 徐芳致胡適，1936年7月28日。
253 同上，1936年8月14日。

多了。」[254]

　　一直等到徐芳寫了11封信以後，胡適從加州的信終於姍姍來遲。這封信雖然讓徐芳覺得「你是那麼仁慈，你的句子真甜！我看了許多遍，都看迷了。」然而，「在你那可愛的信上，你老得說幾句我不愛聽的話。你是怎麼回事啊！你有些話，叫我悲極了。你看，眼淚遮得我的眼睛看不清你寫的字，我多苦！好先生，我懂得你的話，你別再說了……我愛你，我真的愛你，連我自己也不能止住了。」[255]然而，儘管胡適說了幾句徐芳不愛聽的話，他卻又偏偏有意或無意地留下一個可以讓徐芳想像的餘地，他在信上附了他在日本寫的一首詩《車中望富士山》。胡適寫這首詩的靈感，來自於他從神戶搭火車到東京途中所見的富士山：「過名古屋以後，有驟雨，雨後稍涼。途中風景極佳，富士山高出雲中，一會兒雲漸升高，把山尖全遮了，就不復見。」[256]《車中望富士山》的詩句云：「霧鬢雲裾絕代姿，也能妖豔也能奇。忽然全被雲遮了，待到雲開是幾時！」也是詩人的徐芳，很自然地把自己投射到詩裡，滿心的遐想、滿心的盼望。她說：「你那詩很有趣。寫得雅麗極了。『待到雲開是幾時？』這只有你知道。你說！」[257]

　　胡適是在12月1日回到上海的。徐芳沒去碼頭接他，她在當天的信上說：「美先生，你回來了。我多麼高興！在夏天的時候，我遠遠地送你去。現在我也要親自去接你來。但是我沒有這

254　徐芳致胡適，1936年8月21日夜。

255　同上，1936年8月27日夜。

256　《胡適日記全集》，第七冊，頁332。

257　徐芳致胡適，1936年8月27日。

麼做。那就是因爲我要聽你的話，我要你說我乖！當你的船到碼頭時，一定有許多雙眼睛望著你。當你這人走上陸地時，一定有許多雙手給你握。但是，你可覺得遠遠地有一雙孩子的眼睛在望你？(今天她眼裡沒有淚！)還有一隻冰冷的小手，要你握她一百次，握得她溫暖？」[258]12月16日，徐芳寫了一封英文信告訴胡適，說她會在次日早晨讓人送一籃花祝他生日快樂：「親愛的老師：我想起了明天是你的生日。對不對？我希望你會有快樂的一天。因爲我不能來看你，我會在你生日一早，讓人送一籃花來迎接你的生日。那每一片花瓣上都有我最溫柔的愛。讓那些小白花帶給你我的祝福。我希望你會喜歡那些花。我即使人不能來，我的心是與你同在的。吾王萬歲(Long live my king)！愛你的學生徐芳上。」[259]

次年2月初，胡適進協和醫院治他肚子上的疝氣，這個疝氣是四年前盲腸炎手術的後遺症。胡適前一年到美國的時候，由於過於勞累，疝氣的情況惡化。爲了動這個手術，胡適住院兩個禮拜。住院當中，徐芳也常去看他[260]。然而，不管胡適還在中國的時候是如何對待徐芳，他一離開中國，就鐵了心。1937年7月，中日戰爭爆發，胡適在9月赴美作外交宣傳工作。徐芳繼續寫信給胡適，雖然她眞正寄出的信少了，她實際上寫得更多：「在南北遷徙的生活裡，信當然不能多寫。而且我在這裡，不記日記，每天寫一封短信給你，等你回來看。」[261]由於音訊全無，徐芳不

258　徐芳致胡適，1936年12月1日。
259　同上，1936年12月16日。
260　同上，1938年1月30日。
261　同上，1938年2月17日。

免也怨起了胡適。那種又愛、又恨、又嗔、又疑、又喜的複雜心情，在在地反映在她1938年5月的一封信裡：

> 老實說，你這人待我是太冷淡，冷得我不能忍受。我有時恨你、怨你；但到末了還是愛你。反正還是那句話，我要永遠愛你，我永遠忘不了你。你在那邊的生活如何？大約是很快樂吧？說不定又有了新的朋友。不然，怎麼會不理我？我最美的先生，你要愛別人，可不成。你答應過我，不再愛任何人。你要再跟別人好，我可饒不了你。等你回來了，咱們再算帳！你也許不愛聽這些話。可是我就這樣兒，你不愛聽也得聽。你的芳就是這脾氣……
>
> 在夜深人靜的時候，我回想著我們過往的一切，真是有點要昏迷。雖然我們在一塊談天、玩樂的時間很少。可是那一切的一切，都將永遠在我心中回味了……我是一個最平凡的女子，我自己知道，所以是不配被你愛。但我愛你是真的，是永久的。其實，這也用不著說：愛我的人多了；但我一點都不愛他們。美先生，當我一想到你，一想到可愛的你，我就什麼都不要了。我愛的只有你啊，先生。所以，你的芳，是不會到別人那裡去的，你要知道262。

胡適確實是決定不理徐芳了。不管他是否收到了徐芳一封封

---

262 徐芳致胡適，1938年5月6日。

的來信，他在1938年3月5日的日記，是用極其生份的語氣來說徐芳：「寫一信與舟生[即徐芳]，勸他從危難裡尋著自己的前途，恐此人不中說也。」[263]徐芳可能沒收到這封信。雖然她是5月初才離開上海，但戰時的郵件的傳遞，可以想像一定是又慢又不可靠。同時，徐芳在離開上海的船上所寫的信裡，已經決定不寫她的地址，因為她已經絕望了，不認為她會再收到胡適的來信。徐芳先坐船到香港，後來又轉到昆明。一年以後，江冬秀在整理胡適信件的時候，發現了徐芳的信。1939年8月，她給胡適的信說：「我算算有一個半月沒有寫信給你了。我有一件很不高興的事。我這兩個月來，那[拿]不起筆來，不過你是知道我的皮[脾]氣，放不下話的。我這次里[理]信件，裡面有幾封信，上面寫的人名是美的先生，此人是哪位妖怪？」[264]胡適回信說：「謝謝你勸我的話。我可以對你說，那位徐小姐，我兩年多只寫過一封規勸她的信。你可以放心，我自問不作十分對不住你的事。」[265]

徐芳擔心胡適在美國「說不定又有了新的朋友」。誠然，知胡適者，莫若深愛胡適的女性。但是，饒與不饒也好，胡適再也不會給徐芳算帳的機會了。事實上，胡適在美國這一段時間，從1937年到1946年，長達9年。在這漫長的9年裡，胡適跟韋蓮司的關係，固然逐漸從戀人蛻變成忘年之交；但這同時也是他一生獵豔的巔峰時期；歲月誠然催人老，但他更投鼠忌器的，還是單戀他的Zing-shan所一語道破的：他自己以及他的社會地位。或者，用他自己寫給徐芳的詩句來說：「兩鬢疏疏白髮，擔不了相思新

263 《胡適日記全集》，第七冊，頁503。

264 江冬秀致胡適，1939年8月14日，杜春和編，《胡適家書》，頁482。

265 胡適致江冬秀，1939年9月21日，杜春和編，《胡適家書》，頁359。

債。」然而，即使他深情不再，他還是偶爾會有想要「吻著」「媚眼」的時候。於是，雖然他說自己「可憐」、「跳不出他的軌道」，可是，最終還是讓他找到了可以「無牽無掛得多麼好」的兩全其美之妙算，那就是尋歡要尋那不需要擔負「相思債」的美國星星。他與瘦琴的關係，是他最好的第一課。其結果是，在這長達9年，以外交生涯爲始的美國之旅裡，胡適的情感生活蔚然成爲一個「星空點點」的世界。

第四章
月圓月缺綺色佳（1917-1938）

第一節　凱約湖畔相思女

　　胡適在留學時期沒有跟韋蓮司成爲戀人，年輕的他們，由於
種種我們並不完全知道的因素，有心靈之交，但沒有戀人之情。
1917年胡適回國的時候，他26歲，韋蓮司32歲。不管是人生的無
奈，或者是愛神的惡作劇，韋蓮司是等胡適回國以後，才發現她
已經無可自拔地愛上了胡適。這點只有韋蓮司自知，胡適完全不
知情。1927年，胡適重訪美國。十年間的變化，對胡適和韋蓮司
來說，是再戲劇性也不過了。昔日的胡適已經就絕非吳下阿蒙；
留學時期的他，已經是留學界的明星、美國學生校際社團的領
袖、美國文學及國際研究機構徵文的得獎者。當時的韋蓮司與胡
適相比，一點也不遜色。就像我們在第二章所描述的，韋蓮司是
當時紐約前衛藝術家圈裡崛起的新秀。然而，十年以後，胡適已
經成爲中國新文化運動的領袖與代言人；反觀韋蓮司，她在1918
年她父親死後，放棄了她藝術家的生涯，在綺色佳與母親同住，
把她們家的大房子拿來兼作公寓出租。1924年，她開始擔任康乃
爾大學獸醫系的圖書館員。換句話說，十年之間，胡適與韋蓮司
在身分地位上有著大起大落的變化。如果在胡適留學時期，他們

兩人在思想上可以平起平坐，作為白人的韋蓮司在美國社會又要比身為中國人的胡適高了一等。然而，十年以後，功成名就的胡適，可以用他的社會地位來彌補他在種族上的劣勢。作為女性，又是俗世所稱的「老處女」，韋蓮司則「相形見絀」。胡適與韋蓮司睽違十年重逢的故事，其中最能讓人省思的部分，就在於種族、階級（社會地位）和性別等等因素如何在他倆關係中重新洗牌。

1927年1月胡適到紐約以後，韋蓮司母女就望眼欲穿地等著她們的名人朋友來造訪。奈何東岸的哥倫比亞以及哈佛大學爭相邀請胡適演講，又加上胡適正忙著在紐約獵取瘦琴女士這顆星星。一直要到3月，胡適才作了他綺色佳的驚鴻之旅。韋蓮司的母親心裡想什麼，她沒有透露太多，但是她的信所流露出來的抑鬱、傷感與沉默，迥異於往昔酷似維多利亞女王、喋喋不休的她。韋蓮司則陷入了情網，深不可拔。然而，他們一直要等到1933年胡適三訪美國時才真正成為戀人。當時，韋蓮司的母親已經過世一年多了。可堪玩味的是，我們在胡適的日記、書信裡看不出來他跟韋蓮司關係的轉變。在他的日記裡，他至少讓曹誠英的名字頻繁出現到令人可以臆測的地步。與之相對的，那在1933年初秋變成他的情婦的韋蓮司，則完全不在他日記裡。更重要的是，即使在他和韋蓮司進入肉體關係以後，他給韋蓮司的信，還是矜矜持持於透露出他與韋蓮司已進入了另一個層次的男女關係。當然，胡適不是一個浪漫、狂熱、燃燒型的人。同時，他還是一個極其謹守他個人隱私的人。我們在前章說過，胡適偶爾會把他的一些隱私，嵌入公開的領域，因而留下了一些能夠挑逗讀者，引人遐想的片語隻字。這些片語隻字，對那些在胡適唱和圈

裡的朋友，可以引來會心的一笑。可是，對他圈外的人來說，胡
適等於是有意讓這些同樣的片語隻字，成爲只能臆測，不得其詳
的斷簡殘篇。

　　胡適的障眼術以及胡適欲掩彌彰的挑逗讀者的作法，終於由
於傳記文學的興起而瓦解；他與韋蓮司之間，由柏拉圖式的關係
進展到肉體的關係，然後再成爲忘年之交，也因其來往書信的開
放而終爲人所知 [1]。我們所要感謝的是韋蓮司的信，如果她的信
沒有留下來，她跟胡適的戀情及其後來的蛻變將永遠會是一個引
人遐想的謎。所幸的是，韋蓮司給胡適的信，由於胡適在1948年
匆匆離開北平的時候，沒有來得及帶走，我們今天才有幸得以從
她給胡適的信，確切地瞭解她和胡適的關係在1933年進入了一個
新的階段。我們如果對比胡適和韋蓮司來往的信件，我們會發現
胡適的是殷勤問候有餘，而熱情不足。換句話說，胡適寫情書跟
他寫日記一樣，是絕對不輕易地透露他的眞情。如果不是因爲韋
蓮司給他的信件還留存下來的話，我們就永遠不會知道他們之間
的關係究竟發展到什麼地步。更重要的是，我們完全不會知道韋
蓮司的激情、相思、哀怨與煎熬。

　　胡適1917年回國以後，對韋蓮司不是沒有他的相思，但是，
就像他在留學時期的作法一樣，他常常只是用詩句來表達。這些
詩句不見得隱澀。比如說，他1917年9月所寫的《一念》是相當
直接了當的：

　　　我笑你繞太陽的地球，一日夜只打得一個迴旋；

1　　請參閱周質平，《胡適與韋蓮司：深情五十年》。

　　我笑你繞地球的月亮，總不會永遠團圓；

　　我笑你千千萬萬大大小小的星球，

　　總跳不出自己的軌道線；

　　我笑你一秒走五十萬里的無線電，

　　總比不上我區區的心頭一念！

　　我這心頭一念：

　　才從竹竿巷，忽到竹竿尖；

　　忽在赫貞江上，忽在凱約湖邊；

　　我若眞個害刻骨的相思，

　　便一分鐘繞遍地球三萬轉[2]！

　　「赫貞江」（Hudson River）在紐約州，今天多半譯爲哈德遜河；「凱約湖」（Cayuga Lake）在綺色佳附近。胡適寫這首詩描寫他對韋蓮司的相思，自然有紐約時期的韋蓮司，也自然有已經搬回綺色佳的韋蓮司。胡適用這首詩寫他的相思，但又相當煞風景地亟亟提倡他的「賽先生」（Mr. Science；科學），特別在這首詩裡跟讀者介紹電的速度。爲了確定他的數據是正確的，他還特別寫信去問當時還在美國留學的任鴻雋。任鴻雋回信說：「承問電浪行速度，按電浪之速與光浪同，約每秒鐘行十八萬六千五百英里，約合五十五萬九千五百中里，尊詩言五十萬里，大致不差也。」[3]

　　他當年12月所寫的《十二月五夜月——和一年前詩》也明白易懂：

2　胡適，〈一念〉，《胡適詩存》，頁174。寫於1917年9月。

3　任鴻雋致胡適，戊午正月廿七日（1918年2月11日）。

去年月照我，十二月初五。

窗上青藤影，婀娜隨風舞。

今夜睡醒時，缺月天上好。

江上的青藤，枯死半年了。

江上種藤人，今移湖上住。

相望三萬里，但有書來往 [4]。

　　胡適的朋友以及有後見之明的我們，讀到「江上種藤人，今移湖上住」這兩句詩，都可以會心一笑地了然他所指的是韋蓮司。值得注意的是，這兩首詩都是胡適婚前寫的。新婚前後，胡適喜孜孜、興沖沖寫給韋蓮司信。回家結婚前，他說：「我是帶著怦怦然的好奇心，去迎接這個大實驗的日子——人生的實驗！」[5]新婚燕爾的他，又告訴韋蓮司：「我已經結婚七個多星期了，還沒向妳報告呢！我們夫妻倆相當快樂，相信我們可以相處得很好！」信末又加了一句：「我妻子希望在1924年，我休假那年，跟我一起去美國！」[6]他當時完全不知道他這幾封信是如何齧嚙著韋蓮司的心。

　　雖然胡適在這首詩裡說：「相望三萬里，但有書來往。」他結婚以後給韋蓮司的信其實極少。在他喜孜孜地向韋蓮司報告新婚燕爾的兩封信以後，一直要到一年以後，也就是1919年3月，他才又提筆寫信。他在這封信裡先報告了他母親過世的消息，但

4　胡適，〈十二月五夜月——和一年前詩〉，《胡適文集：小說、戲劇、詩歌》，第一冊(北京：人民文學出版社，1998)，頁205。

5　Hu to Williams, November 21, 1917.

6　Hu to Williams, February 19, 1918.

同時也說江冬秀在奔喪以後，由於身孕的關係，留在家鄉待產，已即將臨盆。接著，他向韋蓮司描述白話文運動的成績，同時也說自己的《中國哲學史》將在那個月發售。《墨家哲學》則已於前一年夏天出版，第一版在四個月內就銷售一罄[7]。寫了這封信以後，胡適就對韋蓮司封筆了四年。胡適的信少得連韋蓮司的母親都抱怨了。她在1919年5月的一封信裡，先向胡適喪母致哀，然後再告訴胡適她長女夏洛蒂的病情，再後，則是對胡適抱怨：「我們很難過，也很失望，因為你好像已經把我們忘了。不過，我聽說這是中國學生回國以後一貫的作法。」[8]

在這幾年間，胡適似乎反而跟綺色佳的白特生一家更為熱絡。相對的，韋蓮司反而必須從白特生夫人那兒得知胡適的近況。韋蓮司1923年1月的信說，那年多天，她從白特生夫人那兒，第一次聽到胡適兩年前身體很不好的消息。白特生夫人還說從胡適寄給她的一些照片，可以看出祖望和素斐長得很聰明的樣子。韋蓮司表示她很想看那些照片，白特生夫人於是答應有空的時候會把照片拿給韋蓮司看[9]。事實上，胡適已經可以說有整整四年沒寫過一封信給韋蓮司了。唯一的例外，也許是1920年2月19日，他把他〈不朽〉那篇文章的英文版寄給韋蓮司時，在第一頁左上角所加的幾句按語。這篇英文稿的篇名為：〈不朽：一個人生的準繩〉（Immortality as a Guiding Principle in Life）。胡適的按語是說：「妳也許會記得，我第一次表達這篇論文的主旨，是在一個下午，我們在紐約第五大道散步的時候我對妳所說的。中

7　Hu to Williams, March 3, 1919.

8　Harriet Williams to Suh Hu, May 30, [1919].

9　Williams to Hu, January 24, 1923.

文稿起筆於我母親過世一個月以後，過後我把它發表了。本篇是
中文版的濃縮、改訂版。請代問家人好。胡適上。」[10]

　　總之，在收到了韋蓮司1923年1月的來信以後，內疚的胡適
立刻提筆寫回信。為了不讓韋蓮司覺得她還排在白特生夫人之
後，胡適趕忙寄上兩張照片給她。在這封回信裡，胡適說他兩年
前聽說韋蓮司的父親過世了。至於他當時為什麼沒寫信致哀，胡
適的解釋相當奇特：「並不是因為我太晚才知道，而是因為我相
信妳和韋蓮司夫人都不言可喻，可以想像我知道這個消息以後會
有什麼樣的反應。」[11]對於胡適的這句話，韋蓮司一直要到十幾
年以後，也就是在她1937年9月25日的一封信裡，才作了回應；
她說：即使彼此心照不宣，把自己的心意寫下來讓對方知道、感
受、心領，其意義是完全不同的(見頁298)。胡適在這封為自己
緩頰的信裡，還讓韋蓮司知道，他是收到了韋蓮司1920年5月給
他的信，但沒有解釋他為什麼沒回信。

　　由於已經太久沒寫信了，胡適在這封回信裡回顧了他回國五
年的成績。他最自豪與欣慰的，是白話文運動的成功。他說1917
年剛推行這個運動的時候，大家預計需要十年的論辯，二十年的
努力才能竟功。沒想到，不到五年這個仗就已經打勝了。胡適然
後報告他個人的成績：《中國哲學史》第一冊已經在三年內印了
八版；詩集已經賣出了一萬五千冊，第五版正在付印中；《胡適
文存》已經在1921年底集成四冊出版，一年內就賣了一萬套；
《努力週報》，胡適暱稱為自己的「寵兒」(pet son)，已經出版

10　　Hu Shi, "Immortality as a Guiding Principle in Life,"《胡適全集》，35
　　　卷，頁262註。

11　　Hu to Williams, March 12, 1923.

到了第四十三期，每期的銷售量達八千份。五年來，胡適在《週報》上所寫的字數已經超過了五十萬字，討論的主要是有關文學、哲學，以及社會的問題。由於一切來得太容易了，簡直是一夜成名，胡適說他必須戒慎，不要讓成功變成自己的敵人。他說一年前上海的一個週報讀者投票，他被選爲「中國十二個最偉大的人物」之一。胡適說他的原則是要「名副其實，而不是**徒擁**虛名」（To live up to reputation, but never to live on reputation）。然而，這樣代價很大。最最令人意想不到的，是胡適下面的這句話：「好友！弄得我工作過度，以至於讓病倒，其始作俑者**並不是**我的敵人，而是我的朋友和追隨者！」[12]

胡適在這封信裡也回顧了他在婚姻生活上的成就。他在三年內生了三個孩子，一年一個：祖望生於1919年、素斐1920年、思杜1921年。唯一美中不足的，是他的健康情形。他在1920到1921年之間病了六個月，導致他停課一段時間。這個病還沒好，他又被痔疾所困。1922年7月作了痔漏的手術，手術才七天，就必須工作。接著，他在11月間又病了。由於他一病再病，北大終於讓他請了一年的病假。胡適寫完這封信一個月以後，就啓程南下，先到上海，再到杭州，緊接著就是他和曹誠英在煙霞洞的戀情。

1917年對胡適和韋蓮司而言，都是他們人生的轉捩點。回國以後的胡適作不朽之業，名聲如日中天；韋蓮司則放棄了她在紐約的藝術生涯，回到綺色佳與父母同住，形同埋名隱姓。1918年「獨立藝術家協會」在紐約的展覽會，是她最後一次參展。一如我們在第二章裡所說的，美國所出版的藝術家人名錄，只有少數

12　Hu to Williams, March 12, 1923.

幾本列出了韋蓮司的名字，而每一本都說她在1918年突然從畫壇
消失。事實上，韋蓮司剛回到綺色佳的時候並沒有放棄藝術。我
們從她母親1917年秋天給胡適的信，可以知道她仍然繼續作畫。
她說：「女兒成天在她的畫室裡忙著……我把我那間大的臥房
(就是客廳上面那間)給她作畫室。家具都已經移走、貯藏起來
了，牆壁要怎麼處置，完全會遵照她的品味。畫室是她的天下，
任何人都不可以去打擾她。她自己安排她的生活，我們只有吃飯
跟晚上的時間在一起。朋友她愛見就見，不愛見的人則連門兒都
沒有。」[13] 兩個月以後情況依然：「女兒很好，看起來滿快樂
的，她作畫、休憩、跟許多這兒的朋友往來。她很喜歡(客廳上
方)的畫室，裡邊有壁爐；沒人會去侵犯她，沒有她的邀請，沒
有人會上去。」[14]

　　然而，好景不常。韋蓮司的父親在1918年過世。緊接著，大
姊夏洛蒂病情轉劇。韋蓮司的母親在1919年5月底的信裡說：
「我的大女兒病得很重，幸好我們把她從古巴接來以後，她略微
好轉。我們希望把她帶回綺色佳，但是她現在仍太病弱，心臟不
好。克利夫德小姐[即韋蓮司]全心地看護著她，不分晝夜。基本
上，她把去年一整年的時間都給了她的姊姊。她帶姊姊去古巴，
在那兒陪她過冬。然後急忙地趕回美國，為的是幫夏洛蒂小姐找
一個適當的地點跟房子。最後，再趕回古巴把她接過來[註：接
夏洛蒂到北卡羅來納州的蔡恩(Tryon)鎮去住]。這一趟旅途對兩
姊妹來說，是又辛苦又焦慮的。我們希望不久以後，就可以把我

13　Harriet Williams to Suh Hu, October 19, 1917.
14　Harriet Williams to Suh Hu, December 10, 1917.

們心愛的需人照料的病患(invalid)帶回家。」[15]一年以後，韋蓮司給胡適的信，還是從北卡羅來納州寄出去的，顯然夏洛蒂的身體差到連回家的那趟路都走不了。夏洛蒂死於1920年年底。韋蓮司在1923年1月24日的信說：「現在只有母親和我住在這一棟你再熟悉也不過的房子裡。我姊姊在一年多前過世了。那三年間和我所朝夕相處的，是她那驚人的求生意志和不息的求知慾。」[16]

換句話說，在藝術上，韋蓮司從1918年以後等於是封筆了。親人的死亡給人的打擊，可以是極為深沉的。我們在上一章說到韋蓮司在個性、想法方面與她母親格格不入。然而，她跟父親可真是父女連心。她給胡適的信上是這樣描述父親的逝去對她的打擊：「我原先並不想告訴你，因為我想沒有一個人可以像你一樣，能瞭解如果我身上還有什麼優點的話，那就是我父親所給我的；也只有你能瞭解失去他對我的意義如何了。即使這整個世界是遍地黃金，當這一塊巨岩斷裂[韋蓮司的父親是康乃爾大學的古生物、地質學家]，墜落到混沌的深淵裡去的時候，這個世界的黃金泰半已經隨他而去；剩下來的，只不過是連接到那塊巨岩，但現在已經斷裂的金脈的迴光而已——至少對我而言是如此。」[17]

韋蓮司為家人所做的奉獻，是典型的美國20世紀初年一些受過大學教育的女性所遭遇的兩難。她們有事業上的志向，但往往因為家人需要照顧而不得不作犧牲，這就是美國社會改造巨擘珍・亞當絲(Jane Addams)所批判、撻伐的「家庭的需要」(family

---

15 Harriet Williams to Suh Hu, May 30, [1919].

16 Williams to Hu, January 24, 1923.

17 Williams to Hu, May 2, 1920.

claim)。不公平的地方，就在於女子要以「家庭的需要」爲先，男子則應志在四方、不爲家累所羈絆；比如說，韋蓮司的兩個哥哥就完全沒有分憂。再加上韋蓮司的母親對女性就業一向就嗤之以鼻，她1915年給胡適的一封信就是一個明證：「上星期天，兩位很有興味的年輕女性來晚餐，一個是韓茉(Hammer)小姐，另一個是泰柏(Tabor)小姐，她們是客鷥(Crane)小姐[胡適康乃爾哲學系的同學]的朋友。其中一個長相標致舉止優雅到極點，但天下可作的事那麼多，她居然選修農業！她喜歡動物，她祖母要把佛蒙特州(Vermont)的一個農場給她。趕快出現一個好男人吧！把她一手擒來爲妻。我不懂爲什麼年輕女性會對所謂的『事業』發癲發狂？彷彿作爲人妻、人母那種既廣且深的人生境界就不是一種事業！」[18]韋蓮司對家人鞠躬盡瘁，其所付出的代價是自己在藝術上的追求。我們在前一章提到1952年一篇討論美國現代藝術家的文章，還特別提到韋蓮司，說她後來雖然沒沒無名，但年輕的時候是一個很有才華的畫家。據說，韋蓮司後來還銷毀了她的作品。

　　韋蓮司在家當姊姊的特別看護，與母親相依爲命，讀著胡適的幾封來信，描述他在中國所推動的新文化運動、他的著作，以及他「一夜成名」的點點滴滴，眞的是佩服得五體投地：「即使就以你今天的成就來說，我已經是驚嘆莫名了。我原以爲需要多年辛苦耕耘的事業，你居然在一年內就做到了！喔！我眞高興我們仍然可以把希望放在一些特立獨行的人身上。當我們的眼睛都被世界各地破壞的煙塵所弄瞎的時候，你給我們的莫大恩惠是這

18　　Harriet Williams to Suh Hu, November 9, [1915].

個大家有目共睹的建設性工作。」[19]她稱讚胡適的白話文學運動，說胡適等於是給了老百姓一個發聲的工具。她也完全同意胡適不談政治，而集中心力作提升文化與學術的工作：「你這三年來的創造、努力，以及看來已經水到渠成的成果，是我這一輩子所聽說過最令人鼓舞和振奮的。在我看來，你的努力是純粹在思想的層面，而軍事政治鬥爭所表現的不就只是人欲與權謀(will)而已嗎？」她覺得胡適所從事的是百年大業，與之相較，放眼歐美，「即使有類似的正面的、有價值的想法出現，也早被政治外交翻騰下的泡沫給覆蓋掉了。」[20]她想像如果世界戰爭發生，其結果將會如何呢？會出現一個世界聯合國(a world-wide United States)呢？還是世界末日？她說當她在冥想這種問題的時候，「某些事物就形同無價之寶，對我而言，其中之一，就是我知道你所具有的卓越的道德情操和智慧！」[21]

　　與胡適相較，韋蓮司自慚形穢。我們在第二章裡已經提到韋蓮司自己從小身體也不好，在照顧了姊姊三年以後，她已經筋疲力竭，全身是病。她1924年在康乃爾大學獸醫系圖書館找到工作以前，是幫一個教授整理資料，一天才作五個小時，但已經累得她每天必須在床上休息12個鐘頭。韋蓮司在向胡適報告自己的日常生活起居以後，對胡適說：「看你在那麼艱鉅的情況之下能有這麼非凡的成就，而我在你跟前所展現的，是如此的一事無成。」[22]

19　　Williams to Hu, May 2, 1920.

20　　Williams to Hu, July 4, 1923.

21　　Williams to Hu, July 29, 1923.

22　　Williams to Hu, July 4, 1923.

　　從煙霞洞回北京以後，胡適寫信告訴韋蓮司他在煙霞洞的點滴：「我在南方待了七個月：一個月病在床上；一個月在杭州；四個月在離有名的杭州西湖不遠的煙霞洞；另外一個月則在上海。這一段長期的修養對我很有幫助，回到北京的我，是兩年來最健康的我。除了遊山、說故事給我的小表妹聽以外，我什麼事都沒做。我的表妹由於身體不好，就跟我還有我的侄兒一起在那兒養病。我的侄兒是學藝術的，由於身體不好，也跟我一起在山裡養病。我什麼都沒寫，就寫了二十幾首抒情詩。」[23]韋蓮司的回應是：「你描述你跟小表妹、侄兒一起遊山、說故事給他們聽、寫詩，真是一幅怡然自得的景象。我真羨慕這兩個年輕人，雖然我也知道他們是因為身體不好而去那兒的。」[24]值得注意的是，胡適信上雖然輕描淡寫，但還頗誠實地說他「遊山、說故事給我的小表妹聽」，韋蓮司則聽者無心地把「侄兒」也給加進去了。

　　胡適在1924年1月寫信報告煙霞洞生活點滴的信以後，接下去，又有兩年沒給韋蓮司信。我們在前一章提到接下去的兩年期間，是胡適一生中感情最不穩定，最「頹廢」的時光。他跟曹誠英的藕斷絲連，跟江冬秀的嘔氣，飲酒到爛醉，以及陸小曼勸他「人生苦短，及時行樂」就都發生在這一段時間裡。他一直要到1926年4月中，到上海、杭州開中英庚款會議的時候，才又提筆寫了一封長信給韋蓮司。這個時候，胡適已經知道他會在9月到倫敦開中英庚款最後的會議，而且也大致知道他在會後會繞道訪美。韋蓮司如果回了信，今已不存。但從她1926年底的一封信看

23　Hu to Williams, January 4, 1924.
24　Williams to Hu, May 10, 1924.

來，她的心情已經複雜到不能自已的程度。當時胡適人已經在英國，訪美已成定局。但1923年胡適也曾經說過他會來美國，結果讓韋蓮司空歡喜一場。她在信裡告訴胡適：「我知道我母親寫信告訴你我們很高興就要見到你了，她等於是替我回了你的信。又是我的老毛病，我開始寫了好幾封信給你，但不是寫了幾行以後被打斷，就是覺得不知所云、愚蠢。」[25]

從某個角度來說，韋蓮司想要把時間凍結在過去，回到留學時代、未婚時期的胡適跟自己。值得玩味的是，胡適早在1923年3月的信裡，已經鄭重地告訴韋蓮司，說他不再用留學時代所用的Suh Hu來拼他的名字，而已經改用Hu Shih[26]。韋蓮司在回信裡卻偏偏不用Hu Shih，她還是偏愛Suh Hu。一直到1927年胡適到綺色佳為止，韋蓮司寫信的時候都是用Suh Hu加引號來稱呼胡適。1927年胡適離開綺色佳以後，她才開始稱胡適Dear Shih[親愛的適]。

胡適在3月4日從紐約坐火車到綺色佳。我們在前章說胡適到綺色佳的行期一延再延，連韋蓮司的母親都抗議了。她寫信告訴胡適：「我當然非常失望，而且對你、對哈佛、對哥倫比亞的所有人都生著氣，他們硬霸著你，不快快把你放給我們。我敢保證全美國沒有任何其他人像我們這樣關心**你的人**，而不只是關心你的哲學。」[27]我們不太清楚胡適在綺色佳作了些什麼，從韋蓮司母親寫的信看來，胡適在康乃爾大學作了一次的演講，到韋蓮司家去了兩次。從瘦琴給他的信看來，如果胡適在3月15日到她家

25　Williams to Hu, December 19, 1926.

26　Hu to Williams, March 12, 1923.

27　Harriet Williams to Hu Shih, February 4, 1927.

去找她而撲了一個空，則胡適頂多只在綺色佳待了八、九天的時間。他很可能是坐3月14日的夜車離開綺色佳，15日星期二早晨到紐約。一下車，他就直撲瘦琴的住處，但這是前一章的故事。胡適在綺色佳的時候，就像我們在前一章第三節所說的，即使他跟韋蓮司有岩漿一般的熱情在身體裡沸騰著，由於有韋蓮司的母親夾在中間，也只有互相以禮相待。頂多，只是胡適不知道什麼時候、不知道在什麼地方，給韋蓮司的一個吻。我們能這麼說，完全是根據韋蓮司1931年1月的一封殘信。韋蓮司在這封信裡以第三人稱、抽象地提到的「他那一吻」[28]。有關這一點，我們會在下一節談到這封殘信的時候，再作說明。

胡適離開綺色佳以後，韋蓮司母親的信低調得迥異於一向高亢的她。她說：「我仍然咳著，沒出門。我現在坐在你的房間裡，就是你寫字的地方，我還看得見你用吸墨紙的痕跡，所以從某個角度來說，你仍然與我們同在。當然，你的精神會一直留在這兒，等著你的人兩年後(我們希望)帶胡祖望回來看我們⋯⋯我們自然是一直想念著你。我很遺憾由於我身體不舒服，不能跟你好好談一些有興味的話題。我希望對你、對我而言，交換意見總是好的，而且理應有好的結果，看法能否相同反而是不重要的。你在這兒的時候，我一直病著，而且作得很不好，多虧你能容忍我。下次你來的時候，我會作得好一點的。」[29]韋蓮司在信裡也說：「我們今晚在樓上你的房間裡吃晚餐。母親從你離開以後就沒下過樓，但她現在好多了。」[30]

28　Williams to Hu, January 13, 1931.
29　Harriet Williams to Hu Shih, April 3, 1927.
30　Williams to Hu, April 2, 1927.

胡適1927年3月上旬訪綺色佳時贈與韋蓮司母親的照片,當
年1月攝於紐約。(胡適紀念館授權使用)

　　胡適雖然只在綺色佳停留八、九天左右,只到韋蓮司家兩
次,而且韋蓮司的母親也在場,他此行所留下的,是在感情上席
捲著韋蓮司的狂風暴雨。一方面,胡適的成就使她自慚形穢;但
在另一方面,她又覺得自己既可以作胡適事業上的幫手,也可以
作他生活上的伴侶,在兩相益彰之下,可以讓胡適更上一層樓。
尖銳的矛盾撕絞著韋蓮司的心,一方面她要求自己接受事實,要
同情江冬秀是他們三個人裡面最無辜、最無助的一個;但在另一
方面,她拒絕把這份可以是很美好的感情就這麼地埋葬掉。她覺
得無論對胡適也好、對自己也好,都有權去追求這份難能可貴的

感情。在胡適離開以後，從3月底到4月中，韋蓮司在這天人交戰的兩極擺盪之中痛苦地掙扎著。

　　韋蓮司在3月27日的信以鳥作比喻，來把自己與胡適作對比；胡適是一隻羽毛豐美的天堂鳥，而自己則是一隻被禁錮在牢籠中的小鳥：「你飛降下來，在一隻棕色小鳥的鳥籠外佇足了片刻。她瑟縮在一個角落裡，被一圈圈的鐵絲緊緊地匝在她凌亂的羽毛上。鳥籠外站著的是一隻天堂鳥，他有一雙堅實的翅膀和一身柔絲般的羽毛。籠中的小鳥掙扎地走過去摸了一下他的羽毛，鐵絲刺痛了她的身體。請原諒這隻棕色的小鳥，她痛得幾乎昏了過去，根本就忘了唱歌給你聽。」[31]在三天以後寫的信裡，她又責備自己，認為自己在胡適面前表現不好：「我很後悔你在這兒的時候，我是那麼的自私、只想到我自己。我一想到就羞愧不已，因為我沒有讓你休息，而只是讓你更累；我沒有讓你能愉快、優閒、清爽地休息一下，而只知道喋喋不休地講我自己跟講過去。我最討厭的，就是只想到自己，而忘了可以從別人那兒學到一些東西。除非我們是在作研究，老是緬懷過去只是感傷地在浪費現在的時光。請原諒我那麼失態。我希望你來的這一趟，是帶給了你清爽、快樂和元氣，但我害怕的是你反而是被弄得筋疲力竭。」[32]

　　一開始的時候，韋蓮司就是擺脫不了她的自卑感，總覺得自己配不上胡適。在這樣的心情之下，她覺得也許最好的辦法是保持現狀。她4月3日的信裡說：「胡適！我怎麼有辦法能隨心所欲地給你寫信，當你自己就言不由衷？你說你一向害羞。好，那就

31　Williams to Hu, March 27, 1927.

32　Williams to Hu, March 30, 1927.

不要。儘管我的信是滿紙愚鈍，謝謝你告訴我，說你回我信的時候總是謹於下筆。我希望我寫信給一個我最崇拜的人的時候，也不是隨意亂寫的。我怎麼知道你是怎麼看我的？你是塑造了一個幻想中的女子。親愛的適！就讓我們繼續以禮相待(keep on the jackets of our formality)，否則你珍愛的女子就會消失了。」[33]

這時候的韋蓮司，理智仍然佔著上風。她覺得她必須爲無辜的江冬秀著想。她在4月5日的信裡，還能帶著滿懷悲憫的心情，用著很超脫的語氣對胡適說：「就說幾句跟我倆有關的話吧！我不會寫任何對你的妻子不忠，或者不替她著想的話(我相信我在心裡也不會)。她一定是非常愛你的。我覺得我把你當成是一個摯友，一個我非常喜歡、能啓發我心智的摯友，並不是對她不忠的行爲。我別無他求。你們都是一個不幸的制度下的犧牲者(其實我們都是人生詭譎矛盾的產物)；她也許沒感覺到，但你可是一清二楚。你有著諸多的機會和興趣，而這些在她完全是被剝奪的。我想在這種情況之下，處理問題的責任，自然應該落在先覺者的肩上。畢竟這是我們處理實際人生的態度，而不是去想像在理想、在可以證明『我們是什麼料子』(stuff in us)的狀況之下，我們會如何處理。你已經證明你勇敢、堅毅、能打落門牙和血吞(game)！」[34]

理智還佔著上風時的韋蓮司，甚至還能超然地建議胡適應該如何跟江冬秀相處：「試圖去瞭解要遠比把事情理想化有價值，對不對？我最近跟你談到的問題，比如說，吃醋就是因爲有愛(有自我？)、脾氣不好可能是因爲身體有問題，以及自卑或受傷

33　Williams to Hu, April 3, 1927.
34　Williams to Hu Shih, April 5, 1927.

的感覺，這些都可以讓我們體會到一個眞諦：如果我們要公平地去對待跟我們氣味不相投的人，還有什麼方法會比藝術家的方法更好呢？藝術家的方法就是去發現那個人的優點，不管他是屬於哪一種類型的，然後去幫忙他把優點充分地發揮出來。」她進一步地對胡適說：「把事情理想化的結果是理想的幻滅。虛心地去做理解(甚至是去理解那些造成不當行徑的心靈或形體上的傷害)，有時反而能意外地幫助我們去瞭解。」[35]

不但如此，韋蓮司還能建議胡適如何去教導孩子。胡適在綺色佳的時候，顯然跟韋蓮司提起要自己教孩子英文的想法。這是他在紐約的時候跟瘦琴所談的，瘦琴還因而替他四處打聽適合的教科書。韋蓮司說她不敢相信胡適居然想「惡補」學習如何教孩子。她說：「請你千萬不要那樣作！一個人不可能一下子『半吊子』(as a "side line")學會如何教導孩子，更不可能從書本裡學來！最好的方法是把他[註：即祖望]送去最好的學校，把你將會收到的書[註：即瘦琴幫胡適找的]，還有我會幫你寄去的刊物交給他的老師參考。我希望你會把祖望送到巴黎的朋友家去。」韋蓮司希望胡適能學習如何作祖望的伴侶，學會娛樂：「我覺得對於一個不懂得娛樂的人來說，這是一個非常值得用心的所在。我覺得娛樂是爲人處事裡非常重要的一環。我所說的，並不是像牌桌上那種消耗性的娛樂，那種娛樂是神經緊繃的人所追逐的；我所說的娛樂是一種達到忘我境界的自我鬆弛，一種能防止神經緊張，能夠把迥異於尋常的、自我釋放出來的那種娛樂。」[36]

寫著寫著，韋蓮司一直壓抑著的愛，終於還是排山倒海地衝

35　Williams to Hu Shih, April 5, 1927.

36　Ibid.

破了她用理智所建立起來的堤防。她說：「我有另外的一面，因為羞恥、因為害羞，而一直不讓你看到。然而，那一面的我，超乎我意料之外，現在卻理直氣壯地呼之欲出。突然間，我覺得我得承認她的存在！(我還是認為一直到你想通以前，你會去叱責她的。)我真的為我寫下來的這些話感到羞恥。真是白癡！如果我有時間能考慮久一點的話，我不會把這些寄給你。然而，有些話還是應該說的。我並沒有任何你的來信要回。也許在將來我會對你比較有用。除了我自己以外，此地是一切空白。然而，我整個心所想的，除了你以外還是你。」[37]

理智的堤防一旦潰決，眼看著從自己內心深處所湧出的愛，已經是沛然不可禦，韋蓮司決定讓自己率性直陳。於是，她4月17日的信，石破天驚地向胡適道出了她的真情。她質疑胡適的畏縮：

> 在你告誡我，說我們必須以禮相待(put on our formal coats)以後，[我們在]心靈上的交會與刺激就倏然終止了。這真有必要嗎？難道空間上的距離，以及通訊上的困難，就真的會阻礙這種交會嗎？除了這些困難以外，難道真的一切都是不可能的嗎？

我們不知道胡適在綺色佳的時候，到底對韋蓮司作了什麼建議，或者提出了什麼妥協的方案。在這封信裡，韋蓮司斷然地拒絕了任何不明不白，為了保持現狀，而暗度陳倉的作法：

37　Williams to Hu Shih, April 5, 1927.

我絕對受不了用婚姻為幌，來掩護我們這種難能可貴的關係的作法，雖然我知道我們的關係如果公開的話，會傷害到另外一個人，但是我們絕不能用騙人的手法來褻瀆我們之間的關係。難道我們必須放棄這種心靈的交會，埋葬這個活生生被扼殺的生命，一了百了嗎？我需要你的幫忙來面對這個難題。

韋蓮司在這封信裡，第一次透露她是在胡適回國以後，才發現她已經愛上了胡適。但那時，一切都已經太晚了：

我今天重讀舊信，讀到那封宣布你即將結婚的信[即胡適1917年11月21日的信]，又再次地讓我體會到，對我來說，那是多麼巨大的一個割捨。我想，我當時完全沒有想跟你結婚的念頭。然而，從許多方面來說，我們[在精神上]根本老早就**已經**結了婚了。因此，你回國離我而去，我就整個崩潰了。[韋蓮司在信紙空白處加寫了一句話]自從接到你1917年11月的那封信以後，我就再也沒有勇氣去重讀你的舊信了。

當韋蓮司說在精神上她根本早就已經跟胡適結了婚了，她已經是走上了不歸路了：

你讓我看清了我心裡的[這兒可能缺頁]一個波濤洶湧的巨浪，我該怎麼作呢？現在，事實已經再清楚也不過了，我們還可能像從前一樣嗎？對這個事實，你可能一

直很清楚的，但我不是。我只知道你回國以後，我是全盤皆空，我根本連想都不敢去想了。現在，我感覺到了。而這個情感的巨浪撲向我，我要怎樣作才不會滅頂呢？（親愛的適，我不知道去死是不是也太晚了？）我該怎麼作呢？我不可能用跟別人結婚的方式來壓下這個〔情感上的巨浪〕；你知道這是不對的。而且，對任何一個男人來說，我是一個多麼糟糕的禮物呀！肉體上的需要也許可以因而滿足，但是那個部分對我來說是極不重要的。舉個例來說，由於我整個人都投入我們在心靈上的交會，我從來就沒有去注意過你的外表。跟你在一起如沐春風，我的肉體彷如止水，進入了忘我的境界。

在韋蓮司還不自知她已經愛上胡適以前，或者當這個愛被昇華的時候，她還可以忍受現狀。但是，在愛的火焰把她焚醒以後，所有一切都不再相同了：「我覺得當我最沒有生氣的時候，當你不在我身邊的時候，也是我最覺得我是活著的時候，我想這就是所謂的昇華吧。或許我的模式在青春期就已經鑄成了，所有能吸引我的書生型的男人，不是像我的二哥，就是像我的爸爸。但是，說這些都已經是沒有意義了，現在的我已經被你挑起來了，如飢如渴不能自已。我想這可不是玩的，你已經把整個我都挑醒過來了。」

韋蓮司陷在一個兩難之局裡。就像韋蓮司自己說的，事實已經再明顯也不過，問題是她該怎麼作。她要胡適，她要整個的胡適；她要一個名正言順的關係，但她也同時想到她怎麼對得起江冬秀。胡適既然挑起了韋蓮司的熱情，對她也就不能沒有責任。

但韋蓮司同時又想到她不能影響胡適未竟的大業：

> 我一直以爲我可以是柏拉圖式的(philosophical)；可以
> 幫助你，同時又可以無嗔無慾。現在我看清楚了，我認
> 爲那是不可能的。除非我能再度擁有整個的自我，無論
> 是在瞭解、共鳴或者思辨上，我會對你一點用處都沒
> 有。然而，當我做到了那一點，胡適，我要怎麼來面對
> 你的妻子呢。我也不是有意看低她；我非常同情她。但
> 是，我倆的關係也不能永遠躲在黑暗的一角。這沒有什
> 麼可恥的。也許你夠堅強，有辦法去處理。但是，胡
> 適，在此之前，**我**不是你的問題，但是現在我的眼睛已
> 經張開了，我的熱情已經被你挑起來了。我的本能叫我
> 去作，可是這時候，你的妻子就出現在我的眼前。我的
> 理智在叫我抽身，否則可怕的後果就會發生。如果我再
> 不抽身的話，很快的，即使是「超人」也將無法扭轉乾
> 坤。可是我想到偷偷摸摸下去，我就感到噁心、感到窒
> 息。啊，適！看來我只有關在籠子裡對你才是安全的，
> 就讓我留在籠子裡吧！

　　不管命運之神會如何安排他們的未來，韋蓮司已經自認她是
胡適的妻子。即使沒有牧師爲他們作福證，也沒有胡適這個想像
中的新郎跟她一起作誓言，韋蓮司誠摯地對著胡適說：

> 我用我的生命對你說：「相親相愛，至死不渝」("for
> better, for worse")[註：這是西洋結婚典禮新郎、新娘

對彼此作的誓言〕。其實你已經擁有了最好的我，現在
的我已經老了。我的腦筋已經生銹了(但是我相信清一
清、上一下油，大概還是有用的！我自己很清楚，是到
了該清一下塵埃的時候了)。我在這兒所說的，只不過
是回應了你已經說過的話。除了我爸爸以外，沒有任何
一個人像你一樣對我有那麼深的影響。「月中之兔」！
我希望我對你的愛，能有釋迦牟尼佛的法力，能把你的
愛心從火焰裡救出來[38]。

「月中之兔」是韋蓮司在胡適留學時期告訴他的一個印度神
話。在這個神話裡，釋迦喬裝成一個飢餓的僧人，有一隻兔子看
見他，願意犧牲自己讓僧人果腹療飢，於是一躍跳進火焰裡，要
讓自己烹熟了給僧人吃。就在兔子就要跌入火焰的一剎那，釋迦
顯形，把兔子從火焰裡救了出來。為了表彰這隻兔子的愛心，釋
迦就把牠的形象畫在月亮上，讓所有的世人以牠為榜樣。韋蓮司
在這裡，是用「月中之兔」來比喻胡適獻身於中國社會文化的重
建。

在韋蓮司念出了結婚典禮中的誓詞，以胡適的妻子自視，同
時又以「月中之兔」來比喻胡適以後，她開始覺得自己必須振
奮，砥礪自己，以求作為胡適最佳的事業伴侶。越想越興奮，她
在次日的信裡期許自己：

就讓我們談談這件事吧！你寫信告訴我說你的愛是無私

38　Williams to Hu, April 17, 1927.

的。好，我的愛也將會如是。你是屬於這整個世界的。
你所需要的，是一個有智慧的我，一個能跟你合作，讓
你能夠全心投入**你所選擇**的人生大業，一個能對你作諫
諍、能勸阻、提醒你，讓你能全力以赴的我。如果我要
你要得太多，就會讓你失衡、煩亂、甚至恣縱
（wildness）。所有都是可能的，雖然此刻似乎**不太可
能**。我這一輩子從來沒有像現在這樣，必須跟這麼一個
澎湃無比的力量搏鬥著。這就端賴我是否能把它因勢利
導地疏導出去。[我的功課是：]第一、保持神經健康，
有必要轉移心力；第二、釐清腦筋，工欲善其事，必先
利其器；第二之二、專精、不旁騖，嘗試去瞭解。課
業：新宗教，新宗教爲何；靜坐、讀德文、中文；轉移
心力：作庭院工作、定心想單純的事物[39]。

　　韋蓮司寫這幾封信的時候，胡適已經在太平洋上了。他在3
月下旬再度離開紐約以後，坐火車西行，經過芝加哥，在丹佛逗
留，作了六次的演講。在舊金山的三天，他作了十八個演講。到
了俄勒岡州的波特蘭（Portland），兩天之內，他又作了八次的演
講[40]。4月12日，他從西雅圖坐船離開美國。24日船抵橫濱。在日
本逗留了三個多星期以後，胡適於5月20日抵上海。胡適在舊金
山、西雅圖，以及東京的時候，都寫了信給韋蓮司。其中，最羅
曼蒂克的一句話，是3月31日在丹佛所寄的一封明信片上寫的
話：「當這張明信片寄到綺色佳的時候，我應已經到了太平洋

39　Williams to Hu, April 18, 1927.
40　Hu to Williams, April 10, 1927.

岸，但就是整個[美洲]大陸，也阻絕不了我對綺色佳的魂牽夢
繫。」[41]當然，這幾封現存「胡適紀念館」的信都是韋蓮司的手
抄稿，其中還有韋蓮司身兼編輯所加的刪節號，自然已經不是全
貌。

重點是，韋蓮司這幾封痛苦掙扎的信，大部分是胡適的郵輪
到了日本的時候才收到的。至於韋蓮司4月17日那封長信，以及
18日的信，則肯定是胡適回到中國以後才收到的。我們不知道他
接到這封石破天驚的信時心裡想的是什麼，特別是韋蓮司在信裡
所說的：「我絕對受不了用婚姻為幌，來掩護我們這種難能可貴
的關係的作法」、「如果我再不抽身的話，很快的，即使是『超
人』也將無法扭轉乾坤」，以及「我用我的生命對你說：『相親
相愛，至死不渝』」這句婚禮中的誓詞。然而，值得我們玩味的
是，他收到韋蓮司這些刻骨銘心的信以後，不但沒有作任何的回
應，而且整整四年，連一封信都沒寫給韋蓮司。

當然，我們在此也必須保留一個可能性。這就是說，韋蓮司
可能根本就沒有把她當時所寫的這幾封信寄給胡適。換句話說，
她就像是在寫日記一樣，把她對胡適的愛、諾、佔有、割捨種種
纏綣得如亂麻的心懷，寄情於這幾封寫而未發的信上。這幾封信
都是用鋼筆寫在尺寸比信紙小得多的便條紙上。把思緒抒發在便
條紙上，似乎是韋蓮司的習慣，特別是當她天人交戰、面對自己
心靈、從內心跟胡適神交的時候，不管寄或不寄。如果韋蓮司當
時確實沒把這幾封信寄給胡適，她有可能是在1933年，等他們已
經成為身心合一的情侶以後，才給胡適看的。不管這些信是當時

---

41   Hu to Williams, March 31, 1927.

寄出，還是後來由胡適帶回，現在都存在北京近史所的《胡適檔案》裡。

第二節　赫貞江邊月，綺色佳了願

　　1931年3月，胡適結束了他對韋蓮司封筆四年的紀錄，寫了一封長信給韋蓮司。在這封信裡，胡適提到了韋蓮司不久前寄給他的信、書，還有電報，其中，信是轉寄到北京給他的。胡適1927年5月20日從美國回到中國以後就留住在上海，在中國公學任教，後來還當了校長。他一直要到1930年底才又回到北大任教。我們不知道韋蓮司寄到上海，再轉到北京的信是什麼時候寫的，而且也不知道寫的是什麼，這封信現在可能已不存。我們從胡適的回信裡，可以知道韋蓮司報告了一些家人及朋友的近況。胡適自己對四年的沉默所做的解釋是：「這四年來，我等於是浪費時間在作我並沒有興趣，但多少是被形勢所逼而不得不作的事情上。在三年半的時間裡，我等於是沒有固定的收入[註：胡適忘了他在之前說他當了兩年中國公學的校長]，單靠版稅和稿費來過生活，讓自己能夠在政黨政府之外保持獨立。在這種情況之下，我沒辦法營造出適當的心情，來好好地寫信給妳這位我在綺色佳的好朋友。我一拖再拖，誰知道四年就這樣溜逝，我竟然連一個字都沒寫。」[42]

　　胡適在結束這封信以前，對韋蓮司說：「在我沉默了那麼久以後，讓我把這封信作為一個新的開始。」事實上，除非他又寫

42　Hu to Williams, March 23, 1931.

了信，而這些信現已不存，他寫完了這封信以後，又停筆了兩年。在這胡適沉默的六年裡，韋蓮司則不只寫了一封信。我們知道她在1929年12月寫了一封信，目的在介紹一個英國的吟遊詩人給胡適。胡適顯然沒回信。此外，我們還可以在《胡適檔案》裡看到一封殘信。這封1931年1月13日寫的信，非常值得玩味。在這封殘信裡，韋蓮司讓時光倒流，把1927年她寫那幾封刻骨銘心的信的心情，拿來跟胡適忍心四年的沉默作對比。她沒有怨懟，沒有後悔，仍然謙卑，仍然願意犧牲自己：

[俗語説：]「最笨者莫過於笨佬」(Not fool like an old fool)，我想我就是！證據就是我現在居然還提筆寫信給你。我想我們之間有些誤會，我不知道問題出在哪裡。然而，如果這封信證明了我眞是一個白癡、笨蛋，至少它也證明了其所反映的，是一個天生沒有偏見、不會記恨的女性的本性。如果我把自己[西方人喜歡説的，作爲一個女性應該居高臨下、站在上面]的腳架(pedestal)給踢歪了，而從上面摔了下來，這至少也證明了我們之間沒有任何虛假的隔閡。我只能希望當那個具有堅定的智慧、聰敏與瞭解的理想破碎的時候，受傷最深的，只是我的自尊和感覺。當然，如果她的腳是泥作的，就是穿上了繡鞋也無法增其美——如果把一個人的人品，用謙遜的眼光去讓他現形，其結果並不可敬；這說明了他也只不過是一個凡人，而不是一個聖賢——啊！即使如此，這只不過是再一次證明了人非聖賢這一個傷心的事實而已。所以，她只有去侍奉觀音的份兒，

而不配成爲皇后！我想説的是，這一切都在在證明了在
這樣的情況之下，我做人處事的藝術修養不夠——**我既
非女神，則必定是**觀音跟前笨手笨腳的「丫頭」！

這封殘信的另一段也非常有意思。如果韋蓮司信中所指的
「她」確實是江冬秀的話，韋蓮司顯然是聽説了胡適的婚外戀：

有一件我不該説但又要説的事，那就是那坑人的制度
(sacrifice)現在多了一個可憐的第二個受害者[註：即江
冬秀，第一個受害者是胡適]，一個爲了盡本份而結婚
的女性所處的悲慘地位；她毫無疑問地是愛戀、崇拜，
但又絕望地嫉妒著那個作了這件事的男人。她沒有其他
生涯，而他有許多；她沒有其他愛人，而他則太多。
另外我要説的一件事，是我今天對他已經沒有任何熱
情，不像他對我的。但是，他那一個吻，今天看來一點
都不重要，它的意義只在於「回老家」(home
coming)，回到了那個唯一能瞭解他的女人的腳邊。即
使如此，我認同他的根本道德的目標，以及我對他的情
操和才智的崇拜；他獻身作大事令我敬佩，而且是我勵
志的靈感；同時他也是我用來衡量其他男人的標準。這
對我的影響，或者説這作爲我的品味，在在地表現在我
人生旅途上所做的重要抉擇上[43]。

43　Williams to Hu, January 13, 1931.

這整封殘信，特別是第二段，都刻意地寫得很抽象。事實上，韋蓮司的信在筆觸上一直比較有抽象、詩意的意味。胡適結束學業返國以後，韋蓮司的信更是如此。我們在這一章所徵引的信，就是最好的明證。比如說，這一封殘信所提到的「那一個吻」，是否是指1927年胡適去綺色佳時給韋蓮司的一個吻？我們不知道。她所說的「受害者」是否真的是江冬秀，我們也不能確定，雖然從脈絡來看，應該是如此。然而，我們可以確知的是，即使在這封殘信有那麼一絲絲譴責的意味，韋蓮司仍然始終如一的愛著胡適，崇拜他、諒解他；甚至仍然用胡適作為她「衡量其他男人的標準」。

1933年6月19日清晨，胡適從上海搭船第三次赴美。他所搭乘的郵輪經日本、檀香山，在這兩地他都作了停留，7月4日到加拿大的溫哥華。他此行有兩個目的：第一，他接受芝加哥大學的邀請，去該校作「哈斯可講座」（Haskell Lectures）的演講，一共講了六次。這個系列的演講叫做「中國的文化態勢」（Cultural Trends in China）。演講的時間從7月12日到24日。這個講座演講結束以後，胡適還留在芝大四天，參加另一個會議。胡適此行的第二個目的，是作為中國代表團的成員，參加8月在加拿大班福（Banff）所舉辦「太平洋學會」（Institute of Pacific Relations）的年會。胡適7月下旬在芝加哥的演講一完，就立刻把演講稿寄給韋蓮司。韋蓮司花了一個多月的時間仔細地幫胡適看過，她告訴胡適說：「我非常用心地看過，因為我知道你是花了很大的氣力的。」[44]韋蓮司把胡適的稿子連同她的意見在9月底寄給胡適。胡

44　Williams to Hu, September 26, 1933.

適收到以後，參酌了韋蓮司的意見，把整個稿子再潤飾一過，並重新分節[45]。次年，芝加哥大學把這六次的演講集成一本書出版，遵照胡適的意思，以「中國的文藝復興」(The Chinese Renaissance)爲書名。胡適在出版的序言裡，特地感謝了韋蓮司所做的潤飾與建議。

胡適到了溫哥華的當天，就給韋蓮司一封信，告訴她說在睽違六年之後，他又回到了美洲大陸[46]。收到這封信的韋蓮司，興奮極了。因爲胡適在芝加哥大學的講座演講在7月下旬結束，在班福的太平洋學會的年會8月上旬才開始，韋蓮司原先希望他能在7月28日到8月1日之間去綺色佳。韋蓮司當時有假期，她可以開她雪佛蘭牌子的汽車，「我們可以去美麗的鄉間探幽，在湖邊安靜地野餐。就是躺在我們自家草地的樹下，也會讓人心曠神怡的。」[47]結果，胡適7月15日的回信讓她大失所望，因爲他已經決定在芝加哥大學演講結束以後，就直接到加拿大。然後，在班福的會結束以後才會再回美國。那時，大概已經是8月26日了，他會先到綺色佳，再到紐約，然後就該回國了。韋蓮司簡短的回信，失望之情躍然紙上：「我期待著你8月26日左右來，或者——這我一點都不會驚訝——你根本就不會來，因爲你如果先去了班福，除非你還有要事非去紐約不可，再往東來似乎是太遠、太遠的一趟路途了。」[48]

胡適知道韋蓮司失望了，所以趕忙從芝加哥打一個電報，

45　Hu to Williams, September 30, 1933.
46　Hu to Williams, July 4, 1933.
47　Williams to Hu, July 10, 1933.
48　Williams to Hu, July 24, 1933.

說：「相信我，我一定會在9月初來。」[49]胡適的這封電報果然讓
韋蓮司心花怒放。等她支氣管炎好了以後，她立刻寫信問胡適會
從加拿大的哪一個城進美國，她還是沒放棄跟胡適駕車同遊美國
的想法。她告訴胡適，不管他是從渥太華（Ottawa）、蒙特婁
（Montreal）或者魁北克（Quebec）進美國，那幾條回綺色佳的路都
是很美的。韋蓮司此時的心情是極為複雜的，她當然希望胡適來
看她，但另一方面，她也知道世事難以預料，人生有太多我們所
不能控制的因素存在。所以她又對胡適說：「即使你已經打了電
報說要來，如果你發現最好還是不來，我會瞭解的。我雖然看起
來沒有我實際年齡那樣老，但我已經老到知道我該感謝我所曾經
擁有過的快樂的時光，而**不去作無謂的企盼**！……但是，胡適！
如果你真能來，那就會像是大飢荒裡來了的食物一樣；我也希望
此行可以給你帶來一些可資留念的寧靜片刻，讓你不虛此行。」[50]

結果，胡適並不是從韋蓮司所預想的任何一點進入美國。他
坐火車到紐約州西北邊的克利夫頓泉（Clifton Springs）下車，韋
蓮司在火車站等他，然後再開車載他回綺色佳，大概60英里的路
程[51]。我們不知道胡適到達綺色佳的確切日期，他8月1日的信，
是說他會在9月1日或2日到綺色佳。但是，我們知道他是9月12日
離開綺色佳的。這次的綺色佳之旅，是胡適和韋蓮司關係的一個
轉捩點。胡適過後所寫的信，不管是因為他小心謹慎，一向不輕
易在紙上留下可以給人把柄的證據，還是因為這些信已經由韋蓮
司為了愛護他而作了刪節，對我們一點用處都沒有。我們必須感

49　Hu to Williams, July 27, 1933.

50　Williams to Hu, August 18, 1933.

51　Hu to Williams, February 3, 1938.

謝的是韋蓮司自己寫的信，因為這些信，才為他們的這一段感
情，特別為是韋蓮司的愛、煎熬、相思、掙扎與犧牲留下了見
證。韋蓮司在胡適離開的第二天寫了這麼一封信：

> 我沒辦法用正眼去看後代(如果我那樣做，我只好保持
> 沉默)。同時，我在這個時候也沒辦法去談大事——你
> 所從事的大事。我剛把我們小得可憐的床整理好，坐在
> 東側的窗邊，享受落日餘暉；享受那最後的一瞬，那永
> 遠會被另外一個生命的浪潮所取代的燦爛時刻。(是什
> 麼樣的魔法，把我們久久才一見的相會，連成這麼一串
> 絢麗奇妙的鍊珠呢！)我現在所能想到的，都是些瑣碎
> 的事，比如說，我昨晚就是決定不了我到底該睡哪個
> 床。我想著想著，一下走到你的房間，嘴裡嘀咕著的
> 是：「真不可思議！」一下又走到我的房間，嘴裡嘀咕
> 著的還是：「真不可思議！」就是決定不了。最後，因
> 為我總不能整個晚上就倚著門站著，於是我把你床上那
> 條厚重的被子拉到我的床上去(這樣我醒來的時候，就
> 不會看到我那條藍綠色的被子)，裝了暖腳水壺，我就
> 鑽進被窩裡。奇怪的是，最難熬的時刻是快六點的時
> 候……[原信的刪節號](我沒吃安眠藥)[52]。

　　1927年胡適來綺色佳的時候，他們只有「那一吻」，但即使
如此，胡適離開以後，韋蓮司的心情如怒海裡的孤舟。這一次的

52　Williams to Hu, September 13, 1933.

情況更戲劇性，因為他們已經身心合而為一了。這一年，胡適42歲，韋蓮司48歲。可以想見的，韋蓮司的思緒大幅地擺盪著。在同樣這封信裡，她說：「我想念著你的身體，但我更想念到無可復加的地步的，是你整個人的存在——也就是我已經住進去你身心裡的那一部分；在我身心裡的你，飢渴地想要擁有那住在你身心裡的我（What is you in me is always craving the me in you）。」她說她瞭解胡適的說法，空間的阻隔讓他們無法保持聯繫。但是，她拒絕跟命運妥協。她覺得她在胡適離開前一晚給他的建議是有道理的，他們一定可以想出辦法來保持聯繫；那個辦法就是讓她作為胡適新文化事業的伴侶，用她自己的話來說，就是：「透過你的事業，我也許可以扮演一個奴工的角色（a serf's part）。」

胡適1933年贈與韋蓮司的照片。（胡適紀念館授權使用）

當然，一想到實際上的困難，她也不免氣餒。她說：「我被訓練得很堅強，但在這一刻，我沒辦法堅強到能夠把你在車門旁那張蒼白的臉忘卻的地步。你太高估我了，儘管[男女]平等之說有道理，而且我自己也很矛盾地意識到了這一點，但我就是在自己身上找不到任何可以跟你匹配的地方。我的意志已經枯竭，蒼白得跟你昨晚的臉龐一樣，雖然我仍然跟跟蹌蹌、步履維艱地往前走著。」[53]第二天，9月14日，她又寫了不只一封的信，其中一封只剩下第八頁，文字像詩一般的殘信：

> 遠方的閃電、飄渺的雷聲，這樣的日子，洞見。
> 開始下雨了，我心中無家可歸的鳥懶洋洋地飛旋著。
> 我兀自站著，手裡握著你的白袍，涼涼、空空的；
> 我手指渴切地想要撫觸你柔嫩的肌膚，暖暖、親親的。
> 讓我心中那強勁的愛之流，沖洗我用腦作分析後所遺留的苦澀。
> 就像一個平衡機，它的鋼珠不停地轉著
> 忙著壓下那四處亂竄的火苗。
> 啊！讓我們把機器關掉，靜靜地在陽光下躺著！
> 讓我用我的唇觸碰著你的唇的記憶
> 來撫平過去一些傷心話所帶來的創傷[54]。

胡適才剛走，韋蓮司就已經渴切地想再去觸摸他的身體、他的整個存在。但與此同時，她又想爲胡適著想，或者也爲自己著

53　Williams to Hu, September 13, 1933.
54　Williams to Hu, September 14, 1933.

想，如果離別是這麼痛苦，也許最好就這麼離別了。胡適離開之前，一定是提到了他還要再回來一趟。事實上，胡適到了紐約以後，就馬上寫信說他會搭9月23日的夜車來綺色佳，次日早上到，當晚再坐夜車回紐約，過後再坐火車西行到舊金山[55]。同一天，韋蓮司在另一封信裡卻有著不同的想法，她說：「你回國以前最好就不要再考慮來綺色佳了，實在沒有一個說得通的理由把它排進你的行程裡。我現在完全沒有要你為我改變一絲絲行程的想望。」[56]

19日，韋蓮司已經收到胡適的信，胡適在這封信裡告訴韋蓮司到達的確切日期。她於是又改變了主意：

> 我喜歡你那套淺灰色的衣服。我特別喜歡你穿白色的。說不定在你西行以前，在你再來看我的時候，會特地為我穿上那套[白色的]衣服！但是，我又最討厭離別。說不定你會把我裝在你最小的行李箱裡，再打幾個小洞讓我呼吸[57]？

9月22日，胡適再過兩天就要到了，韋蓮司的心像大海裡的巨浪一樣翻騰著：「胡適！我當然跟你一樣在問你所問的問題。幾天前我寫著：……痛苦地，我又再度體會到那可以把心靈撕裂的碎片有多麼強韌。」我們不知道胡適是否也躊躇著，是否也猶豫不決，不知道再見一次面到底是對還是不對？如果胡適寫了這

55　Hu to Williams, September 13, 1933.

56　Williams to Hu, September 14, 1933.

57　Williams to Hu, September 19, 1933.

麼一封信，今已不存。韋蓮司淒哀地問著：「永遠不再見面，是
不是比見了以後又要分別好？」她說：「我這一輩子，有一個禁
欲的傾向，那就是對我非常想擁有的東西，我寧可全無，而不要
只得到一部分。我不知道這是幼稚，不知自制，還是不夠文
明？」然而，一轉念，她又覺得如果這注定會成為他們最後一次
的相會，為什麼她還要如此地「禁欲」？

> 為什麼我們不能把這可能有的一天，當成是一個屬於我
> 們的禮物，在我們僅有的幾個小時裡，享受我們共處的
> 時光，讓它成為我們少有的回憶裡的一部分？凡事都可
> 以忍受，人的忍受力真的是驚人的。我的結論是：能多
> 再有一天一夜的珍愛(如果我們能好好把握的話)，即使
> 其代價是再次別離的痛苦，我認為那是值得的；說不定
> 這就是我們一生中最後一次見面的機會了。我承認我的
> 想法已經一變再變，但至少這12小時內，這是我的想
> 法！然而，我長期以來已經習於統御我的感情，不像你
> 並不需要在這方面著力。所以，如果你覺得所必須付出
> 的情感代價太大，而決定還是不來，我會絕對同意你的
> 決定的[58]。

想到他們將能偷得再一次的歡聚，韋蓮司突發奇想，如果胡
適沒有要事需要再回紐約的話，不就可以從綺色佳搭火車，直接
西行到芝加哥？說不定胡適還可以多待一晚，星期一晚上再走。

58　Williams to Hu, September 22, 1933.

這樣做「可以給我們最大的快樂，也給你最少的旅途奔波。」結果，事與願違，因為胡適已經接受了陳衡哲的安排，必須再回紐約，在26日去離紐約市不遠，陳衡哲的母校瓦沙女子學院(Vassar College)演講。

胡適在9月24日一早到了綺色佳，當晚坐夜車回紐約。次晨，回到紐約旅館的他，寫了一封信給韋蓮司：「星期天美好的回憶，將長留我心。昨晚我們在森林居村(Forest Home)所看到的夜景是多麼具有象徵的意義啊！那彎新月——新月是越發美奐、越發圓滿的象徵——的亮光原本妝點了遠方的雲朵，卻慢慢地被烏雲遮掩，乃至為狂風暴雨所吞沒！然而，雨過天青以後，新月又一步一步地往圓滿的境界邁進。」[59]作為男人的胡適可以瀟灑地高論月有圓缺，人有悲歡離合，宇宙萬物終可各得其所。畢竟，就像韋蓮司所說的，胡適有他的「大事」可作，有他許多的「生涯」。相對地，胡適離開以後的韋蓮司所必須面對的，是孤獨，是何去何從的自己。她在同一天的信裡說：

> 胡適！我愛你。我不會為了我還活著而感到驕傲，我怎麼能為之而傲呢？我真的受寵若驚，你居然會愛上我！但有時候，你的愛就像陽光普照下的空氣一樣，圍繞我的所想所思。儘管我有疑惑的時候，我必須相信[你的愛]。然而，我們能公開宣揚這個愛，而不招惹人們的嫌惡嗎？如果我們能有機會完完整整地生活在一起，你不覺得我們可以像兩條小溪汲汲於在溪谷裡相匯嗎？

59　Hu to Williams, September 25, 1933.

複雜矛盾撞擊著韋蓮司的心。一方面她要承受著來自社會道德的譴責；但在另一方面，她又相信他與胡適的愛是神聖的，是兩個獨立自主的個體對愛、對心靈交會的追求。胡適可能跟她談到了他們無法克服的兩難。然而，韋蓮司越想越不服氣：

> 我確實是用了一個可以像刺手的薊草(thistle)一樣傷人的字眼。然而，我偏偏就要再一次，毅然地用我的手去緊緊地握住這根薊草，然後再把它拋得永離我們。說什麼「會被社會放逐」(ostracism)！這是個什麼白癡唬人的字眼(a silly big word)！算了吧！從哪兒被放逐？被誰放逐？我們是兩個自由獨立，各自走在不同人生道路上的個體，你走的是一個大的世界，我走的是一個渺小的世界。真正的朋友不會因此而用不同的眼光來看我們(或者他們會避開他們的眼睛，因為我們所發出的光芒太燦爛了，讓他們的眼睛受不了)！我們所該在意的只有一個(或許兩個)我們一向在意的朋友。請放心！從我們的愛裡所綻放出來的花，就像那含苞待放的蓓蕾一樣，不會毒死他們的。

說得意氣風發的韋蓮司，儼然有了「雖千萬人，吾往矣」氣概：

> 我們這個新關係的美與豔，要它不去散放出它的光芒是不可能的！每當我看到你的嘴、你半閉的眼睛所流露出來的神情，我整個人就變得更溫和。我一想到你，就會更自制、更堅強！剎那間，這個新的你已經在我心裡綻

開了。我要怎樣來形諸言語呢？這真的美極了！

然而，韋蓮司再堅強，還是有她脆弱的一面。她這封充滿著「雖千萬人，吾往矣」氣概的信還沒寫完，就已經開始沮喪。她在信上附上了她前一天晚上所寫的詩句：

> 引吭高歌勢不可得
> 當嗓門已被截除。
> 寄上無垠的無聲之聲──
> 那為失落而發的無聲的喘息。

她唯一能安慰自己的是，她並不是像行屍走肉一樣地在麻痺自己；相反地，她告訴胡適，說她之所以能偶爾享有安寧的片刻，都是因為他的愛[60]。

說很容易，作起來難。特別是她在胡適面前，總是自慚形穢。兩天後，她一開始寫信，又像是一個洩了氣的皮球。她說：「1927年，在你從西岸寫的信寄到以前，我曾經寫信對你說：『你塑造了一個幻想中的女子。親愛的適！就讓我們繼續以禮相待，否則你珍愛的女子就會消失了。我是多麼的平凡，你一旦看到了整個的我，失望會讓你受傷，而我們所珍惜的[心智上的]刺激也會跟著消失。』」

> 現在這件正襟的外衣已經褪落到地板上了。胡適！你現

---

60   Williams to Hu, September 25, 1933.

在已經全然瞭解我了，你是否寧可要那個幻想中的女
子？她也許優美，然而，你身體所觸碰、眼睛所看到
的，是這個乳房小、不善持家、頭腦不清的我。我很難
相信你會愛上這麼糟糕的我，但是你的愛已經把我整個
人圈繞起來了。

韋蓮司回顧她跟胡適的過去，越想越不可思議，爲什麼他們
從前沒開始呢？爲什麼要等到現在呢？爲什麼才開始，卻又要結
束了呢？

我回頭去看了從前寫的有關你的札記，我突然間領悟到
你遠比我當時所瞭解的你還要有內涵。眞是很難想像你
會讓我分享這個你；我們一起玩，一起會心的對笑。到
底是因爲我們等到很晚才懂得玩、懂得笑？還是因爲我
太呆板，所以你才沒把你幽默的一面讓我看？我幾乎可
以說我最珍惜的，是當世人皆我敵的時候，我們能彼此
對笑。想到我們能在這個晶瑩的時光氣泡裡(clear
bubble of time)一起玩過，就覺得很甜蜜——我們的第
二個童年，因爲我們曾有的都太短了。啊！我們一定可
以很快樂、很快樂地白頭偕老！

韋蓮司緬懷過去，同時也沉湎在當下的甜蜜裡。她好奇的是，
爲什麼從前的她，胡適留學時期的她，會如此的不解風情呢？

或許是因爲我現在終於長了眼睛可以看見了，我看見了

那原本就一直在那兒的美輪美奐，但對我來說都像是新的(就像你現在的盲腸是假的一樣！[註：原文如此；胡適在一年前割了盲腸])。改變的不只是情感的色調，因為我一直是相當冷靜的。即使我從前曾經愛過，但是，我愛你是愛到前所未有的程度。事實上，胡適，這個愛是如此的濃郁，我覺得上帝欠了我們下輩子去品嘗它。為什麼從前的我，會那麼不解風情呢！我最崇拜的男人是你，也一直得到你的啟發，可是(難道是因為我從前那麼不懂人間事[inhuman]嗎？)就獨獨漏掉了身體上的接觸。雖然現在已經在我們之間綻開，但在別人身上說不定早就已經開花結果了。

韋蓮司不甘心就這麼放棄，她覺得路是人走出來的；精誠所至，金石為開：

就像我告訴你的，當我們知道擋在眼前的石牆是高不可攀的時候，如果我們不要再無謂地去做衝撞，如果我們能夠毅然決然地轉移我們的注意力，它有時候會倏然間自行土崩瓦解。我一直是不去正視那阻隔著我倆的時空阻礙。胡適！那是一座讓我們翻不了，也繞不過去的高山。但是我迄今所鞭策自己的，是用我緊閉的眼睛，去凝視著我倆燦爛的回憶。如果我們能夠做得到，就不要用自己的心、自己的頭去撞那些石頭[61]！

61　Williams to Hu, September 27, 1933.

胡適離開以後，韋蓮司是一天數信。這些信有的仍存，有的已經被打散了。同一天的一封殘信裡，她寫著：「一夜之間，你窗外的樹葉突然間都變成一片燦爛的金黃！你上次離開的時候是[1927年]春天；現在我們正穿過一個金黃燦爛的大門走進冬天。再兩個冬天……」[62]胡適計畫兩年以後還會再來美國，因為「太平洋學會」的年會是兩年開一次，下一個年會，預定要在加州的優勝美地召開，所以韋蓮司在信上說「再兩個冬天！」

胡適此行只不過是兩個星期的時間，然而，韋蓮司彷彿「終於長了眼睛」，看見了她對胡適的愛，這個柵門一開，從她心底所宣洩出來的愛的洪濤，已經沛然莫之能禦。10月1日，胡適還在西岸，但是韋蓮司已經把自己像吐絲的春蠶一樣，把自己一層一層地圈得透不過氣來：

> 我學你把香煙豎著夾在手指上，所以只有那麼一丁點兒若有似無的煙絲裊裊上升著。我望著這根煙(實際上這是你離開以後的第一根煙)，聽著天空一架飛機的聲音、鐘擺的滴答。我知道如果我要讓你在柏克萊收到信，我今天非寫不可。可是我在自己身上作了一層殼，緊得讓我既不能思考，也失去了感覺。而我有好多事需要做，還有一點輕微的支氣管炎需要去對付。時間啊！時間啊！

韋蓮司有點沮喪，離別才沒幾天，她已經可以感受到即使此

62　Williams to Hu, September 27, 1933.

情可待成追憶，那美麗的回憶畢竟只是回憶，而且，所謂記憶猶
新，究竟能新多久？

> 我們在一起的那幾小串暖和的日子，仍然像一團火焰一
> 樣，舉目可見。可是，這團火焰畢竟會與日俱微、漸行
> 漸遠。塵世之音卻節節升高，義務、責任之聲囂然塵
> 上，咄咄逼人。於是，我們只好歸隊，跟社會作妥協。
> 那團火焰，也將淪爲一線微弱、記憶中的火絲而已。

韋蓮司當然不甘心，但她知道形勢比人強，她再強求也於事
無補，不管她內心怎麼想，不管她追求的是什麼，事實不會爲她
而改變，唯一能改變的是她自己：

> 胡適！我們還太年輕，不能現在就已經活在回憶裡了；
> 但我認爲我們又太老了，不能再太相信夢了。就因爲如
> 此，孤寂才會如影隨形地跟蹤著我們，才會如此讓我們
> 震懼著。我們各自活在**人生的當下裡**，我是一個人，你
> 則有伴。所以，坦白說，你已經離開我了。我們都會恢
> 復正常──也許；而且也會各自做該作的事(事實上你
> 一向不就是如此嗎！)我們也許會通信，但我也知道你
> 那像潮水一般的工作會如何地把你捲入。寫信並不容
> 易。回去以後，就不要刻意寫信。與其寫信給我，不如
> 在你心裡找我們曾經擁有的那一段快樂的淨土，用這種
> 方法來休息。我會瞭解的，我一直都是瞭解的。想辦法
> 找任何能讓你神清氣爽的事物！人生是**重荷**。

至於我自己，由於我對人生所求不多，任何掉到我懷裡
的禮物對我來說都是甜蜜的。你已經給我太多了！我不
該再有任何要求。花開花落，也許來日還有蓓蕾花開
時，誰知道呢？我會努力把我的心保持成一個一個沃
壤，讓她不會遭到蟲害[63]。

　　胡適是10月5日離開西雅圖的。他乘坐的郵輪經由溫哥華、
夏威夷、日本，再到上海。12日，胡適的郵輪到了夏威夷。胡適
在夏威夷逗留了半天，作了一個演講，還跟當地太平洋學會的成
員吃了早餐，13日繼續東行。我們知道胡適在離開美國以前，還
跟韋蓮司不斷地寫信，也通過電話。這些信可能並不是每封都保
存著。胡適不知道是在信上，還是在電話上，說了一句韋蓮司不
中聽的話，引來了韋蓮司一封長信。這封信是10月15日寫的。胡
適一定是在信上或電話上向韋蓮司道歉，說他的綺色佳之行，不
但沒帶給韋蓮司安寧(peace)，反倒是讓她心煩意亂
(disturbance)。在韋蓮司寫了那麼多封對胡適傾訴她的愛、她的
相思、她的激情、她的煎熬、她的掙扎以後，換來的，居然是胡
適這麼一個溫溫吞吞、不痛不癢的回應。韋蓮司這封寓言式的長
信是用打字機打的，信前還加了一句用鉛筆寫的註：「請帶著微
笑，念這封我帶著微笑所寫的信！」

　　啊！施博士(Dr. Sze)〔註：韋蓮司要掩人耳目時對胡適
　　的稱呼〕，對鳥類，你只知其一，而不知其二！關在鳥

63　Williams to Hu, October 1, 1933.

籠裡，牠們看起來相當溫馴，會乖乖地吃你放在手指頭
上的食物，會爲你唱歌，也會看著你走近牠們。但一旦
鳥籠的門被打破，你將會發現牠們還是長著翅膀的，不
管是什麼樣的翅膀。你想要牠們被你俘虜，唯一能作的
就是讓牠們自由。對一個像你這樣有著諸多責任的人來
說，能夠在此無責一身輕，不是一件很愜意的事嗎？
你無須費心去想要怎麼處置你的「俘虜」，牠頗能照顧
自己！如果你用適切的心情吹口哨給牠聽，牠可能會用
牠細小、未經調教的聲音唱歌給你聽。當然，你的心情
可能是希望所有的鳥都在Timbucvoo［註：可能是筆者
抄錯，也可能是韋蓮司原有的拼法，不解其意］，如果
是這樣的話，也許牠寧願留在牠自己燦爛的森林裡！牠
只是一隻渺小的鳥，你可以撫觸牠一下，牠也會回愛
你，但因爲牠並不是家禽，牠實在不需要人的照顧；不
用你，牠會照顧自己的，就像所有的鳥一樣。你一點都
不需要傷腦筋，去想你該不該去照顧牠──或者，是不
是破壞了牠的安寧。即使渺小如鳥也如此，牠的安寧是
來自內心，當牠得到安寧的時候，你就是要打擾牠也是
不可能的。
施博士！你可以用你的想像力去創造你想要的神、女神
和野鳥，但是風有風向，有血有肉的鳥，不管是野生的
還是畜養的，都懂得用自己的方式來過活，吃自己愛吃
的食物。如果你仁慈地焚好聞的香給牠聞，伸出你溫和
的手去餵牠，牠或許會貪婪地吃著，但是牠總會懂事地
自己偶爾飛去喝露水和吃野莓；你永遠都只能暫時擁有

牠，而且牠永遠不會惹人厭。當然，鳥也會去找親愛的
手，鳥有其堅貞的一面。然而，當牠一旦飛離了鳥籠，
不要以為牠會去找一個新的牢籠，或者擔心沒人照顧牠
會餓死。愛是生命，真的；牠來的時候，就讓牠來去自
如，甜蜜、無拘無束地唱著，**如果你願意的話**！

對鳥來說，愛是健康、自然的。不管牠現在是如何熱情
地唱著，下一個片刻，牠會靜靜地、安詳地去做自己的
事。你太習於處理人類的事物了，所以，你連在鳥熱情
的歌聲裡，也看到了人的煩惱。鳥就像藝術家一樣，會
被太陽、玫瑰、人類靈魂的美和悲劇所震撼。然而，只
要牠能自由的飛翔、歡唱，牠的創造慾就會滿足了，不
是嗎？

請放心地去練習對你喜歡的鳥吹口哨。如果牠真是一隻
鳥，如果你真心的吹著口哨，牠會貼近你，牠回應你的
歌聲也只會更加甜美；而你也可能會對你自己的聲音有
新的發現——一個發自你內心深處新的音樂。牠不會太
靠近你，你也不必想要去捕捉牠。對這隻野物，你沒有
必要負任何責任。

這一刻，牠正快樂地挑撿著一個盛宴所留下來的食物。
牠很高興地要把一個仍然光鮮的小嫩莓果送給你。不要
「難過」，胡適！你所留下來的全是美食，沒有任何會
破壞或攪亂的東西。啊！不要讓鳥這樣渺小的東西帶給
你任何的不愉快！

又：有時候，鳥會吃火，但那只會讓牠們的歌聲更美。
不信，你可以去問[趙]元任，看我對不對！我們必須多

瞭解鳥！

[又：用鉛筆寫在信尾]如果這封信裡有任何讓你聽起來
受傷的話，那是誤會[64]！

　　韋蓮司寫了這封信以後兩天，胡適在郵輪上也寫了一封信給
韋蓮司。這時候，他當然還沒收到韋蓮司這封信。最煞風景的
是，他又在信上說了那句韋蓮司不愛聽的話：「我當然是常常想
到妳。我還是認為我到綺色佳之行，帶給妳的是攪亂多於安寧。
我殷切地希望妳能夠慢慢地恢復平靜。」[65]韋蓮司這隻「鳥」有
「會吃火」，也有敢吃「火」的時候；然而，胡適所能想到的，
居然只是「殷切地希望」她「能夠慢慢地恢復平靜」！
　　胡適1933年啓程赴美的時候，大概完全沒想到他的綺色佳之
行會是一個弄月之行。7月4日，當他搭乘的郵輪抵溫哥華的時
候，他寫信給韋蓮司，報告他抵達北美洲的消息。胡適在說明了
他的行程以後，告訴韋蓮司說他會到綺色佳來看韋蓮司和她的母
親。他問說：「妳母親好嗎？妳自己好嗎？」[66]胡適寫了這封信
以後，又在第二天打了個電報。韋蓮司接到電報以後的回信裡，
沒有提到她母親。一直到她接到胡適的信以後，她才在回信裡，
告訴胡適她母親早已於1932年4月過世了。她說：「我沒寫信告
訴你，因為那可能會勞你動筆，而我覺得實在沒有必要。」[67]
　　胡適當然不會知道韋蓮司的母親早在一年多前就已經過世

64　Williams to Hu, October 15, 1933.
65　Hu to Williams, October 17, 1933.
66　Hu to Williams, July 4, 1933.
67　Williams to Hu, July 10, 1933.

了，因爲他上一次寫信給韋蓮司是在1931年3月，是兩年多前的事。與之相對的，是韋蓮司對他的魂牽夢繫。舉個例來說，韋蓮司在1930年10月24日凌晨作了一個夢。這個夢的象徵意義非常豐富，有關胡適的最多，但也同時有關韋蓮司的母親，以及胡適的母親，還有江冬秀。值得玩味的是，韋蓮司作了這個夢以後，雖然她自己並沒有對之作分析，可是連她自己都覺得這個夢的意義非凡。她過後還把這個夢寫下來，但並沒有寄給胡適。一直要到1933年9月，胡適到了綺色佳，她們身心合一以後，她才把這個夢告訴胡適。胡適離開綺色佳回到東岸以後，她找到了這個夢的紀錄，於是另抄了一份寄給了胡適。

　　韋蓮司的這個夢有兩幕。第一幕是在一個囚禁之所。被囚禁的人，有時候好像是韋蓮司自己，有時候則好像是一個年輕人。無論如何，雖然他是被關在一間樓房裡，他好像還享有某種程度的自由。韋蓮司，或者這個年輕人是被關在三樓，二樓空著，有一個第三者則在一樓。韋蓮司，或者年輕人，把兩條很堅固的繩子拋到二樓。這個年輕人被關的時候，帶著不少馬球棍以及打馬球所需的昂貴的道具。他不時把這些道具一件件從洞口遞出去，給在外邊的僕人瓦爾特(Walter)[註：即韋蓮司家的僕役]拿去變賣，也許是用來贖身之用。回到那第三者，那第三者發現韋蓮司所拋下來的那兩條堅固的繩子，似乎知道其用意。反正他又不是獄卒，韋蓮司自己都笑了，乾脆把繩子扔下去，意思就是叫他接力，做下一個動作。

　　這個夢接著轉入第二幕，韋蓮司、她母親、胡適，還有一個朋友弗雷克夫人(Mrs. Flack)圍坐在一個韋蓮司形容爲中國客棧的炕上面，這個炕大得跟一個戲台一樣。在夢中，胡適說：「妳們

知道嗎？我母親這個冬天要跟梅(Mei)一起過冬。梅的母親要在訂婚以前回去，所以我母親就全權暫代其母。」這時韋蓮司注意到桌子上有一把彎刀，做工和顏色都很美，而且看起來是骨董。韋蓮司慵懶地用手去觸碰著，感受它的質感。它像是用金子和鋼作的，刀身、鑲著的珠寶及其顏色都是平光的。胡適說：「這是她在戲中用的刀子，名叫霹靂刀！」韋蓮司坐在一把很大的椅子上，閉上眼睛，把頭往後一仰，露出她的脖子。這時，她腦中閃過一個念頭，只要一刀，所有的困難和問題就可以迎刃而解！但一轉念，又馬上覺得那是懦夫行徑，不可取。韋蓮司不再碰觸那把刀子，但手指還擱在桌上。她可以感覺自己眉毛一絲絲地往上一揚，她的嘴角輕輕一抿，因為她感覺胡適正看著她，而且知道她心裡在想什麼。這時，弗雷克夫人對韋蓮司的母親說：「妳女兒一定很不舒服，她看起來很累。我該走了，謝謝妳們請我來。」韋蓮司母親帶著有點過分迎合的口氣回答說：「她是累了，她總是很累的樣子。」

　　就在這時，韋蓮司醒了過來。她心中所擔心的是，她夢中自殺的念頭其實是胡適的。坐立不安的她，馬上就想打個電報給胡適。她說，她從前也有過一次類似的衝動，就是要打電報問胡適：「什麼時候來？」但兩次的衝動都被她強力的按捺下來。但即使如此，她說那種心驚膽戰的感覺是很難擺脫掉的[68]。韋蓮司自知這個夢的意味深遠，她所以會把這個夢的內容寫下來，後來又告訴胡適，並且又抄寄了一份給他，就表示她覺得這個夢有分析的價值。然而，夢醒時，她所想的不是分析，而是擔心想自殺的其實不是自

68　Williams to Hu, October 23-4, 1930.

己，而是胡適！

韋蓮司的這個夢，從某個角度來看，是一個可以用典型的佛洛伊德的理論來解析的案例。馬球棍與刀子，都是佛洛伊德在夢的解析裡所說的陽具的象徵。馬球棍從洞口進出，則是性交的暗示；客棧裡的屋子、舞台、圓桌則象徵著女性的性器，更不用說，在客棧那一景，除了胡適以外，其他全都是女性。然而，我們還可以作進一步的引申。這個夢的兩個場景，在在反映了韋蓮司對自己和胡適處境的想像：被囚禁、脫身無門的感覺，甚至，連自殺都不是解脫之道。其次，第二景雖然是在一個客棧裡的炕上面，但韋蓮司又說那又像是一個大戲台。「梅」——江冬秀——雖然沒出現，但胡適在戲台上提到她，而且提到訂婚的事情。不但如此，連舞台上都有看戲的外人，亦即弗雷克夫人。換句話說，韋蓮司與胡適是在眾目睽睽之下，一舉手一投足都會有目共睹。更令人扼腕的是，如果自殺也不是韋蓮司的解脫之道，胡適連他自己的男性氣概(masculinity)也難以自保；第一景裡被囚禁的年輕人，必須把作爲他陽具象徵的馬球棍拿去變賣，以作爲贖身之用。這也就是說，在韋蓮司的這個夢裡，自由與男性氣概對胡適而言，是無法兩全其美的；他要保有他的男性氣概，他就沒有自由；但一旦他獲得自由，也就是他失去男性氣概的時候。更有趣的是，胡適在這個夢裡，還在戲台上當眾宣布：那把韋蓮司在夢中撫觸的霹靂刀——他的陽具——是給「梅」用的。

表面上看起來，韋蓮司的母親在這個夢裡扮演了一個次要的角色。然而，事實上，她所扮演的角色，正是使得韋蓮司求生不能、求死也不得的一個角色。弗雷克夫人對韋蓮司的母親說：「妳女兒一定很不舒服，她看起來很累。我該走了，謝謝妳們請

我來。」韋蓮司的母親帶著有點過分迎合的口氣回答說：「她是累了，她總是很累的樣子。」這個對話表面上看起來很平常，其實並不簡單。弗雷克夫人並不只是一個普通的外人，她的姓"flack"的字意是「宣傳員」或「發言人」。值得注意的是，韋蓮司說她母親回答弗雷克夫人的時候，是「帶著有點過分迎合的口氣」。如果弗雷克夫人所代表的是社會、是禮教，更有甚者，是社會、禮教的「宣傳員」或「發言人」，那麼，韋蓮司的母親則是社會、禮教在家裡的「執鞭者」（enforcer）。無怪乎韋蓮司「看起來很累」，而且韋蓮司的母親還要很迎合地說她「總是很累的樣子」。

我們不知道在胡適和韋蓮司的關係裡，韋蓮司的母親究竟扮演了一個什麼樣的角色。她是否是那梗在胡適與韋蓮司之間，讓他們無法結合的一個障礙？胡適留學時期不是不可能，雖然韋蓮司自己的回顧，是說她當時簡直不懂風情，但她也說，說不定胡適是一直很清楚的。我們可以說胡適1927年訪美的時候，韋蓮司的母親確實是梗在他們兩人之間。所以他們一直要等到她過世以後，才有辦法身心合一。1933年胡適第三度訪美，當他知道韋蓮司的母親已經過世以後，他問了韋蓮司一個他們彼此可以完全會意的問題。韋蓮司說：「我要回答你問我的問題：『母親是否氣你？』我認為她並沒有。但是自從她說你怎麼都沒信以後，就從沒再提起過你了。這可能表示她也許有點受傷。然而，由於即使大家在談話中提起你的名字，她也從不表示意見，所以很難知道她是怎麼想。她有時是很有智慧的，我相信她能瞭解。」[69]由於

69　Williams to Hu, August 18, 1933.

韋蓮司知道胡適問的是什麼，她也知道胡適明白她說的是什麼，她可以點到爲止，但落得滿頭霧水的卻是我們。

　　韋蓮司的母親到底要氣胡適什麼呢？氣他害韋蓮司爲他而不結婚？說不定眞正生氣的人並不是韋蓮司的母親，而是胡適自己。這個懷疑絕對不是無稽的臆測。在韋蓮司與胡適「有情人終成一體」以後，她在9月13日寫的一封信裡有一句相當不尋常的話。當時，胡適已經在前一天離開綺色佳回到紐約。這句話是這麼說的：「我沒辦法停止不去想：你的仁心大愛（with great largess），讓你千里迢迢地橫貫［美洲］大陸來到我這兒，就爲了要討回公道（a sense of justice）、糾正一個錯誤（a wrong to right）（我很清楚我根本就沒有叫你來）。」[70]如果這個「錯誤」是韋蓮司的母親造成的，如果胡適是像韋蓮司自己都說的，是爲了「討回公道」、「糾正」這個錯誤而來的，那麼眞正生氣的應該是胡適自己了。當然，除非有新的資料出現，我們不可能知道到底韋蓮司所說的這個「錯誤」究竟指的是什麼。

　　胡適1933年到綺色佳之行有一個另外的收穫，不知道是胡適要求的，還是韋蓮司自動提起的，韋蓮司開始用打字機把胡適留學時期給她的信打下來，再寄到北平給他。10月9日，胡適搭乘的郵輪才剛離開美國四天，韋蓮司已經開始用打字機打胡適1915年的信。這一批信件在當年11月底寄達北平。韋蓮司在打完這第一批信件以後，還附了一封信。她先說了幾句她重讀胡適當年的信的感想，但重點在回想她和她母親的關係：

70　Williams to Hu, September 13, 1933.

抄打這些你從前寫的信件，它所帶回來的鮮明的回憶，不僅是我們那個階段來往的點滴、你敏銳、豐富、慷慨的友誼、你熱切的心靈、活動等等；還有家庭的調適……，以及我那生氣勃勃、極具戲劇性個性的嬌小的母親。

我母親對成千事物欠缺瞭解，想解釋給她聽，又聽不進去，但自己又因此而生氣、受傷。你所說的「寂寞」（其實誰不寂寞？），我認為主要是那種無法進入自己親愛的人的心靈世界的寂寞；她總覺得她老是被我排斥在外。但是，可憐的她，這是情況使然，讓她無法去瞭解跟她意見不同的人，讓她不能讓人推心置腹，讓她無法去同情跟她不一樣的人，而這也使她至少暫時沒有了自我。

但是她的一輩子是那麼亮麗、勇敢地呈現了她的自我！很亮麗，對不對？想來都幾乎要令人屏息。旺盛的活力、無盡的勇氣、對人生的好奇，這些都說明了她的特質，對不對？好個女性！我跟她道不同，跟她生活在一起是一個困難、令人七竅生煙的人生歷練，但也有它無窮的樂趣。

我感謝我能有機會嘗試著(雖然很不成功)去填補我父親的位置，把我自己當成一個恆止不動，能讓她放心、熟悉地展現她自己的背景。儘管如此，我想她還是不開心的，因為我們之間所存在的鴻溝；同時，也因為我雖然順從她，但也執著於我的某些想法。然而，當她終於擁有整個的我以後，在**某些方面**，她的快樂是前所未有

的。但是，昔日的歡樂不再，有趣的訪客也大減。她仍
然能吸引仰慕她的人，而且一直到她人生的帷幕落下以
前，一直扮演著主角的角色。那落下的帷幕的陰影所帶
給我的恐懼，我心疼地想用新的燈去消除，但那終於跟
隨著她短暫強烈的痛苦而去。我很感激。她活得精彩、
勇敢地過去，就像她精彩的一生[71]。

　　不管韋蓮司跟她母親的關係如何，也不管胡適究竟是為了什
麼，需要千里迢迢地，到綺色佳去「討回公道」，他與韋蓮司終
於成為結為一體的戀人。1933年9月是他們關係的一個轉捩點；
這是韋蓮司一生當中對胡適最為癡戀、對他們的愛最有信心、對
胡適最一無保留、最一無嗔怒的時候。我們在本章第一節裡，說
韋蓮司在1927年3月，胡適重訪綺色佳以後，開始用「親愛的
適」來稱呼胡適。1933年9月，胡適跟她結為一體以後，她還是
親暱地用「適」來稱呼胡適。但是她信尾的簽名更親暱化。9月
13日，胡適離開綺色佳的第二天她在信尾簽署的是一個單一的字
母：C。她特意為胡適解釋它的意義：「如果你用法文來念C，它
跟『適』是押韻的，啊！真幼稚！」[72]無論如何，從這一天開
始，韋蓮司在信尾的簽名用的就是C。有時候，她的簽名是在C裡
面畫上一個S，來作為他們兩人已經結為一體的象徵。胡適在接
到韋蓮司9月13日的信以後，也跟著以C來稱呼韋蓮司。與之對稱
的，胡適也開始在信尾以S作為自己的簽名。
　　胡適在1933年10月回到中國。韋蓮司繼續把胡適留學時期給

71　Williams to Hu, [postmarked in Ithaca], October 9, 1933.

72　Williams to Hu, September 13, 1933.

她的信用打字機打出來，按時間編號，分批地寄到北平給胡適。
韋蓮司的信一直滿溢著相思之情，她在趕上胡適的郵輪啟航之前
的最後一封信裡，癡癡地寫著：「喔，大海！我是多麼地嫉妒著
妳！請妳把我圈在妳的思維裡，讓我能夠看到妳在海波上所犁出
來的溝紋，望著，望著……優閒地與海上的太陽與風合而為
一。」[73]最值得注意的，是韋蓮司寄給胡適，讓他能在郵輪上消
遣的一本詩集。韋蓮司寄給胡適的詩集是英國17世紀詩人董恩
（John Donne, 1572-1631）寫的。董恩雖然是一個神父，他的詩被
許多人認為過於淫穢。有一個學者甚至認為董恩的詩與其稱之為
情詩，不如稱之為「性詩」。韋蓮司原來要送胡適葛立森
（Herbert Grierson）註解的董恩詩集，但綺色佳的書店沒有，所以
她寄給胡適另一個版本。韋蓮司喜歡葛立森的版本，可能主要在
於葛立森的分析。葛立森認為董恩打破了中世紀把靈與肉二分，
視屬於靈的愛是高尚的、是昇華到對上帝的愛的初階；屬於肉的
愛則是罪與罰的象徵。葛立森認為董恩的詩所歌頌的，是喜悅，
是「兩情相悅的愛」；是「靈與肉各有其分的熱愛」，是「無須
為之而懺悔的愛」[74]。換句話說，董恩的情詩雖然寫得大膽露
骨，但他有神來之筆，不管他是寫情還是畫愛，總是字字入木三
分，調情而不淫。韋蓮司在信中特別提到了董恩的輓歌第十八
首：《愛的歷程》（Love's Progress）。這首詩是董恩的詩裡，被
公認為最肉感、最露骨的情詩之一。

73　Williams to Hu, October 3, 1933.
74　Herbert Grierson, "Donne's Love-Poetry," Helen Gardner, ed., *John Donne: A Collection of Critical Essays* (Englewood Cliffs, N. J.: Prentice-Hall, Inc., 1962), pp. 23-35.

　　韋蓮司在信上說：「你不一定會喜歡董恩，但我認為你至少應該對他有點瞭解。在郵輪上，你應該會有一點不受干擾的空間來吸收他(當然，把那討厭海的他再次送出海，是相當不近人情的！)。我想你一定會對我刮目相看，因為你會發現我在[括弧裡]寫的那一句，是意有所指地應和著《輓歌第十八首》。」雖然這只是臆測，但是韋蓮司會在信裡特別提到《輓歌第十八首》，很可能是希望胡適能特別去讀它。董恩的《輓歌第十八首：愛的歷程》是以探險尋幽的水手來比喻男人，而以山海、島嶼來比喻女體；水手出海尋找新大陸，其最終的目的地在於「她的印度」(her India)——女體最令人心神蕩漾之所在——陰戶。韋蓮司說：「把那討厭海的他再次送出海，是相當不近人情的！」誠然，戀愛中的韋蓮司想當然耳地，認為自己就是胡適的「新大陸」；從這個角度來看，把胡適送出海，其目的並不是去尋找愛，相反地，是要遠離他的愛。用《愛的歷程》的第一個詩句來說：「想做愛的人如果不清楚他真正的目的何在，就會像是一個漫無目的出海的水手，他不但會空手而歸，而且會落得大病一場。」

　　《愛的歷程》隱喻、妙譬重重，象徵意義極為豐富，可以作多重的解釋，在此，筆者將以最精簡的方式來詮釋。一個追求愛的人，可以徘徊在女體的美顏：她的秀髮、美眉、嬌鼻、明眸、豐唇、皓齒、嬌嫩的下巴。然而，這些不但不是愛的最終目的地，而且常是發生海難之所在。他可以繼續往南，筆直地航向女體的乳峰與美臍。然而，這時水手雖然已經到了直布羅陀，「印度」仍然遠在天邊。此去難關依然重重；女體肌膚上的斑點與痣，就像海洋上暗礁險灘處處一樣，海難依然頻頻。換句話說，

新大陸的探險不是兒戲，新手常常徜徉於美顏、乳峰與美臍之間，渾然忘卻了探險的最終目的，即使能免於海難，如果不自知把持，還有可能因爲擦槍走火而功虧一簣。做愛高手則不然，他懂得另闢蹊徑、長驅直入桃花源。與其從美顏入手，不如從腳開始。這個道理非常簡單，首先，腳所提供的，是一個讓人可以按圖索驥的地圖，是直通「印度」的大道。同時，它還是「堅挺」的象徵，是「我們躍上床時，第一個與床接觸的部位。」董恩深諳親吻的藝術和品味，親吻因部位不同，意義有別。顏吻是平等之吻；手吻是尊重之吻；膝吻是臣屬之吻；足吻則是五體投地，在戀人的脈絡之下，是甘爲情奴之吻。做愛高手從腳開始，就彷彿他是在高處飛翔；因爲空氣稀薄，阻力減少，他得以長驅直往桃花源挺進之速，連飛鳥都只好自嘆不如。等輕舟已過萬重山之際，便是那妙處所在：是那「天工造女的傑作：四片唇瓣，微向外掀。」[75]

可偏偏胡適不知是因爲不領韋蓮司的熱情，還是因爲他就是不鍾情於董恩，他在郵輪上看了不少書，還特別提到他的讀後感，唯獨只虛應故事地回應了韋蓮司贈董恩詩集之情。他10月17日在郵輪上寫的信說：「讀了不少東西。非常喜歡葛立森；讀了一點董恩。讀了歐尼爾 (Eugene O'Neill) 的《哀悼》(*Mourning Becomes Electra*) 跟史帝分 (Lincoln Steffen) 的自傳。讀了鈴木大拙的《禪宗論文集》(*Essays on Zen Buddhism*)(第二集)。我最感

75　Gary Stringer, et al eds., *The Variorum Edition of the Poetry of John Donne*, Vol. 2: *The Elegies* (Bloomington and Indianapolis, In.: Indiana University Press, 2000), pp. 301-303; 875-911。請注意，本版《愛的歷程》是輓歌第十四首。

興趣的是史帝分的自傳，整整875頁，我愉快地讀完了。這本書
使我更進一步地瞭解你們的國家和人民。」[76]

　　胡適的郵輪在10月25日抵上海，29日返抵北平。儘管他此次
的美國之行意義非凡，儘管他和韋蓮司已經成爲身心一體的戀
人，儘管韋蓮司寫給他那麼多刻骨銘心的信，儘管韋蓮司送給他
董恩《愛的歷程》那樣露骨肉感的詩集，胡適在回到中國以後，
除了我們在下一節會提到的1934年8月的一封信以外，又再次對
韋蓮司封筆將近三年。

第三節　伊人鳥，何去何從？

　　胡適在1933年10月底回到中國以後，就立刻又對韋蓮司收了
心。他感情收發自如的功力堪稱一流。其決絕的程度，就彷彿他
此行跟韋蓮司身心合而爲一的事實，並不曾發生過一樣；就彷彿
韋蓮司對他刻骨銘心的誓言，只不過是過眼的雲煙、「暫時的安
慰」（借用他寫給曹誠英的詩）。其實，這已經是他一貫的模式。
1927年他從美國回中國以後，對爲他而害相思病的韋蓮司，同樣
也是不聞不問。他不止對韋蓮司如此，對待瘦琴、徐芳也如出一
轍。唯一的不同是1927年，他忍心對韋蓮司一封筆就是四年。
1933年他回國以後，至少還在1934年元旦打了一封三個英文字的
「新年快樂」的電報給韋蓮司。可是，過後，又是沉寂。該年5
月，韋蓮司寫了一封信，談到康乃爾大學的「世界學生會」跟中
國學生社團合辦的活動，也提到了趙元任的作曲發表會。值得注

76　Hu to Williams, October 17, 1933.

意的是，韋蓮司在這封信並沒有用「親愛的適」來稱呼胡適，也沒有在信尾用C或者把S含在C裡的親暱方式來簽名；這封信對胡適的稱呼「親愛的胡適」，她自己的簽名則更是正式，亦即，用她的全名E. C. Williams[韋蓮司][77]，比起她在胡適留學時期用「克利夫德」的簽名還來得生份。胡適則連回信都沒寫。

一直到1934年8月8日，胡適才又動筆寫信。在這封信裡，胡適向韋蓮司致歉，用的又是他深諳的「以情動之」、「以柔克剛」的柔術：「我從上次回國以後，連一封信都沒寫，欠妳一千個道歉。我原想擺脫一些事，結果我的責任反而是有增無減。我現在是我的《獨立評論》週刊唯一的編輯、北大文學院長兼中文系代系主任。我幾乎每天都工作14個鐘頭，晚上通常要到清晨兩點才上床，週一則常常要到清晨四點，因為那是我編週刊的日子。奇怪的是，我極其健康，體重增加，胃口很好。週刊的影響力與日俱增。我希望這個暑假至少能有一個星期的假日，屆時我會好好地寫一封信給妳。」[78]結果，胡適那個暑假還是沒寫信給韋蓮司。他再下一次跟韋蓮司聯繫，是將近兩年以後，也就是1936年4月的生日賀電，再來就是該年8月2日報告他抵達舊金山的電報。

胡適1934年8月8日寫那封信的目的，是在介紹曹誠英給韋蓮司。這就是我們在第三章第二節裡所提到的那封信。那時，曹誠英已經要到康乃爾大學去讀遺傳學，因為她是自費生，「必須省吃儉用」；同時，她又必須「學習英文口語會話」，因此胡適特別請韋蓮司「幫助和引導」曹誠英。兩年以後，胡適自己也到了

77　Williams to Hu, May 26, 1934.
78　Hu to Williams, August 8, 1934.

美國。我們在前一節裡，提到韋蓮司1933年9月底胡適離開以後的一封信裡說：「再兩個多天！」這是因為胡適原來預定兩年以後會來美國開太平洋學會的年會。然而，這個預定1935年在加州優勝美地召開的年會，由於中日關係的緊張，也就是日本在華北的蠶食鯨吞，一直要順延到次年才舉行。

　　胡適在1936年7月14日從上海上船。前一晚，也就是徐芳想再見胡適一面，藉口看熱鬧，跟表哥表嫂去參觀胡適搭乘的郵輪。16日，船到神戶以後，胡適在日本逗留了兩天。從神戶到東京，胡適在火車上看見了雲中的富士山，這給了他靈感寫了他寄給徐芳的那首《車中望富士山》。24日，船到檀香山，胡適在夏威夷大學，以及華僑公所作了演說。當晚，郵輪繼續東行。29日抵達舊金山。胡適在華僑圈裡盤旋幾日，四天以後，他打電報給韋蓮司，說：「安抵。住聖法蘭西斯旅館(Hotel St. Francis)。九月東來。」[79]

　　太平洋學會在優勝美地的年會，從8月16日開到29日。胡適在19日給韋蓮司的信，說他在會後還要回到舊金山給三個演講，然後在9月3日坐火車東行，因為哈佛大學要他在7日到達麻省的劍橋。胡適到哈佛之行，除了參加哈佛大學三百週年的校慶，發表演說以外，還接受哈佛頒給他的榮譽博士學位。胡適說他的演講是排在9月11日，哈佛的慶典是18日結束，說不定他可以在演講過後，偷空到綺色佳來看韋蓮司，然後再趕回哈佛參加閉幕式。過後，他會到紐約逗留大約10到12天的時間[80]。

　　胡適的這封信裡有幾個值得注意的地方。第一，胡適用C來

79　Hu to Williams, August 2, 1936.

80　Hu to Williams, August 19, 1936.

稱呼韋蓮司，信尾的簽名用S，彷彿有心回到三年前韋蓮司對他最為癡情的時光。其次，胡適在這封信裡談到他已經放棄了他留學時期所秉持的和平主義。胡適的和平主義是韋蓮司所夙知的，從某個角度來說，那是他和韋蓮司所共有的，是他們為之廢寢忘食，一起討論，一起為之雀躍，一起為之唏噓的信念。他在這封信裡對韋蓮司說：「妳也許已經在《亞洲》(Asia)雜誌上看到我最近的觀點，也就是說，我已經從1936年6月開始，逐漸放棄了和平主義的立場。這幾年，我常常想到妳，想到妳跟我一起切磋，也深深地影響了我的和平主義觀點。今年初，在華西的一個貴格派學院(Quaker College)〔註：即華西協和大學〕的院長寫信給我，他聽說我放棄了和平主義立場的而感到憂心。讀他的信的時候，我馬上告訴自己：『如果C當晚在會場上，當她聽到我宣布我放棄了歷經風霜25年的和平主義，她會怎麼說呢？』對的，妳會怎麼說呢？」

　　更令人玩味的是，這封信也反映了胡適對待昔日戀人的態度。他在這封信裡，用了極為生份、不以為然的口氣來數落曹誠英：「我很高興從妳那兒得知一點曹小姐的近況。自從她離開中國以後，我就從沒寫過信給她……妳信中所描述的她相當正確。她**的確是**一個人人哄捧、誇她有小聰明、被慣壞了的孩子。」這就是我們在〈第一章序曲〉裡所說的，在「新人」前面數落「舊人」。數落過後，胡適還特意擺出他跟曹誠英不熟、沒有秘密怕人知道的姿態，隨信附了一封請韋蓮司轉交給曹誠英的信，說他會在到了綺色佳以後，再跟曹誠英聯繫。

　　等胡適到了哈佛大學以後，他發現不可能不參加已經安排好的校慶活動。他原先已經打了一個電報，告訴韋蓮司他要飛馳來

回綺色佳的日子，於是，他趕緊在11日又打了電報取消。他在9月13日的信，先向韋蓮司報告他在哈佛忙碌的情況。由於他的演講詞太長，必須刪削。他的演講是排在11日星期五下午，為了趕上演講稿付印的時間，他星期三晚一直寫到第二天清晨五點。這就是次年收在哈佛大學出版的論文集裡的〈中國的印度化：一個文化轉借的個案研究〉（The Indianization of China: A Case Study in Cultural Borrowing）。總之，胡適在這封信裡告訴韋蓮司他接下去的行程：他預定在10月1日早上從紐約坐火車到綺色佳，但他會想辦法看能不能改成9月30日晚的夜車。無論如何，他會在9月19日或20日先去紐約，10月1日到綺色佳，4日傍晚離開，坐火車西行往舊金山。他從舊金山回國的郵輪《林肯總統號》預定10月16日啓航[81]胡適這樣風塵僕僕地來回紐約，我們不知道他是否跟他的第一顆美國星星瘦琴見過面。由於他這段時間沒記日記，只能存疑。

　　胡適寫這封信還有另外一個非常重要的用意，那就是要先作安排，不要讓韋蓮司和曹誠英——他的兩個情人——同時共聚一堂。當時，曹誠英還在康乃爾大學念碩士學位。胡適這次的綺色佳之行與往常不同，此行最大的尷尬，是如何不讓他的兩個情人知道他們之間的三角關係。韋蓮司他不怕，畢竟，韋蓮司懂得自律，很清楚她作為情婦的身分，她會知道應該如何在胡適的「表妹」之前自處；曹誠英則不然。胡適深知曹誠英剛烈、率直的個性。胡適也深知曹誠英對他有無可救藥的癡情。他們從前在中國的時候還需要覓時覓地來相會，現在身在異國豈不是天賜良機！

81　Hu to Williams, September 13, 1936.

曹誠英那已經久久壓抑在身心深處的癡、的熱，即使是在國內都
會爆發出來，何況是當時孤苦伶仃地處在異國的她。而這也可能
正是胡適所擔心的，由於周遭都是陌生的異國人，身在異域那種
無名一身輕的感覺，可以使人暫時掙脫來自於自己社會的禁忌與
枷鎖。即使韋蓮司在場，曹誠英都可能會忘情地奔向他。更尷尬
棘手的是，胡適到了綺色佳，當然是住韋蓮司家，也當然是與韋
蓮司同房。然而，如果韋蓮司也把「表妹」給約來了，那情以何
堪？他該跟誰同房？所以，胡適在9月13日的這封信裡特別作了
叮嚀，請韋蓮司「務必不要邀請曹小姐來妳家住。我可以去她那
兒或者在妳那兒跟她見面，但絕對沒有必要請她過來同住。」[82]

　　胡適想得快也想得周到，但是，人算還是不如天算。我們不
知道韋蓮司是怎麼知道的，最有可能的，就是曹誠英自己對韋蓮
司作了傾吐。她對糜哥的愛，已經壓抑得太久、太深了，她需要
傾訴的對象。我們自然不知道她是什麼時候向韋蓮司傾訴的。也
許就在韋蓮司把信轉交給曹誠英的時候，曹誠英見信情生，忍不
住對韋蓮司傾吐她和胡適的過去，以及她對胡適的相思。總之，
等胡適到了綺色佳的時候，韋蓮司一反常態地以冷淡的態度來對
待他。如果胡適是按預訂時間去了綺色佳，他是10月1日抵達，4
日傍晚離開的。尷尬、難堪的心情顯然延續了一陣子。胡適在10
月26日，從加拿大進入美國，往西雅圖的途中，寫了一封明信片
給韋蓮司。除了報告他從芝加哥到聖保羅沿途所看到的絢麗的秋
色、他的行程，以及牙疼以外，其他什麼都沒說[83]。

　　韋蓮司則一直要等到10月28日，才撫平了她心中洶湧的波

82　Hu to Williams, September 13, 1936.
83　Hu to Williams, October 26, 1936.

濤。當天，她寫了一封意味深遠的信給胡適。在這封信裡，她又把自己比爲一隻鳥。我們已經很熟悉鳥是韋蓮司給胡適的信裡常用的一個比喻。在這封信裡，不同的地方在於她把自己一分爲二：一個是毫無保留地，把感情釋放給胡適的鳥；另一個則是這隻鳥較爲實際、冷靜的姊姊。另外一個意味深遠的特點是她寫的發信地點。西洋人寫信常會在信紙的開頭寫下自己的地址，韋蓮司也一向如此。只是這次她所寫的發信地址非常特別：「樹洞」（The Hollow）。這是一個雙關語；英文的hollow可以是樹洞、地坑，可以譬之爲「伊人鳥」之巢；但也意味著空虛、茫然、被掏空，也就是她的心已被掏空的意思。雖然我們已經在〈第一章序曲〉裡引了這封信，但因爲這封信的重要性，也爲了敘述的完整，我們在這裡要再次完整地引述。她以幽默、自諷的筆觸對胡適說：

> 親愛的胡適：
> 你在綺色佳的時候，你的伊人鳥(bird lady)不巧有事他往，眞是令人嗟嘆。聽說你以爲她在生你的氣，由於我和她保持著聯繫，經過查證以後，我可以說那是你的過慮。她不在這裡的原因有兩個。一來是因爲她擔心她如果在場的話，可能會傷害到你的表妹。二來我這個比較實際的姊姊，發現她已經快要把我們共同的資産揮霍殆盡。我們的資産的票面價值，主要是放在同情、愛心，以及客氣的股票上。這些股票在「經濟大恐慌」[註：抑鬱的雙關語]的影響之下，已經大大貶值。由於她很容易觸景生情，揮霍地動用前兩種股票，我近來已經嚴

峻地不准她在這種場合出現。我希望在採行這種禁足的
措施，以及調整我們的投資策略以後，她可以在不久的
將來，再度自由的動用我們共同的資產。由於你自己也
知道你必須把你類似的資產，很謹慎地運用在你周遭的
人事上，我們相信你會瞭解我們的苦心。

我們——因為她正好在此刻飛進來我身邊——祝你旅途
愉快。同時也希望我們在不久的將來，能有幸收到你的
來信。

　　等到那一天來臨以前，你若有似無的韋蓮司(Until
then, Somewhat evanescently yours, ECW)[84]

　　因為碼頭工人罷工，胡適所搭乘的郵輪起碇的時間一延再
延，韋蓮司原先以為胡適要回到中國以後才會收到這封「伊人
鳥」的信。結果，胡適在船開以前就收到了。然而，胡適是再鎮
定也不過了。一向不輕易在紙上吐露真情的他，只若無其事地回
信說他「衷心感謝」她的來信。然後，他馬上岔開話題，說罷工
還沒結束，然後說他很高興民主黨的羅斯福再度當選總統，就匆
匆地結束了這封短信。其實，胡適很清楚韋蓮司在生他的氣。他
在接到「伊人鳥」這封信的前幾天，就提筆寫了一封轉彎抹角地
為自己辯護的信。他知道韋蓮司愛他，他更清楚要怎麼說，就會
讓韋蓮司心軟。事實上，對胡適，韋蓮司的心有什麼時候不是軟
的？胡適在這封信裡歷歷細數他孤寂的心靈生涯，嗟嘆他身邊沒
有可以與之在學術、詩詞上唱和的友朋。他說：

84　Williams to Hu, October 28, 1936.

我過的是一個非常寂寞的生涯。我一向在深夜工作。有
時候我在清晨三點寫成一個東西，自己覺得很滿意，就
真想能有一個人能夠跟我分享。在過去，我會把我寫的
詩給一個侄兒看，他是一個有才華的詩人，跟我住在一
起。但他已經死了十年了。我已經好多年沒寫詩了，我
已經轉向作歷史研究。但這五年來，由於政治問題更為
迫切，連要作這點都已經很困難。但是我還是維持每年
寫出一篇主要論文的作法。我覺得即使是在這種研究工
作，我也需要有人來跟我分享、給我鼓勵。

　　胡適這封信是向韋蓮司討饒的信，他對韋蓮司以乞憐的口
氣，噓然地慨嘆著說：「沒想到一個人會那麼渴望能找到知
己。」最後，他語鋒一轉，說：「我最親愛的朋友，妳千萬不能
生我的氣，一定要相信我是跟以前一樣，一直是最常想到妳。」
雖然他在這封信的起頭改用「最親愛的克利夫德」來稱呼韋蓮
司，可是在信的結尾，他用的簽名還是他們之間那親密的S[85]。
　　韋蓮司對胡適的心一直是軟的，即使胡適對她不見得如是。
胡適回國以後，一直要到隔年2月中，才又提筆寫信給韋蓮司。
在這期間，我們從胡適的信可以知道韋蓮司打了兩個電報給他：
一個是1936年12月「西安事變」發生以後，我們不知內容為何，
也許韋蓮司聽到了「西安事變」，因為關心而打了電報；另一個
則是新年賀電。胡適寫這封信的時候還在協和醫院，這是割治他
肚子上的疝氣的手術。他告訴韋蓮司手術的日期是2月2日，中國

85　　Hu to Williams, October 31, 1936.

的農曆新年，所以他是在醫院裡過了農曆新年。事實上，胡適說得不對，2月2日並不是農曆新年；那年的農曆新年是2月11日，但重點是，他確實是在醫院裡過了農曆新年。他在這封信裡說他次日就要出院[86]。當然，胡適在醫院裡並不寂寞，徐芳常常來看他。

　　1933年胡適離開綺色佳以後，韋蓮司在生活上有了相當大的變化。她跟母親在高原路318號的房子是她父親蓋的。1924年，韋蓮司的母親把這棟房子的產權轉給韋蓮司，用了兩個相當可愛的理由：一、因為韋蓮司付給了她母親美金一元；二、母親的「愛(love)與情(affection)。」1932年母親死後，韋蓮司就想把房子賣掉。1934年，這棟房子由康乃爾的兄弟會「阿卡西亞」(Acacia)買下[87]。今天我們還可以上「阿卡西亞」兄弟會的網站，去瀏覽這棟漂亮房子的外貌和幾幅室內廳堂的照片。賣了318號的房子以後，韋蓮司在同一條街上蓋了一間比較小的房子，也就是高原路322號的房子，這也是曹誠英曾經住過的房子。韋蓮司就住在這一棟房子裡，住所兼租屋，一直到1960年，她把這棟房子賣掉，搬到加勒比海的巴貝多司島(Barbados)過退休的生活。由於1933年胡適回國以後，有三年沒和韋蓮司通信，他一直要到1936年訪美的時候，才驚訝地知道韋蓮司早已不住在他再熟悉也不過的318號了。

　　在杳無音訊的三年裡，韋蓮司除了在居處上的變化以外，也有了一個追求她的男人，這就是後來她在信上以R.S.的縮寫來稱

86　Hu to Williams, February 15, 1937.

87　Carol Sisler, *Enterprising Families, Ithaca, New York: Their Houses and Businesses* (Ithaca, New York: Enterprise Publishing, 1986), p. 43.

胡適在韋蓮司高原路322號的房子前的照片，攝於1953年7、8月間。(胡適紀念館授權使用)

呼的男人。三年前的癡、的狂、的敢愛、的「火鳥」之奔放，都已經因為胡適的相應不理，而像韋蓮司所預見的，「漸行漸遠」，愛的火焰「淪為一線微弱、記憶中的火絲而已。」韋蓮司對胡適的愛自然沒有消失，只是變得更為深刻、變得無嗔無怨、變得凡事寬容、變得一切盡在不言中。她在1937年9月25日的信裡說：「儘管我沒寫片語隻字給你，這幾個月來，我的腦和心與其說是在這兒，不如說是在中國。」這時，「蘆溝橋事變」已經發生，韋蓮司的所想所思，是愛屋及烏，從胡適到整個中國：

　　文字在此刻似乎特別顯得無用，更何況即使它們多少有

點作用，恐怕你也收不到。雖然我知道我就是不寫，你也會知道我是多麼地關心著你，然而我從自己的經驗體會出，把關愛形諸語言，是有其重大意義的。[註：韋蓮司在這裡可能是遙遙呼應胡適1923年所說的話，當時胡適說他聽說韋蓮司的父親過世，但沒寫信致哀，因爲他的心意可以不言可喻。(參見頁235)當南京遭受攻擊的時候[註：八月中]，我幾乎壓制不下我想跟你聯繫的衝動。我把這封信寄出以前，可能還是會設法打一個電報給你。~~我可能會託我哥哥打電報給你。~~[註：韋蓮司刪掉這句，因爲她後來有更好的方法，見下句。韋蓮司的大哥是紐約的名律師，雖然戰爭已經發生，有特殊傳達信息的管道。]電報是寄去了華盛頓的[註：此句是後來用鉛筆寫上去的]。

夏天的事變開始的時候，我覺得我們最能給予幫助的，可能是去照顧在此地的留學生。中國可以放心，我們會好好地照顧在康乃爾的這一群。事實上，你也許已經聽說了，對留學生的幫助已經在全國各地展開。我希望由於他們體會到此後他們必須爲中國的未來肩負更大的重擔，那些一時回不了國的學生，會瞭解他們暫時不得不留在這裡，是要爲國盡更大的義務。你可以想像要他們去忍受遙遠的家園傳來的壞消息，是一件多麼困難的事，但他們表現得非常好。

我憂心如焚。如果我去[中國]能會有任何助益的話，我會去的。然而，看來我恐怕反而會成爲一個累贅，更何況去又是這麼的難。

在死人無數的此刻，我憂心地等待著親愛的人安危的消息，而消息又是如此姍姍來遲。開始的時候，在南方城市遭受空襲以前，還有許多比較安全可逃往的地方。即使現在，我相信聰明的人知道該躲到哪兒去的[註：韋蓮司在暗示胡適即使在中國，也還是有避難的所在——暗示胡適逃到租界去？][88]。

　　就在韋蓮司寫這封信、擔憂胡適的安危的同一天，胡適也在飛機上寫了一封給韋蓮司的信：

親愛的克利夫德：我現在在海拔一萬英尺的空中寫信給你。中國詩人稱這爲「雲海」，可是，這個景觀遠比他們所能想像的還來得壯闊！[註：連這時都忘不了要隨時宣揚西方科技文明比東方文明更能創造出精神文明的信念。]我又來美國了，雖然我不久前才來過。我必須說在這每天、每小時都有毀滅厄運的當下離開中國，到比較舒適又絕對安全的國外來生活下來，是違背著我的本意的。然而，我不可能繼續抗拒敦促我來美國的壓力。我最後答應了，條件是我不從事外交工作，也不作「宣傳」工作。我只回答問題，釐清誤解，以及發表**我自己**的觀點[89]。

　　韋蓮司寫那封憂心如焚的信的時候，是她到東岸去度假時就

88　Williams to Hu, September 25, 1937.
89　Hu to Williams, September 25, 1937.

開始寫的。9月27日，她回到圖書館上班時，圖書館的一個小弟告訴她，說她錯失了一則新聞。那就是報載胡適在當天抵達加州。韋蓮司欣喜萬分，立刻提筆寫信給胡適。她說：

> 最親愛的朋友！我提筆的目的就是要讓你知道，即使你在這麼一個浩劫中所肩負的重任，你說不定可以得到一絲絲地欣慰，因為在紐約州有一個很渺小的人，用她最真摯的心在關心著你。我是這麼的關心著你，也是這麼強烈地希望你知道我是這麼的關心著你——希望你知道不管你人在哪兒，我都在精神上陪伴著你。而你就在這個時候飛來，讓我覺得這簡直是天經地義應該發生的事。喔，人是多麼虛榮的動物啊！當然，我完全知道這兩者之間[註：韋蓮司的關切跟胡適的即時到來]一點關聯都沒有。

就在這封信裡，韋蓮司第一次透露她有一個想要娶她為妻的人：

> 有一個想跟我結婚的男人說：「中國或者衣索比亞有戰事，這對兩顆相愛的原子想要合而為一有什麼影響呢？」這影響可大了，大到可以徹底地拆散這兩顆原子。然而，把你我湊在一起的觸媒是偶然。我也許不會見到你，然而，我們這兩顆星，又再度運行到接近彼此的軌道。你還活著，你也許今晚就會飛往華盛頓，我的電報就在那兒等著你。明天，我們也許會通話，這也就

夠了。

知道胡適還活著，韋蓮司謝天謝地，鬆了一口氣。胡適不但還活著，他還已經到了美國！雖然韋蓮司說只要胡適能看到她的電報，只要他們能通電話，她也就滿足了。但是，在感謝上蒼的保佑以後，韋蓮司又感覺胡適的到來，絕非偶然。倏然間，韋蓮司又回到了1933年的心情；她想要胡適，她又恢復了她雖千萬人吾往矣，意氣飛揚的氣概：

> 奇妙的是，我們從沒有真正分開過——不管我們是如何傷害了彼此，不管是多大的浩劫在打擊這個世界。然而，終有一天，這會發生，那時，真正的寂寞就會降臨在我們其中一人的身上。但即使那個時候到來，誰知道情況又會如何呢！我倆跟宇宙同體，宇宙是用什麼造成的，我們也就是用什麼造成的。那躍動在你我身心裡的生命，是與萬物一體的。我此刻坐在這裡玄思著(philosophizing)(不知道這個字該怎麼拼！[註：拼法正確])，過一下我就要上床去了，以便我能在靜寂與黑暗中跟你更接近。

韋蓮司彷彿又搖身一變地回復她「火鳥」之身，她願為胡適而犧牲，她要與胡適合而為一：「在你為著[亞、美]兩大洲、為著世界歷史深思熟慮的當兒，我要輕輕地把我的愛拋向你，像空氣一樣地輕，說不定還可以讓你拿來作為翱翔的憑藉。我要停筆

了，因爲我要[在睡夢中]跟你更完全地結合在一起。」[90]

胡適是在1937年9月26日飛抵舊金山的。在舊金山地區盤桓、演說幾天以後，他於10月5日下午一點飛往東岸。轉了兩次飛機，在18個鐘頭以後，終於在6日上午十點飛抵紐澤西州的紐瓦克機場(Newark)。8日凌晨從紐瓦克坐夜車到華盛頓。胡適到了東岸以後的日記只記了幾天，最後一天是10月19日，此後就中斷，一直要到次年元月一日才又繼續。就在胡適剛抵東岸，才剛剛安排好居處的時候，癡情的韋蓮司就翩然而至。我們之所以能知道韋蓮司到了東岸來看胡適，是從她給胡適幾封殘存的信裡的蛛絲馬跡裡看出來的。雖然我們不能確定他們見面的地方是在哪裡，我的推測是在紐約。我們不知道胡適在8日晨抵華盛頓以後，在華府逗留了幾天。根據胡適給美國國務院東亞司司長的信，我們知道他在10月12日晉見了羅斯福總統[91]。14日，胡適又與中國駐美大使王正廷往見美國國務卿。以他在10月18、19日的日記裡所提到的人來看，他當時應該已經到了紐約。他這兩天見了李國欽以及他所邀的四十個工商業、銀行界領袖，顧臨(Roger Greene)，以及哥倫比亞大學的杜威、孟祿(Paul Monroe)、富路得(L. Carrington Goodrich)。這些都是住在大紐約區的人。比如說，我們知道李國欽和孟祿都住在紐約市附近；李國欽住在葛藍灣(Glen Cove)，孟祿住在蓋瑞森(Garrison)。此後，胡適雖然風

90　Williams to Hu, September 27, 1937.

91　Hu to Maxwell Hamilton, November 22, 1937, *Foreign relations of the United States diplomatic papers. The Far East, 1937,* Vol. III (Washington, D.C.: U.S. Government Printing Office, 1954), p. 711。吳相湘10月20日之說是錯的，見吳相湘，〈抗戰期間兩「過河卒子」——胡適與陳光甫〉，《傳記文學》，17卷5期。

塵僕僕，他的大本營是在紐約。

　　如果韋蓮司確實是到了紐約去見胡適，她大約是在10月15日左右去的，停留了五天的時間以後，再趕回綺色佳上班。韋蓮司興沖沖地飛奔到紐約去見她魂牽夢繫，想要跟他在睡夢中「更完全地結合在一起」的胡適。遺憾的是，這五天的小聚可能是他倆五十年關係裡最低潮又最緊張的一次。10月27日，回到綺色佳的韋蓮司在信裡寫著：「儘管我倆都疲憊不堪，而且(因為你沒料到我會來)我們的心情和情境之間有著太大的落差。然而儘管這一切，能見到你還是真好！」[92]韋蓮司在他們相聚的時候以及回綺色佳以後，顯然寫了許多寄與未寄的信，但只有幾封殘存下來。其中一封可能是剛到紐約的時候寫的：

　　　　五天以後，我們就又要分道揚鑣了。你見到的我是如此的疲憊與「低潮」，非常對不起。請不要在記憶裡留下那個我。我會擺脫我的牢騷(pettiness)，撥雲見日的。我很難過我沒辦法帶給你更多，但說這些只是討人厭。這幾天是寶貴的日子，稍縱即逝。適！我愛你。撫觸著你的身體的感覺，就像觸碰你的愛意(love thoughts)一樣的真實。我們交會的所在連一絲的隔閡都沒有[93]。

　　另外一封殘信也可能是在他們相聚的時候寫的，是延續他們早餐時的話題。在這封信的開頭，韋蓮司為了他們的話不投機而致歉：「對那麼仁慈對待我的你，我為什麼要提到可能會造成不

92　Williams to Hu, September 27, 1937.
93　Williams to Hu, n.d., [October 1937?].

快的話題呢？我的內心深處有一隻野鳥，你一定知道她所棲息的
是另類的風。」然而，韋蓮司覺得她有必要繼續當天早餐的話
題。她於是談到了她年輕時的情人鄧肯，也把他跟胡適作了比
較：

> 早餐所談的，是令人生厭的話題。今天早上，對不起。
> 這也許有點參考的價值。你記得鄧肯？那時他是我生命
> 中重要的一部分。就在那個時候（我第一次在古巴的時
> 候），我發現他先前告訴我的有關他母親的故事根本是
> 假的。原來他母親並不像他所描述的那麼好，她酗酒、
> 低能，所以他的遺傳很不好。如果我沒發現這一點，我
> 們也許已經結婚了，因為他是第一個讓我嘗到愛情的滋
> 味的男人。（等到我認識你以後，我覺得你們倆各有我
> 所要的一部分——你有他所欠缺的智慧，而他有我當時
> 沒在你身上看到的愛以及對美的鑑賞。）
> 我發現了那個事實以後，光是那一點就讓我斷了想跟他
> 結婚的念頭，因為我非常在意我二哥意志薄弱的問題，
> 我的決定是我不會跟任何一個男人結婚，除非他的孩子
> 能夠以叫他爸爸為榮。（我當然相信節育，但是我仍然
> 認為作為兩性最美的交合的試金石，就是孩子；孩子也
> 是人類發展最健康的基礎。）我一點都不怪鄧肯。他非
> 常愛我，他那樣作就像一個孩子在編故事一樣。然而，
> 我是猛然驚醒了（或者這只是我自己的想像？）；問題不
> 在他的母親，而在於他欺騙了我。
> 我非常內疚我讓他愛我那麼深，所以我發誓我要對他忠

誠，盡我所能幫助他。可是跟他結婚已經是不可能了。
除了這個原因以外，也因爲還有其他人生中的變動，也
因爲我自己必須用心地工作。我非常喜歡他，而且，他
對我以及對他自己[在藝術上]的摸索的共鳴與瞭解，是
千金不換的。他的一生因我而支離破碎，眞叫我心碎
了。這件事對我打擊極大。你知道嗎？有一晚我們徹夜
未眠，就是爲了守著他，不讓他自殺。一直到一年前，
我仍然覺得我對他有責任；直到如今，我還在想我是不
是把我們兩個人的一生都給砸了。我完全不知道他今天
的情形。

　　從鄧肯，韋蓮司想到自己，想到她對愛的感應似乎特別地遲
鈍。可是，等她一愛上以後，卻似乎又特別無法自拔：

很奇怪，我是那麼一個不可愛的人，可是就有男人在我
毫不知情之下愛著我；我從來不曾有意去追求。如果我
能控制的話，也不會讓它發生。三年前，我曾經被一個
年紀小我一半的美少年所吸引，但這來得太晚了。他完
全不知道我給他的，不只有像母親一樣給他的讚美、鍾
愛，以及未來工作上的幫助。我很坦白地對你說了這些
瘋瘋癲癲的內心話，如果你看了覺得厭煩，請原諒。
十四年來，這些思緒就像在走迷宮一樣，循著我倆堅
韌、燦爛的友誼之絲的線路，忽隱忽現地織繞著。也許
這當中還有一些連我自己都不知道的。我一直愛著你，
一直跟你亦步亦趨、依偎著你，即是你的身體不在我身

邊。我的感覺就好像是平地颼起了一陣狂風，而那卻是
我佇足之所。我哆嗦震顫著。我知道這一切都會過去，
你會好奇地想知道爲什麼這居然會發生。會不會只有我
一個人被這狂風捲走[而你並沒有]？你想當這陣狂風過
後，我們那珍貴私密的孩子──我們純美的友誼──會
不會也將跟著消失？

儘管韋蓮司心情壞到極點，儘管她不知道她跟胡適會不會有
未來，儘管她不知道再下去的路該怎麼走，她還是愛著胡適，還
是一切爲胡適設想：

> 偉大的睿智的人兒！我的心爲你淌著血，因爲你爲自己的
> 勇氣跟忠心所付出的代價是孤寂。在我們之間只有誠實，
> 只有真與純。你回來以後，如果需要寫，寫什麼都可以。
> 讓我盡我所能，來填補你內心裡的空虛。不管你說什麼，
> 我都絕對不會生氣。你我既然已經各自選擇了我們要走的
> 路，就讓我們修好棧道、一步步地走下去吧。
> 在過去的這幾天，要一步步好好地走著，好像又特別困
> 難。我們之間的新關係，也還沒能開拓出一個新的交流
> 管道，讓我們的心聲能夠順暢地溝通。痛苦也還沒能夠
> 被抒發出來。我們有可能可以織出一幅新的美麗圖案。
> 我又笨拙且遲鈍，你願意等嗎？我用了太多的隱喻。
> [註：最後這句話是韋蓮司自己的眉批]94。

94　Williams to Hu, n.d., [October 1937].

我們不知道胡適和韋蓮司在五天的小聚裡談了些什麼，我們也不知道胡適在韋蓮司談到鄧肯的時候說了些什麼。我們知道在他們相聚的幾天，他們甚至把鄧肯找了來相會。韋蓮司說：「我想他[在相會的時候]並不高興，但你的厚道使他好受許多。」[95]在另一封殘信裡，韋蓮司先作了一點輕聲細語的抗議以後，又像往常一樣地繼續貶抑自己禮讚胡適：

> 喔，適！你怎麼會有去嫉妒這個人的時候呢[註：指鄧肯]？~~而且，除了瞬忽間的不快以外，那對你又有什麼影響呢？~~[註：韋蓮司自己刪掉]你有的是全人類的海闊天空，凝聚於你個人身上。你無須倚賴任何人，你吸取四面八方的精華，然後又豐富地回饋給全世界。你對全人類所做的貢獻也就是你所給我的[禮物]。你肩負著人類偉大的理想(dreams)，夙夜匪懈、不屈不撓、全心全意地促其實現。因為我已經視自己為無物，因此你一點都沒有虧欠我；而且，只有我最純、最真的態度是值得獻給你的。如果我有任何優點，就應該鋪陳在你面前[供你差遣]。然而，我的資質不高，最好還是放在一旁。即使我最好的一面也是一文不值的，除了也許可以把我的眼睛作為一面鏡子，讓你可以用它來看見你自己[96]。

韋蓮司心甘情願地匍匐在胡適跟前，她對胡適沒有怨懟，沒有要求，只有付出。她敏於反躬自省，但對胡適則凡事寬容。

95　Williams to Hu, October 27, 1937.
96　Williams to Hu, n.d., [October 1937].

她接受胡適的一切，包括胡適所有的愛人：

> 我對我(16日)所寫的那些感到羞愧(我發現我還沒寄給
> 你)。我不知道我所說的這些對鄧肯是否公平。但至少
> 那是我目前最誠實和清楚的看法。[在情人面前]分析自
> 己跟其他男人的關係是一件很沒格調(distasteful)的
> 事。胡適！我所真心想要的，是去品嘗我們難能可貴的
> 相處時光。我尊敬我跟你的關係，我認為那是神聖的；
> 我也是用同樣的態度，來看你跟其他愛著你的人的關
> 係。愛對人有滋養的作用，我願你能得到所有人的愛，
> 然後再由你來作回饋。
>
> 人的構造就是如此，他人會給我們影響，不想要都不
> 行，你我皆同。談起我們跟別人的關係可以深深地讓我
> 們受傷。我深自瞭解嫉妒之爪有多銳利；每一個人都希
> 望她是自己所愛的人的**一切**。然而，就因為我是那麼愛
> 你，雖然我心裡淌著血，我很高興別人能給你我所欠缺
> 的，因為我知道我一定在許多方面作得不夠好。可是，
> 對我而言，你一個人就已經裝滿了我的整杯，甚至是到
> 了溢出來的程度[97]。

　　韋蓮司和胡適相聚的時候顯然談了許多，包括有人跟她求婚
一事。韋蓮司雖然對胡適已然沒有任何要求，可是胡適一聽到有
人向韋蓮司求婚，便立刻贊成，還是讓韋蓮司不禁感傷哀怨起

97　Williams to Hu, n.d., [October 1937].

來：「你馬上就贊成那個婚議，我並不驚訝，從某些方面來說，我瞭解你會贊成。」從許多方面來說，韋蓮司幾乎沒有拒絕的理由：

> 如果我跟R.S.結婚，那或許並不是因爲我可以作一件好事，或者避免什麼傷害，而只是單純因爲有一個人確實是想要「照顧」我；他全心全意，體貼、周到、無私到不可思議的地步。即使他這樣做的目的是爲他自己，他主要的目的是在得到一個讓他可以去愛、可以去照顧的人。我還是不瞭解爲什麼他會選上我這麼一個不適當的人，而且我一點都不知道這對他或對我而言，是不是一件好事。如果我會有個歸宿的話，我是願意相信我自己的判斷的。換做平時的我，光是要作這個決定所需要的責任，不讓我厭煩得皺眉抿嘴才怪呢，可是對疲憊已極的我來說，[R.S.]的態度是很有吸引力的；他的態度似乎是來自於他人格的深處，而且很有可能是會持續的。

　　然而，與此同時，韋蓮司也很清楚結婚對她的意義，並不只是單純一男一女的結合，並不只是爲了結婚而結婚。自從她愛上胡適以後，肉體與心靈的結合是缺一不可的。對她而言，胡適對她的意義，是除卻巫山不是雲；她沒有辦法不拿胡適作爲準繩來衡量其他的男人：

> 對我而言，這是一個人到中年找個伴兒充數的作法（middle aged contract），而不是一個眞正的婚姻。但

是，我們有些共同的喜好和理想，也許能有助於這個實
驗的成功。即使如此，我還是但願他沒出現來攪亂了我
的心。我寧願走我自己已經開始理出來的人生道路，把
它單純化，以達到自由、單純，不需要與令人憎恨的庸
碌周旋妥協的境界。然而，他跟我都希望能在家庭生活
裡營造出一個和平文明的氣氛，都相信克己和心智的重
要性。跟他在一起的時候，我很自然地脾氣好，也客
氣；在這些方面，我是需要幫助的(一旦太熟悉以後，
這些能繼續嗎？)你、鄧肯，還有其他男人在心智、精
神(且不管其意義為何！)、肉體上可能給了我更多的刺
激，但你們都比不上他想要保護照顧我的心。這在我身
心健康，不這麼筋疲力竭的時候，我是不會怎麼在乎
的，現在，我則相當懷疑。

　　胡適讀到這裡，提起筆在韋蓮司的信上作了一個眉批：「這
就是為什麼我說我們[註：即胡適和鄧肯]都很『自私』的緣
故。」不管胡適說得有理與否、黯然神傷與否，他在這時還會有
心情在韋蓮司的信上寫下這句不關痛癢的眉批，也相當令人匪夷
所思了。其實，韋蓮司所要的不是同情，也不是責任，更不是怪
罪。她冷靜地分析R.S.的優缺點，把他拿來跟胡適、鄧肯作比
較，但她也沒有輕易地放過胡適和鄧肯，他們同樣地要接受韋蓮
司冷眼的透視：

　　　　在另一方面，如果要我在婚姻生活裡，獨自去應付一個
　　　　太自我中心、自己又不能獨立的人，我是作不到的。雖

然鄧肯簡直就是我的一部分，就好像我是母親，他是兒子一樣，我沒辦法接受他作我的先生。他說：「妳該作的就是嫁給我還有畫畫兒」，這句話一點意義都沒有。這兩件事不可能並存；不要多久，我就會失去控制，體認到我自己並沒有那麼偉大。這也就是我為什麼一直拒絕他的理由。

如果鄧肯一直長不大，胡適則又太瞻前顧後：

你我該慶幸的是，你並不是活在未來你兒子會生活在其中的新社會裡[註：否則天下就會大亂]；如果他必須去面對現在把我們壓得喘不過氣來的情況，他一定會有他自然的勇氣，或者他根本就不需要這種勇氣[註：因為像胡適和江冬秀這種媒妁之言的婚姻根本就不會再有了]。在一個小領域裡[註：即婚姻與愛情]，我覺得你有點言行不一。你的作法並不是出自於高尚的道德情操（high minded virtue），而根本說來是由於膽怯，或者毋寧說是圓通（practical good sense）戰勝了感情（sentimentality）；還有一點，那就是你寧可要的，是一個「遠在天邊的公主」（*La princesse lointaine*）[98]。

98　「遠在天邊的公主」是描寫西方中世紀騎士羅曼史裡的女主角的典型，它是根據12世紀參加第二次十字軍東征的傑佛瑞‧魯德爾（Jaufré Rudel）的故事。在這些羅曼史裡，「遠在天邊的公主」所特指的是名門貴媛，高貴、富裕、純潔、美麗，是在階級上自慚形穢的騎士所可愛而不可得的對象。謙遜如韋蓮司，在用這個典故的時候，只有可能是取其字面上的意思，即「遠在天邊」，而不會有其他有關位高、美麗的含意。

當然，沒有任何其他的情況會讓你因而更加偉大。我很
高興我沒有機會因為我而讓你比較不偉大〔註：即讓胡
適離婚而跟她結婚〕。我更高興我能有幸地認識你，跟
你一起成長了一陣子，這是我一生中除了我與我父親的
情誼以外，覺得最三生有幸的。我們的關係以及我們對
彼此的影響就像那織進我們外衣上絢麗的線條一樣，沒
有任何力量可以把它污損或拆卸。即使因緣的安排與今
有所不同，我對你的用處並不會是更大的。

理智歸理智，想到人生的際遇，想到她跟胡適無法有情人終
成眷屬，韋蓮司還感傷莫名：

所有這些事我都可以想得很清楚。我一生中唯一想跟他
結婚的人，我卻不能去想。我一直記得我父親所說的一
句話：「除非萬不得已，不要結婚！」他現在會怎麼說
呢？如果他知道雖然我的整個人告訴我不要掉進那個陷
阱，我的心卻一直往那兒走？即使我現在人已到中年，
我可以不聽這個忠告嗎？我不但可以避免，而且我還必
須鞭策自己要公平要厚道。但同時，我又渴望有一個人
或一個力量，能夠把我從一個活生生的夢魘──一個沉
浮在庸庸碌碌之輩當中的夢魘──裡拯救出來。

韋蓮司最不甘心的是，這不是她所要的人生。年輕時的她是
一顆崛起於現代藝術畫壇的新星，雖然她早已退出藝術，雖然她
早已習於沒沒無名，她從來沒有放棄把自己的人生譜成一幅傑作

的夢想：

> 我所想像的是擺脫一切累贅，爲我的人生作最後的衝
> 刺；在人生最後的一程，心無旁鶩地獻身於眞善美，擺
> 脫庸碌與妥協。我所要的是那麼一種人生的際遇，讓我
> 的心智與品味能永保敏銳，讓我能夠坦然地與我最崇拜
> 的人們交會；只要能作出一幅畫就可以，但必須是一幅
> 傑作；只要能作出一道佳餚，但必須是人間極品；只需
> 要一個小窩，但必須是一個素淨典雅的極品屋；至於我
> 自己，我要的只是一塊小地，不起眼、陽光普照，自己
> 省吃儉用，但能多多施與；或者能雲遊四海，觀察人
> 生，並記錄下它的意義。

然而，韋蓮司眼看著自己已經步入中年，要把自己的人生譜
成一幅傑作的夢想，固然可以是獨奏，但更理想的是能跟一個情
投意合的人琴瑟和鳴。首選的胡適既然與自己無緣，她是否能勉
強自己退而求其次？藝術家的她所追求的是眞善美，是人生的傑
作，這個理想一旦放棄，一旦她湊合地選擇了一個次選(second
best)，她內心的藝術家就注定要死亡：「我不知道我是否還有元
氣和毅力『跟一個男人一起』去作努力。偏偏這個男人不在乎他
所擁有的只是次選，不願意去傷害他的偶像，他所比較在意的，
是中規中矩(decency)，而不是卓越。這是我內心裡溫婉的女人與
藝術家之間不會有結果的天人交戰。我知道只有在摒棄所有的關
係以後，才可能把這種拉扯的張力減低。」
即使如此，「火鳥」的韋蓮司也有她脆弱的一面，機會稍縱

即逝。作爲藝術家的她，有她不可妥協的標準和理想；然而，她內心那被傳統所塑造的女性的聲音，則又再提醒她不要太挑：

> 然而，把日子過下去是人的本性，而這多少也要靠男女的關係。如何在兩者[註：溫婉的女人與藝術家]之間取得平衡，是一個藝術。我還以爲人到中年就不會再有這樣的問題了。R.S.暗示我將來會後悔，因爲這可能是我這一輩子最後一次的機會了！一個以英雄救美自居的騎士居然會説出這樣的話！我一直認爲異性相吸只會發生在年輕人身上，但現在我，内心有一個聲音告訴我這個想法並不正確。這使我瞭解我母親和她表哥年過六十以後的黃昏之戀。只是——當然，人可以選擇去死——我既醜又不高雅；然而，人不論老少，都會對溫柔體貼有反應；這種義大利人稱之爲simpatica(那種發乎情、合乎理的體己之心)，這種對人無私的關懷與其所能激發出來的創造性，是不會因年齡而有所軒輊的。如果我們能把這種體己之心與愛情相結合，即使是既醜又老的人也會被其所吸引的。這並不是説我有這些特點(我所有的只是既醜又老的身軀！)，而是説我曾經親眼目睹，而且知道即使「形體已亡」(first death)，它並不會影響愛與關懷的力量。

真是天人交戰！韋蓮司所痛恨的，不只是庸庸碌碌地過一生，她更痛恨的是她的生命裡沒有絢麗燦爛的愛；沒有愛的人生，就彷彿像是沒有活過一般：

我痛恨我在還沒有真正活過以前就死去。諷刺的是，在我終於能自由作選擇，在我「最後一次的機會」到來之時，是我年過五十以後的事情；而要給我這個機會的男人，沒有音樂素養，除了本行以外讀書不多，屬於組織歸類型(classifying)，而非創造性那一型；可以湊合接受次選品，欠缺想像力，識見淤緩。這種人當然有其可取之處：他有耐心、溫文有禮，但這是我一向會退避三舍的人。我還是不瞭解為什麼他會那麼喜歡我。我有時候想那是因為他可憐我，但是，他又不像是一個演員，可以把裝出來的愛演得那麼入木三分。

韋蓮司所要的愛不是溫溫吞吞的愛，她要的是絢麗燦爛、刻骨銘心的愛；她要的是可以跟她身心契合，可以跟她琴瑟和鳴的男人：

我敬佩他的正直、無私、自制、公平、有開拓人生的希冀，以及他對人類文明的信心。然而，我認為他永遠不會有像你，或者像其他沒有觸碰過我的身體[但觸碰過我的心靈的男人]一樣，有能力把他的生命融入我的血管裡。他對我的愛從來不曾讓我想要隨之起舞(rhythmic)，為生命、為愛而謳歌(alive)，而是那種溫溫吞吞式的(cowish)。在我目前所處的情景之下，這種愛可以讓我休憩，然而卻無趣已極。我想從你這樣的人的眼光來看，**我**必定是屬於這一型的！我是不應該折磨你，讓你讀這樣的一封信。然而，由於我沒有日記可以

用來呈給我最崇拜的智者來看，只好以此權充。跟你討
論我倆之間的事是無益的，只是會讓你厭煩而已[99]。

　　一直到1937年11月11日，韋蓮司已經從紐約回到綺色佳兩個
多禮拜以後，她跟胡適之間的關係仍然相當緊繃。當天，胡適可
能給了她電話，所以韋蓮司說：「我很高興能聽到你的聲音。我
真希望我們能至少有好幾天相聚的時間。也許我們需要好幾次的
相聚才有辦法消弭我們之間的緊張。」韋蓮司在分析R.S.的時
候，雖然也連帶地分析了胡適。然而，他對胡適沒有怨懟，只有
關愛。她心疼胡適為國事奔波而到了工作過度的地步。她問胡適
在這樣緊繃的情況下，還能清楚地看事情嗎？她勸胡適要懂得節
制。今天的世界需要胡適，明天的世界也一樣會需要胡適。韋蓮
司彷彿有先見之明一樣，她說：「我祈禱你不要操勞致病。」韋
蓮司擔心胡適不懂得節制，她所指的不只是胡適為國事所做的奔
波，她是意有所指，有她弦外之音：

　　我傷心的是，你恣縱自己，在情感上消耗你自己，忘卻
理性。但這也是你的一部分，而你又是那麼珍貴，即使
你又是那麼容易受到衝動的感情所左右(impulsive)(而
且也有一點被寵壞？)。蓬勃有朝氣是一回事，不知節
制而導致的緊繃、焦躁又是一回事，兩者有別。我相信
你自己知道什麼時候做過了頭。你沒有被寵得更壞，已
經是難能可貴的了。我想我可以瞭解你在這個動盪的時

99　Williams to Hu, October 26, 1937.

刻——或者任何其他時刻——可以不需要休息，而一直
繼續表演、做著、衝將下去。可是，親愛的，我會心疼
的，這是因爲我對你有那奇特的體己之心[100]。

　　胡適自己知道他虧欠著韋蓮司。韋蓮司在這封信裡說：「有
好幾次你問我是否生你的氣。這是一個很奇怪的問題；不，我永
遠沒辦法生你的氣。我有時候會爲現狀感到傷心，不過，這就是
人生，對不對？」她所傷心的是，胡適希望韋蓮司能跟別人結
婚，以便減低他的內疚：

　　我有點傷心的地方是：你以爲如果我結了婚，你就可以
　　解脫了一個責任負擔。你所不瞭解的是，我不是你的負
　　擔；我也從來沒有要你跟我結婚，或者因爲你本能地害
　　怕我會要你這樣做——我知道你有——而怪你。你用不
　　著去責怪你會有這種本能，但你也千萬不要被無聊的
　　(petty)想像和浮誇沖昏了頭，以至於失去了這個本能所
　　可能帶給你的好處(如果眞有好處的話！)。

　　韋蓮司最傷心的是，她是一直無私地爲胡適著想，連她自己
保持單身的身分都是在爲胡適的福祉著想：

　　我發現我之所以要保持無牽無掛的自由之身，是因爲我
　　希望把自己保留起來，在需要的時候，或許可以對你、

100　Williams to Hu, November 11, 1937.

> 對其他在東岸的朋友，或者對老鄧肯能有一丁點兒的用
> 處。現在看來也許已經不需要或者不可能，但這是我對
> 我的友誼一個卑微的想望，這也就是說，如果我能在現
> 在贏取一些時間跟自由，我就可以在必要的時候去用
> 它。

韋蓮司這樣處處爲胡適著想，可是，她發現胡適想的完全跟
她相反。胡適想的只有他自己，只想到他要怎麼作才能全身而
退：

> 從你的反應，我想你覺得只要我結了婚，你就可以不用
> 再背負那壓得你心神不寧的重擔，你就可以尋回你失去
> 的自由，甚至只要談到我要不要結婚，就已經可以給你
> 那個自由了。好！那就那樣吧！不管我最後作了什麼樣
> 的交易，我一定至少會考慮到你的福祉。然而，我要告
> 訴你，我是不會爲了討好你而去結婚的！

韋蓮司寫完了這句話以後，在旁邊加了一句話：「我們講清
楚然後分手，也可以達到相同的目的！」最令人不可思議的是，
胡適在讀這封信的時候，在韋蓮司這句附註上加了他自己的眉
批：「啊！克利夫德！妳是有點在生我的氣。」然後在眉批之後
附上自己的英文縮寫簽名HS[101]。

「火鳥」的韋蓮司最終還是不會屈服於庸庸碌碌，不會屈服
於社會、傳統所加諸女性的道路：

101　Williams to Hu, November 11, 1937.

在我做完這個工作以後，我會回到我的小「象牙塔」
裡，去跟幾個好朋友恢復聯絡，或者建立新的關係，去
想我一直希望去思考的問題，去爲他們的工作盡一點微
薄之力，從他們的創作得到滋養，因爲我自己這一生最
有創造力的階段，已經作了別種付出。當一個人老的時
候，很自然而且光明正大的，會希望去尋找氣味相投的
夥伴。我要的不是師徒關係，而是一種志趣相投的關係
（companionship）──越是老，越是飢渴地需要這種志
趣相投的關係，比身體的需要來得更飢渴。即使身體得
到了愛的食物或者其他的滋養品，這都不能取代我對志
趣相投關係的飢渴。

韋蓮司終究沒有跟R.S.結婚。她說得很直也很率眞，她要的
不是一個先生、一個家、一個會讓她窒息的平凡：

重點是我該不該出賣自己，把自己作爲妻子或內助，賣
給一個完全不吸引我的人，賣給一種我一向就極爲厭惡
的生活方式。跟一個沒有蓬勃之氣、沒有想像力的人生
活在一起也許可以過得很安穩。然而，可能會有那麼一
天，我一覺醒來，發現自己對他，已經厭惡到了不可能
繼續服侍他的地步，這是我所害怕的。他當然如他自己
所說的，絕不是一個笨伯。然而，如果他確實沒有你所
要的東西，你就是把他打死，他也變不出來。R.S.所需
要的，是一個喜歡被他愛，喜歡讓他打扮得漂漂亮亮帶
出去亮相，喜歡跳舞、足球賽、能給他跟他的兒子

[註：R.S.顯然是鰥夫，或者離了婚]一個溫暖的家的女
人。他會毫不吝惜地鍾愛著她，以**平凡**(the prosaic)**來
讓她窒息到死而後已**[102]。

韋蓮司終究還是放棄了她「最後的機會」。然而，胡適的
「火鳥」也從此消失。他們1937年在紐約的小聚是一個轉捩點。
在韋蓮司嘔心瀝血地吐露她對胡適深邃，卻又一無所求的愛以
後，這隻「棕色的」伊人鳥終於飛出了她的鳥籠，有可能是回到
了她「自己燦爛的森林裡」，也有可能杳然消逝於天際。她會繼
續關愛、崇拜著胡適。然而，當這隻伊人鳥不再「吃火」的時
候，雖然她的聲音甜美如昔，她的歌聲已然不同；雖然她依然殷
勤問候，她已經不會再一廂情願地以為她和胡適是兩顆繞行在同
一個軌道上的星星，她也已經不會再癡癡地對胡適呢喃她想完全
跟他結合在一起的憧憬。

第四節　情緣已盡，知交以終

從1937年底的小聚以後，韋蓮司跟胡適的關係開始起了一個
微妙的變化。從某個角度來看，他們彷彿是繞了一個圓圈，回到
了胡適留學時代的起點。跟從前一樣，他們還是繼續討論人生、
世事，互相給予鼓勵，以及人生抉擇的建議。唯一的改變，是韋
蓮司刻骨銘心、癡癡的愛的呢喃不再。從另外一個角度來看，他
們的關係不變也很困難，因為胡適在美國的這一個階段，從1937

102　Williams to Hu, November 28, 1937.

年到1946年，是他獵豔摘星的高峰。對胡適來說，韋蓮司是一個
「伺候費心」(high-maintenance)的情人。胡適需要的不是一個刻
骨銘心的情人，那相思債所需付出的代價太高；星星才是他的所
需，她們可以給他及時的照顧與慰藉，而所求不多；不會像韋蓮
司一樣，不時地問自己也問胡適一些無解的難題。韋蓮司對胡適
關懷、崇拜仍然依舊，但與此同時，她也逐漸瞭解她不是胡適迫
切之所需，她可以是胡適遠在天邊的紅粉知己，可是胡適所需要
的是近在眼前的紅粉佳人。更何況胡適有了一顆愛他愛得死心塌
地的星星，更何況胡適雖然可能需要「知己」，但他的「知己」
並不一定需要是「紅粉」。幾年以後，韋蓮司將會有機會一見胡
適的這顆星星，並且領教到她的口舌之利。

　　韋蓮司1938年1月31日的信是這一個轉捩點的明證。這封信
談到了許多問題。首先，韋蓮司好像已經可以預感胡適會長期留
在美國，她寫信問胡適是否有把家眷帶到美國的打算，她說她的
房子在6月中就會空出來，如果胡適願意考慮把家眷安置到她那
兒，她會再高興也不過了。她說她也正在考慮讓鄧肯住在車庫旁
的那一間套房。她說即使作了這樣的安排以後，她的房子仍然還
會有足夠的空間。這是韋蓮司第一次誠心地邀請胡適跟家人到綺
色佳去長期住下，多年以後，她這個宿願終於會以胡適夫婦去小
住了將近一個月的形式實現。

　　其次，可能胡適又提起了R.S.，韋蓮司於是告訴他一切都已
經結束了。她用相當抽象的語氣說：「我承受的壓力仍然極大。
這對我的感覺一點影響都沒有，只是其所攪亂的並不見得對那位
男士有益。除非他與我能做出一種安排，能有較大的好處，而且
雙方都能接受，只有在這個基礎之上，一切才是可忍的。我想我

已經告訴你了，我給他的答案是否定的。我現在正很不舒坦地看著它所帶來的痛苦的後遺症。從那以後，只有一個字，那就是煩。」[103]

　　韋蓮司寫這封信，另外也在鼓勵胡適，希望他不要覺得作外交宣傳的工作是在浪費他的才華。韋蓮司之所以會說這樣的話，是胡適12月底寫的一封信所引起的。胡適在這封信裡，首先謝謝韋蓮司寄給他慶祝他生日的玫瑰花束。接著，他對韋蓮司描寫他生日那天像超人一樣的一天。當天，他先是為國事寫了一封長信給華盛頓的一個要人，一直寫到下午四點半才寫完。隨後，他就趕到哥倫比亞大學的教授俱樂部，參加哲學俱樂部的討論活動。這個哲學俱樂部的成員含括了大紐約區，北從耶魯大學所在的紐海文(New Haven)南到馬里蘭州的巴爾的摩(Baltimore)。當天杜威宣讀了一篇有關邏輯的論文。討論過後，大家一起晚餐。胡適告訴大家那天是他的生日，於是主人點了酒，胡適喝了兩杯白酒。十點三刻回到旅館。修改當天下午寫完的信，等同事把信打好，簽了名投了郵的時候都已經過了半夜。他有點炫耀地對韋蓮司說，張忠紱對他佩服得五體投地，說他居然還有精神去聽杜威討論邏輯！

　　語鋒一轉，胡適開始自問他到底是在做什麼？他說他非常欣慰能有韋蓮司這樣一個朋友，一直用同情與愛來關注他的工作。而「這種工作並不我是我所喜歡的：不停地談話、從早到晚讀報紙、寫信打電報，而明明知道我作的這些，對局勢一絲的影響都不會有。我所期盼的是那一天的到來，讓我可以回去做我自己真

103　Williams to Hu, January 31, 1938.

正想作的事，作我花了二十年的功夫來作準備的工作。我現在頭髮已經斑白，我覺得我已經不能再浪費自己的生命。談戰爭、談國際政治，這是何等的浪費啊！」[104]

韋蓮司安慰胡適。她說：「我認為你不只屬於中國，你屬於這整個時代、這整個時代的危機。在[美國]這個地方，你找到了聽眾、創造了奇蹟，因為你說的正是人們所需要聽的。你懷疑你到底在這兒做什麼，說你等於在浪費你的才能。我想你說的相當有道理，但我懷疑事實並不一定是像你說的那樣。」韋蓮司認為胡適「一向就不只是一個學者，你還是一個天生的演說家。作為一個愛國者並不足以表現你在這兩方面的才華。你屬於全世界。胡適，在這個危急的當下，整個世界就在等著你扮演那個角色。」[105]

1938年初，胡適在美加地區風塵僕僕，跑了一萬多英里的路，歷時五十一天，作了五十七個演講。先是，他在1月上旬去了俄亥俄州的克利夫蘭(Cleveland)，和紐約州的水牛城(Buffalo)。回紐約幾天以後，他再度啟程，先到了西雅圖以後，往南折向舊金山、洛杉磯，然後再北返，經西雅圖進入加拿大。接著，再逐步向東，從多倫多、蒙特婁、渥太華，然後再進入美國。火車西行，到了落磯山脈的時候，胡適寫了一封信給韋蓮司：「火車現在正穿過了落磯山脈的大陸分水嶺。美麗的白雪覆蓋著山頭！一彎銀牙新月在空，使我想起今天是農曆初四！」[106]3月15日，胡適由多倫多坐火車到綺色佳，在那兒逗留

104　Hu to Williams, December 20, 1937.

105　Williams to Hu, January 31, 1938.

106　Hu to Williams, February 3, 1938.

了兩天，胡適萬里長征的旅行演講終於到此劃上了休止符。

　　由於韋蓮司已經把房子整個租了出去，連她自己都在外租了一間套房，因此胡適這次到綺色佳並沒有跟韋蓮司一起住，而是住在「特路來之家」（Telluride House)[註：今天是康乃爾大學一個學生自治宿舍]。韋蓮司除了到火車站接送胡適以外，也作為陪客，跟胡適喝了一次茶、吃了一頓飯。此行雖然匆匆，他們一定談了不少事情，關於中國、世局、胡適個人何去何從的問題，以及胡適的身體。雖然奔波了萬里路，胡適自己覺得身體還不錯。他身高五英尺六英寸，大約168公分高；體重到了140磅，大約64公斤，算是在理想體重的上緣。不但人人說他胖了，連他自己也都覺得，因為前一年9月，他出國前所做的衣服都已經覺得緊了點[107]。胡適萬萬沒有想到，就在他自己覺得身體很好的時候，卻是他得心臟病的前夕。九個月後，他會因為心臟病突發而住院77天。這次的萬里長征裡，唯一美中不足的是他的牙疼。雖然他1月的時候已經在紐約裝上了一個牙橋，但右邊的牙疼還沒治好。至於他個人行止的問題，雖然不是迫切，但也是讓他躊躇不決。就像他在給江冬秀的家信裡說的：「你問我何時回來？我自己也不知道，恐怕我要多住幾個月，也許要住一年。有些地方要留我在這裡教書，我至今沒有答應，現在正要考慮這些問題。旅費用完了，若要多住，必須尋一個地方教書。現在旅費還沒有完，所以不愁此事。」[108]

　　韋蓮司很仔細地聽了胡適談他的問題，也很細心地觀察了胡適的健康情況。1938年3月28日，在胡適離開綺色佳十天以後，

107　胡適致江冬秀，1938年2月21日，杜春和編，《胡適家書》，頁316。
108　同上，1938年2月12日，杜春和編，《胡適家書》，頁313。

韋蓮司的信鉅細無遺地點出了胡適所有的問題：

> 我用車子載你、載你的感冒、牙疼，以及沉重到車站，
> 感覺上這似乎已經是十乘以十天以前的事了。我不知道
> 你那些毛病現在如何了，也不知道你是否已經得到了可
> 以幫助你作決定的答案了。
> 人在猶豫不決的階段是要付出很大的精神的代價的。我
> 非常地同情你目前的處境，但願我能幫你的忙。
> 我同時也知道你並沒有「變老」，只是有點「失調」。
> 人跟機器一樣，只要運用得當，是可以繼續保養維修
> 的。人生有叫停的時候。然而，如果使用過度又不知保
> 養，不管是因為工作需要還是因為縱慾，一旦病了，就
> 需要長期的修養。親愛的人，在這個時刻要你放慢腳步
> 是一件困難的事，但這也正是你最必須如此作的時刻。
> 如果可能的話，每天花一點時間單獨在戶外輕鬆一下，
> 這跟注意飲食和睡眠同樣的重要。我相信你也知道體重
> 不要再增加，會讓你覺得舒服一點，也容易呼吸一點。
> 我相信這些你都知道，而且知道得比我更多。我只是要
> 讓你知道你的美國家人是很關心你的[109]。

　　周質平說韋蓮司在這封信裡所討論的問題，也就是說，她在
信上所提到的胡適的「沉重」，「顯然是在討論胡適是否應該出
任駐美大使的事。」[110]事實上，胡適在這個時候，完全不知道他

109　Williams to Hu, March 28, 1938.
110　周質平，《胡適與韋蓮司：深情五十年》，頁128；聯經版頁124。

會在不久以後被任命為駐美大使。他1937年9月底前往美國的時候，同行的還有錢端升和張忠紱。蹲坐在紐約才三個月，錢端升和張忠紱已經坐不住了。胡適在日記裡說：「他們都想回去。子纓[張忠紱]近日稍好，他想到Washington[華盛頓]去寫文章，我不甚熱心，因為他寫文章太平凡，怕沒有發表之處。端升總恨無可立功，此念使他十分難過。」[111]張忠紱因為家中有事，終於在再次收到家裡打來的電報以後，於次年1月27日啓程回國。而一直覺得「來此無人賞識，無用武之地」的錢端升，也於4月6日轉往英國。甚至到了6月10日，離胡適第一次收到電報知道他將被任命為駐美大使的前一個月，胡適還不知道他的下一步是什麼。6月10日，也就是胡適和韋蓮司在綺色佳見面三個月以後，蔣介石侍從室主任陳布雷給他的電報裡，還只說：「9月後仍請留歐美。」[112]

　　胡適在此時的沉重，比較可能的是他個人何去何從的問題。他4月20日給韋蓮司的信說得很清楚：「演講並不是我興趣之所在，也不是我的主要工作。我的工作是研究國際局勢，特別是美國的遠東政策。我每天讀十份左右的報紙，並作剪報。我還跟人們隨意交談。這個工作有點像在作歷史研究，可以是相當有趣的，其方法類似歷史研究！我提出假設，然後去求證。到目前為止，讓我撐著的，是我對這個工作的興趣，有時還讓我滿高興的。」經濟上胡適也還撐得下去。就像我們在前文已經提到的，他在家信裡告訴江冬秀的：「現在旅費還沒有完，所以不愁此事。」胡適也對韋蓮司說他還可以撐好幾個月。他甚至告訴韋蓮

111 《胡適日記全集》，第七冊，1938年1月22日，頁468。
112 同上，1938年6月10日，頁556。

司，說他可能在7月上旬，密西根大學演講結束以後，回中國去
看一看[113]。

　　當時的胡適不只是一個知名的學者，他還是一個知名的人
物。無官一身輕的他，是多少地方想要重金禮聘的對象。早在
1938年1月，加州大學柏克萊校區的副校長，就已經寫信請胡適
去教一學期的書。2月中他到柏克萊訪問演講的時候，還特別見
了副校長，答應他會作考慮。4月初，哈佛大學也邀請他去作一
年的訪問教授。胡適4月20日給韋蓮司的信，說他已經決定謝絕
了柏克萊以及哈佛的邀請。另外還有兩個地方他則還沒作決定，
「因為他們還沒有正式給我聘約。」換句話說，胡適的沉重，是
因為他有高尚的情操、有人溺己溺的心懷。這些工作所給的待遇
都極為優裕，但他覺得他如果接受，良心會說不過去。哈佛大學
聘請他講授中國文學史或思想史，一個星期只須教三到六個鐘
頭的課，年薪美金八千元，大約合今天的美金十萬元。柏克萊的
待遇相同，聘期一學期，美金四千元[114]。哈佛大學的工作，他只
考慮了一天就謝絕了。哈佛的聘約是當時哈佛東亞系教授兼哈佛
燕京社社長葉理綏(Serge Elisséeff)所提出的，雖然仍須校董通
過，通過當不成問題，因為已經有文理學院院長的鼎力支持。胡
適給葉理綏的謝絕信裡說了這樣的話：

> 我考慮了一整天以後，我決定只要戰事延續一天，我的
> 良心就無法允許我去接受待遇如此優厚的工作。同時，
> 接受這個工作，我在道義上就必須全心投入教學和研

113　Hu to Williams, April 20, 1938.
114　《胡適日記全集》，第七冊，1938年2月17日，頁485。

究。你要向校董提出的聘約條件非常優厚，但是我可以
確定我無法心安理得地去接受[115]。

　　胡適在信上告訴韋蓮司，說他已經確定回絕了哈佛跟柏克萊
的聘約，他說：「我作這樣的決定，是沒有聽從許多好友的勸
告。然而事情很簡單，當我想到我的同事和學生所過的苦難生
活，我怎能有心接受這些工作呢！」胡適沒有說這些朋友是誰。
我們知道也有朋友勸他不要留在美國教書。比如說，他1938年4
月27日的日記裡，記他接到了傅斯年從重慶打來的一個英文電
報，要他「繼續在美工作，切勿接受美國教職。」他在日記裡
說：「朋友意皆與我相同，可喜也。」[116]可見他的決定是幾經躊
躇，頗費心思的。

　　胡適在6月底結束了他在紐約「大使飯店」（The Ambassador）
九個月的行旅生活——彷彿注定他將來會當大使一樣！——這個
飯店位於花園大道(Park Avenue)與第五十七街上，如果今天還在
的話，已經不再叫做「大使飯店」了。光是整理行李，就花了他
將近一個星期的時間。結帳退房以後，還寄存了八件行李在旅
館。6月30日，他坐火車到密西根大學演講。十天後回到紐約，
逗留了兩天以後，於7月12日到華盛頓辭行，當天就轉回紐約。
次日，他搭船赴法。胡適此行除了訪問英、法兩國以外，還要出
席8月在瑞士的蘇黎世所舉行的第八屆世界歷史學會。他完全沒
有預想到，他會在巴黎接到他被任命為新任駐美大使的消息。就
像他在10月1日給美國國務卿特別顧問洪貝克(Stanley Hornbeck)

115　《胡適日記全集》，第七冊，1938年4月8日，頁522。
116　同上，1938年4月27日，頁533。

的信裡所說的：「我在7月12日跟你說再見，19日抵巴黎，萬萬沒想到有這麼一個陰謀要把我徵召進政界。」[117]

很巧的是，胡適到了歐洲以後，韋蓮司也跟著去了英國。韋蓮司在1938年1月的信，就已經告訴胡適，說她工作了13年以後，終於有了一個三個月的假期，她打算去英國度假。當然，他們既然同時有到歐洲去的計畫，會作兩相配和的安排，是一件很自然的事。韋蓮司比胡適晚兩個星期動身，她的船是7月27日從紐約出發的。等韋蓮司到了倫敦以後，胡適已經從巴黎到了英國。但是，他們一直要到8月19日才見到面：「Clifford[克利夫德]來吃飯。3月在Ithaca[綺色佳]相見後，至今才重見。」21日，他們一起到韋蓮司的朋友楊太太(Eleanor Young)家喝茶，過後，一起去吃晚飯。次日，他們又一起去參觀大英博物館的中國部分。24日下午，韋蓮司約胡適喝茶[118]。當晚，胡適就坐火車到瑞士去開世界歷史學會的年會了。

胡適跟韋蓮司在倫敦見面的時候，一定談到了蔣介石給他的電報。他19日到巴黎，第二天，就收到這封任命他為駐美大使的電報。胡適說這封電報「使我十分為難。下午與端升談此事，亦不能決。」他到處跟朋友商量，7月21日：「與少川[顧維鈞，時為駐法大使]談，告以蔣電，他力勸我就此事。」7月25日：「今日下午得孔庸之[孔祥熙]電，是巴黎轉來的……與林斐成兄談，他力勸我莫辭……我總想辭卸大使事。但擬數電，均不能滿意。」躊躇了六天以後，他於26日擬了一個電稿辭謝：「廿餘年

117　Ho to Stanley Hornbeck, October 1, 1938.
118　《胡適日記全集》，第七冊，1938年8月19日、21日、22日、24日，頁590、591、592、594。

疏懶已慣，決不能任此外交要職。」給林斐成看了，「大不以爲
然，他不贊成我此時推卻此事。」當晚又與駐英大使郭泰祺長
談，他也不贊成胡適推卻的想法。「回寓後又修改此電，半夜後
始決定之，此時恐無法辭卻；既不能辭，不如『伸頭一刀』之爲
爽快。」結果是一天之內作了一百八十度的轉彎，電文變成：
「惟自審廿餘年疏懶已慣，又素無外交經驗，深恐不能擔負如此
重任，貽誤國家，故遲疑至今，始敢決心受命。」[119]

　　胡適去電接受以後，就開始物色幕僚人員。8月2日，他得到
陳布雷的電報，說他的任命會「即日發表」，「請先準備一
切。」然而，一個星期以後，事情似乎有了變卦。12日，他收到
顧維鈞的信，告訴他駐美大使王正廷並沒有辭職，而是請了兩個
月的假[120]。次日，又「得[張]慰慈、鐵如電，知使美事『已暫時
停頓』。」胡適於是擬了一個長電給陳布雷。一部分說使美事已
因故擱置：「此最合鄙懷。倘政府有困難，須取消前議，正是私
心所盼禱。」18日，得錢端升從香港的來電，譯不出來。20日，
終於譯出了錢端升的電報，說：「尊事未公開，似有鬼。請勿有
所舉動。」胡適覆電說：「嘆爲觀止」（greatly amused）。當晚，
李國欽從紐約打電話給胡適，告訴他王正廷還在紐約活動借款，
行蹤詭秘。胡適的惱怒是可以想見的。就在這個關鍵時刻，他的
好友銀行家徐新六給了他一個很好的諍言。徐新六在8月24日，
從香港乘坐客機飛往重慶，不幸被日本軍機擊落而喪生。出事前
一天，他寫了一封信勸胡適：「兄覆端升謂greatly amused[嘆爲

119　《胡適日記全集》，第七冊，1938年7月21日、25日、26日、27日，頁
　　　575、578、579。

120　Hu to Wellington Koo, October 13, 1938.

觀止〕，兄意弟甚瞭解。弟意兄仍佯爲不知，任其自然演變。如
仍請兄擔任，務勿推卻。此時當一切一切以國家爲前提也。」胡
適看到這封信以後，慨嘆：「良友良言，以後何可再得!?」[121]

　　胡適跟韋蓮司在倫敦見面的時候，就正是他爲這件事情「嘆
爲觀止」的時候。我們不知道胡適究竟告訴韋蓮司多少。韋蓮司
在8月19日，她還在倫敦的時候，寫了一封信給胡適。從這封信
看來，胡適似乎只對韋蓮司強調他一直不願意就任駐美大使一
事。所以韋蓮司在信上說：

> 我不知道你是否一直在抗拒著，不讓你的生命去作完全
> 的發揮。我所指的不只是拒絕去做那些可能會妨礙你作
> 爲一個狂熱的學者的事情，而是指你試圖去逃避自我的
> 砥礪(disciplining)。我這裡所指的是，當你必須作自我
> 調整，去面對一個無可抗拒的力量的時候。你總是說：
> 「我作不了那件事，不行。」我小的時候，常常聽我母
> 親說：「孩子，世界上沒有『我作不了』這幾個字！你
> 必須先去嘗試再說！」

　　韋蓮司說連胡適自己都可以感覺到惰性在羈絆著他。她說我
們要衝破習性的圍限，就必須要堅強、要有勇氣。「一個勇敢的
人並不一定是個莽夫，他可以既睿智又堅強。」她說：「很久以
前你放棄了哲學，改行作歷史。實際上，要活在哲學裡、懂得作
自我克制，跟作一個躁進的(impetuous)學者是一樣的困難，對不

121　《胡適日記全集》，第七冊，1938年8月13日、18日、20日、9月4日，
　　頁587、590、591、601。

對？而如果能把兩者合一又會如何呢？」她希望胡適能肩負起他歷史性的責任。她說：

> 當我們在精明卻又短視的人所造成的洪濤中載浮載沉著，當可怕的事件倏然間把所有的希望都粉碎的時候，我們沒有權力讓自己去生氣、煩悶。這不是說「我不能」的時候；這時候的問題是「該怎辦」，並且努力專注地去找出路、找解決的方法。你難道不該開始去把你的「真才實料」(stuff)挖出來了嗎？你有真才實料，只是你自己一直不願意把它開發出來。親愛的老S，你是不是已經要讓你自己逃開？你是不是已經想要讓興奮狂熱帶著你一陣子，然後怪這地方不好，以作為讓自己脫身的藉口[122]？

胡適自己覺得韋蓮司說得很有道理，他還在一張便條上寫說：「克利夫德此信，甚有道理。8月25日回她一信，亦承認此意。」[123]胡適8月25日的回信是在蘇黎世寫的，在這封信裡，胡適先謝謝韋蓮司，他說：「妳的上封信讓我深思良久。」他接著說他是一個害羞的人：「我本質上是一個『害羞』的人，這點是遺傳到我母親。我父親則是一個剛毅果決的人。我有時候能夠剛毅、任事、解決困難的問題。但一般而言，我寧可過我的學術生

---

122 Williams to Hu, August 19, 1938，北京大學圖書館編，《北京大學圖書館藏胡適未刊書信日記》（北京：清華大學出版社，2003），頁213-214。

123 胡適手寫便條，北京大學圖書館編，《北京大學圖書館藏胡適未刊書信日記》（北京：清華大學出版社，2003），頁214。

涯，扮演我作爲社會和政治評論家的角色，而不是作實際的改革家或政治人物。惰性和訓練是造成我這種偏好的主要原因。」胡適不認爲他一直在「抗拒」：「我不能完全同意妳所說的，妳說我『一直在抗拒著，不讓我的生命作完全的發揮。』但我相信當國家有需要的時候，我的責任是全力以赴。我很認眞地在作我目前的工作，因爲我相信我會越來越適任。至少，我**目前**是不喜歡這個工作。也許工作中所必須的奮**鬥**，會讓我越來越喜歡，我希望是如此。」

　　對自己即將開始的外交官生涯，胡適還是對韋蓮司表明他是被形勢所逼、是爲國而不是爲己的躊躇。他說：「我答應妳，我不會帶著厭惡的心情，來開始這個新的生涯。但我仍然不相信這是『我生命完全發揮』的方向。我會全力以赴，因爲這攸關著我的同胞的生死存亡，這是我唯一可能接受這個任務的理由。」他對韋蓮司重複他在別處常說的話，也就是說，保持獨立超然之身，反而可能會讓自己有較大的影響力：「當然，我並不是說妳說得不對。我確實一直是在縱容自己，浪擲精力在當下的興趣之所在。我讓我自己受到傳統中國人對政治的厭惡的影響，也讓我自己受到我對人處事的害羞所影響。我總是安慰我自己，認爲不從政反而會有更大的影響力。這點，我一直是以穆勒(John Stuart Mill)作我的榜樣。」他爲自己所扮演的角色作了以下的定義：「在過去的二十年裡，[雖然]我是推動社會政治運動的一個積極動力，但我所扮演的只是一個評論家，最多只是一個思想家。」他說他有時候會自問，如果從政，他是否可以作得多一點，或者讓事情發展得快一點。但他的羞澀總是讓他打了退堂鼓。

　　值得玩味的是，胡適在這封信裡，透露了他對外交官的生涯

其實並不是完全沒有興趣的，雖然他所設想的出使國完全不同：「1935到1936年之間，我曾經毛遂自薦要當駐日大使。然而，因為我作『獨立人士』已經太久了，我的肺腑之言卻被人當成玩笑話！說不定是因為當時有人不要我當大使。」胡適這最後一句話顯然是意有所指，如果他三年前有心當駐日大使而為人所阻，則三年以後，在他好不容易接受朋友的勸進以後，還是受到阻撓，這顯然不是巧合，而是有人存心擋路。最後，胡適自謙地對韋蓮司說：「親愛的C，我但願我能有像妳對我的信心，說我『確實』有『真才實料』。」[124]

　　韋蓮司收到胡適這封信以後，又立刻寫了一封長信給胡適。她說：「我的贊成票投得太不經思索，也太有欠考慮了，因此並不公平。我一直相信你不與任何黨派結合，而一切以學者、思想家追求真理的態度為依歸的作法，是明智和正確的。你作為一個自由獨立的評論家和顧問的價值是極大的，而且你的害羞，從來並沒有妨礙你在必要的時候，做出振聾發聵的言論，對不對？」然而，韋蓮司並不願意輕易地放過胡適。她仍然認為胡適是在逃避，她希望胡適能夠讓自己更上一層樓，把他的潛能完全地發揮出來：

> 也許就只有在你對人生的經營上——這是一個人的哲學必須接受檢驗的所在——我覺得你還沒有竟全功（unfulfilled）。你急躁地逃避，就像你自己說的，你在浪擲你的精力。但我所指的，並不是說你浪擲精力在當

124　Hu to Williams, August 25, 1938.

下的興趣上，我所指的是：你在還沒有仔細地去想通你
對一些比較不重要的事情的看法，在還沒有完全確定你
的話語的意義以前就發言；我所要指出的是：你在人生
哲學方面，對自己的要求不夠嚴苛，而這是你在學術
上，絕對不會允許你自己去作的。其結果是，它造成你
在人生上有點不負責任的紊亂。我會有這樣的印象，是
得自於你自己的反省，因此我想應該不會是完全不正確
的。

　　爲了避免胡適認爲她是在說教，是在批評胡適的私生活，韋
蓮司特別作了進一步的解釋：

請不要以爲我是愚蠢地在這裡談狹隘意義下的「道
德」。我所指的是你從前的一個傾向，那就是你在朋友
圈裡，會輕率地說出你對公眾或社會事物的看法。你這
樣作是因爲你腦筋很快，而不是因爲你已經有了理由充
分的見解。因此，當你在矛盾之海泅泳的時候，你也許
看到了某些字句(相信它們是對的)，於是就說：「我寧
願認爲我是對的。」我在這裡想說的意思是：哲學或行
爲上的對錯，並不像歷史問題那麼容易來判定。由於我
不清楚你在中國的生活，也無法看你用中文寫的雜文，
因此我在這裡所說的一定很不公平，你可能老早就把你
大學時代的習性摒除了。
我知道你一直在成長、成熟、越發有智慧。我聽你最近
有關公共事務的演講，就爲你的智慧而驚嘆，那是出自

一個偉人、先知、預言家的眞知灼見。我一點都不擔心
你會沒有辦法把你作爲學者的扎實，在你的新的職務上
彰顯出來。我完全相信你現在要「全力以赴，因爲這攸
關著我的同胞的生死存亡」，就證明了你既是一個偉
人，也是一個大學者。正因爲這個世界上的領袖是那麼
的稀少，而這世界又是那麼的需要領袖，我祈求你會被
好好地珍藏起來以備將來之用，不只是爲了你的「同
胞」，而且是爲了這整個生了病的世界。

至於我個人，胡適，你知道我愛你。可是，我這麼一個
渺小的人所能給你的這麼渺小的愛能作什麼呢。事實
上，我寫信給你就已經是一件可笑的事了[125]。

　　1938年9月13日胡適在日記上記：「今天得外部電，說政府
今天發表我駐美大使。21年的獨立自由的生活，今日起，爲國家
犧牲了。」[126]根據外電的報導，中國政府是在9月17日發表胡適
爲新任駐美大使的[127]。胡適在9月28日搭乘「瑪利皇后號」郵輪
離英，10月3日抵紐約。10月28日下午，晉見美國總統羅斯福，
呈遞到任國書。由於詭譎的人事，任命胡適爲駐美大使的事情整
整拖了一個月的時間才成定局。浪費了這整個月的時間，胡適等
於是還沒有做好準備就匆匆上任。《紐約時報》的報導就說，由
於任命倉促，胡適甚至沒有時間備辦他的外交禮服[128]。

125　Williams to Hu, August 31, 1938.

126　《胡適日記全集》，第七冊，1938年9月13日，頁606。

127　"Dr. Wang Resigns as Envoy to U.S.," *The New York Times*, September 18, 1938, p.28.

128　"President Assures China's New Envoy," *The New York Times*, October 29,

9月20日，韋蓮司寫了一封沒有說恭喜的恭賀信給胡適：「一切終於成爲定局了，適！你現在是中國駐美大使了！」在倫敦見面交談，又從倫敦寫了兩封信，鼓勵胡適拿出他的「眞才實料」，把他的生命完全發揮的韋蓮司，現在反而開始擔心胡適要擔起的重擔。韋蓮司寫這封信的時候已經回到了紐約，她比胡適早19天離開英國。由於胡適去了瑞士以後，就沒跟她聯繫，她甚至不知道胡適什麼時候要回美國上任：

> 我不能向**你**恭喜，因爲我太清楚你這個並不想接下的責任有多重。事實上，我還一直眞心地希望你能找到一個光明正大的方法把它擺脫掉。然而，沒有另外一個人能取代你，這就意味著中美兩國都應該慶幸你願意出馬。現在，我只能虔誠地祈禱你不會爲這付出太大的代價。當我們望眼這個冬天開始的變局[註：德國在該年9月鯨吞捷克疆土，歐局轉危]，而你在這個空氣緊張的時候入局，這要有多大的勇氣！我一直沒有提到這個層面，因爲我不想要有任何聲音，不管它是多麼的微弱，來影響或者削弱你接受這個工作的決定(如果我眞有那個能力的話！)。現在，我該向你致深切的同情，同時也要告訴你，我認爲這項任命對你而言是一個至高無上的榮譽。
>
> 我相信你會有足夠的勇氣和智慧，你一定能用最高的智慧來面對任何困境。沒有人可以對你再作更多的要求，

(續)——————————

1938, p. 4.

也沒有人需要對你再作更高的要求！

公務上的風潮就像大海裡的風浪一樣，在風暴來襲的時
候，我們只能希望機智、駕船術，以及各種學過的航海
術，能夠幫助我們把危舟安然地從驚濤駭浪中駛出。

我的回程已即將到達終點。明天我就要回去上班。

我不知道你在英國的最後一個演講[註：10月11日，已
經取消]是否已經取消了，或者只是改變性質，也不知
道你是否會在10月以前回來[129]。

胡適在10月14日，從華盛頓的大使館寫回信給韋蓮司，信中
的語氣仍然流露出勉強的意味：「這就像服兵役一樣，而我拒絕
的決心沒能像一個[以宗教或道德的理由來]拒絕服兵役的人
（conscientious objector）一樣的強。」他告訴韋蓮司，由於到任國
書未到，他還沒正式上任。但由於局勢的要求，他在10月6日到
大使館以後就已經開始忙碌。至少作為大使身分的社交活動還沒
開始，他可以先喘一口氣，並乘機開始「學作」大使[130]。

世事難料，胡適大使當不到一個半月，就因為心臟病突發，
在12月5日住院，在醫院住了77天。胡適原本在11月底已經安排
好到綺色佳作一個演講。他心臟病發以後，大使館並沒有對外公
布實情。紐約總領事館在12月7日發布的消息完全不實。《紐約
時報》根據領事館的簡報報導說：胡博士由於最近在華盛頓的工
作壓力，得了輕微的疲勞過度症，因此在哥倫比亞大學的醫學中
心享受了「一晚的休憩，情況極好。」報導接著說，雖然不知道

---

129 Williams to Hu, September 20, 1938.
130 Hu to Williams, October 14, 1938.

他什麼時候會出院，但根據胡適朋友的說法，他可能會「很快地」就返回華盛頓[131]。19日，由於韋蓮司在胡適17日生日那天寄了玫瑰以及其他花給胡適祝壽，於是由大使館的秘書游建文代筆，替胡適寫了一封信。這封信輕描淡寫地帶過了胡適的病情，完全沒讓韋蓮司知道胡適得的是心臟病：「胡適博士要我告訴妳，他從12月6日開始，住進了紐約哥倫比亞大學醫學中心的哈克尼司療養部(Harkness Pavilion, Columbia Medical Center)靜養。他的情況極為良好，但醫生不許他寫字看書。他會完全康復，新年過後就可以出院。」[132]

　　由於中國駐美使館開始的政策是散發假情報，游秘書給韋蓮司的信又輕描淡寫，隱瞞了胡適的病情，因此，我們完全沒有必要像周質平那樣，驚訝為什麼韋蓮司居然會「低估了」胡適病情的嚴重性[133]。她雖然狐疑，最後還是相信游秘書的報告。韋蓮司一直要等到次年的1月9日才寫了回信，筆調也很輕鬆：

> 游建文12月19日的信告訴我你會完全康復的好消息，又說你會在元旦後出院。說不定我可以用這封信來歡迎你出院！
> 沒有人告訴我你為什麼住進哈克尼司療養部。所以我猜想了各種理由，最後，我就把它想成我應該很高興你有人照顧，不管你生的是什麼病，我應該高興你有這個機

131　"Dr. Hu Shih in Hospital," *The New York Times*, December 8, 1938, p. 22.
132　K. W. Yu to Williams, December 19, 1938.
133　周質平，《胡適與韋蓮司：深情五十年》，頁137；聯經版頁132。

會休息一下，這正是你所需，也是你所應得的[134]。

結果，胡適一直要到次年2月20日才出院。這次住院的一個意外的收穫，是胡適又多納了一顆美國星星，也就是照顧他的護士哈德門太太（Mrs. Virginia Davis Hartman）。不過，這是第五章的故事。胡適在2月1日親筆寫信給韋蓮司的時候，他已經住院八個多星期了。當時，他已經從原先只能躺在病床上，進步到可以每天坐起來一陣子，然後再進步到可以開始起來走路的情況。胡適是一個眾所周知的「不可救藥的樂觀主義者」。他在這封信裡在在地說明了他不可救藥的樂觀，他寫給江冬秀報告他病情的家信也如是。他對韋蓮司說：「在我進入『中年』的時候，這是一個**及時的警告**。我要完全停止吸煙，並徹底重新安排我的生活。我希望從這次的警告得到一些教訓。他們說只要我能守規矩，我可以再工作二、三十年不會有任何問題。（我的問題出在心臟冠狀動脈阻塞，目前癒合良好。）」[135]

韋蓮司收到胡適的信，知道他得的居然是心臟病以後，曾經想到紐約去探病。胡適的特別護士哈德門太太回了這麼一封信：

> 謝謝妳昨天的信。我寫信是為了趕緊讓妳有比較清楚的消息，這會比胡適博士自己寫信給妳要快多了。我相信妳會更高興，知道胡適可以在二月回華盛頓。
> 胡適博士每次收到妳送來的花跟寄來的信，都會高興地說：「喔！我親愛的老朋友！」所以我認為如果妳來了

134　Williams to Hu, January 9, 1939.
135　Hu to Williams, February 1, 1939.

紐約而沒來見他，妳過後一定會很失望的。我會在適當
的時機告訴他妳想來探病的想法。

就在我要結束這封信的時候，那適當的時機就來了。胡
適博士我告訴妳，昨天是他第一次出去兜風，因為他
的多情(這個形容詞是我自己加的)，他要司機把車子開
到海文路92號。他說不久就會自己寫信告訴妳這件事，
還有收到妳寄來的花等等事情[136]。

　　結果，韋蓮司因為忙碌而沒去成紐約。2月21日，在胡適出
院的第二天，韋蓮司寫了一封意味深遠的信給胡適，可以看出韋
蓮司認為她跟胡適的交情已經到了一切盡在不言中的境界：

我不知道你是否跟我有一樣的感覺，我覺得在某些溝通
方式上，我們可以不在乎我們之間的距離有多遠，或有
沒有文字的往來。每一個人都喜歡被注重，發生了什麼
事情，或有了特殊的意外當然需要告知。然而，如果兩
人之間的溝通管道是暢通無阻的，我們是可以很容易
「傳達」我們之間的摯友情懷(comradeship)、作感情
的交會(emotional contact)。我敢說這可以用兩人之間
的電流感應來作解釋。

休閒是必要的。我希望你在療養中能有摯友，而且有不
間斷的問安信，我相信你已經讓朋友知道你住院了。一
個人即使獨處，只要有這麼一副「耳機」，他是可以覺

136　Virginia Hartman to Williams, February 12, 1939.

得自己還是有伴的。

你回去以後，由於工作的關係，我們之間的「電線」、「溝通管道」有時候一定會有所阻塞。但我希望這次的重病會帶給你一些補償〔註：新的生活方式〕。

我很高興在今天收到你的信，我會負責傳話的〔註：即告訴綺色佳的朋友說胡適出院了〕。我假定你的新住所是一個舒適安靜的地方，會有一個護士或隨從照料，不讓你做過頭。

我想要知道的事情很多。你有許多公事等著你，你也許不可能會有寫私信的時間。然而，我想你不妨養成一個隨時輕鬆休息一下的習慣，讓自己能進入冥想沉思的境界，寫下你個人一天的一些感想。如果這樣做，會讓你想跟遠方的朋友溝通（或交流），而那個朋友偶爾會是我，那就更棒了！無論如何，我們只要想到其他時空事物，就可以幫助我們緊繃的心清新、變化一下，我們的身體也可以隨之放鬆，而得以復甦。

在未來的世界裡，人類也許能在一天裡騰出一個鐘頭的時間來溝通，不需要再為寫信而費神！想想看，在每天工作疲憊之餘能有如此享受，豈不是人生一樂[137]！

胡適回到華盛頓以後，很快地就回復了他大使的工作。5月17日，他寫了一封信給韋蓮司，說他寄給了韋蓮司一套上海亞東圖書館新出版的《藏暉室劄記》，即胡適留學日記。胡適希望韋

137　Williams to Hu, February 21, 1939.

蓮司接受他送給她的這一套日記，作爲他們兩人友誼不渝的表徵。他告訴韋蓮司他在日記裡記錄下了韋蓮司的想法和他們的對話，並一一標出了頁碼。這封信對我們最有用的地方，是他告訴韋蓮司哪些詩是爲她所寫的，這些他在當時的日記裡都不承認，而且還故意用障眼術來隱藏。有關這些，我們已經在第二章描述過，在此不再重述。值得在此提起的，是胡適如何跟韋蓮司解釋他當時是如何地隱藏了他寫詩的對象。胡適之所以會作這樣的解釋，是因爲韋蓮司在回信裡的幾句話。所以我們必須說，我們之能有幸看到胡適二十多年後「不打自招」，自動摘除他的「障眼術」，還得謝謝韋蓮司呢！韋蓮司說：「你去年夏天告訴我你是一個害羞的人。其實我也一樣；我遠比你所想像的還更害羞。在任何公開場合提到我，如果涉及到我個人，我都會覺得非常不好意思。但你是知道我對『抽象』比較自在的！因此，我知道我可以謝謝你送我的這個『友誼不渝的表徵』！」[138]胡適知道韋蓮司有點擔心，因此他收到信以後，立刻寫了一封信去解釋：「我日記裡提到妳的地方，都『沒有涉及妳的個人』，都是『抽象』的。一般來說，都是我們在嚴肅地討論大事。我寫給妳的詩也都沒有提到妳，完全沒有提到對象；這三首詩中，有一首[註：即《臨江仙》]我還煞費周章地聲明那首詩沒有特定的對象。」[139]

6月，胡適到綺色佳參加他康乃爾大學1914級，畢業25年週年的返校慶典。在這之前，韋蓮司就已經先寄了一個她母親晚年常戴的戒指送給胡適作紀念。韋蓮司特別請珠寶店的師傅把胡適名字的英文縮寫用陰文刻在上面，韋蓮司母親的縮寫則刻在內

138　Williams to Hu, June 4, 1939.

139　Hu to Williams, June 10, 1939.

側。另外,她又加刻了「14-39」在上,意即1914到1939,以作為胡適畢業25年週年的返校紀念。韋蓮司用這個她母親用過的戒指,代她母親向胡適致意:「它銘記著歡迎你回來參加這個週年慶典,如果她還在的話,一定會非常快樂和驕傲的。」[140]胡適參加慶典完畢,返回華盛頓以後,也特別寫了一封信謝謝韋蓮司。他說:「『14-39』的這個銘記,使我想到我們之間的友誼也已經有了25年的歷史了。」[141]

此後,胡適與韋蓮司通信極疏。1939年8、9月間,他們因為胡祖望到了美國,為了選學校的問題而通了兩次信。此外,除了生日、新年的賀卡、贈禮以外,他們一直要到1942年5月,也就是說,三年以後,才又寫了信。作為大使的胡適當然很忙,但是,更重要的是,這是他這一生獵艷摘星的巔峰期。我們在第五章裡,會描述胡適獵艷摘星忙碌的程度;有一段時間,他甚至同時周旋在兩顆星星之間:一顆是前邊已經提到的特別護士哈德門太太,另外一顆,是他在生病以前就已經認識的羅慰慈(Roberta Lowitz),即他哥大老師杜威後來的第二任夫人。在這種心境之下,胡適當然不會有寫信給韋蓮司的心情。事實上,他因為心臟病住院的期間所寫的第一封信,並不是給韋蓮司,而是給羅慰慈。不只如此,他在出院前一天,就已經迫不及待地寫信給羅慰慈,問她人究竟是到哪兒去了。幾天以後的信,又追問她是否已經把他忘了。這些我們第五章都會詳細描述。1942年8月他大使卸任以後,仍然很少寫信給韋蓮司。除了忙著作研究、演講、偶爾教書以外,他還有哈德門太太這顆星星陪著;事實上,他就跟

140　Williams to Hu, June 14-15, 1939.

141　Hu to Williams, June 29, 1939.

他的護士哈德門太太在她東81街104號的公寓同居。這件事情對於敏於觀察的韋蓮司來說，不須耳聞，自然心裡有數。

　　韋蓮司自己也很少寫信了，她當然也很忙碌，除了圖書館的工作以外，還要照顧她出租的房子。他們之間失去聯繫的程度，可以用下面這個例子來說明。韋蓮司甚至連胡適1942年5月要去康乃爾大學參加胡祖望的畢業典禮，都還是在看了報紙以後才知道的。韋蓮司在信上說：「想來真的不可思議，在沉默了那麼久以後，我今晚正想要提筆給你寫信，就在報紙上看到你的名字。」韋蓮司很耐人尋味地說：

> 我要感謝你一直那麼貼心，寄給我你的演講稿還有生日賀電。照理說，我**應該**面紅耳赤才對，因為我連一封謝函都沒寫。然而，我卻一點都不會。我相信你如果站在我的立場，你的作法也不會不同。這個年頭，人的意念轉得極快，且不管它們有沒有意義，根本來不及把它們寫在紙上。此外，則似乎沒有任何其他值得寫下來的東西。所幸的是，我們就會有機會見面交談，所以我在此就向你報告一些家常瑣事。這些一點價值都沒有，說完就可以忘掉。但也許這也就是我們所願意談的了[142]！

　　不管胡適與韋蓮司兩人的關係，是否真的已經進入了韋蓮司在1939年所說的盡在不言中的境界，他們在形體上已經漸行漸遠，雖然這並不減他們已經成為忘年之交的事實。他們在這幾年

142　Williams to Hu, May 22, 1942.

間通信的數目，已經少到屈指可數的地步。1945年9月，胡適被任命為北大校長。雖然他想及早回國，但在美國住了將近九年，不是說走就可走。比如說，光是整理退還他從美國五個圖書館所借來的一千冊書，就已經是一樁大事。他原來訂了1946年4月下旬的船期，結果不得不取消，改訂6月上旬從紐約出發的貨輪。哪知道在5月2日，他的心臟病又發作，還好輕微。在床上休息了一個星期以後，醫生說他可以旅行了。於是他按原訂計畫，於6月5日從紐約啓程，浩浩蕩蕩地帶著六十件行李回國[143]。

胡適回到中國以後，很快地局勢惡化。1948年12月15日，他搭乘蔣介石所派的專機飛離北平。在南京住了一個多月以後，他就搬到了上海。這時他已經開始籌劃回美。就在這個時候，中國共產黨把胡適列在戰犯的名單裡。2月1日，他寫信給他的美國護士哈德門太太。4月6日，他從上海搭船赴美，4月21日抵舊金山。韋蓮司沒看報紙，但聽人說胡適已抵舊金山。由於不知道胡適的地址，她把信寄到中國大使館轉交胡適。在這封信裡，她慶幸胡適安全地離開了中國，但是她說應該被恭喜的不是胡適，而是整個世界：「你的朋友和整個世界都很幸運，還能有你安全地跟我們在一起。」她說，從胡祖望聖誕節給朋友的一封信，她與綺色佳的朋友得知胡適已經安全地離開了北平。她請胡適安定下來以後，能告訴她是否安好，家人有幾個同行，是否有任何韋蓮司可以幫忙的地方。韋蓮司並且說，如果胡適願意暫時到綺色佳退休一陣，她隨時歡迎[144]。

胡適在舊金山盤旋幾天以後，就直奔紐約，住在他回國以前

143　Hu to Williams, June 12, 1946.

144　Williams to Hu, April 25, 1949.

在東81街104號，他和護士哈德門同居的公寓。我們知道江冬秀在次年6月9日到了紐約跟胡適團圓。此後，我們不知道哈德門實際上住在哪兒，雖然她通訊處的地址用的還是東81街104號。當然，因爲這個地址並沒寫公寓號碼，哈德門有可能是在江冬秀到紐約以前，搬出她原來跟胡適一起住的五層H號，而自己搬到別層，也有可能只留下這個地址作通訊之用。我們會在第五章第二節，描述她後來搬去的地方。她的通訊地址一直要到1957年以後，才換成西164街559號。總之，這間公寓胡適一直住到1958年10月回台北當中央研究院院長爲止。這以後，江冬秀則自己繼續住下去，一直到1961年10月，才把公寓退掉，到台北與胡適團圓。

胡適、江冬秀、韋蓮司在高原路322號韋蓮司家的合照，攝於1953年7、8月間。(胡適紀念館授權使用)

胡適跟韋蓮司的聯繫雖然沒有中斷，但已經是到了甚少魚雁往返的地步。我們從《紐約時報》的報導，知道他1949年6月12日在綺色佳，參加康乃爾大學1914級畢業35週年的返校慶典[145]。他們當時應該是見了面，但沒有任何文字的紀錄留下來。我們知道韋蓮司在8月初到了紐約看望胡適。由於紐約夏天太熱，韋蓮司擔心胡適心臟不好會受不了，因此建議跟哈德門太太分攤買一架冷氣機給胡適。這件事我們第五章會再詳細分析。

再下一次聯繫，已經是1953年，四年以後的事。該年4月，韋蓮司寫信給胡適，請胡適跟江冬秀7月到綺色佳去避暑一個月。爲了怕江冬秀語言不通，也爲了讓她可以覺得自在，韋蓮司還細心地建議江冬秀可以帶一兩個朋友陪著來，才會有伴。韋蓮司爲胡適夫婦及朋友準備了兩三間套房；客廳、臥室、浴室、廚房一應俱全。她另外寫了一封給江冬秀的邀請信，先請胡適過目，看是否寫得得體。值得玩味的是韋蓮司所附加的一句話：「我希望我的不懂禮數（或許再加上多年來的閒言閒語！）並沒有造成一個無可彌補的鴻溝，是不是如此，你會知道的。」她接著說：「我很高興我許多朋友的太太都變成我的好朋友。見過面以後，也許我們就可以作自然而實質的溝通了，這不會是奢望吧？我一直景仰著你的太太，她把你的藏書照顧得那麼好[註：在戰爭期間搬移、作目錄，再把一些書籍、日記、書信、文稿輾轉運到美國。]還有她對你的忠貞。」韋蓮司希望胡適能跟普林斯頓大學請一個月的假，如果胡適來不了，江冬秀自己來也可以[146]。

事實上，胡適早在一年前就已經去職了。他任普林斯頓葛思

---

145 "Cabinet Job Surprises Hu," *The New York Times*, June 13, 1949, p. 8.
146 Williams to Hu, April 18, 1953.

德東方圖書館的館長只有兩年，從1950年7月到1952年6月。可見胡適跟韋蓮司已經良久失去聯繫。韋蓮司把她的邀請信寄到普林斯頓，她是在剛好收到胡適的明信片以後，才知道胡適老早已經不在普林斯頓。所以，她希望普林斯頓會把信轉寄到紐約給胡適[147]。

葉良才、江冬秀、韋蓮司、胡適在高原路322號韋蓮司家的合照，攝於1953年7、8月間。(胡適紀念館授權使用)

147　Williams to Hu, May 11, 1953.

胡適跟江冬秀接受了韋蓮司的邀請，於7月上旬到了綺色佳住了
27天。根據胡適當年給楊聯陞的兩封信的記載，他們夫婦大概是
在7月6日到綺色佳，然後在8月2、3日啟程回紐約的[148]。

　　胡適在1949年回到美國以後，仍然是美國輿論界所寵愛的驕
子。《紐約時報》稱讚胡適，說：「在這個國家[美國]，找不到
第二個中國人，像這位安靜謙虛的學者、哲學家更受到崇敬。作
為戰時中國駐美的大使，他的成就非凡。很少中國人能像這位敏
銳的觀察家、[美國]的好友一樣，真正瞭解美國人的想法和生活
方式；也沒有任何一個人能像這位大教育家、兼中國文化最有才
華的詮釋者，更能代表中國文化的精華。」[149]然而，胡適在美國
輿論界的巔峰期已過。這一點，連韋蓮司都可以意識得到。1953
年，韋蓮司的大嫂寫信告訴她，說她聽了胡適在維吉尼亞州所做
的一個演講，她不同意胡適的觀點。同時，韋蓮司也告訴胡適，
有一個他們彼此都認識的朋友不贊成胡適作公開演講。

　　即使如此，韋蓮司對胡適忠心耿耿，不改初衷。她說：「我
相信你不需要我的鼓勵，也會為了你自己的信念，或者為了應大
眾的要求而去做演講。但是我希望你會有點高興，知道至少有一
個老友真心地相信你在思考、演說方面確實有特殊的才華。我們
相信人是誠實的，相信人的表達是真誠的。就因為我們相信人們
能接受這種真誠的表達，人生才值得活下去。這是老生常談，但
我要再說一次。這是因為我相信很少人能像你這樣有創意地表達

148　胡適致楊聯陞，1953年6月30日，及7月18日，胡適紀念館編，《論學
談詩二十年：胡適楊聯陞往來書札》，頁170，174。
149　"A New Cabinet in China," *The New York Times*, June 13, 1949, p. 18.

他們的思想和話語。」[150]在前一個月的另一封信裡，韋蓮司也說：「自從我們出生以後，這個世界已經縮小了許多，然而偉大與渺小的分際仍然存在，人的舉措也有輕重、本末的軒輊。你的知識、清晰的思考、論事橫理的能力，使你能夠用一般人所少有的智慧，來襄贊處理大事。」五年以後，1958年，韋蓮司仍然一樣地景仰著胡適：「你對文明的看法，是來自於你淵博的學問。你追根究柢，作得比大部分的人都要徹底。你又能沉潛(儘管我從前批評你，說你覺得別人太淺見、政治見解錯誤的時候，你就表現出一副沒有耐心的樣子！)，又能去瞭解[文明]的演進是緩慢的，因為如此，你才會有你根本的樂觀。你的觀點在這樣的亂世裡特別有其價值。」[151]

　　眼看著胡適的健康情況日益變壞，韋蓮司決定告訴胡適她多年來的一個心意。在1959年12月祝賀胡適生日的信裡，她雖然「羞赧、遲疑」，還是把它說了出來：

> 也許已經有學術團體要安排出版你重要的著作：注釋、考證，或古典文獻等等。是不是用英文出版，我不知道(如果不是因為我那麼自覺無知，我是可以自己去問的)。無論如何，如果有任何計畫要把你迄未出版的著作翻譯出版，我希望我能參加，雖然只是很微薄的一部分。如果你早年那些令人鼓舞、有力、演化、有創造性的作品，只有中文版，那些也包括在內。
> 除非我能改變我的生活環境，減低我的生活費用，在我

150　Williams to Hu, May 4, 1953.

151　Williams to Hu, January 13, 1958.

有生之年，這幾乎是不可能的事。然而，我要確保將来
我能以一筆款子(用無名氏的方式)来作這件事，當然，
要怎麼作必須是你所同意的。可能只有幾千塊錢[註：
以三千美元爲例，約合今天的兩萬美元]，但如果運用
得當，說不定可以用来推動成立一個更大的基金。這是
一個我很久以来，就一直想跟你談的一個想法。現在，
時鐘滴答滴答地響著[註：再不說可能就来不及了]。因
此，我就把我的意思寫下来，飛郵寄給你，作你的生日
禮物。請給我你的意見和建議[152]。

　韋蓮司雖然是富家女，但是她一生並沒有高收入的工作。好
在除了她圖書館的工作以外，她還繼承了父親蓋的那一棟大房
子。她把那棟房子賣了，在同一條街上買了空地，蓋了一間比較
小的房子。後来又再把這棟房子分隔成獨立的單元，當成公寓出
租。她自奉儉約，有相當長一段時間，自己住在車庫旁的小套房
裡。所有事情她自己包辦。就像在她1959年給胡適媳婦曾淑昭的
信裡所描述的，她一個人身兼數職，十項全能，是：「清潔工、
維修員、油漆匠、搬運工、園丁、銷售員和批發」[153]。我們在前
邊已經說過，1937年的時候，她告訴胡適她之所以要保持單身，
是希望能有無牽無掛的自由之身，在必要的時候，可以幫助胡適
或其他的朋友。她自奉儉約也是同樣的道理；金錢可以換来自
由，也可以作爲有意義的使用。把自己畢生的積蓄提出一些来作
爲出版胡適著作的基金，也就是她把自己「保留」起来，貢獻給

152　Williams to Hu, December 11, 1959.
153　Williams to Margaret Hu, July 26, 1959.

胡適的最後禮物。

　　1962年2月24日，胡適在中央研究院院士會議的酒會上，因心臟病發作而過世。韋蓮司的侄兒在報上看到胡適過世的報導，把報導剪下寄給了當時住在巴貝多司島的她。3月2日，韋蓮司寫信向江冬秀致哀。胡適雖然已經過世，韋蓮司還念念不忘她要送給胡適最後的禮物。她在該年十月給胡祖望的信裡附了一張支票，她告訴胡祖望：「我希望能以信中所附的支票，全數用來支付翻譯並出版你父親中文的作品跟論文。請不要張揚我這個心意，就把它納入中央研究院這項計畫的專款裡。請你斟酌處理，只請不要讓這件事情弄得複雜而橫生枝節。」[154]

　　韋蓮司一生有好幾次把胡適給他的信作成副本，有些是謄寫的，大部分則是用打字機打的。她1933年所打的副本，因為胡適1948年底匆匆飛離北平，來不及帶走，現在還留在北京社科院近史所的《胡適檔案》裡。1960年，因為胡適的要求，韋蓮司又把在她那兒的信件作了副本交給胡適，帶回台北。這批信件，根據胡適自己的統計，共有99封，外加明信片和電報[155]。由於胡適認為不全，要韋蓮司再找。韋蓮司終於又找到了一些。這時，韋蓮司已經想到如果有人要寫胡適的傳記，這批信件就可以被運用。1963年9月18日，她寫信給「中華文化教育基金會」在美的秘書葉良才：「有一件事情我想私下問你，你知不知道中央研究院是否有人想利用這些信件來寫胡適的傳記？如果有，他們也許會想看看這些我後來又找到的信件。如果沒有的話，我會自己想利用

154　Williams to Hu Tsu-wang, October 1, 1962.

155　Hu To Williams, October 16, 1960.

這些信件跟其他在這裡的原件。」[156]一直要到一年以後，葉良才在回信裡，告訴韋蓮司說「胡適紀念館」已經成立，江冬秀希望韋蓮司能把胡適給她的信寄給紀念館，如果韋蓮司要留原件，紀念館可以先借來複製以後，再把原件寄還[157]。

韋蓮司認為把胡適所有的文件集中在一處是最好的處理方法。她說她一共找到了167件胡適給她的信、明信片和電報。由於胡適在1960年把那一百多件帶回台北的時候，他們並沒有記下哪些已經複印過了。韋蓮司害怕原件會在郵寄時丟失，因此她決定所有再複印一份，先把複印件寄到台北，原件則等聖誕節郵遞高峰期過後再寄。她說如果在她寄去以前，有人因為研究胡適而需要參考這些信件，可以先去使用胡適在1960年帶回台北的那一批[158]。耐人尋味的是，葉良才問了胡祖望，可是，沒有人知道胡適帶回台北的那批副件到哪兒去了[159]。

韋蓮司處理胡適給她的信件，目的在供後人作研究。然而，這些信件在「胡適紀念館」凍結了三十年以後，才得以公開。值得慶幸的是，今天的「胡適紀念館」，無論是在檔案的處理與公開，或者是在提供學者作研究方面，都已經是世界一流。唯一必須注意的是，我們今天所能看到的是副本。根據一種說法，原件在1968年，由胡祖望帶回他在華盛頓的家。我們要研究胡適，必須看原件，因為這些副件，不管是韋蓮司的打字本或者謄寫本，都可能有刪節的地方。我們不知道是韋蓮司自己作的刪節，還是

156　Williams to L. T. Yip, September 18, 1963.

157　L. T. Yip to Williams, November 4, 1964.

158　Williams to L. T. Yip, November 9, 1964.

159　L. T. Yip to Williams, November 27, 1964.

她跟胡適做過討論。有些副本上，還甚至留下了「是否刪？」的字句。最明顯的例子，是胡適1927年4月3日從舊金山寫給韋蓮司的一封信。這封現存「胡適紀念館」的信是韋蓮司的手抄本，信紙上方還註明了：「打字本已寄出」的三個英文字，只是不知該頁現在何處。無論如何，這封信寫到胡適說他在舊金山的節目被排得滿滿的：「所以我此刻偷閒寫信給妳。」接下去，則是點點點的刪節號，然後是韋蓮司寫在括弧裡的註記：「[胡適在這裡]談到十四年來的友誼，以及初到美國那幾年的寂寞。」[160]光是這封信裡，就有四處地方有刪節號。

　　韋蓮司很清楚她跟胡適的關係，已經招致了許多的「閒言閒語」。為了保護胡適身後的名聲，也為了不讓江冬秀受到傷害，韋蓮司顧忌良多。雖然我們不知道她作了多少的刪削，但是，我們可以從她給葉良才的一封信，看出她善良、謹慎，一切以胡適為考慮，同時又要兼顧到江冬秀的苦心。也正因為如此，研究胡適，非看原件不可。韋蓮司的這封信，是要請葉良才幫她作一個「狸貓換太子」的工作：

> 我要找你商量，看有什麼辦法能彌補一個棘手的錯誤。我在用原件核對我最近寄去中央研究院請轉交胡太太副本的時候，我很後悔寄出了其中的一封。我想了又想，只好安慰自己，我想胡適說到有關他敬愛的母親的話，也許可以用來沖淡他第一次提到胡太太時所說的話；他所說的那些話，我相信他一定不會願意讓人徵引的。

160　Williams to Hu, April 3, 1927.

由於胡太太不懂英文，我想事後才來補救這個錯誤應該還來得及。我想唯一安全的作法，是找一個人把我[刪削過後]的打字版，拿去跟我寄去的那封對調過來。絕對不能讓第三者知道這件事情。你能幫我處理這件事嗎[161]？

韋蓮司所說的那封信可能是胡適1915年3月28日的信，我們在第二章已經分析過。在這封信裡胡適說他認為江冬秀完全不可能瞭解他的所思所想，因為她連寫一封問候的短信都有困難，何況是讀書呢！胡適說他早已經死了心，不會再希冀江冬秀能成為他思想上的伴侶。雖然他曾經要求她讀書作文，但是由於種種原因，此願不可能達成。不過，他還是抱持著樂觀的態度，因為他的母親雖然不識字，卻是全世界最好的女性。韋蓮司後來在這封信裡又加了一句話：「如果掉包的事不能在完全機密的方式下進行，我想最好就作罷。當然，我仍然相信胡博士一定不會希望讓那幾句話流傳於世。這點，我相信你會同意的。」如果葉良才確實是找了人完成了這項「狸貓換太子」的工作，則我們今天在「胡適紀念館」所看到的這封信就已經不是原貌了。

我們不知道人在紐約的葉良才是否遙控完成了這項任務。然而，即使韋蓮司這項「狸貓換太子」的願望沒有達成，這在在提醒了我們，韋蓮司為什麼要用打字機，或者用重新謄寫的方式來整理胡適給她的信件。她這樣做是有深意的，因為這樣做，她就可以刪節掉她認為可能會影響胡適的清譽，或傷害到他人的字

161　Williams to L. T. Yip, January,1965.

句。我們在前邊已經提到1953年，她邀請胡適夫婦到綺色佳避暑
的時候，就已經意識到人言可畏，「多年來的閒言閒語」猜測她
與胡適的關係。在這種心態之下，她會自己作主，刪節掉胡適給
她信中的若干字句，就是很可以理解的行為了。我們今天在「胡
適紀念館」所看到的一些信件有刪節號，原因就在此。這也就是
為什麼我們要研究胡適，就必須看原件的理由。

　　我們在第三章結尾說「知胡適者，莫若深愛胡適的女性。」
我們在這裡可以再加一句：愛惜胡適者，莫若深愛胡適的女性。
韋蓮司對胡適可以說是鞠躬盡瘁，死而後已。江冬秀為了廣收胡
適的信件，也想到了杜威。於是就請韋蓮司寫信給杜威夫人，請
她能夠把胡適寫給杜威的信送給「胡適紀念館」，原件、副本均
可[162]。韋蓮司在尋找杜威夫人的過程，有一個可以令人忍俊不禁
的趣事，說多了會離題太遠，簡單說，韋蓮司最先寫信去問的時
候，得到的答案是杜威夫人也早已經死了。幾經轉折以後，才發
現那已經死了的，原來是杜威的第一任夫人。第二任的杜威夫人
其實還活得好好的，就是我們在第五章第一節還會提到的羅慰慈
（Roberta Lowitz）。羅慰慈後來回了信。韋蓮司原先以為羅慰慈不
會知道胡適是誰，所以在信中作了一點胡適生平的介紹。羅慰慈
的回信最有意味的地方，在於她筆下的胡適，以及她以為是韋蓮
司的女性。她說：

　　我也跟胡適博士相交多年。我相信妳就是胡適生前所常
　　提到的那位女性。我不知道妳是不是就是那個告訴他，

―――――――――
162　Jiang Tung-hsiu to Williams, January 19, 1965.

說學者並不需要有一副邋遢相的女性。他說他在那以前
一直認為學者不應該注意修飾。後來，是這個好朋友
（我很確定她的名字是韋蓮司小姐）改變了他對學者外表
的看法[163]。

羅慰慈有所不知，年輕時候的韋蓮司，在胡適筆下，自己就
是一個「高潔幾近狂狷，雖生富家而不事服飾」、「其草冠敝
損，戴之如故」的女性。韋蓮司讀到羅慰慈信，一定觸發了她不
少的回憶：

讀到妳信中所提到的陳年舊事，我不禁莞爾，因為那像
是我母親會說的話。我母親是一個精力充沛、喜好社
交的女性，她與胡博士經常「鬥嘴皮兒」（spats）！當
時的我，恐怕比他還更不注重俗套和服飾[164]。

想到年輕時特立獨行的自己，韋蓮司的眼眸似乎還閃耀著光
芒。然而，時不我與，「火鳥」已年輕不再。韋蓮司在1946年從
康乃爾大學的獸醫圖書館退休。1960年，她賣掉了綺色佳的房
子，搬到中美洲加勒比海的巴貝多司島（Barbados）居住，她選擇
的是巴貝多司島西南角的哈斯丁司（Hastings），附近海灘極美，
是巴貝多司島最早的度假聖地。韋蓮司在搬去巴貝多司之前，胡
適正好在紐約和華盛頓。她跟胡適在華盛頓和紐約都匆匆見了
面。胡適除了跟韋蓮司見了面以外，也跟他一生中最重要的一顆

163　Roberta Dewey to Williams, March 19, 1965.
164　Williams to Roberta Dewey, March 27, 1965.

胡適1960年在紐約機場為韋蓮司送行照片。(胡適紀念館授權使用)

星星見了面。這一點,我們在第五章還會詳細描述。儘管韋蓮司嘴裡說這不會是他們的最後一面,我們可以猜想他們倆心裡都有數。事實上,這注定是他們的訣別。在華盛頓見過面以後,他們約好在韋蓮司飛巴貝多司之前,在紐約再見一次面。結果,由於韋蓮司與附近眾多親友話別,欲罷不能,回到紐約的行期只好延

後。當時，江冬秀還住在紐約胡適舊日的公寓，所以胡適可以悠然地等著。說不定胡適也自知這會是他們一生中最後一次的會面，非親自送行不可。最後，胡適還到了機場為韋蓮司送行。韋蓮司死於1971年2月2日，享年86歲。

第五章

星空點點（1938-1946）

第一節　一顆撲朔迷離的星

　　1937年9月底，胡適第六度訪美。這注定是胡適一生中在美國居住最久的一段時間，一直到他1946年6月初回國擔任北京大學校長爲止，長達將近九年的時間。從他抵美開始從事外交宣傳工作，到他正式接任駐美大使的職位，這是他在美國聲名鼎盛的階段，也可以說是他一生在國際間盛名最著的時候。50歲不到的大使，往來盡是錦衣與權貴。不但出入備受禮遇，而且又是美國輿論界的寵兒、文教慈善機構團體爭相邀請的演講家。胡適一生中所得的35個榮譽博士學位，有29個，是在這九年之間榮獲的。這時的他，單身在美，既有位尊名高的本錢，又熟諳調情，藝高膽大。他從事外交工作最忙的時候，也是他獵取星星的興味最高的時候。韋蓮司不但遠在綺色佳，遠水救不了近火。而且韋蓮司又老愛跟他談些嚴肅、沉重得讓他喘不過氣來的話題，例如：愛與生命的意義、溝通、人生的理想、世界人類的前途等等。不像星星們，不但可以給他及時的慰藉，而且對他也無所企求，彼此各取所需，完全讓他有免於相思債的自由。他在這個階段裡的星星幾乎全是白人，年齡也大都與他相仿。其中，最年輕、最能跟

他逢場作戲的，卻又最撲朔迷離的，是羅慰慈(Roberta Lowitz)。

　　羅慰慈生於1904年，比胡適小13歲。生於賓州的油市(Oil City)[1]。胡適第一次在日記裡提到羅慰慈是1938年4月14日：「Roberta Lowitz[羅慰慈]邀吃茶，她談在Jamaica[牙買加]看英國人的荒謬，我很感興趣。她去參觀其地之醫院，為揭發其種種弊政，頗引起反動。殖民地之政治，至今猶如此，可恨。」[2]從這一天開始，到胡適7月13日從紐約坐船到法國去為止，三個月之間，他在日記裡提到他跟羅慰慈見面、吃飯、看戲、開車兜風，或講電話的次數有21次之多。在這期間，他還頻頻出城，除了紐約近郊以外，還去了紐約州的省會奧伯尼(Albany)、費城、麻省、普林斯頓大學、印第安那州、俄亥俄州和密西根州。換句話說，如果我們把他出城的日子，還有羅慰慈自己也出城的日子扣除，就可以更凸顯出他們見面的頻繁了。

　　余英時先生認為羅慰慈之所以會在這時闖入胡適的生活，是因為胡適客居紐約的寂寞[3]。這個推測是很合理的。胡適1937年10月到了紐約以後，就跟同行的錢端升和張忠紱住進了「大使飯店」，一住就住了九個月。在這九個月裡，胡適雖然經常到處旅行演講，但長期憋住在旅館裡的生活並不是愜意的。我們在前一章裡，就已經提到才住了三個月，錢端升和張忠紱已經待不下了。張忠紱因為家中有事，提前在1月27日啟程回國。錢端升也

1　以下有關羅慰慈的生平及她跟杜威的關係，是根據Jay Martin, *The Education of John Dewey: A Biography* (New York: Columbia University Press, 2002), 頁467-475。

2　《胡適日記全集》，第七冊，1938年4月14日，頁524。

3　余英時，〈從《日記》看胡適的一生〉，《胡適日記全集》，第一冊，頁89。

於4月6日轉往英國。還好他的舊日好友林行規在3月底到了紐約，他們一有空，就時常朝夕相處。

　　林行規是一個值得注意和表揚的人。他字斐成，浙江鄞縣人，1885年生。英國倫敦大學法學士。歷任大理院推事、司法部民治司司長、法院編查會編查員、司法部部長、北京大學法科學長、調查治外法權委員會專門委員等職。後在北平執行律師業務。他是協和醫院的常年法律顧問，也是受理華洋訴訟出名的大律師。林行規在北京西邊的秀峰山買了一片山，改名爲鷲峰。他們夫婦依山中原有的別墅整修擴建，命名爲「鷲峰精舍」。後來，他們又把秀峰寺所在的山也買了下來，用胡適的話來說：「種樹造林。」後來又捐地、捐款給地質調查所，建立了一個地震研究室 4。總之，胡適在紐約的時候，有幸得以與林行規朝夕相處，幫忙他紓解了在異鄉的寂寞。4月25日，林行規轉往歐洲。胡適在當天的日記裡說：「極感覺孤寂。林斐成先生住在此地，我們常見面，常談天，給了我不少的快樂。他今早走了，故我今天甚感覺難過。晚飯時，獨自走出門，尋到他和我同吃飯的『俄國熊』小館子，獨自吃飯，眞不好受！」他還寫了一首詩描寫旅次孤寂的痛苦：「孤單客子最無聊，獨訪『俄熊』吃『劍燒』〔註：即俄式串烤(shashlik)〕，急鼓哀弦燈影裡，無人會得我心焦。」5

　　我們不知道胡適是如何跟羅慰慈認識的。然而，我們確知的是，他們認識的時候，羅慰慈已經跟胡適昔日的老師，當時年屆78的杜威(1859-1952)來往親密了。更耐人尋味的是，羅慰慈當時

4　《胡適日記全集》，第七冊，頁101。
5　同上，1938年4月25日，頁532-533。

還另外有一個在南非的男朋友，名葛蘭特(Roy Grant)，是一個礦冶工程師。換句話說，羅慰慈是同時周旋在三個男人之間。這也就是說，高段的胡適，終於碰到了一個對手。杜威跟羅慰慈的家人是有淵源的。羅慰慈的父親，是杜威大學畢業以後，到油市去教書時認得的。羅慰慈跟杜威開始深交之前，是替《匹茲堡新聞》(*Pittsburgh Press*)撰寫旅遊文章。1931年開始，她在匹茲堡的中、小學組了「旅遊俱樂部」(travel clubs)，用她到不同國家遊歷所寫的信與風景明信片，作為教學的補充教材。她在1936年搬到紐約。由於杜威的教育哲學當時主宰著美國的中、小學教育界，杜威的影響無遠弗屆，特別是在紐約市。於是羅慰慈請杜威幫她寫介紹信，希望紐約市的學校會把她所提供的材料納入課程。

羅慰慈跟杜威的關係像愛情長跑。早在1931年10月，羅慰慈還住在匹茲堡的時候，杜威就去參加了她開的茶酒會。1936年末，他們的關係開始親密。次年一月，杜威在佛羅里達州過冬的時候，寫信給羅慰慈，說如果她也在那兒會多好！他把報紙上的一個漫畫剪下來寄給羅慰慈。這個漫畫畫的是寫《懺悔錄》的聖奧古斯丁(St. Augustine, 354-430)。聖奧古斯丁在皈依天主教之前是一個浪蕩子。這個漫畫的按語(caption)是：「喔！上帝！請讓我能清心寡慾，但請暫時還不要！」此後，杜威情書不斷。當年夏天杜威在俄亥俄州的辛辛那提教暑期班，他在一封信裡，單刀直入地問羅慰慈愛不愛他。每年夏天，杜威都會到他在加拿大新科斯細亞省(Nova Scotia)的夏廬(cottage)避暑。這年七月，羅慰慈跟杜威在他的夏廬住了十天。杜威給朋友的信是這麼描寫的：「我在湖邊有一間木屋；起居條件相當原始；湖就是我們的浴

缸。中餐，我們到海邊的旅館去吃，早、晚餐，則由羅碧
(Robby)自己作，我幫忙吃。」這一年，杜威77，羅慰慈32。

　　羅慰慈在跟杜威出雙入對的同時，她也跟葛蘭特談戀愛。她
跟葛蘭特的戀愛相當特別，是遠距離的戀愛。葛蘭特是一個浪跡
各處，尋找財富的礦冶工程師。他足跡所至，包括美國西部、英
國、比利時，以及非洲的奈及利亞和安哥拉。從天涯海角，他寫
情書給羅慰慈。胡適也許是透過杜威才認識羅慰慈的。至於胡適
是否知道羅慰慈當時早已跟杜威雙棲雙宿了，則是一個耐人尋味
的問題。即使胡適在開始時不很清楚，他一定馬上就可以察覺到
他們的關係絕非尋常。他在日記裡就常提到有杜威的地方就有羅
慰慈。比如說，6月3日：「到杜威家，……後來Robby[羅碧]來
了，我們同去吃晚飯」；6月21日：「杜威邀我與Robby同吃
飯……飯後他們同到旅館中談。」他甚至還在日記裡記下杜威和
羅慰慈一起出城度假，6月26日：「早上杜威先生與Robby同來，
約去Shelton Hotel吃早飯，飯後與他們告別，他們出城旅行，我
回旅館收拾行李。」

　　正因爲胡適知道羅慰慈跟杜威的關係，也正因爲胡適好用障
眼術的關係，即使這對杜威來說，根本就是「掩耳盜鈴」，可
是，這對後世只懂英文卻不懂中文，或者只懂中文但不懂英文的
人來說，可有障眼之妙。於是，他就給自己跟羅慰慈取了化名，
他自己叫「老頭子」，羅慰慈叫「小孩子」。胡適年輕的時候就
已經喜歡「倚老賣老」，加上這兩個化名不但可以用來障眼，又
可以用來作爲打情罵俏的暱稱。胡適教羅慰慈用的羅馬拼音基本
上是韋氏拼音(Wade-Giles)，「老頭子」拼成"Laotoutze"「小孩
子」拼成"Hsiaohaitze"，但「子」的正確拼法應爲"tzu"，同時他

也省略了韋氏拼音對「頭」字所用的送氣符號,亦即「'」,以及字與字之間的分音符號,亦即「-」。換句話說,這兩個詞正確的韋氏拼音應該是:Lao-t'ou tzu跟Hsiao-hai tzu。然而,即使經過胡適簡化,對完全不懂得韋氏拼音規則的羅慰慈來說,這簡直是就像是天書一樣。因此,羅慰慈十次有九次拼錯。有一次她居然把「老頭子」給拼對了,她於是很得意地說「看!很厲害吧!」[6]又有一次,她把「小孩子」給拼對了,她就在後邊加了一句話:「賞我什麼?」(How much do I get on that?)然後用箭頭畫一道線到她正確拼出來的「小孩子」的羅馬拼音[7]。韓榮方、耿雲志,以及周質平在這兒都譯錯了羅慰慈的意思。他們說羅慰慈所加的這句話的意思是(用周質平的話來說):「我還能當多久的小孩子。」周質平甚至更進一步地引申,說:「一個三十四、五歲的女子自稱『小孩子』,她未免也有『時不我與』之感。」[8]其實在這裡,羅慰慈完全不是因為她感覺到「時不我與」,惋歎自己的年齡跟「小孩子」的化名暱稱放在一起未免有「老來俏」之譏了。她實際上是在跟胡適打情罵俏、跟他撒嬌、向他「討賞」。

　　胡適跟羅慰慈在開始交往不久以後就彼此互用化名。胡適第一次在日記裡提到羅慰慈是1938年4月14日。一個月以後,5月25日,胡適在紐約的一個廣播電台,為紅十字會救濟中國的募捐作

6　Hsiaohaitze [Roberta Lowitz] to Laotoutze [Hu Shih], November 3 [1938].

7　Hsiaohaitze [Roberta Lowitz] to Laotoutze [Hu Shih], Wednesday night [1939].

8　請參閱周質平、陳毓賢,〈多少貞江舊事:胡適與羅維茲Roberta Lowitz關係索隱(三)〉,《聯合副刊》,2005年3月16日,E7版;韓榮方、耿雲志,〈一位猶太女子寫給胡適的情書〉,《南方周末》(網路版),2006年2月9日上網。

了一個六分半鐘的廣播。當天，羅慰慈就打了一個電報向胡適祝
賀：「老頭子：頂好的演說，肯定是有特色的。不要工作到半
夜。」[9]四天以後，29日，羅慰慈去了華盛頓，她又打了一個電
報給胡適：「住五月花飯店，到週一。但願老頭子不會太寂
寞。」[10]羅慰慈在週一，也就是30日回紐約。第二天，就又約了
胡適見面。6月24日晚上十點，胡適在哥倫比亞廣播公司作了一
個13分鐘的廣播演講，題目是：「遠東局勢美國當如何？」
(What Can America Do in the Far Eastern Situation?)[11]。接著，十
點半是羅斯福總統的廣播。回到了旅館，許多人打電話來向胡適
恭賀，其中就包括羅慰慈。第二天，他們約去餐廳吃飯。次晨，
羅慰慈就跟杜威出城度假去了。29日羅慰慈回到紐約，又邀胡適
去郊外遊玩。兩個人火熱的程度，似乎已經到了欲罷不能的地
步。胡適在6月30日啓程到密西根大學安那堡(Ann Arbor)校區演
講，我們不知道當時羅慰慈自己人在哪裡，但是我們確知8月下
旬，她又去了杜威在加拿大的夏盧住了幾天。總之，她在7月7日
就打了一個電報給胡適：「今天接到了你的信。想念老頭子想到
了不可思議的程度。即回紐約。愛。」[12]7月10、12日，胡適一回
到紐約，羅慰慈就開車帶胡適去那條蜿蜒依傍著哈德遜河的「亨

9　　Roberta Lowitz to Hu Shih, telegram, May 25, 1938.

10　Roberta Lowitz to Hu Shih, May 29, 1938.

11　請注意當天《紐約時報》報導胡適廣播演講的題目是：〈紅十字會爲
　　中日戰爭災民募款〉(Red Cross Campaign to Aid Sufferers of Sino-
　　Japanese War)，"Today on the Radio," *New York Times*, June 24, 1938, p.
　　17。這可能有誤，因爲這是胡適一個月以前所做的廣播演說。在此，
　　我根據胡適日記的記載。此外，這個報導誤稱胡適爲南開大學校長。

12　Roberta Lowitz to Hu Shih, telegram, July 7, 1938。引自北京大學圖書館
　　編，《北京大學圖書館藏胡適未刊書信日記》，頁262。

利・哈德遜美景公路」（Henry Hudson Parkway）兜風。12日晚兜風過後，他們還去一家旅館的餐廳吃飯。沉浸在羅曼蒂克的氣氛裡，飄飄然的胡適，在當晚的日記裡躊躇滿志地寫著：「月正圓，此是赫貞江上第二回之相思也。」[13]

7月13日，胡適從紐約坐船去法國。我們在前一章提到了胡適8月下旬在倫敦跟韋蓮司見了面。胡適在24日跟韋蓮司喝過下午茶以後，當晚就坐火車去瑞士開第八屆世界歷史學會。8月9日，胡適還在倫敦，羅慰慈打了電報到中國在倫敦的大使館，英文只有三個字：「一切安好，給我寫信。」[14]不久，羅慰慈自己也到了歐洲。胡適在8月29日的日記裡寫說羅慰慈從倫敦打了電話給他。羅慰慈從倫敦打電話給胡適以前，人在比利時，顯然是跟葛蘭特在一起。她從比利時的首都布魯塞爾給胡適寫了一封信，這封信倒是沒用「老頭子」、「小孩子」，或許兩人都在國外，反正杜威看不見。她說：「親愛的胡適：你從信紙上印的旅館名稱，就可以知道我現在人在布魯塞爾的這家旅館。小夥子（the lad)[註：即葛蘭特]正周遊到此，今天下午會來跟我會合，然後一道去荷蘭。趁我現在還記得，附上我欠你的十塊美金。謝謝。你一定已經接到了我從船上寄給你的照片。請你看完後，把其中的第一張寄還給我。請寄到倫敦的「美國運通公司」（American Express），我回國之前會順道去取。」胡適這時正處在最為尷尬的時候，就像我們在第四章第四節所分析的，他先是接到蔣介石的電報，任命他為新任駐美大使。過後，卻又接到私人的情報，說事情可能有變卦，王正廷可能戀棧。這些事，他可

13　《胡適日記全集》，第七冊，頁570。
14　Hsiaohaitze to Hu Shih, telegram, August 9, 1938.

能都在電話上告訴羅慰慈了。所以羅慰慈信中的最後一句話說：
「我希望事情最後的演變會如你所意，而且希望不管最後落在你
頭上的工作是什麼，你都會滿意。」[15]

　　胡適在9月28日搭乘「瑪利皇后號」郵輪離英，10月3日抵紐
約。在紐約停留了四天以後，他就坐火車到華盛頓，著手作上任
的準備工作。在紐約的四天裡，他除了繼續治療牙齒以外，一定
也跟羅慰慈見了面。10月22日，羅慰慈給胡適寫了一封信。她
說：「我沒馬上寫信給你，是因為我想讓你喘一口氣。我很感激
你不管工作有多重，總是即時回信。現在，你的壓力和工作量增
加了，請你務必不要認為你需要即時回信，除非你確實是想要跟
我『說話』。」接著，羅慰慈告訴胡適她終於找到了一間她喜歡
的公寓，然後，再侃侃而談她的紐約租屋哲學：

> 我的理論是：在紐約，房租總額的最後十塊錢所能換取
> 的，要遠遠超過第一個五十塊。我只多花了十塊錢租
> 金，找到的公寓比我現有的好三倍。我夏天從來沒有在
> 另外一個公寓裡住過。天氣一熱，我的精力就消失殆
> 盡，不能秉持我一向把家整理的井然有序的習慣。但這
> 間的位置不同，格局也可以跟我曾經住過的所有小公寓
> 媲美。

　　羅慰慈這封信最耐人尋味的地方，是她勸胡適不要太當真。
她說：

15　Roberta Lowitz to Hu Shih, August, [1938].

當我告訴你不要太當眞的時候，我指的不是你的工作。眼看著現在加諸你身上的重擔與責任，我就覺得有點喘不過氣來。我所指的，是你似乎覺得你必須放棄你的獨立自決與自由。一定會有些事情是你不能作的，也一定會有一些情況會讓你戒懼的，但你絕對不可以每走一步、每說一句話，就都好像必須如履薄冰一樣。我之所以會對你這樣說，老頭子，是因爲有這樣的態度就輕鬆不了，而你**必須**要放鬆。請注意你自己的健康。多休息，當你緊張、失眠的時候，就找個按摩師。

羅慰慈勸胡適不要太當眞，從這整段話來看，當然是一個抽象、概論式的勸告。然而，羅慰慈也可能有她言外之意：

莎士比亞說：「分別是這麼**甜蜜的**憂傷。」[註：出自《羅蜜歐與茱麗葉》；之所以會甜蜜，是因爲已經開始想到下次的相會。]你想他怎麼會有這種想法呢？這種甜蜜是摻加了大量糖精的結果[註：作假、不眞實]，對不對？至於月圓，所謂月圓預卜團圓的說法，只不過像是格魯佛・威藍的老生常談(Grover Whelanism)而已。話雖這麼說，我還是會喜歡圓月的，而且也會永遠記得歌劇《蝴蝶夫人》裡所唱的：「月亮與我都知道他會對我忠心。我們知道他不久就會回到我身邊。」
告訴我，私人性質的信件寄去你那兒還安全嗎？難不成，我是不是一定要寫些打高空、寫些與個人無關的天氣狀況？彷彿你那兒就沒有天氣的變化；或者談月亮，

　　彷彿華盛頓就沒有月亮一樣[16]！

　　月亮是胡適談情說愛時最喜歡用的比喻。羅慰慈則左右開弓，一方面嘲諷《羅蜜歐與茱麗葉》的難捨難分之情，像糖精放多了一樣的膩嘴；另一方面則用她所鄙夷的格魯佛・威藍(Grover Whelan, 1886-1962)，來戳穿花前月下、月圓月缺的吟哦，只空有詩情畫意之華，其實不過陳腔濫調；品嘗之，味如嚼蠟。格魯佛・威藍是紐約的公關專家，也曾經當過警政署長官，從1919年到1953年，他是紐約市的禮賓卿(greeter)，專門接待蒞臨紐約的各國政要顯貴。他的註冊商標是「迷人的笑容、舉止方正、錦衣華服。」[17]羅慰慈鄙夷威藍的程度，從她的另外一封信可見一斑。杜威1939年得到中國政府所頒給的「采玉大勳章」。可是當羅慰慈在報紙上看到威藍也在同一年得到同樣的勳章以後，她告訴胡適：「我恐怕這塊勳章上的玉，已大失其光澤。」[18]

　　10月28日下午，胡適晉見美國總統羅斯福，呈遞到任國書。我們在前一章已經提到，由於詭譎的人事，這個駐美大使的任命整整拖了一個月才成定局。這一蹉跎，使得胡適匆匆上任，害得他到白宮晉見羅斯福總統，呈遞到任國書的時候，連外交禮服都還沒有準備好。好在胡適在紐約的時候，有羅慰慈當他的儀容顧問。羅慰慈在報紙上看到胡適呈遞到任國書的報導以後，很驕傲

16　Hsiaohaitze〔Roberta Lowitz〕to Laotoutze〔Hu Shih〕, Saturday〔October 22, 1938〕.

17　請參見*American National Biography Online* Feb. 2000.　Access Date: Tue Feb 7 13:38:49 EST 2006.

18　Hsiaohaitze〔Roberta Lowitz〕to Laotoutze〔Hu Shih〕, Saturday〔October 22, 1938〕.

地寫信給胡適說：「從此地報紙簡短的報導，我覺得總統給了你一個熱誠的接待。報導又說因爲你匆促上任，連外交禮服都還沒有備辦好。這使我想像如果老頭子在腰腹上繫配著彩帶會是什麼樣子。你看！你是不是很高興你[聽了我的話而]改變你的髮型[註：抹油往後梳]！想想看，胡適體的八字鬍（hirsute appendage），跟綢緞錦織的腰腹裝飾搭配在一起，成何體統？你是不是應該很高興你認得了我？」[19]

羅慰慈不喜歡放了糖精的海枯石爛的誓言，也不喜歡風花雪月的吟哦。但是，她喜歡調情，也懂得如何調情。她一方面叫胡適不要太當眞，在另一方面又欲擒故縱地跟胡適調情。寫完前一封嘲諷羅蜜歐、茱麗葉、以及月亮的信以後才四天，她又寫了一封熱情的信給胡適：「我出城去了幾天，剛回來。你沒辦法想像我回來的時候，看到你的信在等著我，那種感覺有多美。喔，親愛的，我眞想念你。有時候我覺得你跟我很近，近到我甚至覺得可以聽到你絕妙的笑聲的程度。」羅慰慈已經在前一封信告訴胡適，說她很可能會在11月13日開車載杜威去華盛頓。可是，她又告訴胡適，說她也許離不開紐約，因爲11月是紐約的社交「季」。她撒嬌地說：「如果我11月沒見到你，就不知道要等到何年何月，因爲我1月要去西印度群島。你可能來紐約嗎？你很想念我嗎？」

接著，羅慰慈寫了一段很調情的話。可惜，她又故意把她調情的對象弄得撲朔迷離。問題不在於因爲她先提到了人在非洲的葛蘭特向她求婚的事，而是因爲到了關鍵之處卻缺了頁！然而，

19　Hsiaohaitze [Roberta Lowitz] to Laotoutze [Hu Shih], October 30, 1938.

她調情的對象很有可能就是胡適：

> 我答應我在非洲的朋友年底以前給他答案。然而，要作
> 這個決定並不容易。我一直到不久以前才嘗到真正戀愛
> 的滋味：那種被圈在**自己中意的**男人的臂彎裡，全身的
> 神經細胞都顫抖著的感覺；那種在清麗的月色下，駛向
> 風裡，感覺**他**就在旁座，我的手中有他、他的手中有我
> 的意亂情迷(ecstasy)。我之所以會一直到現在才懂得箇
> 中滋味可以有多美，是因為我這一陣子沒有被他圈在臂
> 彎裡，感覺到他臉頰依偎著我的臉頰，對我呢喃說他終
> 於找到了「家」。如果不是因為回憶[以下缺頁]……

　　胡適一定覺得羅慰慈口中讓她意亂情迷的男人就是他自己，
因為7月初，就在他啟程赴歐以前，羅慰慈就連續兩個晚上載他
出去兜風。我們在前邊已經提到他在日記裡說：「Robby[羅碧]
開車與我去遊Henry Hudson Parkway，到Arrowhead Inn吃夜飯。
月正圓，此是赫貞江上第二回之相思也。」只是，羅慰慈高招的
地方，在於她虛虛實實，寫了這麼一封調情的信，卻又偏偏要說
「他」與「我」，而不是說「你」與「我」，逗得胡適心癢難
耐，卻又不能踏實地認定她心中的「他」就是自己。
　　羅慰慈吸引胡適的地方，可能就在她的欲擒故縱、她的撲朔
迷離，還有她的放浪跟熱情；她是胡適一生當中所遇到的最「異
色」的女性。羅慰慈寫完了上面那段「意亂情迷」的話以後，在
信尾，又加上了一段可以讓胡適的想像力馳騁到駟馬難追的地步
的文字：

羅慰慈帶著黑面紗從計程車窗向外招手。(南伊利諾大學圖
書館授權使用)(Courtesy of Special Collections Research
Center, Morris Library, Southern Illinois University Carbondale)

> 寫封長信給我，趕快寫！你如果看到那些交通警察，你
> 一定會覺得很好笑。他們認得我那輛流線型的車子。我
> 認爲即使我把他們撞倒在地，他們也不會逮捕我。他們
> 對我歡呼的樣子，就好像我是他們失散已久的妹妹一
> 樣，所以我每次都會送給他們一個飛吻。哈！這可以算
> 是淑女的行徑嗎20！

　　羅慰慈的放浪，是她生趣盎然的表現。她幽默、有文采，無
怪乎胡適被她吸引得神魂顛倒。羅慰慈還寫了一首未完稿的打油
詩給胡適，揶揄人類自以爲萬物皆供我役使，殊不知自己其實是

20　Hsiaohaitze〔Roberta Lowitz〕to Laotoutze〔Hu Shih〕, November 3,〔1938〕.

萬物之奴：

無事忙頌（Poems in Praise of Practically Nothing）

I

妳買花把它供在桌上
妳服侍它不遺餘力
妳忙著爲它打水，像陀螺一樣團團轉——
它用什麼謝妳呢？　　凋謝！

II

妳只吃健康食品；
妳從頭到腳，拚命洗刷，刷了再刷；
可是地球並不因此而爲妳轉得穩一點兒；
妳早睡早起；
妳刷牙、妳洗眼——
它用什麼謝妳呢？　　腎炎，
出膿，盲腸炎，
腎結石，還有胃炎。

III

妳買新衣服；
妳如何照料它，只有上帝知道；
質料當然是最上乘的
妳用熨斗燙了又燙、燙了再燙

　　妳不讓它沾到任何灰塵，一丁點兒都不行——

　　它用什麼謝妳呢？　　　長褲很亮麗(待續)[21]

　　羅慰慈的放浪、幽默、調情、俏皮，弄得胡適神魂顛倒。胡適一生所寫的情書，大都已不存。這除了是因為他自己不留情書底稿以外，另外一個主要的原因，是他寫給月亮、星星的情書大概都已與佳人共赴黃泉；比如說，他寫給曹誠英跟哈德門的情書，都沒有被留下來。他寫給韋蓮司的信，稱之為情書，則未免把情字定義得太泛、太淡。值得慶幸的是，羅慰慈這顆星星不是等閒之輩，後來成為杜威第二任夫人的她，她的信件很自然地成為檔案中心蒐羅的對象。正因為如此，我們今天有幸得以看到胡適寫給羅慰慈大約50封的信。其中，有43封是在他四年的大使任內(1938-1942)所寫的。相較之下，他在大使任內，寫給韋蓮司的信只有13封。更耐人尋味的是，他在大使任內同時追逐著兩顆星星，除了羅慰慈以外，就是我們在下一節的主人翁哈德門。唯一可惜的是，由於羅慰慈必須顧及到她自己身後的聲譽，她跟胡適在處理私密文件的作法上有雷同的地方。比如說，《杜威檔案》裡有一封胡適寫的信，到了關鍵所在，就缺了頁。這很難不讓人起疑竇，認為那一頁可能是被羅慰慈抽掉的。但即使如此，胡適給羅慰慈的信，還是能讓我們得以窺見胡適是可以如何忘情地去追星，如何用赤裸裸的文字去傾吐他的愛。這些，我們在他給韋蓮司的信裡全都看不見。

　　1938年秋天，才剛接任大使的他，忙碌可以想見。他10月28

21　羅慰慈詩，藏於《胡適檔案》。

日才晉見美國總統羅斯福，呈遞到任國書。可是他已經無法壓抑
自己對羅慰慈的思念。11月30日，等於就在他心臟病突發的前
夕——他是在12月5日住進醫院的——當晚，回到使館，已經筋
疲力竭，但他心中念念不忘羅慰慈。於是，提起筆寫了一封短
信：「最親愛的小孩子：眞心謝謝妳那封美麗的信，第一頁的文
字，跟妳寫的詩一樣富有詩意。妳所建議的節目非常好。我剛從
一個大晚宴回來。疲憊已極。可是在我上床以前，我一定要寫這
封短信給妳，外加一個熱吻。LTT[註：即老頭子的英文縮
寫]。」[22]

　　1939年1月26日，胡適住院七個多星期，才開始可以起床練
習走路，他就寫了一封信給羅慰慈，謝謝她主動提供她在紐約的
公寓，讓胡適去那兒療養的好意。當時羅慰慈人不在紐約，已經
去了佛羅里達度假[23]。我們不知道羅慰慈是什麼時候離開紐約
的，但應該是1月初。她途經華盛頓的時候，還在華盛頓的旅館
給住院的胡適寫了一封信。她說：

> 我寫這封短信，就是要讓你知道我人到了哪兒。把你扔
> 在那兒，讓我有點空虛的感覺。但知道你會完全康復，
> 讓我好受多了。
> 我走得比我原訂的行程快得多了。
> 隨信附寄一本大家公認最好的一本美國歷史著作。看完

22　Laotoutze [Hu Shih] to Hsiaohaitze [Roberta Lowitz], November 30, [1938].

23　Hu Shih to Roberta Lowitz, January 26, 1939, *The Correspondence of John Dewey, Vol. 2: 1919-1939* (electronic version), 06768.

以後不要扔掉，因為你可以看出來那是一本人家送我的
禮物，但你可以無限期借著。你會發現這本書寫得非常
好，這個作者是美國研究的權威。

我會再寫信給你，但不會要求你回信，因為那樣會增加
你的通信量，也助長你施展[違反醫生規定]「偷寫偷
寄」（letter sneaking-out）的伎倆[24]。

周質平推測當時羅慰慈很可能是跟杜威在佛羅里達同居[25]。事
實上，當時羅慰慈人在邁阿密灘（Miami Beach），杜威則在西礁
（Key West）。雖然兩人都在佛羅里達，西礁位於美國本土的最南
端，與邁阿密灘相距168英里，相當於270公里。以當時美國高速
公路每小時35英里的最高限速來算，單程一趟就要花掉將近五個
鐘頭的時間。雖然羅慰慈在2月中去西礁看了杜威，杜威也在四
月間去邁阿密灘拜訪了羅慰慈，他們兩人當時其實並沒有在一起
度假。

胡適在2月20日下午出院，馬上就搭當天下午四點半的火車
回華盛頓。雖然人都還沒出院，他就已經按捺不住了。提筆寫信
給羅慰慈，劈頭就問：「妳人在哪兒？」[26]回到了華盛頓，才沒
幾天，他就又打了一個電報到邁阿密灘：「2月20日從醫院回

24 Hsiaohaitze [Roberta Lowitz] to Laotoutze [Hu Shih], Wednesday, [January 1939].

25 周質平、陳毓賢，〈多少貞江舊事：胡適與羅維茲Roberta Lowitz關係索隱（三）〉，《聯合副刊》，2005年3月16日，E7版。

26 Laotoutze [Hu Shih] to Hsiaohaitze [Roberta Lowitz], February 20, [1939], The Correspondence of John Dewey, Vol. 2: 1919-1939 (electronic version), 06784.

來，已康復。當天即寫信由妳紐約地址轉。敬祝度假愉快。」[27]
一個月以後，胡適望眼欲穿的羅慰慈終於復出。3月24日，她打
了電話給胡適。這時的胡適很寂寞，他的特別護士哈德門已經在
11天前回紐約去了，這一點我們在下節會談到。雀躍不已的胡適
在掛完電話以後，馬上提筆寫信。口氣一點都不像是一個將近五
十歲的男人寫的信，反倒像是一個初浴愛河的少男：

> 我一直想著妳。我想著各種不同的假設，為什麼我的小
> 孩子沒寫信給我？她是玩得太痛快了，連寫信給我的念
> 頭都沒有了？還是她是墜入了愛河，已經進入了渾然忘
> 我的境界？還是她是**有意**不寫，讓我不可以需要坐起來
> 寫回信給她？等等、等等……妳可以猜想得到，我會喜
> 歡把第三個假設當成是最合理的假設。

　　胡適問羅慰慈什麼時候會回來。他很想見羅慰慈，可惜他當
時住的地方不方便。由於胡適才剛把心臟病醫好出院，不能爬樓
梯。回中國大使館住，必須爬樓梯，所以他們暫時安排他住在屋
得利路(Woodley Road)3225號的房子，他住在一樓的「音樂室」
(Music Room)裡。當時，胡適有好幾個客人，人多口雜。羅慰慈
如果去看他，在那兒過夜會不方便，所以他只能請羅慰慈過去吃
飯，而不能過夜。但是，胡適已經開始編織他的夢：「我們很可
能在6月的時候會退掉這個房子。那時，我可能會找一間公寓自
己住。我搬進去以後，妳可一定要來作我的客人。」這句話的弦

27　Hu Shih to Roberta Lowitz, telegram, February 26, 1939, *The Correspondence of John Dewey, Vol. 2: 1919-1939* (electronic version), 06787.

外之音已經不言可喻了。然而，更值得注意的，是胡適在信後彷彿不經意所說的一句話：「對了，我6月5日到6日會在紐約。」

胡適說他6月初會去紐約是有他的用意的。他先跟羅慰慈報告他的身體狀況，他的體重已經回復到138磅，將近63公斤；血壓106-116，對他而言算很正常。他說，由於他還不能爬樓梯，所以他還沒去大使館辦公。他暫時是把屋得利路的住處當成他的辦公室。他已經有108天沒抽煙了。醫生說他必須一輩子戒煙。然而，胡適真正要告訴羅慰慈的，是下面這句醫生所說的話：「酒、女人與唱歌(對我而言就是演說吧？)，則在12月初算起的六個月以後就不在禁止之列。」[28]12月初就是胡適心臟病住院的開始。換句話說，等胡適6月初到紐約去的時候，就是他可以再有女人的時候了。胡適喜上眉梢，他知道聰慧如羅慰慈，他的言外之意是不言可喻的。

胡適萬萬沒想到熱呼呼的他，鑽進去的卻是冷腸子。原來羅慰慈在生他的氣。問題是出在3月21日的晚會。那一天，胡適在中國大使館舉辦了一個晚會，請了上海的「文化劇社」去表演。這個盛會邀請了四百多個貴賓，可是羅慰慈不在邀請之列。胡適當時心臟病初癒，不但不能過勞，而且可能也沒有參與籌劃，更何況是決定邀請名單了。胡適雖然在會場上致了詞，上半場結束以後，他就被他的醫生和美國國務院的朋友給「強制」架離會場，回家休息。5月初，羅慰慈去了華盛頓，她跟胡適見了兩天的面。事隔了一個多月，羅慰慈仍然不能釋然。5月6日，在羅慰

28　Laotoutze〔Hu Shih〕to Hsiaohaitze〔Roberta Lowitz〕, March 24, 1939, *The Correspondence of John Dewey, Vol.2:1919-1939*（electronic version）, 06794.

慈悻悻然離開華盛頓的第二天，胡適寫信再作解釋。只可惜這封
信到了關鍵之處，又缺了頁：

> 妳昨天看起來也不好。妳有一點**緊張**，也有一點**迷惘**。
> 所以，我現在要寫下我當天的感覺。[缺頁]因爲我連一
> 個私交都沒有邀請。這個節目離我出院的日子(2月20
> 日)沒有多久，他們原先認爲我是不會出席的。而我完
> 全是沒有聽醫生的話而去出席的。結果，上半場結束，
> 我就被醫生給架出場了。
> 所以我眞的很吃驚，也很讓我擔心，因爲聰明、智性如
> 妳，居然會因爲我沒邀請妳而生氣。妳認爲我沒有冒犯
> 了其他沒被邀請的朋友嗎？(事實上，我秘書放在「必
> 須邀請」盒內的名單，我連看都沒看！)[29]

　　胡適並沒有灰心，想見面的渴望也沒有稍減。三天以後，胡
適又寫信給羅慰慈，告訴她6月初到紐約去停留的時間不可能延
長，因爲英國皇室來訪，他必須趕回華盛頓[30]。6月1日，離胡適
要起程前往紐約只有四天了，他又寫信給羅慰慈：「我隨信附寄
我的日程表。妳可以看出來我6日那天排得滿滿的。我希望你能
夠瞭解我當天沒辦法去看妳。這是我的**嘗試之旅**，希望我能受得

29　Laotoutze [Hu Shih] to Hsiaohaitze [Roberta Lowitz], May 6, 1939, *The Correspondence of John Dewey, Vol.2:1919-1939* (electronic version), 06860.

30　Laotoutze [Hu Shih] to Hsiaohaitze [Roberta Lowitz], May 9, 1939, *The Correspondence of John Dewey, Vol.2:1919-1939* (electronic version), 06861.

了，全身而返。**讓我知道妳這個夏天的計畫**，如果妳不是去太遠的地方，我希望能偶爾跟妳一起出遊。」[31]胡適此行的目的是要參加6月6日哥倫比亞大學的畢業典禮，並接受哥大所贈與的榮譽法學博士學位。然而，更重要的是，這將是他病後第一次出門沒有陪同跟隨。想到他就可以自由自在地去見人，胡適興奮得跟一個少男一樣。他怦怦然心跳，因為他想到他就要去見他的兩顆星星了：哈德門跟羅慰慈。當然，這個一箭雙鵰的美夢只有胡適自己知道。

兩天以後，他又寫了一封信給羅慰慈：「我這封信可能會跟我同時到達紐約。我一有空就會打電話給妳。」接著胡適又說兩段只有他們兩個人知道，別人無從猜測的「秘密」：

> 妳在上封信的最後一段說妳「真痛苦」，我讀了很難過。妳問我說我知不知道？我當然知道。這也是為什麼我有很多次很無情地跟妳談，目的就是希望妳能「把事情看清楚一點。」這樣，妳也就會更瞭解**我**一點。因此，雖然知道妳痛苦，我也會痛苦。但是我很**高興**妳因此「能把事情看得清楚一點。」當妳能把事情看清楚一點以後，我們之間的誤會減少，妳會發現我們也會比較喜歡彼此[32]。

31　Laotoutze〔Hu Shih〕to Hsiaohaitze〔Roberta Lowitz〕, June 1, 1939, *The Correspondence of John Dewey, Vol.2:1919-1939*（electronic version）, 06867.

32　Laotoutze〔Hu Shih〕to Hsiaohaitze〔Roberta Lowitz〕, June 3, 1939, *The Correspondence of John Dewey, Vol.2:1919-1939*（electronic version）, 06870.

　　6月5日，胡適如期地到了紐約，他果然一直要忙到7日才有時間去看羅慰慈。他在當天的日記裡記著：「到杜威先生家，他在Bryn Mawr[布林茅爾女子學院]去看他孫女兒的畢業典禮了，還沒回來，留一片子。去看Robby Lowitz[羅慰慈]，不在，也留一片。」[33]後來羅慰慈出現了，用她的車載胡適到一個金融大亨家吃飯。飯後，胡適就直奔哈德門家。這晚，可能是胡適與哈德門關係的一個轉捩點。半夜十二點，他才坐火車回華盛頓。

　　6、7月間，胡適由於行程排得很滿，只跟羅慰慈見了兩面，一次是6月20日，在紐約。另外一次，是7月30日，羅慰慈到華盛頓去的時候。離開以後，羅慰慈寫了一封幽默、俏皮的信給胡適。羅慰慈請華盛頓的一間酒舖子送一瓶香檳酒去給胡適，又附了一張卡片。結果雖然香檳酒是送去了，酒舖子的人並沒有把卡片一起送去給胡適。羅慰慈於是在信上告訴胡適她寫在卡片上的話：

> 我在那張卡片上說香檳沒有問題。如果你的醫生不同意我的諭令，你就必須把他打入地獄，讓他坐在平底雪橇(toboggan)倒數算過來的第四個位子。我在那張卡片裡也說你生了一個很「棒」(swell)的病。(喔！在尊駕面前我怎麼可以用俚語！)[註：swell是1920年代開始流行的俚語，相當於今天常用的cool。]我的意思是你得了一個可喜的病，這個道理可以讓邏輯家去演繹出來。事實上，一流的杜威派邏輯學者可以演繹出來的道理是

這樣的：我們真的應該向你恭喜，因為上帝選你來封冠（coronaried）。[註：英文裡沒有這個字，羅慰慈創這個字，目的在取其意來作詼諧的雙關語，她把心臟的「冠」狀動脈，轉意成動詞的「封冠」。]

我從前生病的時候，最讓我生氣的，是醫生總愛告訴我要心無雜念。殊不知要做到心無雜念的唯一法門，是用美好、愉快的東西來作取代。所以我現在奉上佛羅里達、白沙的海灘、貝殼，以及和風煦日。約翰叔[杜威]跟我已經為你安排了許多計畫。（「你的責任不是去問為什麼。」）[註：羅慰慈引這句英國詩人但尼生（Alfred Tennyson, 1809-1892）的詩句其實有點不詳，因為這整句詩是：「你的責任不是去問為什麼，而是去為國犧牲。」]34

老頭子，不要讓事情煩心。記得這個道理：你昨天才在為今天而操心，結果，今天來了，什麼可怕的事也沒發生。明天也將會如是。不久以後，你就會比從前健康十倍，讓你加倍地補回你失去的時光。我並不是像我哥哥一樣，在這裡教訓你。我是要：

一、以一個有經驗的長脊骨軍團[註：即人類]的成員給你建議；

二、行使我作為一個小妹妹的特權，來照顧一個聰明、任性的哥哥，因為你現在已經被我們領養，你的新名字

34　有趣的是，但尼生的這首1854年所寫的詩，胡適在1908年，他17歲在上海編《競業旬報》的時候翻過，即《六百男兒行》（*The Charge of the Light Brigade*）。胡適自己的譯文是：「不敢復詰責，戰死以為期。」

叫「杜威羅慰慈胡適老頭子」[35]。

我們可以想像胡適收到這封信以後哭笑不得的表情。他沒辦法不佩服羅慰慈的絕妙雙關語，能想到把心臟的「冠」轉化成「封冠」，這個巧思簡直是令人嘆為觀止。只是「老頭子」一下子變成了「哥哥」，「小孩子」變成了「妹妹」；雖然年齡是拉

羅慰慈與杜威，羅慰慈贈胡適。(胡適紀念館授權使用)

35　Hsiaohaitze［Roberta Lowitz］to Laotoutze［Hu Shih］, Wednesday night, ［August 1939］.

近了，關係卻又似乎變遠了。這些稱呼本身當然沒什麼特別的意義，端賴使用的人如何去賦予它們意義。「老頭子」、「小孩子」可以是情人，而「哥」與「妹」反而只能是親人。然而，那最可能讓他哭笑不得的，是羅慰慈所賜給他的「領養」過後的新名字；羅慰慈調皮地幫胡適改姓爲「杜威羅慰慈」，名爲「胡適老頭子」。換句話說，他不但被排在年已八旬的杜威之後，他還得冠羅慰慈的姓！

也就在這段時間，羅慰慈跟胡適提起葛蘭特腎臟有問題，胡適還說他應該去看醫生，而且也不應該去非洲。8月初，胡適到中西部去演講，回到華盛頓的時候，羅慰慈已經坐船到歐洲去了。9月下旬，胡適乍然收到了羅慰慈從英國寄來的一張風景明信片，上面寫著：「葛蘭特夫婦敬致愛與安好！」胡適一直知道羅慰慈是一個撲朔迷離的女性，而且也因此而爲之著迷，但他完全沒有想到她會在毫無預警之下，閃電結婚。覺得簡直不可思議的胡適回信說：「這是妳宣布結婚的方式嗎！」胡適向羅慰慈恭喜，希望能在不久的將來認識葛蘭特。接著，他談到歐洲戰局的惡化。突然間，他語鋒一轉，憑空冒出下面的一段話：「在現代文明所面臨的大悲劇之前，我們自己的痛苦算得了什麼呢！而我親愛的羅碧卻還記得她上次來看我時的忿忿之氣。」[36]

胡適寫完這封信以後兩天，也就是9月23日，哈德門到華盛頓來看胡適，胡適請她到飯店去吃飯。席間，胡適一定跟哈德門提起了羅慰慈閃電結婚的事情。胡適在日記裡說哈德門告訴他羅

---

36 Laotoutze〔Hu Shih〕to Robby〔Lowitz〕, September 21, 1939, *The Correspondence of John Dewey, Vol.2:1919-1939* (electronic version), 06891.

慰慈的一些韻事，「頗耐人尋味」[37]。9月底，羅慰慈回到紐約，但葛蘭特並沒有同行。於是，新婚卻形同單身的羅慰慈，繼續她在紐約「單身貴族」的社交生活。10月9日，胡適到了紐約，住「大使飯店」，晚上到羅慰慈家，一起吃飯的有杜威等人。第二天，胡適到李國欽夫婦的家去過了一夜。11日回到紐約市，哈德門來跟胡適一起吃飯。當晚，胡適坐夜車回華盛頓。10月20日，胡適又回到了紐約，參加慶祝杜威80歲生日的慶典。杜威自己避壽去了。23日晚，胡適跟羅慰慈還有杜威的一個弟子一起吃晚餐。晚餐後，羅慰慈跟胡適一起步行到火車站。第二天，胡適回到華盛頓以後，寫信謝謝羅慰慈：「謝謝妳為我送行。我很高興我們有那二十分鐘的談話，許多誤會都因此冰釋。我希望妳會永遠把我當成一個老朋友。如果妳能記得昨晚我們去『賓州大道車站』的路上的小談，我們就不會再有新的誤會了。」[38]

　　「老朋友」也好，「老頭子」也好，胡適並沒有因為「小孩子」已經結婚了，而改變他對羅慰慈的感情。其實，胡適跟哈德門在這段時間已經愛得難分難捨了。比如說，1940年1月下旬，胡適就像是一個穿梭於紐約與華盛頓之間的超人一樣。1月24日半夜坐火車到紐約。25日午、晚分別贈勳給對中國醫療援助、教育事業有貢獻的美國人士。散會後去看哈德門，到了半夜才坐車回華盛頓。第二天早上七點鐘抵華盛頓。中午十二點半到白宮見美國總統。過後，又坐兩點的火車回紐約，六點二十分到。八點

37　轉引自余英時，〈從《日記》看胡適的一生〉，《胡適日記全集》，第一冊，頁86。

38　Laotoutze［Hu Shih］to Robby［Lowitz］, October 24, 1939, *The Correspondence of John Dewey, Vol.2:1919-1939*（electronic version），06904.

鐘，赴一個晚宴。晚宴完，又去看哈德門。27日又忙了一整天。28日中午，哈德門又來看胡適，跟胡適還有銀行家陳光甫一起吃中飯。當晚六點，胡適又坐夜車回華盛頓。

儘管哈德門已經愛胡適愛得如膠似漆，這點我們在下一節會詳細描述，胡適仍然沒有忘情羅慰慈這顆星星。1939年11月初，胡適寫信給羅慰慈，告訴她說：「上個月月圓的美景，被雨跟烏雲給破壞了。可是在月蝕之前，華盛頓的月亮，在一個短暫時間裡，是分外的鮮明，我一面走著，一面望著月亮慢慢地被雲遮住，心中想著的是妳。」[39]更耐人尋味的是，胡適在2月初的一封信，對羅慰慈描寫他1月24日半夜從華盛頓搭火車到紐約去時，心裡所想的是羅慰慈與佛羅里達的圓月兩相輝映。他沒有告訴羅慰慈的是，他當時其實是要去紐約會哈德門(參見上一段)。胡適說：「那個星期三晚上，當我從住的地方到車站去的時候——等我換好衣服、打點好行李的時候，已經將近半夜一點。雖然看不見滿月，可是覆蓋在地上十英寸厚的雪，映照得滿地生輝。使我想起了那在南方某處的我的小孩子，明月正映照著她。」[40]儘管羅慰慈不喜歡黏膩膩的花前月下的呢喃，也不覺得圓月有什麼羅曼蒂克的象徵，然而，胡適就是改不了，不管是對他的「星星」，還是對他的「月亮」，不提天上的月亮，他就談不了情。

1940年2月，胡適到喬治亞州的朋友家去度假，羅慰慈邀他

39　Laotoutze ［Hu Shih］ to Robby ［Lowitz］, November 5, 1939, *The Correspondence of John Dewey, Vol.2:1919-1939* (electronic version), 06911.

40　Laotoutze ［Hu Shih］ to Robby ［Lowitz］, February 1, 1940, *The Correspondence of John Dewey, Vol.3:1940-1953* (electronic version), 09605.

多繞個彎子去邁阿密灘看她。胡適雖有意，但排不出時間。3月1日，胡適因爲收到了羅慰慈從邁阿密灘寄給他的小禮物，又寫了一封信。我們不知道羅慰慈送給他什麼，也許是玩具烏龜。胡適在回信裡說：「等哪一天我們見面的時候，我要告訴妳在中國人對動物的所作的等級劃分裡，烏龜的**離奇**遭遇。」[41]胡適以爲他或許還有機會見到羅慰慈，因爲以他當時所計畫的3月初之旅的行程來看，他人都已經到了佛羅里達州的冬園(Winter Park)。但從冬園到邁阿密灘還有340英里的路程，胡適又有要事必須趕回華盛頓，於是，只好再度作罷。從此以後，胡適跟羅慰慈常常是陰錯陽差，就是碰不上面。5月8日，胡適坐夜車離開華盛頓，9日早晨到紐約，胡適連旅館都還沒去，就從車站直奔羅慰慈家，可惜羅慰慈已經在前一晚離開，失望之餘，只好留了一張便條[42]。6月初，胡適到賓州的布林茅爾(Bryn Mawr)女子學院參加畢業典禮，回華盛頓前，在火車站打了一個電報給羅慰慈[43]。這時，她的先生葛蘭特已經生病。9月底，羅慰慈打了電話給胡適。胡適在回信裡又提到了月亮，說9月中的月亮分外的美。胡適說這一年的中秋特別讓他感傷，因爲不但日軍利用中秋月夜的月光轟炸了重慶；倫敦也在當晚慘遭德軍轟炸。但是，他又說：「小孩子，在我『分外的感傷之情』裡有著妳。我常想到

41　Laotoutze [Hu Shih] to Robby [Lowitz], March 1, 1940, *The Correspondence of John Dewey, Vol.3:1940-1953* (electronic version), 09617.

42　Laotoutze [Hu Shih] to Robby [Lowitz], May 9, 1940, *The Correspondence of John Dewey, Vol.3:1940-1953* (electronic version), 09640.

43　Laotoutze [Hu Shih] to Robby [Lowitz], June 5, 1940, *The Correspondence of John Dewey, Vol.3:1940-1953* (electronic version), 09647.

妳，我的祝福永遠跟著妳。」[44]

10月5日晚，羅慰慈又打電話給胡適。胡適在三天後寫的信裡說：「謝謝妳上星期六晚的電話。我真的很喜歡我們交心的談話。妳在那通電話裡是那麼的寬大和諒解。我最高興的是妳相當快樂。前一陣子，妳似乎不同意我的看法，說一個人可以因為樂人而得其樂。能看到妳快樂地過妳的新生活，會是讓我最高興的一件事。當妳安定下來以後，我會很高興地去拜訪妳。當妳可以而且願意的時候，請寫信給我。我會永遠珍藏妳寫給我的上封信[註：有待進一步在《胡適檔案》裡查尋]。在電話上講話不理想。上星期六我們講長途電話的時候，簡直像是老天特意替我們安排的一樣，除了那個[不懂英文的]中國廚子以外，沒有任何其他人在家。然而，像這種理想的講電話的條件，是少之又少的。」[45]

儘管羅慰慈已經跟葛蘭特結婚，胡適似乎更在乎的是杜威跟羅慰慈的關係。他經常會在信裡提起杜威，有時還會有意無意地問羅慰慈杜威人在哪兒。胡適也許有他不服氣的地方；貴為大使、風度翩翩、人見人愛、方屆壯年的他，有哪一點比不上耄耋不堪的杜威？然而，不管是因為他是把杜威視為情敵，或者是因為他怕杜威老師會察覺到他也對羅慰慈有興趣，胡適在杜威面前頗有顧忌。比如說，1939年12月22日，胡適在日記裡說：「Mrs.

44　Laotoutze [Hu Shih] to Robby [Lowitz], September 29, 1940, *The Correspondence of John Dewey, Vol.3:1940-1953* (electronic version), 09678.

45　Laotoutze [Hu Shih] to Robby [Lowitz], October 8, 1940, *The Correspondence of John Dewey, Vol.3:1940-1953* (electronic version), 09681.

Grant[註：耐人尋味的是，胡適明明知道杜威跟羅慰慈出雙入
對，卻故意要用『葛蘭特太太』來稱呼羅慰慈，難不成胡夫子
在此是向孔夫子看齊，師法其作春秋『寓褒貶，別善惡』的筆
削之義！]打電話來說：昨天她同Dr. Dewey[杜威]到W. 49th
St.[西49街]一家中國飯館裡去吃飯，她看見祖望同一班中國學
生吃飯，她說：『那是胡適的兒子。』Dr. Dewey不相信，叫人
去問，果然是的。Robby[羅碧]沒有見過祖望，竟能猜著，眞是
聰明！」[46]然而，胡適一直要到隔年3月中，才在信裡跟杜威提到
這件事。更耐人尋味的是，他留在《胡適檔案》裡的底稿，留下
了一句他顯然擔心杜威會望文生義、滋生遐想，於是決定刪掉的
句子。他說：「羅碧告訴我，說你們在紐約的一家餐館看到我的
兒子。~~她很厲害，居然能那麼快就認出了我們家的人相似之處。~~
她確實應該以她驚人的觀察力而爲榮。」[47]

　　1941年1月，羅慰慈的先生葛蘭特過世。他先是動過手術，
手術本身似乎順利，但最後是因爲感染肺炎而死。羅慰慈在1月
10日寫信告訴胡適消息。這封信特別的地方有三點：第一，她不
再用「老頭子」來稱呼胡適，也不再用「小孩子」來稱呼自己；
第二，她拒絕用死這個字；第三，她在信中提到了哈德門。這封
信的全文是：

　　　　親愛的胡適：謝謝你的電報。羅伯[葛蘭特，他一般用
　　　　的是洛依(Roy)]先前動了手術，我寄照片給你的時候
　　　　提到。手術過後他振奮了一陣子。結果，感冒、肺炎折

46　《胡適日記全集》，第七冊，1939年12月22日，頁736。
47　Hu Shih to Dewey, March 11, 1940.

騰了他，我可憐的「親親」於是成為受害者。我沒辦法
用那些字眼[註：即「死」]，聽起來是那麼的決絕
(final)、僵冷(hard)。我想得出來的說法是，他走了
(passed away)。我想你最好就不要把這個傷心的消息
告訴維吉妮亞[註：即哈德門]，以她目前的健康狀況，
這對她的精神狀態可能會有不好的影響。我上次寫信謝
謝她寄給我的禮物時，我只說他生了病。希望你一切安
好。羅碧[48]。

顯然羅慰慈跟哈德門不但彼此認識，而且還互送過禮物。他
們有可能是胡適住院期間認得的，也有可能是胡適出院以後，因
為胡適常往來於紐約與華盛頓，進出之間相見而認得。此外，羅
慰慈在這封信裡提到了哈德門的健康以及精神狀況，這點，我們
在下一節還會再描述。此時，羅慰慈可能已經知道胡適跟哈德門
的關係。在這點上，最清楚的證據莫過於羅慰慈寫給胡適的一封
信。6月20日，她寫信請胡適原諒她不能去參加胡適星期一開的
茶會，她的理由是房地產仲介剛給她電話，說已經幫她找到了一
棟擁有私人海灘的房子，剛好是星期一那天要簽約。然後，她說
打電話向胡適討回照片的原因，是「我覺得你可能已經不會想要
那張照片了，我與其讓它將來被毀掉，不如現在就把它要回
來。」[49]

羅慰慈可能已經不再把胡適看成她的「老頭子」，可是，胡
適還是繼續把羅慰慈當成他的「小孩子」。2月8日，在葛蘭特死

48　Roberta Lowitz to Hu Shih, January 10, 1941.
49　Roberta Lowitz to Hu Shih, June 20, 1941.

後不久，胡適寫了一封信給羅慰慈，謝謝她5日的來信。胡適說羅慰慈那封信「很富哲理意味」。他說羅慰慈「在人生那麼短的一段時間裡，從害羞的『小孩子』，變成一個女人、情人、妻子、然後寡婦！」他說：「我有時候覺得妳是一個奇怪的人，不容易瞭解。現在我知道了，那是因為如妳所描述的，妳是用『創造了屬於妳自己的小世界來保護妳的害羞。』此後，我希望能從妳這個自我分析的新角度來進一步地瞭解妳。」[50]

不管羅慰慈是不是真如她自己所說的，是一個害羞的女性，她身邊似乎總少不了男人。10月24日，胡適去紐約慶祝羅慰慈的生日。當晚，除了杜威和他以外，還有另外一個男性。這件事我們從胡適的信可以看得出來：「我確實很開心能跟妳，還有約翰叔，一起慶祝妳的生日。你們倆都看起來都好極了。怪不得那個衝動的追求者會死追著妳、像發了瘋一樣地愛著妳。我恐怕他對我和D博士[杜威]的造訪極其不滿，因為我們分走了妳不少的時間跟注意力。」[51]

由於胡適自己已經有了瘋狂地愛著他的哈德門，他終於慢慢定下了自己的心。1942年9月，他大使卸任以後搬到紐約跟哈德門同居，更使他能逐漸地從一而定。此後，他跟羅慰慈還互相通信，偶爾甚至會邀宴彼此。當年5月，在他大使卸任以前，胡適在僕僕六千英里的演講征塵途中，從科羅拉多州的丹佛給羅慰慈

50　Laotoutze [Hu Shih] to Robby [Lowitz], February 8, 1941, *The Correspondence of John Dewey, Vol.3:1940-1953* (electronic version), 09587.

51　Laotoutze [Hu Shih] to Robby [Lowitz], November 2, 1941, *The Correspondence of John Dewey, Vol.3:1940-1953* (electronic version), 09770.

一封信。胡適說當晚在丹佛聽他演講的人有五千人之多，對他們演講非常快樂，「讓他忘卻了所有的疲勞和公事！」胡適還說：「我的『遁隱』（escape）之道不在入定（into my own mind）。我是以用功來『遁隱』。這雖不能算是『遁隱』，但卻是極樂之所在。」這封信還是以「小孩子」來稱呼羅慰慈，落款也還是「老頭子」。信後還加了一個「又」：「兩鬢已略斑白，真已成了一個『老頭子』了。」[52] 我們從南伊利諾大學「杜威中心」所存的檔案，可以知道胡適在1946年4月，還邀了羅慰慈去參加中國大使館的一個晚宴。1946年6月初，胡適離美返回中國。當年12月，杜威跟羅慰慈在紐約結婚；那一年杜威87歲，羅慰慈42歲。杜威在1952年過世。胡適的悼念卡，是以王文伯、他自己，以及江冬秀具名。1970年，羅慰慈因腦膜血腫（subdural hematoma）死於邁阿密灘，享年66歲。

第二節　一顆死心塌地的星

在胡適所有的星星裡，哈德門太太是跟他最久的一顆，從1938年12月他心臟病住院而認識，一直到他1962年過世為止，一共24年。雖然這24年裡，他們並不是一直在一起，然而，他們共有過一段哈德門在日後常常緬懷，稱之為她的「黃金歲月」的八年，也就是從他們認識到1946年，胡適回中國就任北大校長為止。在這八年裡，除了一開始的時候，胡適還興致勃勃地想要一

52　Laotoutze ［Hu Shih］ to Hsiaohaitze ［Lowitz］, May 1, 1942, *The Correspondence of John Dewey, Vol.3:1940-1953* (electronic version), 09806.

箭雙鵰，隨著撲朔迷離的羅慰慈起舞，忙得團團轉以外，他等於
是在哈德門的「卵翼」之下，特別是在他大使下任以後。他跟哈
德門在她紐約的公寓同居，或者，如果我們也學愛護胡適的朋友
所用的委婉話來說，哈德門是胡適的「二房東」。胡適在1949年
再回到美國以後，他們又住在一起一年。次年，江冬秀去美國跟
胡適團圓。此後，胡適跟江冬秀就住在他原來跟哈德門同居的公
寓，哈德門自己則另外租屋自住，終於真正扮演了她當胡適「二
房東」的角色。雖然他們的「黃金歲月」已成過去，然而，他們
依然保持聯繫，即使胡適到台灣擔任中央研究院院長仍然如此。
他們的關係一直延續到1962年胡適過世為止。

　　胡適跟哈德門的故事裡最值得令人注目的地方有三點。第
一，胡適是一個調情聖手。他自己年輕的時候已經說他「可以大
好色」[53]。後人不信，偏要說他「理智」、「冷靜」、「寂
寞」；他的月亮、星星則不然，她們深知胡適有人所不知的一
面。哈德門說得最清楚不過，她用「心肝」、「寶貝」、「寵
物」等暱稱來稱呼胡適；她稱許胡適為情聖，愛他愛得不能釋
手；用最為大膽、露骨的文字，來表達她對胡適的情慾。第二，
胡適跟哈德門的關係，在在彰顯出階級可以彌補種族的劣勢。這
點，我們已經在胡適與韋蓮司的關係裡看出。胡適與哈德門的關
係更是如此。最耐人尋味的地方，是他們倆用《魯賓遜漂流記》
裡的魯賓遜和「禮拜五」來戲稱彼此。即使其目的是在調情，是
在自我調侃他們為了不落人口實，不得已而必須「愛在心裡口難
開」的苦楚，他們彼此所用的小說人物完全顛覆了美國社會裡的

53　《胡適日記全集》，第三冊，1921年8月26日，頁295。

種族層級。第三，胡適在日記裡有關哈德門的記載，最淋漓盡致地展現了他既要隱又想彰的心態。一方面，他施展他慣用的隱語、化名的障眼術；另一方面，他又爲未來要替他立傳的人留下線索，考驗他們是否有按圖索驥的本事。

哈德門太太（Virginia Davis Hartman）生於1895年4月14日，比胡適小4歲。我們在此處用哈德門的譯音，是根據胡適自己的翻譯。顧名思義，哈德門是她先生的姓。她的先生路易斯·約翰·哈德門（Louis John Hartman）是醫生，紐約州人，1916年從加拿大的麥吉爾大學（McGill University）畢業。由於我們找不到有關他進一步的資料，我們可以推測他很可能早逝。這一方面是因爲我們在當時的美國醫生名錄上找不到他的名字，同時，以當時美國的社會風土人情來看，哈德門太太寡居的可能性要遠高於離婚。她很可能寡居的另外一個旁證，是她一直要到1929年才拿到護士的證書。她念的學校是「長老教會醫院附設護理學校」，即「哥倫比亞大學護理學院」的前身。那年，她34歲，很有可能是應屆畢業生裡年齡最大的一位。我們不知道她是什麼時候結婚的，也不知道是什麼時候寡居的。她念護理學校以前，也就是1917年，還曾經在巴黎索邦大學（the Sorbonne）念過一年的書。我們甚至可以推測她進護理學校的時候就已經寡居了。值得注意的是，雖然她顯然早年就寡居，她一輩子以哈德門太太爲名，甚至她所用的信箋，一直都印的是路易斯·約翰·哈德門太太。

哈德門顯然是一個求知慾很強的女性，由於她在「長老教會醫院附設護理學校」念書的時候，該校並不授予學士學位，哈德門在當護士的時候，繼續在哥大選課。這一點，我們在描述他跟胡適的同居歲月時還會提到。總之，她終於在1944年拿到哥大教

育學院的護理學士學位。哈德門在文字修養上，不是一個等閒之
輩，連自視極高的胡適有時都不得不刮目相看。胡適在1951年9
月12日的一篇日記裡說：「我給V.D.H.[哈德門]看一篇短文字，
她指出其中有perseverant[堅毅的]一字，是字典裡沒有的。我不
信，試檢Webster's Collegiate Dict.[韋氏學院辭典]與新出的The
American Dict.[美國英語辭典]，都只有perseverance[堅毅，即名
詞]，而沒有perseverant[堅毅的，即形容詞]！今夜又試檢New
Collegiate Dict.[新學院辭典]，也沒有。(商務的《英漢綜合字
典》有perseverant字。[註：最具權威的《牛津英語大辭典》裡有
這個形容詞]。)前些時，V.D.H.聽廣播有人用fulsome[過當]字，
作褒詞，她寫信去指出此字總是貶詞。其人回信謝罪。
Fulsome=offensive, disgusting, esp., offensive because of insincerity
or because of motive, as fulsome praise[過當＝噁心、作嘔，因為做
作，或者別有動機，特別令人嫌惡，例如：溢美之詞]。」[54]

　　哈德門從護理學校畢業以後，就在紐約哥倫比亞大學的醫學
中心服務，她的職稱是特別護士。1938年12月，胡適因為心臟病
住進該醫院的哈克尼司療養部(Harkness Pavilion, Columbia
Medical Center)，哈德門就是他的特別護士。1939年2月20日胡適
出院，哈德門陪同胡適回到華盛頓，住在屋得利路(Woodley
Road)3225號。一直要到3月13日，哈德門才回紐約。胡適在當天
的日記裡寫著：「看護Mrs. V. D. Hartman[哈德門]今天回紐約
去。她自從12月6日看護我，到今天凡97天，待我最忠愛，我很
得她的好處。今天她走了，我很覺得寂寞。」[55]這個時候的胡適

54　《胡適日記全集》，第八冊，1951年9月12日，頁604。
55　同上，第七冊，1939年3月13日，頁634。

誠然是寂寞的，醫生說他要六個月以後才可以有女人。事實上，他那個時候連爬樓梯都是不許的，更何況是女人了！

然而，胡適已經開始作計畫。他6月6日要去紐約參加哥倫比亞大學的畢業典禮，並接受該校頒贈的榮譽博士學位。不但如此，這將是他生病以後第一次單獨出遊，不會有陪同跟隨。他不但已經知道他會去看哈德門，他也急切地想要見羅慰慈。我們在前一節已經描述他連寫了五封信給羅慰慈，就爲了要安排跟她見面的時間。5月26日，他在華盛頓的醫生來爲他作診視，檢查結果血壓、心脈都正常，說他已經「可以不需要醫生了。」對胡適來說，這等於吃了一顆定心丸。6月5日，胡適坐火車到了紐約。我們不知道當晚他是否去見了哈德門，從哈德門後來的一封信看來，他們的「定情之日」是在6日跟7日，這點，以下會再分析。7日，胡適去找羅慰慈，但撲了個空，留了個來訪未遇的便條。羅慰慈回來以後去找胡適，過後，又用車子載胡適到一個金融大亨家吃飯。飯後，胡適再直奔哈德門家。我們在前一節已經提過，說這晚可能是他倆關係，從病人、護士蛻變爲情人的一個轉捩點。半夜十二點，他坐火車回華盛頓。

胡適在出任大使的四年內，在華盛頓與紐約之間往來頻繁，出入紐約凡數十次。光是以他自己不完整的日記所記下來的，就已經超過30次。我們幾乎可以假定他每次去紐約，都一定會跟哈德門相會。事實上，由於他們相會的頻繁，哈德門在她的信裡，根本就把胡適到紐約之行稱之爲「回家」。胡適自己在日記裡所留下來的紀錄，也頗耐人尋味。對於羅慰慈，他在日記裡掩飾較少。我們甚至可以說，他讓羅慰慈在他日記出現的頻率，以及她出場的方式，幾乎是有意要讓讀者想入非非。只是，讀者光看日

記，不會得知其詳，只是徒然被胡適挑起了窺淫慾，卻苦於得不到滿足。如果沒有南伊利諾大學「杜威中心」所存的胡適信件，以及北京社科院近史所《胡適檔案》裡所保留的幾封羅慰慈的信，我們最多將只能作「想當然耳」的臆測。與胡適並不諱言他與羅慰慈的一段情緣的作法相對比，他在日記裡對哈德門則顯得惜墨如金。我們雖然可以在他的日記裡，尋出他跟哈德門關係的一些蛛絲馬跡，但是他有較多掩飾之心。如果不是因為《胡適檔案》裡留下了哈德門的一些信件，我們就絕對不可能知道他晚年有一顆愛他愛到死心塌地的星星。

　　然而，胡適不但留下了一些痕跡，有些還甚至是「此地『有』銀三百兩」式的痕跡。我們之所以會說這些暗記是胡適刻意留下來的，其道理很簡單，因為辨識不難。所需的只是一些最基本的研究功夫，加上一點粗淺的英文常識。胡適有直言不諱的時候，比如說，1940年1月26日的日記說：「夜訪V.[Virginia，即哈德門]。」1942年1月1日的日記：「從V.處到旅館，趕十點半車子回京。」1月21日的日記：「晚九點半去看V.D.H.」然而，他用得最多的還是障眼術。他為哈德門所用的障眼術有兩種。第一是用化名，即萊立(Rily)。我們以下還會討論萊立是他倆彼此混用的化名；胡適用萊立來稱呼哈德門，哈德門偶爾也用萊立來稱呼胡適。要破解這個障眼術的罩門，光看日記不行。我們只有在看了《胡適檔案》裡的信件以後，才能瞭解原來所謂萊立者，即哈德門也。胡適用萊立這個障眼術最絕妙的例子在1940年3月。13日的日記：「早晨到紐約。Rily[萊立]來吃午飯；半夜Rily來談。」次日的日記：「與V.D.H.[註：哈德門英文名字的縮寫]吃早飯。」如果我們不知道萊立就是哈德門，我們就不可能

會恍然大悟，原來哈德門那個晚上是留在旅館和胡適一起過夜，第二天早上一起和胡適吃早餐！更重要的是，胡適是力行了他作為歷史家求真的精神，他在日記裡可真是秉筆直書，說：「**與**V.D.H.吃早飯。」而不是曲筆地說：「V.D.H.**來**吃早飯。」

另外一個障眼術比較容易破解。哈德門的名字叫維吉妮亞（Virginia），維吉妮亞的小名或暱稱是吉妮（Ginny）。胡適1939年8月18日的日記：「住Blue Ridge Summit[藍嶺峰飯店]。晚上Ginny[吉妮]從New York[紐約]來看我。」原來胡適在17日跟大使館秘書游建文夫婦，以及崔存璘到賓州的藍嶺峰去玩。他的同事當天就回華盛頓，胡適則單獨留下來。第二天18日是週五，Ginny（吉妮）——哈德門也！——從紐約來跟胡適相會度週末。一直到星期一，大使館才派人把胡適接回華盛頓。另外還有兩個他很少用的障眼術：其一是用不同的縮寫，比如說，1940年4月14日：「暫住Hotel Roosevelt[羅斯福飯店]，邀V.W.來，為她作生日，一天很高興。晚車回美京。」在沒有對比原稿以前，我們不能確定在這裡V.W.是胡適有意誤拼以障眼，還是排版錯誤，但我們確知4月14日是哈德門的生日；其二居然是用哈德門已故先生名字的縮寫。比如說，1940年11月28的日記：「今早到New York[紐約]住The Ambassador[大使飯店]。J.L.H.來吃飯。」這裡，J.L.H.可能是L.J.H.的誤排。如果猜測不錯，則L.J.H.者，路易斯·約翰·哈德門（Louis John Hartman）太太也。

我們從哈德門給胡適的信裡，可以知道胡適也是常寫信給哈德門的。然而，這些信大概都已經在哈德門過世以後煙消雲滅了。其實，這已經是我們在這個胡適感情世界的故事裡所熟悉的模式了。換句話說，我們有他的月亮和星星寫給他的信，但沒有

他寫給她們的信。他寫給江冬秀、韋蓮司，以及羅慰慈的則是例外。耐人尋味的是，他寫給羅慰慈的信要遠比他寫給韋蓮司的羅曼蒂克多了。我們不知道胡適對他晚年的最後一顆星星是否比較放得開。除非處理哈德門身後事的人有慧眼，把胡適給她的信捐給了檔案館，我們將永遠不會知道這個問題的答案。我們之所以會去問這個問題，是因為在胡適所有的星星、月亮裡，哈德門可能是最能、也最敢淋漓盡致地表達她對胡適的情慾的女性。我們知道哈德門抱怨胡適寫給她的信不夠多，然而，我們還是好奇胡適的回信是否至少在內容上跟她是旗鼓相當的呢？當然，以我們對胡適的瞭解，我們幾乎可以想像他給哈德門的信同樣地是瞻前顧後，老是惦記著他的身後名，下筆謹慎。

我們在前文推測胡適跟哈德門的「定情之日」是1939年6月6、7日那兩天。這是胡適心臟病過後第一次獨自旅行。胡適在6月5日從華盛頓坐火車到紐約。第二天，他參加哥倫比亞大學的畢業典禮，並接受哥大頒贈的榮譽學位。他的日記只寫說他在7日晚宴後去看哈德門，過後才趕夜車回華盛頓。哈德門有一封很可能是在1942年寫的信，在信裡她說了這樣的一段話：

> 我渴望的是你這個週末會來。凡是沒有愛到過頭的愛，對我來說都是不合格的愛。我會永遠記得自從6月6日到7日以後，那些夢所帶給我的歡樂；唯一可以與之媲美的是[我們]在普林斯頓的快樂。我的肉體和靈魂，那夜以繼日的渴求，只有如果你能在國慶日[註：7月4日]週末來4G公寓跟我一起慶祝，才可能被舒緩、鎮壓。還

有什麼地方比4G更適合來慶祝「獨立」的呢[56]？

這封信最重要的地方，是提到了對他們來說最有紀念意義的6月6日到7日，也就是他們1939年的定情之日。我們不知道他們什麼時候去了普林斯頓，胡適在1941年以後，日記缺漏很多。這封信所提供的另外一個重要的消息，是哈德門所住的公寓號碼。在這以前，曉得胡適1950年代住在紐約東81街104號的人，都知道他公寓的號碼是5H。他們都說哈德門是「二房東」。現在，我們從哈德門自己所寫的信，就可以知道在1940年代他們開始同居的時候，他們先是住在哈德門在4G的公寓。

哈德門不但對胡適熱情，也敢大膽表露。她從一開始就如此，一直到胡適過世，可以說是至死不渝。她目前所留下來的第一封信就已經很熱情。我判斷這封信很可能是1939年9月間寫的，因爲在這封信裡，她問胡適是否喜歡他跟胡祖望相處的時光。我們知道胡祖望是該年8月中抵達舊金山的，他在9月1日到華盛頓，待了兩個星期的時間。這第一封信裡的用字遣詞，已經在在地流露出她對胡適的眷戀之情。

> 我最親愛的：你上次回家以後，日子過得慢到令人無法忍受的地步。這提醒我要向你道歉，因爲我是那麼糟的一個伴侶。你總是能做到把快樂給予別人，而我因爲鼻竇發炎頭痛了一個星期。因爲如此，親愛的，我一定是一點都沒有讓你感覺到我是多麼地感激你所帶給我的幸

56　Rily［Virginia Hartman］to Hu Shih, n.p., n.d.

福快樂。我親親的愛人，一直要到你留給我諸多好處而
離開以後，我才逐漸好轉(頭痛和相思)。我現在已經完
全好了，飢渴地需要你的陪伴。這個週末請務必要來，
我才會[有藉口]不去[哥大]上課，而留著你在家優閒
著。我真愛死了去攪亂你的優閒，因為這樣就會讓你不
覺得老之將至。你老愛喋喋不休說你有多老，其實你連
一點老的影子都沒有。

　　哈德門除了數日子等胡適「回家」以外，她也企盼著胡適的
來信。她說：「明天早上，我希望能得到我這一生從來沒有那麼
愛過的男人的來信。那會保證我下星期會有一個美好的開始，也
可以支撐著我，讓我能等待你回到我的懷抱。我仰慕的人，我要
你緊緊地貼著我的心。」最後，她對胡適俏皮地說：「H太太
[註：不管是「胡太太」還是「哈德門太太」，英文縮寫都是H]
要對H博士說晚安了！她什麼都不在乎，在乎的，只是不要放過
這麼美好的人生經驗。」[57]
　　另外一封可能是1940年3月間寫的信，也是同樣地熱情：

　　我的適、比我自己的生命還要寶貴的適：你12日的信讓
我高興極了！不管你什麼時候到，都會有早餐在等著
你，你忠貞的朋友萊立會像一團火一樣地歡迎你回家。
午餐當然可以。真好！知道你現在跟我在同一個城市
裡，一兩個鐘頭以後就要回家。希望你今晚沒有別的

57　Rily [Virginia Hartman] to Hu Shih, n.p., n.d.

約……

我興奮極了，心跳得快得不得了。知道我的寶貝(Baby)
要回家，我高興得都快要不能呼吸了！我們已經相愛那
麼久——永遠——是多麼美麗的一件事。「我愛」
(Darling)！不要試圖去改變現狀！能在人海裡看見那唯
一親愛的人的臉龐，能聽見那個特別親愛的聲音，用他
特有的音調說話，能溶化在所愛的人的臂彎裡，那就像
是在作夢一樣！好，我[聽話]不會去車站接你[58]。

　　哈德門對胡適不只是愛，而且是崇拜。從某個角度來看，哈
德門對胡適的崇拜，在本質上與韋蓮司對胡適的崇拜是類似的。
然而，韋蓮司跟胡適在他們年輕的時候，曾經共享過他們在文
學、政治、哲學、藝術、社會、思想各方面的交會所碰撞出來的
智慧火花。年輕時的他們在智性上是平等的，即使韋蓮司在美國
社會的種族結構裡，是高高在排華法案陰影下的胡適之上。回國
以後功成名就，後來又貴爲大使而「錦衣重訪」美國的胡適，一
躍而上枝頭。他的膚色、種族雖然依舊，他外交使節身分所給他
的尊榮，使他的社會地位高高凌駕於韋蓮司之上。即使胡適不這
麼覺得，韋蓮司難免會有她自慚形穢的時候。如果曾經在思想上
與胡適平起平作的韋蓮司，都必須因爲他們在社會地位上易位，
而不知不覺地重新調整她跟胡適的關係，更何況是跟胡適沒有任
何淵源，作爲特別護士而遇上大使的哈德門了！
　　哈德門對胡適的愛，加上崇拜，已經到了她可以用宗教的字

58　Rily [Virginia Hartman] to Hu Shih [March, 1940?].

眼來形容的地步。在一封1942年6月寫的信，她說：

> 最親愛的(反正沒有人在聽，我可以自由自在地稱呼
> 你)：每次我們相逢過後，我離開時的心情就像是一個
> 朝聖回來的人一樣，我的整個心所充滿的就是你。每次
> 苦短的朝聖所帶給我的極樂，是我必須向你謝謝的。朝
> 聖回來以後，我所看到的、所觸碰到的所有一切，都有
> 著你，而且都飢渴地想要你。

　　如果胡適在信上謝謝她什麼，哈德門所做的回應是更多的頂
禮跟膜拜。而這裡所說的頂禮跟膜拜，不只是宗教意味上的，而
且是情慾、肉體上的：

> 我是不是已經告訴過你，我真喜歡你在信上謝謝我的
> 「招待」？如果要我謝謝你所給我的恩惠，這個「恩
> 惠」的同義詞是「天賜的滿足」(epic fulfillment)。不
> 管有意與否，你信尾所簽署的「愛[妳的]S」(Love S)
> 有其精確而又雙關的意思。不管你用的是逗號還是句
> 號，我自己替你加入它的弦外之音。你從來就不是我
> 「一時的迷戀」(infatuation)──這是你常說我的。然
> 而，你已經成為我迫切的需要──不只是在情慾上。在
> 情慾上，我想要你的強度是與日俱增，已經強烈到我身
> 體的每一個部位都飢渴地向你呼喚的地步。我自詡我在
> 你面前的表現，在在證明了我所說的一點都不誇張。聽
> 我說這些可能有礙你的「健康」，可是你已經無處可

逃，我要享用你，享用到我心滿意足的地步。你可以
看得出來，我是不按牌理出牌的，誰說女人不該用文
字或行為來表達她的情慾！這個遊戲規則可不是為我
設的[59]。

　　哈德門的熱情、赤裸裸、明目張膽的情慾，對胡適而言，可
能是前所未有的經驗。她對胡適說：「有你貼近我的心，真是美
麗極了！在你溫柔的擁抱裡與你結為一體！光是去想、去回憶，
我就已經都快要昏過去了。你知道你是一個能勾魂攝魄、讓人難
以忘懷的情人。」她反問胡適：「你不覺得我真是一個乖女孩，
很懂得克制我寫信給你的數量跟內容嗎？可是，你可要當心喔！
物極必反！」她不只自己熱情，她也要胡適對她熱情：「我要你
非常、非常、一直、一直地想念著我──『夜以繼日』（"night
and day"）[註：這是一首胡適和哈德門喜歡的曲子，以下還會提
到]。最後，她在信尾說：「晚安，我愛！我多希望我能握著你
美妙的手，纏繞著你美妙的三圍睡去。親我！親遍我的頸項
（napefully）[註：英文沒有這個字，是哈德門自創的]！」[60]
　　哈德門的熱情節節升高，她對胡適的情慾幾乎是無止境的：
「沒戴眼鏡在床上給你寫信，如果你在這兒的話，我就可以用更
令人滿意的方式來施展我的才華了。我完全是因為我還有昨晚高
潮的意亂情迷（ecstasies）可以回味，才有辦法說我今晚不再來。
你星期三下午五點四十五分的時候會在家嗎？我可以來嗎？我永
遠沒辦法向你說清楚，說你如何豐富了我的人生！還有你這幾年

59　Rily [Virginia Hartman] to Hu Shih, [June, 1942].
60　Rily [Virginia Hartman] to Hu Shih, Tuesday [June, 1942].

所賜給我的神仙生活(Utopia)！我的親哥、我的摯友；我無以倫比的情人、我的寶貝；我的卡撒諾瓦(Casanova)[註：義大利情聖(1725-1798)，在自傳裡說他一生中有122個情人]。」[61]

卡撒諾瓦。(取自維基百科網[Wikipedia])

　　把胡適比成情聖卡撒諾瓦！謳歌胡適所賜給她的「神仙生活」！這恐怕是哈德門可以在地下冷眼笑傲、回應那些老愛說胡適「理性」、「冷靜」的胡適專家，最「鞭辟入裡」的「心聲」！哈德門早已死心塌地認定她是胡適的人。她知道胡適不喜歡聽，但是她偏要說：「我這一生從來就沒有像現在一樣，我的一切都是在你身上。你聽我這麼說會渾身不自在，因為你不喜歡聽我告訴你，說我沒有你不行。請不要寫信來教訓我，你會說什麼話我都知道，因為你已經都說過了。我就是這麼一個答案：這

61　Rily [Virginia Hartman] to Hu Shih, [1943?].

四年來，我的生命裡洋溢著一個摯友、一個無與倫比的情人所給我的美輪美奐的回憶。從前的我所照顧的你是個病人，現在的我則是把自己奉獻給我的摯愛。在這個轉變的過程中，什麼都沒少掉，因為我過去和現在是如何地對待你，將來也會永遠如是。」[62]

儘管哈德門對胡適熱情如火，她同時也體諒胡適有他不得不瞻前顧後的苦衷。為了胡適著想，她一無所求，心甘情願地犧牲自己，不求名分，一切都為胡適著想。她對胡適說：「我愛：你一定要放得開，不要老是覺得你必須對別人解釋我是你的什麼人。有時候，作解釋反而是畫蛇添足。這件事就讓我來作，我會說得恰到好處，讓人不會起任何疑竇，而且讓他們根本就不會感覺到我的存在。我認為你越解釋就越好像你作了什麼錯事一樣，其實你錯在哪兒呢？」[63]

可能為了要避免閒話，胡適決定自己另找一間公寓。剛好他們同居的東81街104號的這一棟樓，有一間公寓空了出來。哈德門住在4G，在第四層。現在，第五層的5H空了出來，於是胡適把這個公寓租了下來。胡適在這間公寓一直住到1946年6月。他回國以後，哈德門就接著住。1949年以後胡適再回美國以後，他又住進了這個公寓，後來江冬秀來了，就一直住到1961年10月江冬秀去台灣跟胡適團圓為止。1943年10月10日，胡適正在哈佛大學作一個一系列六次的演講，即「中國的歷史文化」（The Historical Culture of China）。哈德門寫信告訴胡適，說房東會在第二天找人來清洗窗戶跟百葉窗，然後再裝上窗簾，那個星期就

62　Rily [Virginia Hartman] to Hu Shih, [June, 1942].
63　Ibid.

可以把胡適的書房布置好[64]。我們從這封信就可以確定在這之前，胡適確實是跟哈德門在她4G的公寓裡同居。胡適在當年2月15的日記記他當天從波士頓回來。下午三點到紐約。「在我走後，Mrs. V. D. Hartman[哈德門]叫房主來在我書房裡添做了一個大書架(這是第五個書架了)。」換句話說，胡適一直要到10月中，他從波士頓演講回來以後，才搬進了5H，在表面上，算是維持住了他是單獨住在紐約的形象。

　　然而，要掩人耳目，說起來容易，做起來難。比如說，1943年10月10日那天，哈德門自己就差一點在朋友面前露出破綻，好在是有驚無險。當天，哈德門帶哈德遜(Hudson)小姐、紐肯(Newcomb)太太到胡適要搬進去的5H公寓去參觀。我們在上一段已經說明當時胡適人在哈佛。她們來參觀的時候，電話鈴響。那時，哈德門人在廚房裡。她原先沒想到胡適會打電話來，所以就請哈德遜小姐幫她接電話。就在哈德遜小姐拿起聽筒的千鈞一髮之際，哈德門突然間有第六感，感覺那是胡適打來的電話。還好哈德遜小姐把聽筒貼到耳朵之前，先轉身去關門。於是哈德門幾個箭步衝將過去，把聽筒從哈德遜小姐的手中搶過來，化解了危機。否則哈德遜小姐就會狐疑爲什麼胡適會打電話到自己的家裡來找哈德門呢！或者萬一胡適錯把哈德遜當成哈德門，開口就稱「蜜糖」、「甜心」呢[65]！

　　事實上，在熟悉胡適的朋友裡，特別是中國朋友和學生，有誰會不知道胡適跟哈德門的關係？美國朋友裡，胡適在大使館的英文秘書伊迪司‧菲力普絲(Edith Phillips)就是一個例子。菲力普絲景

64　Friday [Virginia Hartman] to Hu Shih, October 10, 1943.
65　Ibid.

仰也愛護胡適，她不但清楚胡適的家庭情形，認得胡適的兒子祖望跟思杜，她也很清楚胡適跟哈德門之間的關係。1942年10月底，胡適大使卸任不久，她在信上說她但願胡適是住在華盛頓附近，那樣，她就還可以繼續幫胡適處理一些文書事物。值得安慰的是，她知道哈德門會好好地照料胡適[66]。在另外一封信裡，菲力普絲更道出了她的弦外之音：「你的新公寓都安頓妥當了嗎？哈德門太太是否已經幫你安排底定了你們——我可以這樣說吧！——的家務細節（ménage）[註：雖然英文的your是單、複數通用，ménage通常用在複數]?」[67]

熟悉胡適的中國朋友、學生更是盡在不言中。舉個最好的例子，1944年12月16日，胡適在波士頓做生日請客，哈德門還特地從紐約去參加。幾天以後，胡適跟哈佛的楊聯陞到波士頓西邊一個小鎮，有一個從前在中國的傳教士過世了，留下了一批書。胡適跟楊聯陞去把這些書買了下來。書裝成了五木箱，寄到紐約胡適住處，剩下的一些零星的書，則由胡適與楊聯陞用手提箱帶回。12月21日，楊聯陞跟胡適一起坐火車回紐約，一來是幫胡適把手提箱裡的書送去，二來是去紐約過節。在火車上，楊聯陞戲作了一首小詩：「才開壽宴迎嬌客，又冒新寒到草廬。積習先生除未盡，殷勤異域訪遺書。」根據楊聯陞的回憶，胡適看了以後，笑一笑，把「嬌」字改作「佳」字；於是，原來意有所專指的「嬌客」，就變成了泛指的「佳客」了[68]。

66　Edith Phillips to Hu Shih, October 23, 1942.

67　Edith Phillips to Hu Shih, Sunday evening [1943?].

68　〈余英時序〉，胡適紀念館編，《論學談詩二十年：胡適楊聯陞往來書札》（台北：聯經，1998），頁v-vi。

　　由於對胡適而言，清譽、形象重於一切。公寓的新安排一旦
定奪，不是熟人，就不容易識破胡適其實是跟哈德門同居的事
實。然而，胡適還是覺得大意不得。他認爲哈德門太熱情、太大
膽了，如果不對她加以約束，就容易露出破綻。胡適顯然是對哈
德門下了「禁口」令，要她謹言愼行，不准她用太過熱情的字
眼。對哈德門而言，她現在所必須承受的苦楚變成雙重的。一方
面，她即使還是跟胡適同居，他們現在已經各有各的公寓。要過
去胡適那兒，還得先得胡適的許可。只要胡適認爲必要，他可以
隨時下「禁足」令。先談胡適的「禁足」令。比如說，哈德門在
1943年的一封信裡說：「雖然我心裡想得很，我星期三以前就不
過來了。不過如果可以，我就會過來。這個禁令我完全不贊同，
但是我知道這是你的意思。」[69]同年10月10日的信說：「我的心
肝寶貝(treasure)禮拜六會回家吃早餐。你沒告訴我你的火車幾點
離開，我只好遵命，在5H的地板上來回地踱方步等著你(老天！
你人在哪兒啊？)。」[70]當然，胡適出城的時候，哈德門可以來去
自如。證據如下，哈德門在另一封信裡說：「我把你4、5日的信
拿去郵局寄，然後回到『家』以後，本來是想好好照顧你的寶貝
[註：在此處哈德門稱自己爲胡適的寶貝]，把她放到席夢思床
上，只有吃飯的時候才讓她起來。只是，我們的寶貝有她自己的
想法，東摸摸、西摸摸，一直到現在才洗了澡上床。」[71]

　　胡適的「禁口」令，使得哈德門必須去承受「愛在心裡口難
開」的苦楚。偶爾，她還會使用暗號。比如說，在一封信的結

69　Rily [Virginia Hartman] to Hu Shih, [1943?].

70　Friday [Virginia Hartman] to Hu Shih, October 10, 1943.

71　Inarticulate Friday [Virginia Hartman] to Hu Shih, 10 P.M.[1943?].

尾，她用了一串用數字寫成的暗號：「又：29-32-35-120！這看
起來像是足球賽的暗號，但不是！又：照理說，你應該回我一串
你自己的，但我寧願你用的是別的辦法。喔！親愛的！」[72]可
惜，我目前還解不了哈德門在此處所用的暗號的意思。從他們晚
年所通的信來看，這幾個數字有可能是指的是他們之間最有紀念
價值的幾個日子。比如說，可能意指：2月9日、3月2日、3月5
日、1月20日；當然，這也可能猜錯。總之，除非有新的資料出
現，恐怕對我們而言將永遠是無解的暗號。無論如何，胡適的
「禁口」令所帶來的一個最令最耐人尋味的結果，是哈德門開始
使用的另外一個化名。哈德門在1943年的幾封信裡，稱自己為
「禮拜五」。在他倆的關係裡，胡適是「魯賓遜」，哈德門則是
「禮拜五」。魯賓遜和「禮拜五」是《魯賓遜漂流記》(*Robinson
Crusoe*)裡的人物。魯賓遜是因為船觸礁而受困荒島的白人，
「禮拜五」則是魯賓遜在荒島上碰到，收留下來的「野蠻人」。
哈德門之所以戲稱自己為「禮拜五」，是因為「禮拜五」在故事
開始的時候不會說英文，等於是一個啞巴。哈德門在1943年的好
幾封信裡，在信尾都署名「禮拜五」。最有意味的是，她在一封
信裡的署名是：「啞口禮拜五」(Inarticulate Friday)[73]。

　　哈德門很清楚她用「禮拜五」來稱呼自己的意義是什麼。早
在1942年6月，胡適還在大使任內的時候，哈德門就已經知道胡
適要她少說多作。她深知恭敬不如從命的道理，只是，那會是胡
適自己的損失：「由於你不允許我表達，你就永遠不會知道，你

72　Rily [Virginia Hartman] to Hu Shih, [June, 1942].

73　Inarticulate Friday [Virginia Hartman] to Hu Shih, 10 P.M.[1943?].

是如何完全地充滿了我的生命、我的心。」[74]她在1943年7月6日的信裡說：「『我愛』！我已經決定不告訴你，說我有多想念你，說我生命裡的每一個善行，都是奉獻給我摯友的愛，等等、等等。看！我多有骨氣！」[75]1944年10月下旬，胡適去哈佛大學講學八個月，講「中國思想史」。哈德門跟胡適在紐約同居已經滿兩年了，八個月的別離很難熬。雖然胡適在週末都會回紐約，離別總不是滋味。胡適去哈佛講學以前，也偶爾會出城演講。光是偶爾的小別，哈德門都已經承受不了了，更何況是八個月的兩地相思呢！她在一封信裡對胡適說：「晚安！寶貝(Pao Bi，拼對了嗎？)[註：正確的拼法是"Pao-pei"]！我非常思念著你！希望你以後不會再出城了。我沒那麼勇敢！」[76]現在，胡適去哈佛講學，一去就是八個月，哈德門覺得自己等於是當了尼姑一樣。次年3月底，「復活節」就到了，哈德門對自己打趣：「我寧願『復活節』會幫我修練成扮演『禮拜五』的才能，而不是這尼姑庵的玩意兒。」[77]

　　胡適的情感世界裡有白人女性，本身已經是一件非常耐人尋味的事。我們在上文已經分析了種族和階級──或者說，社會地位──在胡適跟這些白人女性的關係裡，有相生相剋的關係。換句話說，胡適的社會地位，可以彌補他在種族地位上低於韋蓮司，或哈德門的劣勢。哈德門會用《魯賓遜漂流記》裡的「禮拜五」來稱呼自己，則把這個種族、階級相生相剋的關係推向了一

74　　Rily [Virginia Hartman] to Hu Shih, Tuesday [June, 1942].

75　　Friday [Virginia Hartman] to Hu Shih, July 6, 1943.

76　　Friday [Virginia Hartman] to Hu Shih, October 10, 1943.

77　　S'Rily [Virginia Hartman] to Hu Shih, Friday [March 30, 1945?].

個更有意味的層次。她在這個時候已經開始用「丫頭」來稱呼自己。「丫頭」對「主人」只有主僕之分、階級的高下。當然,這並不排除它們也可以是用來打情罵俏的暱稱;然而,「魯賓遜」對「禮拜五」則不同了,它又加入了種族高下的分判。且不論他們用這個戲稱的目的是在調情,是在打趣「愛在心裡口難開」的苦楚;且不論他們倆是誰先想到這個比喻,由胡適扮演白人的「魯賓遜」,哈德門扮演「野蠻人」的「禮拜五」,已經根本顛覆了美國社會的種族層級。

如果不是因為胡適的瞻前顧後,如果不是因為胡適下了「禁口」令,哈德門可以在文字上更加熱情、大膽,更加淋漓畢露地呈現出她對胡適的愛和情慾。她知道說多、說過頭了,胡適都會皺眉。所以,她只好用含蓄、影射的方法。比如她說:「我還訂製了印有『淡紫色正字標記』,特別作給我的『蜜糖』吃的糖果。出貨慢了一點,因為我放了『致命』的份量,必須用慢火炮製。」[78] 在另外一封信裡,她說:「把我所有的愛都給我的珍友。今晚我很不柏拉圖(platonic)[註:意即她有很強的情慾,沒辦法只停留在精神的層次]」[79]。在另外的一封信裡,她實在已經忍不住了:「『我愛』!我飢渴地要你溫暖、親愛的身體。昨晚,我夢到停了下來。我但願我現在能親你的額頭,把我的頭枕在你耳下方的脖子上。『甜心』(Sweetheart)!即使是對新英格蘭地區的清教徒來說,我說的這幾句話一點也不情色。」[80]

事實上,即使哈德門知道她必須遵守胡適的禁口令,即使她

78　Friday [Virginia Hartman] to Hu Shih, July 6, 1943.

79　Inarticulate Friday [Virginia Hartman] to Hu Shih, 10 P.M. [1943?].

80　S'Rily [Virginia Hartman] to Hu Shih, Friday [March 30, 1945?].

以「禮拜五」自況，甚至在信裡的簽名用的就是「禮拜五」，她就是沒有辦法一直維持「柏拉圖」。比如說，在那封她褒揚自己「一點也不情色」的信裡，她寫著、寫著，到了信尾，還是禁不住地加了熱呼呼的一句：「喔！我愛！我好想要你！喔！我好想要你抱著我！喔！緊緊地抱著我，喔！緊到我可以感覺得到你可愛的心跳的地步！」在前一段起頭所提到的信裡，也就是那封說她放了「致命」的份量，印有「淡紫色正字標記」的糖果的那封信裡，她也是越寫越不「柏拉圖」：「每當我想到你，想到我倆所擁有的絕美經驗，我就感受到那種連呼吸都要停止了的喜悅，我的心就會怦怦跳──這是我為什麼能按捺住，設法耐心地等你回家的原因。啊，最親愛的！你定的書，用思杜的文法來說，在你見到他的時候，就會在寄到中(arriving)[註：應該是"arrived"(寄到了)，哈德門在此借用思杜錯誤的文法來表示親熱]。我真希望我能跟你有一個兒子，以及共享其他跟你有關係的事物。請永遠要在你的思維裡、在你的愛裡，為我留下大大的一席地。希望你會再找到理由寫信或打電報給我。但我又寧可你把寫信的時間拿來休息，而不是用來寫信犒賞我。反正，等你回到我餓虎撲羊的懷抱裡，就是施展我勾魂攝魄之功(voodoo)的時候。永遠給你我所有的愛的『禮拜五』上。」

　　哈德門會在信上談到思杜，其所意味的是她跟胡適關係的親密。當祖望在1939年到了美國的時候，胡適才剛開始跟哈德門親熱起來，所以跟他談到祖望求學之事的人還是韋蓮司，特別是因為康乃爾大學也是祖望考慮的學校之一。等思杜在1941年到了美國以後，哈德門已經取代了韋蓮司。哈德門的一封信，很可能1946年2月初寫的，當時胡適正在康乃爾大學演講。這封信值得

我們注意的有兩點：第一，「萊立」(Rily)並不是哈德門專用的
化名，而顯然是她和胡適彼此互用的；第二，哈德門已經跟思杜
熟悉到可以在他們父子之間當調人的程度：

> 萊立：思杜電話留言在先，他的信後到。
>
> 很高興跟你在電話上講了話；聽你的聲音，你的感冒顯
> 然好多了。
>
> 如果我隨信寄上的文章，並不足以讓你充分地回覆隨信
> 寄上的電報，可否請你打電話告訴我你還需要什麼？思
> 杜14號開始上課，所以你或許會希望他能路過去那兒看
> 你。當然，他來看你的目的，是希望在你回國以前能跟
> 你見個面。你們的交談，還有他的信可以說明一切。他
> 在[紐約]的時候，會住在我們這兒，我希望你會要他在
> 回學校以前去看你。我推測他非常渴望能得到你的認可
> 和建議。我覺得現在時機已經成熟，是他飢渴地想要跟
> 你有真正的溝通的時候。這也將有助於他在攀沿人生的
> 階梯當中找到一個歇腳之處。自從我認識他以來，他在
> 這一個迷失的階段裡，可以說是成熟最多。如果你能夠
> 做到不要讓他對你望而生畏(awe)，你見到他的時候，
> 氣氛就會比從前好多了。
>
> 我希望我隨信寄上的信件是你所要的。
>
> 思杜很失望，在他日趨成熟的當下，你和他連好好相聚
> 一下的餘暇都沒有。

請寫信。萊立(也是手持紅筆的「寶貝」[Baby])上[81]

哈德門的這封信，點到了胡適的痛處。三十年前，胡適想充當韋蓮司與她母親之間的調人；沒想到三十年後，自己卻也落到了需要情婦來提醒他如何為父的地步。早在1927年，他第二次回美國，在紐約忙著摘瘦琴那顆星星的時候，胡適就曾經在午睡的時候夢見了當時已經過世一年半了的女兒素斐。他在信裡對江冬秀說他覺得很對不起素斐，他想如果當時能早點請好的醫生給她治療，說不定就不會死去。他接著說：「我太不疼孩子了，太不留心他們的事，所以有這樣的事。」[82]1939年，祖望到了美國留學。9月下旬，胡適收到江冬秀要他轉交她寫給祖望的一封信。胡適看了，覺得不妥，沒轉給他。他說：

> 冬秀，你對兒子總是責怪，這是錯的。我現在老了，稍稍明白了，所以勸你以後不要總是罵他。你想想看，誰愛讀這種責怪的信？所以我把你信上關於他的朋友李君的事告訴他了，原信留在我這裡。
> 我和你兩個人都對不住兩個兒子。現在回想，真想補報，只怕來不及了。以後我和你都得改變態度，都應該把兒子看做朋友。他們都大了，不是罵得好的了。
> 高夢旦先生待他的兒女真像朋友一樣。我現在想起來，真覺得慚愧。我真有點不配作老子。平時不同他們親熱，只曉得責怪他們功課不好、習氣不好。

81　Rily to Rily, n.d. [early February 1946?]
82　胡適致江冬秀，1927年2月5日，杜春和編，《胡適家書》，頁230。

祖望你交給我，不要罵他，要同他作朋友。

你把這最後幾段話給小三看[83]。

胡適的反省說得不錯，他從前確實是跟江冬秀一樣，對兒子都只知道「責怪」。1929年，胡適把當時才十歲大的祖望送到蘇州的一間寄宿學校念書。一年以後，胡適收到學校寄來的成績單，說他「成績欠佳」。盛怒之下，他寫了這麼一封訓子書：

你的成績有八個「4」，這是最壞的成績。你不覺得可恥嗎？……

我那一天趕到學堂裡來警告你，叫你用功做功課，你記得嗎？

你這樣不用功，這樣不肯聽話，不必去外國丟我的臉了。

今天請你拿這信和報告單去給倪先生看，叫他准你退出旅行團，退回已繳各費，即日搬回家來，7月2日再去進暑期學校補課。

這不是我改變宗旨，只是你自己不爭氣，怪不得我們[84]。

胡適對祖望的寄望很高。他在1923年3月的信裡，就很驕傲地對韋蓮司說當時才快滿四歲的祖望，「已經展現出同年齡的孩子所少有的聰明。」[85]我們在前面提到他1927年訪美的時候，還

83　胡適致江冬秀，1939年9月21日，杜春和編，《胡適家書》，頁360。

84　胡適致胡祖望，1930年6月29日，杜春和編，《胡適家書》，頁280。

85　Hu to Williams, March 12, 1923.

跟瘦琴、韋蓮司談到了祖望的教育問題，韋蓮司甚至建議他把祖望送到巴黎去受教育。胡適這封訓子書所反映的，也許是他過於迫切的望子成龍之心，也許是傳統嚴父的典型。無論如何，胡適終於進步了，他確實想要「補報」。1940年3月，提到祖望在康乃爾第一學期的成績，他只輕描淡寫地告訴江冬秀：「祖望的功課不很好。」[86]兩個月以後，他又說：「大兒子在學校第一年的功課吃緊一點，也許可以逼他多用一點功。」[87]名人之後確實不好當。在胡適的盛名之下，祖望、思杜所受的壓力之大可以想見。在外必須做到出人頭地，以免落得「虎父犬子」之譏；回到家裡也輕鬆不了，胡適即使無意，恐怕也會讓兩個兒子，像《紅樓夢》裡的賈寶玉見到父親賈政一樣，不由然地誠惶誠恐，或者像哈德門所說的，望而生畏。哈德門在信上所提到的思杜的信，是1946年2月5日寫的，用的是英文。他在信上說上一個學期是他最糟的一個學期，在14個星期的學期當中，他由於生病，缺課將近六個星期。期末考之前又出了水痘，在醫院整整住了三個星期。一直到出了院以後，在院長的許可下，一一補考了所有的期末考。思杜在信裡說，他搭的是便車，會在2月7日下午到紐約[88]。由於胡適人在康乃爾，他跟胡適沒見成面。但胡適在8日晚打電話到他跟哈德門同居的公寓，跟思杜、哈德門都講了話，胡適在電話上「勸思杜多多休息」[89]。

　　我們對思杜在美國的情況瞭解非常有限。歷來的說法，都說

86　胡適致江冬秀，1940年3月21日，杜春和編，《胡適家書》，頁373。
87　同上，1940年5月1日，杜春和編，《胡適家書》，頁380。
88　Hu Ssu-tu to Father, February 5, [1946].
89　《胡適日記全集》，第八冊，頁215。

他不用功，念了兩個學校，結果都沒畢業。但是，胡適在日記上的說法不同。1946年6月16日，胡適在回國的船上。當晚很熱，「在床上看書，到半夜後兩點，還不能睡。忽然記起小三[思杜]今天畢業，今天又是美國人的"Father's Day"[父親節]，我很慚愧我對兩個兒子，一個女兒(死了)，都沒有盡我能夠盡的責任！兩點起來，寫一個電報給小三："Congratulations! Whatever happens today, my love. Father"[恭喜！不管今天發生了什麼事，都有我的愛與你同在，父字。][90]根據胡適自己在日記裡的記載，思杜是在1947年10月13日回到上海的[91]，並非一般人以訛傳訛所說的1948年。至於他是否如傳言所說的，是因為「染上吃喝之習慣」、「被美國驅逐」，或者說得好聽一點，「由在美朋友送其回國」[92]。在我們有進一步的資料來說明以前，這一切都只是傳言、臆測。事實上，即使以今天美國的移民法來說，留學生畢業以後，除非有「實習」(practical training)，或者像H-1的工作許可證，畢了業，學生簽證就立時失效，必須出境。如果今天如此，在1940年代只會是更加嚴苛；不要忘記，「排華法案」是一直到1943年才廢止的。換句話說，除非思杜當時仍然保有學生身分，否則他之所以回國，不必是因為「被驅逐」，而可能只不過是像一般外國人一樣，因為簽證到期，而作自動離境的理所當然之舉。

　　無論如何，胡適跟哈德門將近八年的同居，終於在1946年暫時落幕。胡適回中國，去就任北京大學校長。6月5日，胡適在下

90　《胡適日記全集》，第八冊，頁244。
91　同上，頁330。
92　羅爾綱，《師門五年記·胡適瑣記》(北京：三聯書店，1995)，頁173。

午一點五十分離開他的公寓。哈德門跟胡適另外的一個朋友事先
作了安排，她們借了一輛車，把胡適載到碼頭。胡適的許多朋友
到船上跟他告別。哈德門跟那個朋友是最後跟胡適話別的人。下
午三點半開船。在美國住了八年八個月的胡適，黯然神傷地在心
裡呼喊著：「別了，美國！別了，紐約！」八天以後，胡適坐的
船到了巴拿馬。兩天之內，胡適寫了24封信，發出了8個電報。
值得注意的是，他所發的這些信與電報裡，哈德門得一信、一
電；我們下一節所要提到的另外一顆星星也得了一信；韋蓮司則
一無所得[93]。

　　1949年中國內戰惡化，胡適離開中國，於4月21日抵舊金
山。胡適在舊金山盤旋幾天以後，就直奔紐約，回到他回國以前
在東81街104號5H的公寓。自從胡適1946年6月回國以後，哈德門
就自己在5H住下。胡適回國將近一年以後，楊聯陞有紐約一行，
他寫信給胡適，向他報告他走到胡適從前住的公寓去緬懷過去的
情形：「今天星期日，午飯後到Metropolitan Museum[大都會博
物館]去，星期日至一點才開，我早到了一刻鐘，就走到81街104
號您以前的寓所去『重溫舊夢』。門內的房客一覽表上您那塊小
黑牌子(5H)還在，上面貼著印有Mrs. Hartman字樣的一個小白紙
條。想來房主人還不肯把您的名牌換掉，所以來了個折衷辦法。
我沒有驚動Mrs. Hartman[哈德門太太]又走出來。門外的綠布棚
子等等一切如故。」[94]

　　胡適1949年回到紐約以後，韋蓮司還去看望了他。胡適在7

93　《胡適日記全集》，第八冊，頁240-243。
94　楊聯陞致胡適，1947年3月16日，胡適紀念館編，《論學談詩二十年：
　　胡適楊聯陞往來書札》，頁80。

月29日的日記，記他當天早上十一點半跟韋蓮司見了面。我們不知道韋蓮司在紐約待了幾天，也不知道她跟胡適見了幾次面。也就是在這個時候，發生了一件許多人嘖嘖稱奇，譽之爲美談的事件。韋蓮司去的那幾天，紐約的天氣熱極了。因爲她擔心胡適心臟不好，怕受不了熱。因此，韋蓮司提議要跟哈德門各出一半的錢，幫胡適買一台窗型冷氣機。韋蓮司跟哈德門都談好了，支票也開給她了。可是，事情卻有了變卦。哈德門在8月15日的一封信裡，向韋蓮司解釋了她爲什麼決定不買冷氣機的理由。這封信最耐人尋味的地方，在於哈德門在這封信裡逞了一時的口快，伶牙俐嘴地讓韋蓮司知道誰才是胡適的枕邊人：

> 親愛的韋蓮司小姐，我知道這封信會帶給妳的不快，其強烈的程度可以媲美於妳的來訪和來信所帶給我的喜悅。我知道能盡棉薄之力來增添胡適博士的舒適以及快樂，是一件多麼快樂的事，就因爲這個理由，我雖然有點猶豫，但還是決定要把它[支票]退還給妳。
> 在我發現要花五百塊美金才有辦法裝一部可用的冷氣機以後，我就放棄了那個念頭。這個金額超過了我的能力。而且，妳才離開，胡適就好像需要到華盛頓去一陣子，作顧問諮詢的工作。爲了支持他不用裝冷氣機的看法，他祭出了一本中文書[註：即曆書]，說從長程的研究結果來看，在這個緯度裡的我們不久就可以有好的氣候。事實果然如此。
> 妳果然很忙[所以沒寫信]，這就是妳，胡適博士告訴我。我希望現在一切都已經順利了。我很高興能得到妳

這位[胡適的]老摯友的認可，認為他的居處還差強人意；妳可以知道我對我自己的布置有多滿意！我們的鄰居都說我對胡適未免呵護太過了(like a hen with one chick)。我相信妳會原諒我剝奪了妳這次想要跟我「分享」[胡適]的機會，因為我早就知道妳是一個少見、敏於觀察的朋友。維吉妮亞·戴維司·哈德門敬上[95]

　　這封信犀利的地方還不在於它笑裡藏刀，哈德門的每一句話都很客氣；它真正犀利的地方，在於刀刀見血。哈德門劈頭就讓韋蓮司知道她最快意的地方，就是她知道韋蓮司收到這封信一定會感到不快。她說她知道韋蓮司跟她一樣，都希望能「增添胡適博士的舒適以及快樂。」然而，她「雖然有點猶豫」，還是決定把支票退回，不讓韋蓮司有機會為胡適效勞。她躊躇滿志地請韋蓮司原諒她「剝奪了妳這次想要跟我『分享』[胡適]的機會。」韋蓮司顯然去看了胡適的公寓，也了然哈德門是跟胡適住在一起。但哈德門還偏偏要火上加油，她稱讚韋蓮司是一個「敏於觀察」的人，其實她賞給韋蓮司的，是一記響亮的耳光，提醒韋蓮司要看清楚胡適是她的，要韋蓮司如雷貫耳地恭聽：「『我們』的鄰居都說我對胡適未免呵護太過了」。

　　更耐人尋味的，是胡適縱容「新人」打「舊人」。在哈德門寫信的第二天，他也寫了一封信給韋蓮司。他說：「哈德門太太告訴我，說妳好意要分擔費用，在我的公寓裡裝一架冷氣機。她也告訴我，說她已經寫信給妳，把支票退回去了，理由是我的天

95　Virginia Hartman to Clifford Williams, August 15, 1949.

氣預測正確！」[96]胡適這封信連謝謝一個字都沒說，彷彿韋蓮司自願要出錢幫胡適裝冷氣機是天經地義的事；更重要的是，他開口閉口都是哈德門，彷彿韋蓮司要向胡適「進貢」還得要透過哈德門。胡適所沾沾自喜的，是他根據中國曆法裡的「夏至」和「三伏」的節氣來推算，正確地預測了高溫的現象會即日解除。

這不是胡適第一次，也不是最後一次讓「新人笑、舊人哭」。1936年發生第四章所描述的「伊人鳥」事件的時候，韋蓮司是新人，曹誠英是舊人。到了1949年的「冷氣機事件」的時候，韋蓮司已經變成了舊人，而哈德門是新人。這個「冷氣機事件」所反映的，絕不是像周質平所羨稱的，是兩個情人「共同為謀胡適的舒適而努力。」[97]而是胡適即使不是有心，但卻實際上是縱容了「新人」棒打「舊人」的事實。「胡適紀念館」裡還有另外一封哈德門寫給韋蓮司的信，沒有日期，但一定是1950年代寫的。我們從這封信可以知道有一次胡適身體出狀況的時候，韋蓮司正好在場，她不眠不休地照顧了胡適12個鐘頭。哈德門的謝函有兩點值得注意的地方：第一，她說胡適常常提到他們三個人應該找個時間一起吃頓中餐；第二，她謝謝韋蓮司照顧胡適，擺出的姿勢儼然是胡適的枕邊人：

> 胡博士有好幾次——應該説是兩三次——讓我捏了一把
> 冷汗。現在，他除了瘦得讓人心疼以外，一切都很好。
> 他總愛説我們三個人應該找個機會一起去吃頓中餐。但
> 因為我們都吃得不多、吃飯的時間又早，再加上我生性

96　Hu Shih to Clifford Williams, August 16, 1949.
97　周質平，《胡適與韋蓮司：深情五十年》，頁162；聯經版頁154。

散漫(temperamental saw dust)，這個跟妳一起去饕餮的
想法一直未能實現。

現在正處溽暑，他希望妳手中應該有能用以消暑的東
西。

我真不知道要怎樣來謝謝妳，妳不顧自己的健康，12小
時不眠不休，妳不但救了我的心，也救了胡博士的命。

　　哈德門在這封信裡，像夫婦一樣地附了她跟胡適的名片各一
張，胡適在名片背面只寫了一句話：「真心感謝妳獻身的照
顧。」哈德門則在名片上把「哈德門太太」的名字劃掉，然後在
旁邊寫了一句話：「抱歉！這張名片皺得不像話！」[98]
　　哈德門的犀利顯然是有名的。她對胡適的佔有慾，或者說，
對胡適的保護，是有口皆碑的。胡頌平在《胡適之先生年譜長編
初稿》中說：「胡先生有一位美國看護名Mrs. Hartman，經常照
料、執行醫生命令，雷厲風行。去探望胡先生的客人常被他趕
走。但胡先生這段休養時間對他是大有好處的。」[99]然而，大家
看到的只是她保護胡適的「雷厲風行」，而沒有看到她伶牙俐嘴
的一面。這一點，我們可以用另外一個跟韋蓮司沒有關係的例子
來說明。1946年2月初，有一個姓趙的中國學生要請胡適看他尚
未完成的學位論文。哈德門不喜歡這個姓趙的學生寫的信，說他
「感覺上，是我所見過的中國人裡，最自大、最虛榮的年輕人。
我認為如果他不想將來受傷的話，讓他學點謙遜、體恤別人的道

98　Virginia Hartman to Clifford Williams, n.p., n.d.
99　胡頌平，《胡適之先生年譜長編初稿》（台北：聯經，1990），第6冊，
　　頁2107。

胡適1949年12月在紐約慶生照，哈德門倚靠著茶几席地而坐。（胡適紀念館授權使用）

理，對他是會有幫助的。」因此，就硬是不讓他有登堂入室的機會。胡適1月底從紐澤西的大西洋城開了「太平洋學會」、「太平洋理事會」回來以後，傷風了三天。稍事休息以後，又啓程到康乃爾大學去演講。當時，胡適已經開始在作回國的準備。哈德門於是就自己全權替胡適作決定，寫了一封信，著實地教訓了這一個趙姓的學生。

　　哈德門一劈頭就告訴這個趙姓學生，說胡適身體不好，雖然醫生不贊成，還是不得不讓他風塵僕僕地到各處去開會、演講。她歷歷述說了大西洋城的會、康乃爾大學的演講。說胡適去了康乃爾以後，還需要去麻省的劍橋和華盛頓。回來紐約以後，還有諸多的公務在等著他，比如：學術會議、理事會、董事會、北大教授遴選會，以及其他攸關國家的重責大任。除此之外，胡適還需要打點行李，作回國的準備。哈德門說：「我完全可以想像你對你的論文滿腔興趣，也可以理解你很自然地不會去顧慮到其他問題。但是，我也相信你會深自慶幸，如果你能有機會不去傷到他的貴體。所以，我希望你能瞭解我寫這封信的心意，而接受我所做的決定。」哈德門代替胡適謝謝這位趙姓學生想要幫忙胡適打包書籍的好意。她稱讚趙姓學生，說他跟其他人一樣，都希望能爲胡適效勞。她說她知道趙姓學生雖然心裡所想的是自己的未來，但也一定能瞭解胡適的苦衷。哈德門也許並沒有真的這麼寫，但她給胡適的底稿在簽名前是這麼寫的：「送上愛、吻、狠狠地打你的屁股(a good spanking)、慈愛……」[100]

　　無論如何，胡適在1949年再回美國以後，跟哈德門又有了

100　Rily to Hu, n.d.〔early February, 1946〕.

一段恩愛同居的生活。哈德門不但照顧他的生活起居，而且等於是擔任他的秘書。比如說，「胡適紀念館」就藏有一封哈德門在該年12月幫胡適寫的信，她在信後署名是胡適的秘書[101]。從許多方面來說，哈德門在1946年胡適回國以前早就已經扮演這個角色了。早在1943年，哈德門還在哥大的教育學院選課的時候，她就已經告訴胡適：「等我選完『教育學院』的課程以後，我立志要作你這一輩子最傑出的秘書。」[102]

只是，好景不常。一年以後，也就是1950年6月，江冬秀就到紐約來跟胡適團圓了。我們可以確定哈德門搬到了西北邊，靠近她所服務的哥倫比亞大學附屬醫院附近去住。我們在上一段提到她寫給韋蓮司的信，在那封信上，她的地址是西165街560號；可是，她在服務醫院所留的通訊處則是西164街559號。她1959、1960年間寫給胡適的信，也都是寫這個地址。無論如何，這兩個地址只隔兩條街，離她原來跟胡適在東81街104號的公寓，有將近七英里的路程。無怪乎哈德門一直惋嘆她跟胡適的住處離得太遠。一直到1955年11月，她還會在信上對胡適說：「我真希望我能回到一個比較靠近104號的房子去住。這樣你出去寄信、理髮，或到郵局去的時候，就可以過來我這兒。只要能見到你，我的心肝，我就很感謝了。」[103]

1953年7月，胡適跟江冬秀去拜訪韋蓮司，在綺色佳住了27天。在這段時間裡，哈德門天天去胡適跟江冬秀住的公寓清理、打點。胡適不但頻頻從綺色佳寫信給哈德門，哈德門也每天像寫

101　Virginia Hartman to J. M. Quinn, December 9, 1949.

102　Friday [Virginia Hartman] to Hu Shih, July 6, 1943.

103　Rily [Virginia Hartman] to Hu Shih, November 11, 1955.

日記一樣地寫情書給胡適，而且還把這些情書寄到綺色佳韋蓮司的家裡給胡適。這些「日記」式的信，可以讓我們看到哈德門對胡適的種種暱稱、她對胡適的愛，以及她對屬於他倆的過往「黃金歲月」的緬懷：

> 星期三：「謝謝你今天早上到的信……你提到雜事，使我回想起我的黃金歲月，當時的人生多有意義，完全不會讓我有算了，乾脆一覺睡下去，就不要醒來的念頭……　丫頭上」
>
> 星期日：「我親愛的『寶貝』(Baby)：感覺上你已經離開很久很久了，這表示我非常非常想念你……這兒的天氣壞極了，我心裡是很高興你不在這兒。所以，你可見我是在熱戀中。真的?!喔！我們為什麼會愛得都盲目了呢！……」
>
> 星期二：「我珍愛的『寵物』(Pet)：……告訴你說我有多愛你、有多想念你並不是新聞；抱怨九十度的氣溫跟濕度也不是。我真希望你走之前已經先把裝冷氣機的事情辦好了，因為這樣的天氣，會把你度假所能帶來的好處都給抵銷掉了……」

胡適雖然人在綺色佳拜訪韋蓮司，他心中所想念的是哈德門，總不忘在信上跟她親親我我的。哈德門在星期五的信裡就說：「你當然知道你信中的哪一句話『進入我的腦子裡，[讓我輕飄飄的]就像酒杯裡的香檳酒的泡泡一樣。』喔！那句話使那一封情書變成我最最寶貴的。」胡適顯然在信上稱哈德門為他的

「暖爐」，說他想念他的「暖爐」。哈德門回信說她比胡適更想要她的「暖爐」。哈德門在另外一個星期一寫的一封信裡說：「你希望『**某某**暖爐』（"a" stove）就在你身邊，我更想要我的『暖爐』。」

有一天，哈德門到胡適跟江冬秀的公寓去的時候，不巧碰見了一個夏太太。胡適已經先在信上給她預警，告訴哈德門說夏太太當天會去他們的公寓，所以哈德門特意等到下午才去。哪想到夏太太到了下午還在那兒。她於是趕忙編了一個謊言，把她為什麼會有公寓的鑰匙，以及為什麼會在胡適公寓出現的原因搪塞過去：

> 星期一下午：「真是的！我愛：我剛從你的公寓回來，我在那兒碰見了夏太太。你今早的信上說她告訴你會在早上去。上星期我是十點左右去的，所以，我今天想我最好是一點以後再去。但人算不如天算。我對她解釋說我剛從歐洲回來，急著想看我的信。我說104號是我登記的地址，你的信則是由郵局直接寄到你那兒。我把帽子戴上，問她是否也要走，她說她還要留著；天知道是為什麼……所以，你回來以後，必須得想出一個理由，來解釋為什麼會有『另外一個女人』在你的公寓出現。」

由於哈德門在胡適的公寓裡撞見了夏太太，雖然她機警，得以化險為夷，但是這個有驚無險的經驗讓她不敢再大意。所以她在星期五的信說：「我急著要離開，否則可能又要碰到誰，會報

警說我闖空門，我總不能每次都說我是來這兒來幫你拿書吧！」

耐人尋味的是，哈德門顯然只相信她自己理家的能力。雖然胡適除了江冬秀以外，還有一個幫忙打掃的人，她還是不滿意。所以，她趁著胡適跟江冬秀去綺色佳的時候，到他們的公寓去徹底打掃一番。我們可以在下面三段信裡，看到她是如何「越俎代庖」：

> 星期二：「我的摯愛：我今天轉寄了十三封信給你（我幫你編了號）。還有兩封在你公寓櫃子上的『郵件盤』裡。我也把報紙雜誌類的郵件袋給清了。沒做家事！別擔心。」
>
> 星期三：「親親：剛從你那兒回來。信箱裡什麼也沒有，今天的報紙雜誌類郵件也已經放在公寓裡了。你是不是還找了誰幫你轉信？我覺得這件事不需要兩個人來作。請讓我知道。」
>
> 星期四：「心肝：……你不覺得你應該讓我跟琪南太太(Keenan)〔註：幫胡適作打掃工作的人〕在你這兒待一整天，監督她打掃嗎！房子髒亂極了，現在監督是最好的時機。請即刻回覆我，以便讓我安排……真真想念你。你永遠不會瞭解我有多愛你，而且多想念那些黃金歲月。」
>
> 星期五晚上：「親親：你從綺色佳來的信，郵戳是四點半，漏夜地在今早九點趕到我這兒，讓我今天有了一個快樂的開始……明天或者星天我會撣書跟書架上的灰塵。那不是家事，那是愛。我找不到樟腦丸，我想放一

些到衣櫥裡，也放一些來除空氣裡的臭味。我明天會帶
一些空氣芳香劑來。請寫信讓我知道我能不能來104號
盯著琪南太太做一天工。我有她的電話號碼。她潦草敷
衍得太不像話了。」[104]

　　胡適1950年給趙元任夫婦的一封信，談到有一個老太太一個
星期來他跟江冬秀所住的公寓作清潔、打掃的工作。不管這個
「老太太」跟兩年以後，哈德門在信上所說的琪南太太是不是同
一個人，從整潔的標準來說，他們所住的公寓，可能就一直是讓
哈德門搗著鼻子、皺著眉頭，搖頭嘆氣的對象。胡適在這封信裡
說：「這個小小apartment[註：公寓]若要弄乾淨，必須我自己動
手掃地，抹桌子，重洗玻璃杯，化冰箱的冰，洗客人留下堆滿煙
頭、煙灰的ashtray[註：煙灰缸]……只有一位老太太，每星期二
來做六個鐘點的工，但家中若沒有人對清潔有興趣，有指示能
力，佣人當然要躲懶的。」[105]

　　然而，儘管哈德門表面上看起來生氣勃勃、談笑自如，她事
實上無法接受胡適已經離開了她生命的事實。我們在前一節提到
羅慰慈的一封信，那封信似乎指出哈德門有一段身心脆弱的時
期。從「胡適紀念館」的幾封信件來看，哈德門在1955年底，又
遭遇了一次類似的危機。由於哈德門瀕臨崩潰的邊緣，於是到紐
澤西州大西洋城(Atlantic City)去度了一個星期的假。在這個星期
裡，哈德門像往常一樣，每天寫信給胡適，就像寫日記一樣。她

104　Rily [Virginia Hartman] to Hu Shih, July 20, 1953.

105　胡適致趙元任夫婦，1950年10月2日，耿雲志、歐陽哲生編，《胡適書
　　信集(下)1950-1962》(北京：北京大學出版社，1995)，頁1198-1199。

在11月7日星期一到大西洋城，當天的信清楚地解釋了她為什麼需要改變一下環境：

> 對不起，我失去了控制。但才一個禮拜以前，我覺得我已經不能再見到你了。過去這一年來，我很痛苦憂傷。我完全相信他們現在已經找到了可以幫助我的方法，我會藥到病除的。現在我要去吃晚飯，並去吸取一點海洋的味道，然後就上床。可惜的是，沒有「我的暖爐」(My Stove)在身邊，真傷心！室溫還可以，但我很想要那雙圈繞著我的臂膀。又：請不要擔心我。

第二天的日記所顯現的，還是一個非常脆弱的哈德門。這封信再次證明了「萊立」並不是哈德門專用的化名，而是他們彼此互用的：

> 我非常想你，一直、一直的。我九點半以前就去吃早餐了(並沒有「心肝」(Precious)在這裡叫我起床！)……今天我比較沒有那麼愛哭，可是我在作日光浴、看海平線的時候，有一兩次喉頭不禁作梗；因為沒有我的萊立(Rily)、沒有他經常在我身旁的海平線，就不是海平線。讓你忍受那麼久(而且是感情上)的斷訊，讓我覺得很有罪惡感，可是我已經是在盡我所能，把我破碎的心重新拾起。我希望你把稿子寄出去了，有個東西懸在那兒太久不是一件好受的事情，而且還有截稿期呢。晚安，親愛的，對不起，我讓你擔心。

　　哈德門好不容易才開始把自己的心情穩住了，結果，星期三晚上就差點又讓她崩潰。原因是在餐廳演奏背景音樂的風琴師，居然接連地演奏了好幾首她跟胡適都喜歡的老歌：

> 晚餐時，這兒有一個風琴大師演奏。昨晚我去的時候，他正在演奏《人們會說我們是一對》(People Will Say We're in Love)、《夜以繼日》(Night & Day)、《只有妳》(You Alone)，都是我們喜歡的老歌！我聽得哭了，於是趕緊離開。這是為什麼在我心情穩定下來以前，我必須要到別處去吃飯的另外一個理由。親愛的，我希望你還好，有些快樂的時光，有些不同的事做。如果我能在夢中與你更近，我會很快樂的。

　　哈德門在旅館的露天陽台上作日光浴，雖然思念胡適的時候還會不禁落淚，但已經逐漸控制住了自己的心情：

> 今天比任何一天都讓我想要你。沒有太陽，風又大。可是我作了我該作的，到「露天陽台」(Sky Deck)上去呼吸新鮮空氣。跟昨天一樣，我在四點到四點半之間，又睡了一下。可是，在這之前，我可是花了五個鐘頭的時間在那裡想著：如果我的「寶貝」(Baby)也在這裡，這會對他的身心有多好，對我也會是多麼完美啊！我沒忘記告訴你這件事吧？我前天晚上開始看[你送我的]《故事》(The Tales)，昨晚已經看到第一百零四頁了。故事很迷人，對我現在的心情，這是一本再適合也

不過的書了，這就是我的「心肝」厲害之所在。我也沒
忘記告訴你這件事吧？你對我的摯愛不渝的表現，讓我
更加地愛著你。又：今天也沒眼淚！」

陽光、和風、海浪、海鷗、海平線、反思，顯然有療傷止痛
的作用。然而，更有效的，是胡適電話裡的聲音：

今天沒有眼淚，我開始有辦法用一個新的視野來看我的
病，但是我還是不喜歡我吃的藥對我心情的影響。這個
藥，我必須在飯後以及晚上九點吃……我真希望我能回
到一個靠近104號的房子去住。這樣你出去寄信、理
髮，或到郵局去的時候，就可以過來我這兒。只要能見
到你，我的心肝，我就很感謝了。晚安，我愛！又：我
剛才聽到了比全世界任何其他聲音都更親愛的聲音
[註：剛跟胡適講完電話]。

哈德門大西洋城之旅終於到了尾聲。當天她把一週來寫的日
記式的信寄了出去。再兩天她就會回到紐約，日子會繼續過下
去。她要去看醫生，也要回去工作，更要繼續看到她的心肝寶
貝：

昨晚聽到我愛的聲音真好！星期一以後會更常聽到，真
好！我又在「露天陽台」上待了一天，每一天我都可以
覺得我逐漸恢復平衡了。很幸運地我又查了一下我星期
一離開的時間，是三點四十五分，六點四十五分抵紐
約，這比更晚才到要理想多了。我會在火車上吃晚餐，

回到公寓以後會給你電話。然後我就必須出去買點隔天早餐要吃的東西。我希望能在星期二看成醫生，星期三回去工作。最重要的，是我希望能盡早看到我的「心肝」[106]。

1958年4月初，胡適飛離紐約，經東京，飛抵台北，就任中央研究院院長之職。江冬秀獨自留在東81街104號的公寓。之後，胡適連續三年，都在夏天台北天氣最熱的時候飛回美國。胡適和哈德門除了繼續通信以外，我們可以想見他這三年每次回紐約的時候，一定都會跟哈德門見面。比如說，1959年7月，胡適要到夏威夷大學接受榮譽博士學位，會後轉往紐約。6月底，一心盼望團圓的哈德門寫信給胡適，她在信紙的上頭寫了「團圓」這兩個字的羅馬拼音，只是那標示送氣的撇點撇錯了地方；應該拼"t'uan-yuan"她把它拼成了"tu'an yuan"。她在信裡欣喜地說：「一個星期以後，『我愛』(My Darling)跟我的距離就會少了一千英里[胡適當時在夏威夷]！我沒再寫另一封信給你，你不覺得我很有應該被誇獎的自制力嗎？」[107]

當年7月底，哈德門原本已經答應去朋友那兒玩兩個星期。結果因為胡適寫信告訴她，說他會在離開夏威夷之前給她一個電話，所以哈德門決定提前回紐約，好讓她可以接到胡適的電話。她說：「我會在你離開檀香山以前回來紐約，熱切地等待我最親愛的人，在電話的另一端跟我溫存那令人恨短的片刻。愛你的丫

---

106 Rily [Virginia Hartman] to Hu Shih, November 1955.

107 Rily [Virginia Hartman] to Hu Shih, June 27, 1959.

頭。」[108]8月3日，胡適從舊金山飛到紐約。在紐約停留了一個多月以後，胡適飛西雅圖，取道東京，飛回台北。耐人尋味的是，胡適去夏威夷之前，也寫了信給韋蓮司。雖然胡適根本就沒有作任何去綺色佳的計畫，他還是在信上誆哄了一下韋蓮司，說：「要是安排得來，我會去看妳的。」[109]

哈德門參加1929級護士班畢業三十週年同學會照片。第三排左一坐者為哈德門，攝於1959年。(哥倫比亞大學醫學院圖書館授權使用)(Presbyterian Hospital School of Nursing, Class of 1929, 30th Reunion, 1959, from *School of Nursing Quarterly Magazine*, August 1959. Courtesy of Archives & Special Collections, Columbia University Health Sciences Library)

108　Rily [Virginia Hartman] to Hu Shih, July 20, 1959.
109　Hu Shih to Clifford Williams, June 18, 1959.

　　雖然胡適遠在台北，哈德門仍然不厭其煩地告訴胡適，提醒他一定要注意自己的身體。她在1960年2月23日的信裡說：「你的時間看來排得滿滿的；看來你一輩子養成的開夜車的習慣是改不過來了。我只希望你能找時間補睡。注意要隨時動一動下半身，讓靜止的血液流動！至少你在那兒好像還比較能平心靜氣地做自己的事情，不像在104號，你是四方的輻輳，眾人眾事的吸石。」[110]雖然胡適這時已經年屆70，哈德門自己也已經65歲，她對胡適熱情依舊，仍然沉湎於他們過往的「黃金歲月」。比如說，胡適所用的稿紙就使哈德門想到他們的過去。胡適1943年在紐約的時候，特別印製了自用的稿紙。他在當年1月30日的日記裡記著：「我新印的『稿紙』(每頁兩百字)今天送到五千張，可寫一百萬字，我很高興。」哈德門在1960年3月3日的信上說：「我喜歡你的新稿紙，使我想到從前，質料也好。」她將心比心，從自己病痛的感受，悟出了一個至理名言，說給胡適省思：「病痛讓我體會到人在健康的時候，就不會感覺到自己身體的存在。」然而，即使風燭殘年將屆，哈德門仍然是像從前一樣熱情：「我要結束這封在枕頭上寫的信了。這樣會不會讓你回味[我從前在這時都會對你說的]『我現在要對你怎樣怎樣』的情景嗎？」[111]

　　1960年7月9日，胡適又再度赴美。他先到西雅圖的華盛頓大學，在「中美學術合作會議」的會議上講演「中國的傳統與將來」。會後，胡適先轉往舊金山，然後再到紐約。哈德門7月底要到緬因州去渡假以前，跟胡適見了面。胡適送給了哈德門兩件

110　Rily [Virginia Hartman] to Hu Shih, February 23, 1960.

111　Rily [Virginia Hartman] to Hu Shih, March 3, 1960.

禮物：一顆ミキモト(御木本)珍珠，以及一條絲巾，很可能是胡適在日本過境的時候買的。不管胡適自己是否意識到這可能是他這一生中最後一次踏上美國的土地，此行注定是他跟韋蓮司與哈德門的訣別之旅。我們在第四章的結尾已經提到胡適此行見到了韋蓮司。這時，韋蓮司正要搬到中美洲加勒比海的巴貝多司島過她的餘年。他們在紐約和華盛頓都見了面，最後，胡適還到了紐約機場為韋蓮司送行。

我們不知道胡適跟哈德門在7月底見面以後，是否還又見過面。哈德門在緬因州度假的時候，不慎跌傷，因腳踝骨碎而住院。我們不能確定她什麼時候回到紐約。但由於胡適一直要到10月中才回台北，其間，雖然胡適去了一趟華盛頓，只要胡適人在紐約，哈德門還是可以寫信寄到104號。胡適在10月18日離美返台，19日途經東京，20日抵台。次年2月下旬，就在胡適準備要再到美國訪問之前，他心臟病又復發。同年10月中旬，江冬秀結束了她在紐約的旅居，到台北跟胡適團圓。1962年2月24日，胡適在歡迎新院士的酒會上，因為心臟病突發而過世。

如果韋蓮司是從她侄兒寄給她的剪報，才知道胡適已經過世，哈德門則可能是從游建文夫婦那兒得知這個消息。胡適到了台灣以後，幾次生病，在他自己能寫信以前，哈德門都是從游建文夫婦那兒得到最新的病情報導。有關胡適過世的消息，想亦當如此。哈德門的晚年也飽受病痛的折磨，她除了曾經跌倒，以及骨質疏鬆而引起的骨折以外，眼睛也不好。胡適1961年2月心臟病發的時候，哈德門也正住在療養院裡療養。3月4日，還在病床上的胡適發了兩個電報，一個給在巴貝多司的韋蓮司，一個是給哈德門太太。一直到胡適過世為止，他們繼續保持通訊。哈德門

在西164街一直住到了1967年。之後，她很可能是搬到紐澤西的一家養老院。哈德門死於1969年5月，享年74歲。

第三節　一顆虛擬實景的星

在胡適所有的星星裡，最為奇特的是白莎·何桑（Bertha Hosang）。這不只是因為白莎有自己的先生，還有三個孩子，更因為她與胡適的關係，近乎我們今天在網路世界裡的虛擬實景（virtual reality）的關係。白莎跟胡適見面的時候，多半是在自己家裡，而且基本上都有她先生或者孩子陪伴著。她給胡適的信，即使先生沒過目，也不會完全對其內容沒有概念。從這個角度來說，白莎對胡適的愛，不只是她個人對胡適的崇拜與愛，而且也意味著她全家對胡適的崇拜與愛。我們甚至可以說，白莎代表著許許多多把胡適視為偶像的女性，她們對胡適的崇拜與愛具有多重的層次，可以有精神上的景仰與膜拜，也可以有靈與肉交織的憧憬與想像。白莎寫給胡適的信，在在體現了一個俏皮詼諧、文筆流暢的女性。她與胡適的打情罵俏，僅止於文字的層面。乍看之下，她似乎愛得癡狂；細加分辨，原來她身在虛擬實景的世界裡。

白莎是加拿大華僑，至於她的姓為什麼會拼成Hosang，則有待進一步的考證。從早期美國移民歷史的角度來看，新移民的姓氏被腰斬、錯填，或甚至變造的例子，所在多有。這不只對華人如此，對比較難拼的歐洲姓氏也常如此。有時候，錯還不一定出在移民官員，而是出於移民者自己的意願。無論如何，白莎生於1896年11月18日，比胡適小5歲。她出生、長大的地方在加拿大

英屬哥倫比亞的唐人街，有一個姊姊、一個哥哥。當時的加拿大
對華人的歧視，遠超過排華已經很嚴重的美國。一直到1947年，
由於中國人不能取得公民權，加拿大華人工作處處受限。藥劑、
法律、教學、政府機關的工作自然是華人所不能問津的。比如
說，根據1931年的統計，61%在加拿大的華人所做的工作是：僕
傭、清潔工、洗衣店、餐館，以及其他無須技術的勞工[112]。在飽
受歧視的環境之下，見不到出路，再加上經濟上的壓力，當時加
拿大華人的子弟甚至很少人念到高中畢業。在這個背景之下來
看，白莎的父母不僅經濟條件優裕，而且有眼光；三個孩子都念
到大學畢業。

　　白莎1917年從麥吉爾大學(McGill University)畢業，拿到學
士學位。她是一個聰慧的女性，既是一個好學生，也有音樂的素
養，生性活潑、外向[113]。1917年，她得到麥吉爾大學演講比賽的
冠軍。次年，她又得到當時駐美大使顧維鈞夫人捐款設立的女留
學生徵文比賽冠軍。這篇文章的題目是「中國婦女需要體育」
(Physical Education for Chinese Women)，發表在中國留學生所主
辦的英文《留美學生月報》(*The Chinese Students' Monthly*)第十
三卷第七期[114]。這篇文章的主旨在闡明女性是族類之母、邦國之
本。中國如果要在世界上有立足之地，就必須注重女性的健康。

112　"Entering the Professions," *CBC Archives*, http://archives.cbc.ca/IDC-1-69-
　　1433-9244/life_society/chinese_immigration/clip3.　Access date: May 5,
　　2006.
113　"Survey of Race Relations: Luncheon, Miss Hosang, 1924 March 19 (9
　　pages; British Columbia)," Box 24, Folder 23, deposited at the Hoover
　　Institution, Stanford University.
114　Bertha Hosang, "Physical Education for Chinese Women," *The Chinese
　　Students' Monthly*, XIII.7 (May, 1918), pp. 373-381.

白莎在大學畢業以後到了美國，到加州大學柏克萊校區繼續念書。我們不知道她的專業是什麼，也不知道她是否取得了學位。

　　白莎的先生是馬如榮(N. Wing Mah)，1893年生於廣州，比白莎大3歲，比胡適小2歲。他於1916年取得伊利諾大學的學士學位；大學畢業以後，他家搬到加州的屋崙(Oakland)。他於是進加州大學柏克萊校區繼續攻讀學位。1918年取得碩士學位，1921年取得政治學博士學位。他取得博士學位那年，《留美學生月報》報導，說馬如榮是中國人在加州大學取得政治學博士學位的第一人。馬如榮畢業以後，就留在柏克萊教書。在他漫長的教學

白莎1918年《留美學生月報》徵文得獎的照片。(中為白莎，頭獎；左為周淑安，徵獎第三名[清華1914年留美生，雷德克利佛學院，即哈佛附設女子學院畢業]；右為Grace Joy Lewis，加州出生華裔，徵獎第二名，《留美學生月報》[*The Chinese Students' Monthly*, XIII.8 (June, 1918), facing p. 455.])

生涯裡，馬如榮不但來回於中、美兩國之間，而且頗自得於政、學的兩棲。在美國，除了柏克萊校區以外，他也在洛杉磯校區，以及舊金山州立大學教過。1929年，馬如榮回中國，在南京的中央大學和上海的暨南大學教過；1930到1933年，他還在南京的立法院以及外交部任職。1933年，馬如榮回到柏克萊任教。1947到1949年之間，他還曾經當過廣東省政府的顧問。過後，馬如榮就留在柏克萊教書，一直到1960年退休。他死於1975年。他與白莎生有一男兩女，老大、老二是雙胞胎。

　　我們不知道胡適跟白莎是什麼時候認識的。至於馬如榮，胡適很有可能在留學時期就已經認識他了。畢竟他們兩人年歲相近，胡適在留美學界又是一個活躍的分子。我們從胡適的日記，可以知道胡適最晚在1933年就已經認得白莎了。他在1936年7月31日的日記裡寫著：「上午到Berkeley[柏克萊]，在馬如榮夫婦家吃飯，他們夫婦子女都最崇拜我，使我甚不安。我三年前在他們家中吃飯，別後馬夫人在園中種了一杏樹紀念我，今來時樹已如我的高了！」[115]1936年以後，胡適每到舊金山，一般說來都一定會到馬如榮家，跟他們一家人見面。

　　由於白莎在加拿大出生長大，她的母語是英文，因此她給胡適的信都是用英文寫的。《胡適檔案》裡所存的白莎給胡適的第一封信，是1938年6月7日寫的。當時胡適已經住在紐約，從事外交宣傳工作。在這封信裡，白莎並沒有簽她自己的名字，她用的化名是「玫瑰」（Rose）。在這封信裡，她還特別包了兩朵玫瑰花苞。信文只有短短三行：「給**他**：這兩朵是1938年春最初的玫

115　《胡適日記全集》，第七冊，1936年7月31日，頁344。

瑰。努力地設法要爲你著想的『玫瑰』上。又：我仍然**癡狂地**愛著你，所以，請不要被嚇到！」[116]一如我們在本章第一節所描述的，這時節的胡適自己正爲著羅慰慈而神魂顛倒著。6月11日，羅慰慈扁桃腺發炎，胡適去看望她。當天，他打了一個電報給白莎。我們不知道電報的內容爲何。第二天，白莎的回信說：「胡博士：我**真**愛你6月11日的電報。對你信心復甦的白莎上。」[117]白莎在信封的封口上，特意地黏上了三個淡紫色的封信專用的封蠟。

任何人看到信封上淡紫色的封蠟，很自然地都會聯想到那一定是情書。胡適在大使館的英文秘書菲力普絲(Edith Phillips)就作如此的推測。1943年1月，當時胡適已經從大使卸任。有一天，他因爲找不到一份地圖，以爲是留在大使館裡，所以請菲力普絲幫他找。菲力普絲沒找到那份地圖，可是卻找到了一些有封蠟的信。她在2月8日的回信裡說：「我找到了你的一些『情書』——至少信封上有淡紫色的封蠟。你是要我把它們轉寄給你呢？還是要我把它們銷毀？多悲慘的命運啊！」[118]這些信很可能就是白莎寫的。幾個月以後，菲力普絲還不放過胡適，她如此地調侃著胡適：「我可沒有封蠟來封我的信，不管是淡紫色的，還是金色的。你覺得我該不該也去買些來用？」[119]

白莎寫給胡適的信究竟算不算是情書，並不是一個容易回答的問題。最重要的是，她的先生馬如榮不但知道白莎是花癡般地

---

116 Rose to Hu Shih, June 7, 1938.
117 Bert to Hu Shih, June 12, 1938.
118 Edith Phillips to Hu Shih, February 8, 1943.
119 Edith Phillips to Hu Shih, Wednesday night, [1943?].

崇拜著胡適，而且還跟他經常通信。事實上，就像我們以下馬上
會說明的，白莎寄給胡適兩朵玫瑰花苞，馬如榮是完全知情的。
因此，玫瑰花苞也好，淡紫色的封蠟也好，我們對白莎這些羅曼
蒂克的舉止，必須作非常的理解。就像胡適自己所說的，馬如榮
「夫婦子女都最崇拜我，使我甚不安。」當夫妻兩人崇拜著同一
個偶像的時候，那夫與妻之間，以及彼此與偶像之間的關係，其
愛與崇拜之間的分際應如何拿捏的問題，恐怕不是非崇拜者所能
體會，或甚至應該置喙的。

　　1938年6月初，白莎寄玫瑰花苞，然後又在另一封信的信封
上黏上三個淡紫色的封蠟的時候，其實正是她心情墜入谷底的時
候。當時，胡適已經準備要到歐洲去了，這是在他即將被任命為
駐美大使的前夕。馬如榮和白莎完全不知道胡適要去歐洲。6月
初，馬如榮有一個中國學生去找他，談話中，這個學生提起胡適
給了舊金山總領事的一個電報，說他即將啟程赴歐。由於當時胡
適並沒有任何官職，他們都假設他是被派往歐洲，然後就要回中
國去了。由於這是第三手的消息，馬如榮完全沒有概念胡適是否
已經啟程？是否還會回美國？或者是否就直接從歐洲返國？他知
道白莎如果知道，會非常難過。他寫信告訴胡適，說他是如何告
訴白莎這件消息：「我在晚餐的時候，很殘酷地對白莎透露了這
個消息。她非常沮喪，她說她頓然胃口全失。」

　　馬如榮的這封信是用打字機打的。白莎用鋼筆在信紙下端加
了下面的一段話：

　　　　親愛的胡博士：你不夠體貼！你還欠我七毛錢！一直到
　　今天為止，你還沒寄給我你**新拍**、**大幅**、**框好**的照片，

這是你**四個月以前**就已經親口答應我的！你甚至還沒有寄給我2月17日你在我們家吃**讓你吃不飽**的（starvation）早餐時，我用你的柯達相機幫你拍的幾張照片！而你居然雪上加霜，打電報向總領事夫人告別，卻連一個字兒也沒有給我。而**我**是眞正比較愛你的人！更不用說，我昨天才寄給你兩朵壓乾的玫瑰花苞！

你心情黯淡的白莎上[120]

胡適是在1938年10月3日從英國回到紐約的。當時，中國政府已經正式發表胡適爲新任駐美大使。10月11日，胡適人已經進駐中國駐美大使館，準備履新的工作。白莎在這一天寫了一封信恭賀胡適出任中國駐美大使：

大使博士：我眞愛你成爲大使閣下。我到現在還像是一隻心滿意足的貓咪一樣，喉頭咕嚕咕嚕地作響。但你可不能躊躇滿志！

等你用外交戰場上的凱旋來幫我們贏得最後的勝利以後，你會先作我們的外交部長（噓！先不要聲張），然後再當上我們親愛的祖國的總統。你可以說這是一個政治預言，或者只是我一廂情願的想法。但至少，這是我給你的任命！

120　Wing Mah to Hu Shih, June 8, 1938.

胡適1939年3月23日參加華府晚宴。(胡適紀念館授權使用)

　　胡適是白莎的偶像是無庸置疑的。在她的心目中，胡適不僅是應該擔任中國駐美大使，他還應該是中國未來的總統。然而，這封信更耐人尋味的地方，在於它顯示出白莎跟胡適的關係，不僅只是那種崇拜者遠遠地、害羞地、含情脈脈地偷偷看著偶像的關係。事實上，白莎的這封信，以及所有她後來寫給胡適的信所充分顯示出來的，是一個顛覆型的崇拜者。她毫無疑問地，是頂禮膜拜著她的偶像。然而，與此同時，她很清楚自己作爲一個崇拜者所處的劣勢；崇拜者在偶像之前沒有討價還價的餘地。但她同時也了然偶像並不是金剛不壞之身，他最光鮮亮麗的地方，也

常常就是他致命之所在。她懂得如何在他的痛處，輕描淡寫地點
一下，告訴他，她知道掀開他聖人的形象，他其實也是一個包裹
著七情六慾、難逃生老病死的皮囊之身。就正因為她有知己知彼
之明，她不但能坦然地揶揄自己的天真、可笑與無奈，又能調侃
她的偶像的虛榮、做作與傲慢。

在這封10月11日的信裡，白莎在說出了她對胡適的期許以
後，就開始以詼諧的字眼和口氣來調侃自己和胡適，最後還提醒
胡適不可以太花心：

> 我依然愛著你，這是因為你從「阿奎塔尼亞號」郵輪
> (P. P. Aquitania)〔註：這是胡適該年7月從紐約去法國
> 所搭的郵輪〕上寄給我的電報。那封電報帶給我意外的
> 驚喜，所有你過去的罪過——未履行的承諾、未償的債
> 務、沒良心地冷落了「一個很可能是真心愛他的朋
> 友」——就像夏日的雲煙一樣，神奇地從我的記憶裡一
> 筆勾消！
> 請原諒我用這些無關宏旨的事，來佔用你「辦公」的時
> 間。在你新官上任、重任在身的時候，我就是特地要送
> 給你一些羅曼蒂克的氣氛。我此刻想到你的是再清純
> (angelic)也不過的心思，因為我知道你會為國作大事的。
> 你今年會來柏克萊跟我們過聖誕嗎？**請你務必要來！**我
> 們都要你來！
> 請不要工作過勞。為了我，要保重自己。
> 又：我很榮幸地要向大使閣下告誡：使節團裡有很多迷
> 人的女士，但完全不需要動念，認為有義務需要去親她

們的手！ 　　　　　　　　　　　　　　白莎上[121]

　　1939年1月初，胡適當時因爲心臟病還住在紐約的醫院裡。我們在前一章已經提到中國大使館開始的時候不但守口如瓶，而且甚至故意散布不實的消息。遠在柏克萊的白莎，可以想見只有第三手的消息。她連胡適人究竟在哪裡，病情究竟如何，都完全沒有概念。她在當天的信裡焦急地問著：

> 你人在哪兒？你好不好？你是否收到你生日的時候我們寄給你的小照？
>
> 人生真殘酷！自從你生病的消息傳到我們這兒以後，關於你病情的報告，一個字兒也沒有。寄個會讓我們安心、讓我們知道我們所愛的病人如何的報告，這應該不算是不得體的。至少，那會減輕我們心靈上的煎熬，因爲我們真的是疼惜著他。如果你的醫生還沒開處方，說你的藥就是需要到加州來度假，請你賄賂他，教他趕快開一張那樣的處方！告訴他你在這兒有一個護士在等著你，她最想作的，就是去控制你跳動過快的心。
>
> 我很不開心！榮[馬如榮]說我是庸人自擾。但請你否認這個報導[註：見下述剪報]，告訴我這個報導不正確。
>
> 我很久以前已經認定你是我們危難國家的救星，我必須要有理由永遠地，而且更加的愛你。
>
> 　　　　　　　　　　　　　　白莎上[122]

121　Bert to Hu Shih, October 11, 1938.
122　Bert to Hu Shih, January 9, 1939.

　　白莎在信上附了一個剪報，是「合眾國際社」當年1月5日發自上海的報導：「日本軍機今天在上海的公共租借丟下傳單，要求中國跟日本談和。傳單上有棄國府而投日本的汪精衛的照片，以及他最近作的一個聲明，傳單上還說郭泰祺[註：駐英大使]、胡適已經向重慶的中國政府呈情，請以下列條件跟日本談和：一、放棄滿洲國；二、歸還公共租借；三、保留國民政府的名稱。」

　　3月下旬，這時，胡適已經回到華盛頓一個月。哈德門也已經回紐約。就像我們在本章第一節所描述的，這時，胡適正興奮地計畫6月要去會羅慰慈和哈德門。也就在這時，胡適打了幾個電報給白莎。收到電報的白莎心花怒放，寫信告訴胡適，說她多麼高興：

> 親愛的他：一整個禮拜，在[你打給]我的電報回到家以後，我一直沒有停止祝福、愛你。你真好！你沒讓我失望，我永遠不會再懷疑你了。
> 你應該得到獎勵，因為你那麼有耐性地遵照醫生嚴格的規定。我的良心在責怪著我，因為我一直多餘地對你嘮叨，其實你還是需要被疼愛。

　　事實上，這封信充分地顯示出，白莎一直不清楚胡適的病因是什麼，或者他的病有多嚴重。她說：

> 我有點擔心你。我真希望我能知道你到底是出了什麼毛病。你的病是否傷到了你的心臟？請你務必要堅持你目

前的養生法，讓你能儲存一些元氣。你最大的重任還在
將來，記得吧？當我們的國家浴火重生以後，你是我唯
一的總統候選人。在這個當下，我可以接受你因戰時的
需要，而出任一個重要邦交國的使節。

　　白莎雖然心繫胡適與國家的安危，她還是難免兒女情長。特
別是，她作爲女性的直覺告訴她，胡適身邊有個女人：

因爲你證明了你是一個值得信賴的知己，我必須向你訴
苦。你寄來的信封上**只寫榮的名字**，而且**卡片**上是陌
生、**很女性化**的筆跡[註：可能出自哈德門的手筆]！這
些都在在證明了我從去年聖誕節以來所獨自飲泣、獨自
承擔的苦楚是其來有自的。是的，我當時就馬上寫了一
封義正辭嚴的抗議信。因爲榮反對，我於是把信毀了。
然而，由於我害怕「人生苦短」，我再也無法壓抑我痛
苦的情緒。
我也承認我所更擔心你的，是在另一個方面。既然你現
在暫時不准「用功」，你該不會就趁此去做一些像談戀
愛那樣「輕佻的玩意兒」（frivolous things）吧！你會
嗎？然而，俗話說：「愛是讓這個世界之所以能運轉不
息的動力。」你身邊所簇擁著的，盡是嬌媚的女士，我
的直覺叫我要擔心你的安全。請你務必要向柳下惠看齊
（"be strong"）！
　　　爲你焦慮的白莎上[註：白莎在她名字旁邊貼了一
　　　顆大紅心的貼紙。]

又：你什麼時候要來加州？我要仔細地打量你！[註：
此處再貼了一顆大紅心的貼紙。]123

4月9日，白莎又寫了一封信給胡適。這封信的開始談的是孟
子，因爲白莎急著想要知道胡適引孟子是否引得正確：

親愛的君子博士：SOS! SOS![註：輪船海難時所發的
緊急訊號]你能趕快來救救一個不知所措的人兒嗎？我
處在一個困境裡！我要找出你所引的那句孟子的中文和
出處。我怎麼樣都想不起孟子在什麼地方說了：「一個
人如果想要取悅所有的人，他即使把一輩子的日子都拿
來用，也還是會不夠用。」[註：胡適在哪篇英文文章
裡引了這段話，還代查。至於孟子原文則爲：「每人而
悦之，日亦不足矣。」〈離婁下〉第二章]
我挑燈夜戰，一有空就找著，可是，我就是找不到你引
的那句話！與之相反的，你記得孟子說過如果一個人能
讓天下人皆樂，不王者未之有也？[註：最後這句，白
莎是用中文寫的。原文爲：「樂以天下，憂以天下；然
而不王者，未之有也。」〈梁惠王下〉第四章]

白莎的這封信從「王與不王」這麼嚴肅的問題開始談起。然
而，這實在只是一個引子。她念念不忘的是胡適是否「規矩」，所
以，她最後仍然是言歸正傳的回到了胡適是否「安分」的問題上：

123　Bert to Hu Shih, March 27, 1939.

你好嗎？你還規矩嗎？醫生准你「用功」了沒？正因爲
你現在有閒，我還是很擔心你的心——情感、器官兩方
面皆然——但說實在的，我更擔心的，是情感方面的！

　　亟需放心的　白莎上[大紅心貼紙]又：你寫信或打
電報的時候，**千萬不要漏掉了說愛這個字**，否則人生就
會變得很無趣。[大紅心貼紙；信封封口上再加三個大
紅心貼紙。][124]

　　胡適在美國當大使用力極深，但就是無法化解詆毀之言。我
們從胡適上任以前的日記，就可以知道他當駐美大使並不是人人
稱慶的事。很不幸，他又偏偏才一上任就得了心臟病。早在1939
年7月，當時他當上大使還不滿一年，離他得心臟病才剛滿七個
月，「合眾國際社」就已經從重慶報導，說顏惠慶即將取代胡適
而爲新任的駐美大使。四個月以後，舊金山的華文報導又說，根
據香港報載，宋子文已經被任命爲駐美大使，但此項報導已經由
中國外交部正式否認。白莎看到這個報導以後，馬上就問胡適原
委。還好，胡適告訴她，說那只是謠言：

　　親愛的他：我愛你，因爲你說那些惱人的報導是不正確
的。雖然失去任何職位對你而言都不會是損失，然而，
對國人來說，失去你所能爲國所做的貢獻，就將會是一
個**國難**。如果在這個關鍵時刻，把這麼重要的外交使節
崗位交給一個次等的人，我會完全喪失所有的信心，不

124　Bert to Hu Shih, April 9, 1938.

認爲我們會有可能取得最後的勝利。我只要你，誰都不
要，來守住這個外交堡壘，一直到我們打勝戰爲止。

我們從前文所引的一封信，就知道白莎跟胡適打情罵俏，最
常用的是罰胡適錢，特別是如果胡適沒寫信給她，或者沒爲她做
了什麼事。這一點，我們在下面還會提起。這時，胡適不知道是
「作錯了」什麼事，被白莎罰了五塊錢。胡適乖乖地寄上了五塊
錢的罰款。當然，這也完全有可能是白莎自編自導的。這也就是
說，胡適根本就沒寄鈔票給白莎，白莎完全是爲了打情罵俏而打
情罵俏。總之，白莎在這封信裡說：

就因爲你那讓我有意外之喜的五塊錢，我近來有心跳亢
奮的毛病。我特地在那張完好的鈔票上用紅鉛筆作了記
號，以免我不經三思，就糊裡糊塗地把它給用掉了。
你很守規矩，有時候甚至還很聽話。所以我現在完全可
以相信，在你那令人敬畏的智者的外表之下，確實是有
著有那麼一顆溫暖、跳動的心。我眞的很愛你，因爲你
終於有了一顆心了！
仍然愛著你的白莎上[信封封口上有三個淡黃色的
封蠟]125

1940年1月，白莎寫信跟胡適抱怨，說她連續寫了五封信，
但連一封回信都沒收到。她懷疑她是否得罪了胡適。她說她願意

125　Bert to Hu Shih, November 16, 1939.

接受懲罰，如果她冒犯了胡適。如果胡適願意「把刑罰減輕」，
可否至少讓她知道他是否收到了白莎跟她的兩個女兒親手縫製，
送給胡適當作聖誕禮物的枕頭？這封信的信封黏有四個淡黃色的
封蠟[126]。兩天以後，白莎又寫了一封信給胡適。顯然這個生日枕
頭禮物還頗有文章。

> 親愛的他：我真抱歉那個生日枕頭並沒有得到你完全的
> 認可。我還一直以為只有對「祂」，而不是對「他」
> (him)或「您」(HIM)〔註：即上帝〕，才會是冒瀆的
> 〔註：我猜想她們可能是把胡適的名字或者肖像繡在枕
> 頭上〕。作為女人的直覺，我本應提醒自己那圖案可能
> 會被評為太過「感情氾濫」(sentimental)，但我拗不過
> 女兒們的興沖沖之情。
> 我希望那個禮物仍然有我原先所設想的用處。我能不能
> 建議你把枕頭上方的布剪掉，換上一般的白枕頭套？你
> 會喜歡那個藏在裡頭的枕頭的。

　　說完了生日枕頭所帶來的風波以後，想到胡適已經冷落她那
麼久，白莎不禁又哀怨起來。每當她覺得胡適冷落了她的時候，
就是她嬌嗔地擺出高姿勢，開給胡適一塊錢罰單的時候：

> 我要求你繳交一塊錢，付我去年一整年吃的奶油糖的
> 錢，這個要求你為什麼一直置之不理呢？在這新的一年

126　Bert to Hu Shih, January 6, 1940.

的開始，給我些有色有味(zestful)，而不是像嚼蠟一樣
的「一百萬個對不起」[註：胡適說給女人聽的口頭
禪]，如果你能那樣作，我會更愛你的。

你能不能另外繳交一塊錢，來補償你讓人難以拿捏的行
為？我絕望地「嚎啕大哭」良久。榮看得不忍，就跟我
打賭一塊錢，說一個月以內，我一定可以得知我們那個
可愛的枕頭的去向。今天他贏了！所以我現在急需一個
小額貸款來還債。

開始為自己老是單方面寫信而感到羞恥的白莎上[127]

1940年3月28日，胡適到加州大學參加校慶，並接受名譽法
學博士的學位。胡適在兩天前飛抵舊金山。校慶當天，他一早就
起床，馬如榮去旅館接他到家裡吃早餐。過後，才去柏克萊參加
慶典。胡適離開一個禮拜以後，白莎寫了一封很有意思的信，因
為這封信一語戳破了胡適老愛在女人面前倚老賣老的假象。胡適
那膾炙人口的「兩鬢幾莖白髮」的詩句，被白莎四兩撥千斤，只
落得「為賦新詞強說愁」之譏：

你口口聲聲說你「老」了，其實你根本就還像是一個按
捺不住的青少年一樣。請你不要再用你那幾莖白髮來證
明你「老」了。我自己頭上也已經有了不少，你再說就
會刺傷了我這個善感的女人的心。這也是為什麼禮拜五
[註：白莎記錯了，當天是禮拜四]早餐的時候，我乞求

127　Bert to Hu Shih, January 8, 1940.

你不要弄亂我的頭飾[註：這當然又是白莎虛擬實景的
誇張]，因為我害怕你會發現我的白髮！
說到早餐，你已經變得太美國化了。還沒吃飯，就先大
口、大口地灌下了幾口冰水。我可不會去稱讚這個標準
的美國習慣，那對你的胃不好！

白莎雖然輕輕地打了幾下胡適的手心，她總還是不會忘了回
過頭來安撫他。畢竟，胡適是她的偶像，他再怎麼倔強、不聽
話，崇拜者永遠不可能佔上風，永遠會冀望著他會回眸對她一
笑：

大使閣下：禁不起你一再地嘮叨，我終於決定**改過**。我
唯一剩下來的弱點是我**仍然癡狂地愛著你**。所以，親愛
的、天生可愛的他，請發發慈悲之心，給我一封情書。
而且，請你寄給我《望星人》(*Star Gazer*)。我望眼欲
穿地想要讀這本你所推薦的小說。**而且**，能不能請你在
我隨信附上的校慶入場卷上簽上你的大名？**而且**，能不
能請你繳交一塊錢，算是你對我匆匆掛斷電話的補償？
我會更加地愛你，如果你乖乖聽話。
你是否好好地為我照顧自己？請不要太到處留情
(flirt)，儘管你手心上的情感線是盤根錯節的。

努力地要使自己「不那麼眷戀」、不「過於五體投
地」的白莎上[128]

128　Bert to Hu Shih, April 5, 1940.

這封信才寄出去一天，白莎就又反悔了。她決定不「改過」，原因是，她不是唯一一個崇拜胡適到五體投地的人：

> 親愛的他：你用不著指責我對你「太過五體投地」，也
> 不要想感化我。我**不改過**，反而會更快樂。你已經成為
> 我生命、我的夢裡不可或缺的一部分，我必須要愛你，
> 才可以活得下去。
> 你想知道為什麼我[改過的決心]一夜之間就瓦解的原
> 因？昨天晚宴時，我最先開始攀談的是孟祿·德意曲
> (Monroe Deutsch)夫婦[註：加州大學柏克萊校區的副
> 校長]。他們夫婦都對你**五體投地地**。他們都崇拜著
> 你！於是，我回家以後，就把你放回到我供桌上原有的
> 位置。我將永遠地把你供在那兒，繼續為你、為你的健
> 康、為你的**行為**而祈禱著。所以，要乖乖的！……
>
> 要重新作你畢生之奴的白莎上[129]

白莎不但決定不「改過」了，她而且醋勁十足，聽不得胡適對別的女性有青睞的舉動。她在十月號的《女性家庭》(Ladies' Home Journal)讀到了一篇胡適的花邊新聞。這篇花邊新聞的標題是：〈妙答〉(Comeback)：

> 中國駐美大使胡適博士，是中國當今最偉大的哲學家。
> 西方人一聽到這樣的稱呼，很自然就會把他想成一個蒼

129　Bert to Hu Shih, April 6, 1940.

髯飄飄的長者。其實，胡適博士看起來，更像是剛從耶
魯大學的划槳隊榮退的選手。他蓄平頭、富有幽雅的美
國式幽默。
讀者可以想像胡適有多驚訝，有一天，當他坐船從東方
到夏威夷去的航程裡，收到了夏威夷一個社交名媛的來
電：「喔！長者、聖者！尊駕可否屈尊」，以下滔滔三
百個字，言簡意賅地說，就是：「可否請尊駕午餐？」
讀者可以想像這位名媛有多驚訝，當她收到這位中國顯
貴的絕妙回答：「行！胡適(CAN DO. HU SHIH)」

對美國讀者而言，這則花邊新聞之所以幽默，主要在於那位
夏威夷的社交名媛「滔滔三百個字」的「東方」作風，換來的卻
是胡適標準美國式的，或者至少是美國人所自詡的快人快語的
「行！」儘管如此，白莎在她給胡適的信裡附了這則花邊新聞，
她裝成一副花容失色的樣子，杏眼圓睜地要胡適給她作交代：

> 馬上招供！這則花邊新聞是否屬實？我個人並不贊成，
> 而且也從來就不曾耽溺於調情(flirting)之術，但如果調
> 情攸關著你的幸福，或者你不調情就活不下去，能否請
> 你**就跟**我一個人調情？
>
> 強力克制自己的白莎上[130]

---

130 Bert to Hu Shih, October 11, 1940.

　　白莎對胡適的佔有慾最赤裸裸的表現，是她1941年5月所寫的一封信。像往常一樣，這封信的起頭是討論很嚴肅的問題。她認為胡適不應該太過附和美國「歐洲優先」的戰略。她承認中國的抗戰當然跟歐洲戰場的勝負息息相關。然而，中國有中國的考量，絕不能讓歐洲優先的戰略延緩了在中國戰場取勝的時間表。然後，語鋒急轉，白莎說出了下面這句石破天驚的話：

> 喔！我多麼希望你是集所有下面這些職務於一身：駐美、駐英、駐俄的大使；外交部長；總統；冬秀的先生；我的先生(**其他人連門兒都沒有**)[131]！

　　白莎對胡適的崇拜自始至終，不改初衷。1942年8月，胡適先私下寫信向她透露，說他不日即將卸任大使的職務。白莎自然憤怒異常，對中國領導人物徹底失望。她唯一的安慰，是胡適還會留在美國。俏皮一如往昔，她請胡適「務必要告訴我們你的新地址，我才能知道要寫信到哪兒去向你乞討一塊錢或什麼的。你想你能找個時間付給我，因為我敬畏你，所以你欠我的那十塊錢嗎？」[132]

　　然而，胡適大使卸任，在紐約跟哈德門雙宿雙棲以後，就不像從前常有旅行、演講的機會了。白莎跟他的通信的頻率也日益降低。1942年到1944年之間，居然有了兩年的空檔。當然，這也有可能是因為白莎這一段時間寫給胡適的信已經不存。然而，毫

131　Bert to Hu Shih, May 20, 1941，北京大學圖書館編，《北京大學圖書館藏胡適未刊書信日記》(北京：清華大學出版社，2002)，頁198-199。

132　Bert to Hu Shih, August 26, 1942.

無疑問地，今非昔比，連白莎自己都很清楚。她在1944年7月的信裡說：「你近來還守規矩、好好照顧你自己的身體吧？顯然你雖然沒有我的嘮叨，日子還是過得很好。現在對我而言，「沒聲沒息，就算是好消息。」[133]

　　1945年4月底，胡適作為中國代表團的成員，到舊金山參加聯合國的制憲會議，白莎終於又見到了胡適。五月初，胡適回到了東岸，白莎寫信告訴胡適：「你還在的時候，能看見你，就是一件最燦爛美麗的事。我真的很高興你看起來比三年前要好得多了。如果你能保證你會好好保養、保健、保英俊，我就會永遠愛你。但要記得！我在這兒對你所作的愛的誓言，並不就意味著我給你權利，准許你在我稚嫩的女兒面前說任何『羅曼蒂克』的話！」這當然又是一句打趣的話了。當時，白莎的大女兒早都大學畢業了。這時，白莎已經49歲，但俏皮依然。她告訴胡適說他去柏克萊聽了宋子文的演講：「我坐在宋子文夫人後面，沒有人擋著我的視線，讓我得以近距離地打量她台上有名的先生。現在我更加確信你的確是我國代表團裡最英俊的代表。所以，請你好好作個可人兒，寄給我那**兩張**你已經答應了我的照片！」[134]

　　胡適在1946年6月初從紐約坐船回中國。八天以後，他的船停靠在巴拿馬。兩天之內，他寫了24封信，發了8個電報。我們在前一節提到，他所發的這些信與電報裡，哈德門得一信、一電；韋蓮司一無所得；白莎則得了一信。胡適1949年4月再回美國以後，在舊金山的時候，他到過白莎夫婦家吃過兩次飯。他們兩人以後是否再通信，我們則不得而知。從這時一直到1958年4

133　Bert to Hu Shih, July 7, 1944.
134　Bert to Hu Shih, May 4, 1945.

月初，胡適到台北就任中央研究院院長之職為止，長達九年的時間。我們不知道在這一段時間裡，他們是否還見過面。會令人起疑竇的是，1957年元旦胡適到舊金山的時候，馬如榮帶了他的兒子、小女兒去看胡適，獨缺白莎。我們不知道白莎是生了病，還是在生胡適的氣。無論如何，1957年7月下旬，當時胡適已經在中央研究院，胡適接到了徐大春[註：即胡適舊日好友徐新六的兒子]從舊金山的來信，告訴他說白莎病重。白莎就在這一年過世，享年63歲。

第六章

曲 終

　　從表面上看來，胡適的情感世界是一個很清楚、很單純的題目：他或者愛過，或者沒愛過；他除了妻子以外，或者有情人，或者沒有情人，或者究竟有幾個情人。然而，如果進一步探討，我們就會發現這其實不是一個很簡單的問題。從另一個角度來說，這並不是一個單純有沒有、有幾個，或者有多愛的問題。首先，胡適的情感世界並不像是一塊岩石、一張桌子，有稜有角，有其形狀，只待我們用五官去作辨識。假設胡適沒有寫日記的習慣、沒有收藏來往書信的習慣；或者假設這些日記、書信在戰亂中被焚毀，甚至被胡適自己在生前銷毀；再假設如果沒有後人所做的點滴回憶，我們今天所知道的胡適的情感世界將會有多貧乏！換句話說，我們所瞭解的胡適的情感世界隨著時代的不同、資料的浮現，以及認知的改變而一再蛻變，從貧瘠而變得五光十色。

　　曾幾何時，胡適的愛情生活還是被公認為「貧瘠」的。多少人為他唏噓、為他抱不平，說他是「舊禮教之下的犧牲者」。那傳言半個世紀之久，卻一直塵封於「胡適紀念館」的胡適給韋蓮司的信件，曾經讓多少人認為那是解開胡適情感世界的唯一鎖鑰。有誰能料想到，1980年代末期中國傳記文學的興起，是把他

「貧瘠的情感世界」這個神話打破的第一聲雷！胡適與曹誠英之戀，剎那間膾炙人口。1990年代中期以後，先是「胡適紀念館」開放了胡適給韋蓮司的信件。但最重要的，是北京近代史研究所所開放的韋蓮司給胡適的信件。韋蓮司給胡適的信件，首次證明了他們在1930年代成為戀人的事實。然而，這些並沒有根本地改變人們對胡適情感世界的詮釋。胡適的情感世界也許不再貧瘠，他有曹誠英給他的「暫時的安慰」，有韋蓮司給他的「深情五十年」；但他之沒有「與有情人終成眷屬」，還是讓許多人認為是他「落寞」、「悲哀」、作為「舊禮教之下的犧牲者」的根本原因。那徹底地粉碎了胡適「貧瘠的情感世界」的神話的，是2004年余英時從胡適日記裡爬梳出來，讓人覺得呼之欲出的羅慰慈。從那以後，彷彿土崩瓦解一般，不但羅慰慈，連那傳言已久的護士哈德門太太也躍然紙上 [1]。一夜之間，在世人的眼光裡，胡適的情感世界變得讓人眼花撩亂；剎那間，這位「新文化中舊道德的楷模」變成了一位情聖。

到底誰有資格來界定胡適的愛？或者說他缺乏愛？或者去「諒解」、「唏噓」，甚至來謳歌他的愛？半個世紀以來，去揣測、追蹤、研究胡適的情感世界的人泰半為男性，這本身就是一件耐人尋味的問題。這究竟是窺淫、投射，還是捶胸頓足，作「男人難當」(man's burden)的仰天長嘯之姿態，還是以胡適一生能有那麼多女朋友為榮，把它當成一種「男子漢當如是也」的「男性之光」的美談？歷來對胡適情感世界的描寫，在在反映了「男性的目光」(male gaze)。其所提供給讀者的，是作為男性觀

1　劉廣定，〈胡適檔案中的哈德曼太太——另位深愛胡適的異國佳人〉，《歷史月刊》，210期，頁83-88。

眾窺淫的快感；其所挑起的，是人人硜硜於想知道曹誠英、韋蓮司、羅慰慈和哈德門長什麼樣子？漂不漂亮？寫了如何熱情的信？愛胡適有多深？與此同時，男性的目光所假定的，是在情慾上被動、不自覺的女性。換句話說，男性所扮演的角色是觀眾（spectator）、是主體、是鑑賞者；女性所扮演的角色則是對象、景物（spectacle）、鑑賞品、被把玩者。窺淫慾的本身並不難理解，而且也不可能摒除。作者滿足自身窺淫慾、兼而掀起讀者的窺淫慾，從而促銷作品，這原本就是資本主義出版事業營運的一環。重點在於作者——男女皆同——是否能自覺於自己的男性的目光、窺淫慾，以及其所扮演的邀引讀者一起來窺淫的沆瀣一氣（complicit）的角色？更重要的，是作者能否自覺，不把女性想當然耳地化約成在情慾上被動、不自覺的景物、對象與被把玩者？這本《星星‧月亮‧太陽》所呈現的，就正是胡適的這些星星、月亮，所各有其表現方式不一、著墨輕重不同的作為觀眾與鑑賞者的主體性。

　　這種男性的目光無所不在、根深蒂固的程度，特別表現在男女感情的書寫上。有關胡適的情感世界的書寫更是如此。這點，連在胡適研究、資料收集上最孜孜不倦、用力最深、貢獻最大的周質平先生都不能免。就以周質平近作的兩段作為例子。他所寫的〈多少貞江舊事：胡適與羅維茲Roberta Lowitz關係索隱〉裡有兩句話。第一句是提到胡適死後，韋蓮司寫信給羅慰慈，請她把胡適和杜威的來往信件送給「胡適紀念館」的一來一往的兩封信。周質平在引了這兩封信以後，作了這樣的按語：「兩個情人能在故人死後三年，共同商量為保存故人的書信而努力。這份和諧和誠摯，也多少反映了胡適在處理男女感情問題上，有他足以

使人心悅誠服的人格和智慧，也有他極其高明的手段。胡適若地
下有知，可以無憾。」[2]最後，總結胡適與羅慰慈這段感情，周
質平把胡適拿來與徐志摩相比，然後再用佛家的「困」與「黏」
的觀念來作比方，結論是：「胡適畢竟也是『我輩中人』，大困
或無之，小困則不免。胡適與羅維茲[羅慰慈]的這段情緣，也許
連小困都談不上，只是他海外忙碌寂寞生活中的一些點綴、紓解
和調劑。」[3]

　　毫無疑問地，周質平在這裡所說的話是一種「同情的諒
解」，是把胡適放回到他所處的時代裡的最基本的史學方法。然
而，「所有的歷史都是當代史」；所有的歷史都無可避免地，是
用當代的眼光去重新作詮釋。一個歷史人物可以很男性中心，其
所處的時代可以是一個父權社會，但這並不會妨礙我們用新的性
別觀念去衡量這個歷史人物及其所處的時代。更重要的是作者的
自省與自覺，不但要能意識到，而且要能時時與自己的性別意識
的包袱搏鬥。如果我們把這兩段話裡的主詞胡適拿掉，用另外一
個女性的名字來代替，好比說，就用那曾經鬧得滿城風雨的璩美
鳳來代替，說她的情緣，只是她「忙碌寂寞生活中的一些點綴、
紓解和調劑」；如果我們用另外一位胡適研究專家耿雲志勸我們
不要用「假道學家的眼光看去」[4]；如果這幾句話都可以用到璩
美鳳身上，而且都可以成為「人人皆謂可」的「美談」，更而且

2　周質平、陳毓賢，〈多少貞江舊事：胡適與羅維茲Roberta Lowitz關係
　　索隱(一)〉，《聯合副刊》，2005年3月4日，E7版。

3　周質平、陳毓賢，〈多少貞江舊事：胡適與羅維茲Roberta Lowitz關係
　　索隱(八)〉，《聯合副刊》，2005年3月21日，E7版。

4　雲之[耿雲志]，〈戀情與理性讀徐芳給胡適的信〉，《近代中國》，
　　147期，2002年2月25日，頁128。

可以成為璩美鳳有她「足以使人心悅誠服的人格和智慧，也有她極其高明的手段」，則這個社會想要超越男性中心觀，或許還指日可待。

用男性的目光來看胡適的情感世界還引申出另外一個問題，那就是抹殺了他情感世界裡的女性的個性，使她們個個看來都彷彿是平板、而非立體、有血有肉、具有多面向的女性。正因為如此，胡適情感世界裡的女性常被描寫成一心願為胡適奉獻、甘心等待，個個「和諧和誠摯」、「有默契」地「關懷備至」，就為了要共同「謀胡適的舒適」。唯一的例外，自然是那常被譏貶為「小腳」、「村姑」，既不嬌媚、體貼，又乏知識的江冬秀。當然，資料欠缺是一個問題。但不盡然，試問有多少人把江冬秀寫給胡適的信看在眼裡？有多少人抬起眼去看她與胡適來往的信件？韋蓮司的且不談，不僅因為她的信是用英文寫的，而且在使用上並不方便。然而，曹誠英的信呢？當然，檔案的使用確實不方便，但這實在不成理由。她在《胡適檔案》裡所留下來的信沒有幾封，即使不能複印，抄起來不會超過兩三天的時間。曹誠英的故事廣為人所知，已經有了將近二十年的時光，而就是沒有人把她的現存信件整個公布。這不是不能，而是不為；原因就在於大家眼中只有胡適，而曹誠英只不過是「附龍之鳳」，配角而已。

這種「不是不能，而是不為」的心態，就正是「男性的目光」犀利、無遠弗屆之所在[5]。男性的目光並不止於把女性化約成為景物、鑑賞品，從而給予男性在視覺上的快感。這種從性別

5　本段的論點參考Laura Mulvey, "Visual Pleasure and Narrative Cinema," *Screen*, 16.3 (1975), pp. 6-18.

的分野出發、以異性戀的前提爲基準、把男女作主從之分的視角，更進一步地決定了敘事的結構。男性既然作爲主體，女性既然作爲景物、鑑賞品、被把玩者，他們在劇情發展裡所扮演的角色自然有所不同；女主角固然是讓男主角爲之動情、爲之動干戈、爲之作大事的誘因，男主角才是劇情所賴以發展的引擎。這幾年所出版的有關胡適戀情的著作，其敘事的結構，都在在是這種男性目光的產物。那被描繪成溫婉、癡戀糜哥至死不渝的曹誠英，不但是胡適把玩、調教的對象，也是劇情裡一個不可或缺的景物，其所襯托出來的，是螢幕上胡適這位男主角雅致地徜徉於西湖、煙霞山水的一段「神仙生活」。即使那被著墨較多的韋蓮司，她在這些作品裡所扮演的角色，是用她的「深情」、「寂寞」、「等待」，我們甚至可以說，是用她的生命來襯托、彰顯胡適作爲新時代裡舊禮教之祭品的悲愴。換句話說，在胡適這齣戲裡，韋蓮司依然是不折不扣陪襯胡適的景物。即使透過她所被徵引的書信，我們似乎依稀聽到了一點韋蓮司自己的聲音，然而，她所被賦予的，與其說是主體，毋寧說是胡適的附庸、胡適的補白。這也就是說，作者只不過是用韋蓮司的信所提供的資料，來填補胡適在日記、書信裡所留下來的空白。周質平先生認爲，古人說人生有「三不朽」——立德、立功、立言。在這「深情五十年」裡，以她對胡適「『雖不成眷屬，而一往情深』的志節」來看，韋蓮司已經爲我們立下了第四個「不朽」的榜樣，即「立情」的不朽[6]。相對於韋蓮司來說，這「深情五十年」，等於是一首胡適的愛情輓歌，雖然周先生並沒有用這樣的話來說。

6　周質平，《胡適與韋蓮司：深情五十年》，頁198-199；聯經版頁186-187。

然而，其所落入的，正是我們在此所批判的「男性目光」之下的敘事結構的窠臼。換句話說，韋蓮司的「立情」之所以能不朽，是因爲它附麗於胡適愛情的輓歌；沒有這個輓歌的敘事結構，其不朽也就無所附焉。更有甚者，雖然這首輓歌的主角是胡適，讀者(是否應該也把作者加入？)可以透過投射，把自己化爲胡適，來凝視、鑑賞韋蓮司，從而讀者、作者，兩位一體──諷刺的是，眞正作爲男主角的胡適反而不在其中──共灑清淚，唏噓、謳歌、擊節讚賞其「立情」之不朽。

毫無疑問地，胡適當然是他的情感世界裡的主角。但這並不意味著他情感世界裡的女性就是配角；她們個個也都跟胡適一樣，是這個情感世界裡的主角。這本《星星‧月亮‧太陽》寫的既是胡適，更是胡適的月亮和星星。事實上，就像我在〈序曲〉裡所指出的，由於胡適太過愛惜羽毛，又太過吝於把他的感情形諸文字，再加上他所遺留下來的檔案，理所當然地大都是他所收到的信，而不是他所寄出去的信。因爲這些種種的因素，想要瞭解他的情感世界，我們所必須倚賴的，不是他自己所留下來的文字，反而是那些環繞著他這個「太陽」的星星與月亮，是在她們給「太陽」的信中所流露出來愛、戀、嗔、癡。在許多方面，胡適的日記、書信，有極其珍貴的史料價值。然而，在他的情感世界方面，他自己所提供的，卻是最爲貧瘠的。相對之下，他的星星與月亮，大都能忘情地在信中訴說她們對愛的憧憬、相思、掙扎與怨懟；她們能愛、能恨、敢於付出，也敢於要求。正因爲如此，我所以會在〈序曲〉裡說：儘管這本《星星‧月亮‧太陽》的傳主是胡適；儘管從男性中心的角度看來，這些星星和月亮彷彿只是圍繞著胡適這個太陽的配角；儘管在某些精彩的片段裡，

他除了是主角以外，還想兼當編劇、導演和觀眾，但是，那些敢於付出、勇於示愛的星星和月亮，才真正是賦予這個故事以血肉、情韻與色彩的主角。她們的愛恨、她們的相思、她們的掙扎，甚至她們對愛慾的禮讚，是胡適情感世界裡最扣人心弦的精華。

胡適一生常常勸人寫自傳，他常在日記裡批評人家不聽他的勸告，為後世留下一些歷史的資料。耐人尋味的是，一個到處勸人寫自傳的人，自己一生只寫了《四十自述》。他在哥倫比亞大學跟唐德剛所作的口述史，也跟哥大其他中國口述史計畫成果的內容大異其趣。胡適的口述史談的大都是對他一生參與大事的回顧與品評，而少於事實的回憶，更不用說是自己的心路歷程了。從某個角度來看，這似乎是一個矛盾。一個到處鼓勵人家為歷史留下見證的人，卻吝於盡自己的本分。畢竟，以歷史家自居的胡適，有自己必須對歷史負責的信念與理想。他讀清朝李慈銘的《越縵堂日記》，很讚賞他既能寫出自己的「性情」，又能為他生活的時代「留下片面寫生」。

然而，正因為胡適的理想很高，要寫出自己的「性情」，這才使他躊躇。在中國近代史上的知名人物裡，他可能既是一個最對外公開，同時又最嚴守個人隱私的人。這點，胡適跟有名的英國文學家維吉尼亞・吳爾芙(Virginia Woolf)的父親雷司立・史帝分爵士(Sir Leslie Stephen)有相像的所在。史帝分是《大英名人字典》(*Dictionary of National Biography*)的第一任主編，他一生編寫別人的傳記，卻不寫自己。史帝分所留下來，差堪可以稱之為自傳資料的是《墳書》(*Mausoleum Book*)。這是他妻子死後，他把她生前所寫的書信按年編排起來，外加他自己零星所記下來的

家庭相關大事，其目的是留給兒女看。史帝分在《墳書》裡說得很清楚，他不願意寫自傳，而且也不願意把他內心曾經有過的想法、掙扎公諸於世。他一方面有點過度自謙地說：「我心靈、精神方面的發展歷程極其平常。當然，我記得我生命裡的一些大事，如果我要，我可以寫出我之歷史，既有成功的，也有失敗的。」語鋒一轉，他說：「但是我一想到在我死後，這些都將跟我共赴黃泉，我倒頗有躊躇滿志的快意。」[7]值得注意的是，史帝分既然說他不願意寫自傳，卻又挑逗地告訴人家說他有秘密，只是，這些秘密將與他共赴黃泉。當然，即使史帝分拒絕寫自傳，甚至笑傲地對世人說他一生的秘密都會跟他共赴黃泉，但這並沒有把想要為他立傳的人嚇跑。他所達成的目的，只是增加了為他立傳者的困難和苦惱，眼看著他挑釁式地宣稱他有秘密，卻苦於不知道那些秘密為何。

胡適雖然跟史帝分一樣，嚴守他個人的隱私。然而，他一生致力於收集保存自傳的材料。他一生所蒐集、保存下來的大量的日記、回憶，以及來往信件，就是他自己建立起來的自傳檔案。如果他真的不願意讓別人知道他的戀情，他就不會把自己所收到的情書留下，連隨手寫的便條都留；更不會在日記上留下證據，雖然他又偏偏拐彎抹腳，用縮寫、用化名、用暱稱來故布迷陣。如果不是因為戰亂，如果不是因為政治鬥爭，《胡適檔案》可能老早就已經公開，可能老早就已經是世界各地學者前來朝聖、挖寶之所在。今天，與世界接軌之聲囂然塵上，如果能有高瞻遠見

7　轉引自 Trev Broughton, *Men of Letters, Writing Lives: Masculinity and Literary Auto/Biography in the Late Victorian Period* (London and New York: Routledge, 1999), pp. 3-7.

的人作決策，如果能有基金會提供經費，如果能有專業的檔案管理人員整理，如果能有門戶開放的政策，則今天留在北京近代史研究所的《胡適檔案》就不只是寶藏之所在，而且將會是世界各地學者雲集之所。

胡適不是不願把他的戀情公諸於世，毋寧說，胡適是不願讓等閒之輩、窺淫之徒隨意登他的三寶大殿。他設下了層層關卡，用隱語、化名等等障眼術。然而，與此同時，他又已經替未來要爲他立傳的人留下了線索。舉個最簡單的例子，胡適從來沒有忘掉他跟徐芳之間的一段情，也沒有忘掉要給未來的立傳者留下個線索。在這段戀情煙消雲散25年以後，他在1961年7月20日的日記裡，黏著當天《聯合報》報導蔣夢麟與徐賢樂結婚的剪報[8]。蔣夢麟誠然是胡適的朋友，老朋友的黃昏之戀固然可誌。然而，這篇剪報另有其玄機，胡適是藉這份長篇大論的剪報，不著痕跡地爲日後要爲他作傳的歷史家指點出徐芳究竟是到哪兒去了；能找不找得到，就看他們的功力。要知道，任何人想要在他四百萬字的日記裡，爬梳到他所預埋下來的這一個線索，並不是一件容易的事情。殊不知今天有「索引」之設，找來卻是不費吹灰之力。這裡必須指出，雖然徐芳在2006年5月，坦承她與胡適曾有過一段情，然而語焉不詳。若非徐芳當年寫給胡適的情書仍然留存著，這段情就會永不爲人所知。總而言之，徐芳這個例子讓胡適破功，只不過是反映了現代學術研究在技術上的進步。其他的線索，還有待立傳者自身的學養與訓練。不練得十八般武藝，想要爲他立傳，恐怕還過不了他所設下的層層關卡。傳記有上上

8　《胡適日記全集》，第九冊，1961年7月20日，頁749。

選，也有不過爾爾者。胡適自己是上上人選，他所要的不是爾爾者的傳記，而是要上上選的傳記。我們甚至可以說，胡適在生前就已經爲自己篩選好了將來要爲他立傳的人。他所預伏的線索、玄機，就是爲那些能獨具慧眼的人所設的。只有那能過關斬將、登堂入室的，才是胡適會頷首願意讓他立傳的人。

　　誰說胡適寂寞？他一生中有三個月亮，和眾多星星。誰說胡適「理性主義戰勝」感情？他是哈德門愛得不能釋手的「情聖」，是她眼中20世紀的卡撒諾瓦。胡適在留學日記裡有一張他模仿美國威爾遜總統(Woodrow Wilson)的笑容的照片。說他寂寞，說他理性戰勝愛情，如果胡適地下有知，他會做出那「威爾遜式的笑」；或者，用知他、愛他的徐志摩所形容的「那可愛詭譎的笑」。只不過，這個笑會是一個鄙夷之笑。留學時代就有「胡博」(Doc)之稱的胡適有他戲謔的一面；他是個玩障眼術的高手，是眨眼、扮鬼臉跟歷史家玩捉迷藏的歷史「頑童」。胡適更有他老練的一面。他悼徐志摩的話，也是他的戀愛箴言：「他的失敗是因爲他的信仰太單純了，而這個現實世界太複雜了。」[9] 然而，這並不表示胡適就因而退卻。胡適談戀愛誠然理智、誠然冷靜，但這種理智與冷靜並不等於是要超脫。對他而言，談戀愛與犧牲之間並沒有任何的關聯，端賴當事者如何拿捏。談戀愛，光說不練是意淫，像吳宓，只在日記、書信裡演練他對女性的愛；又說又練，像徐志摩，是浸淫，是眞戀愛；光練不說，像胡適，是

9　胡適，〈追悼志摩〉，轉引自周質平、陳毓賢，〈多少貞江舊事：胡適與羅維茲Roberta Lowitz關係索隱(七)〉，《聯合副刊》，2005年3月20日，E7版。

眞淫。君不見胡適曾經夫子自道，說他「可以大好色」[10]。於此，「胡博」可說是練得爐火純青。

胡適不是一個「此地無銀三百兩」的人，他在日記、書信裡固然有意矜持，吝於形諸文字。然而，他不但在日記裡預植了「藏銀」的線索，他所留下來的龐大的檔案更處處是黃金。以歷史家自詡、好考據成癖的胡適，是有意挑戰日後要爲他立傳的歷史學者，看他們有沒有本事考證出他這個太陽的諸多月亮和星星，看他們有沒有能耐尋覓出他這個情聖優游徜徉於這些月亮、星星之間的軌跡。那能破解他的障眼術、能領會他的線索、能沉潛於他所留下來的檔案裡尋寶的，換句話說，那入寶山而能不空手而歸的歷史學者，一回首，彷彿得見「胡博」那可愛詭譎的「威爾遜式的笑」，慢慢地在他臉上綻開[11]。

10　《胡適日記全集》，第三冊，1921年8月26日，頁295。

11　本書的資料，除非另有註明，1949年以前的，藏於北京近代史研究所的《胡適檔案》：1949年以後的，則藏於台北中央研究院的「胡適紀念館」。在此，要謝謝北京近代史研究所圖書館的閻杰館長的開放政策，以及張顯菊同志、茹靜小姐辛苦地幫我調卷宗；台北方面，則要感謝中央研究院「胡適紀念館」前任館長楊翠華、現任館長黃克武的支持，趙潤海、鄭鳳凰、柯月足、彭靖媛的鼎力協助。也要謝謝中央研究院中國文哲研究所的楊貞德，一而再地接受我的求援，幫我寄來我需要參考的文章。更要謝謝我服務的德堡大學(DePauw University)，以及傅立曼基金會(Freeman Foundation)所提供的研究經費。

星星・月亮・太陽：胡適的情感世界

2007年1月初版　　　　　　　　　　　　　　定價：新臺幣320元
有著作權・翻印必究
Printed in Taiwan.

著　　者	江	勇	振
發 行 人	林	載	爵

出 版 者　聯 經 出 版 事 業 股 份 有 限 公 司
台 北 市 忠 孝 東 路 四 段 5 5 5 號
編 輯 部 地 址 ：台北市忠孝東路四段561號4樓
叢 書 主 編 電 話 ：(0 2) 2 7 6 3 4 3 0 0 轉 5 0 4 9
台 北 發 行 所 地 址 ：台北縣汐止市大同路一段367號
　　　　電 話 ：(0 2) 2 6 4 1 8 6 6 1
台北忠孝門市地址 ：台北市忠孝東路四段561號1-2樓
　　　　電 話 ：(0 2) 2 7 6 8 3 7 0 8
台北新生門市地址 ：台北市新生南路三段94號
　　　　電 話 ：(0 2) 2 3 6 2 0 3 0 8
台 中 門 市 地 址 ：台 中 市 健 行 路 3 2 1 號
台 中 分 公 司 電 話 ：(0 4) 2 2 3 1 2 0 2 3
高 雄 門 市 地 址 ：高 雄 市 成 功 一 路 3 6 3 號
　　　　電 話 ：(0 7) 2 4 1 2 8 0 2
郵 政 劃 撥 帳 戶 第 0 1 0 0 5 5 9 - 3 號
郵 　 撥 　 電 　 話 ：2 6 4 1 8 6 6 2
印 刷 者　世 和 印 製 企 業 有 限 公 司

叢 書 主 編	簡	美	玉
校　　對	吳	淑	芳
封 面 設 計	翁	國	鈞

行政院新聞局出版事業登記證局版臺業字第0130號

國家圖書館出版品預行編目資料

星星·月亮·太陽：胡適的情感世界/
江勇振著 . 初版 . 臺北市：聯經，2007 年
（民 96）；480 面；14.8×21 公分 .

ISBN　978-957-08-3113-9（平裝）

1.胡適-傳記

782.886　　　　　　　　　　　　　96000159